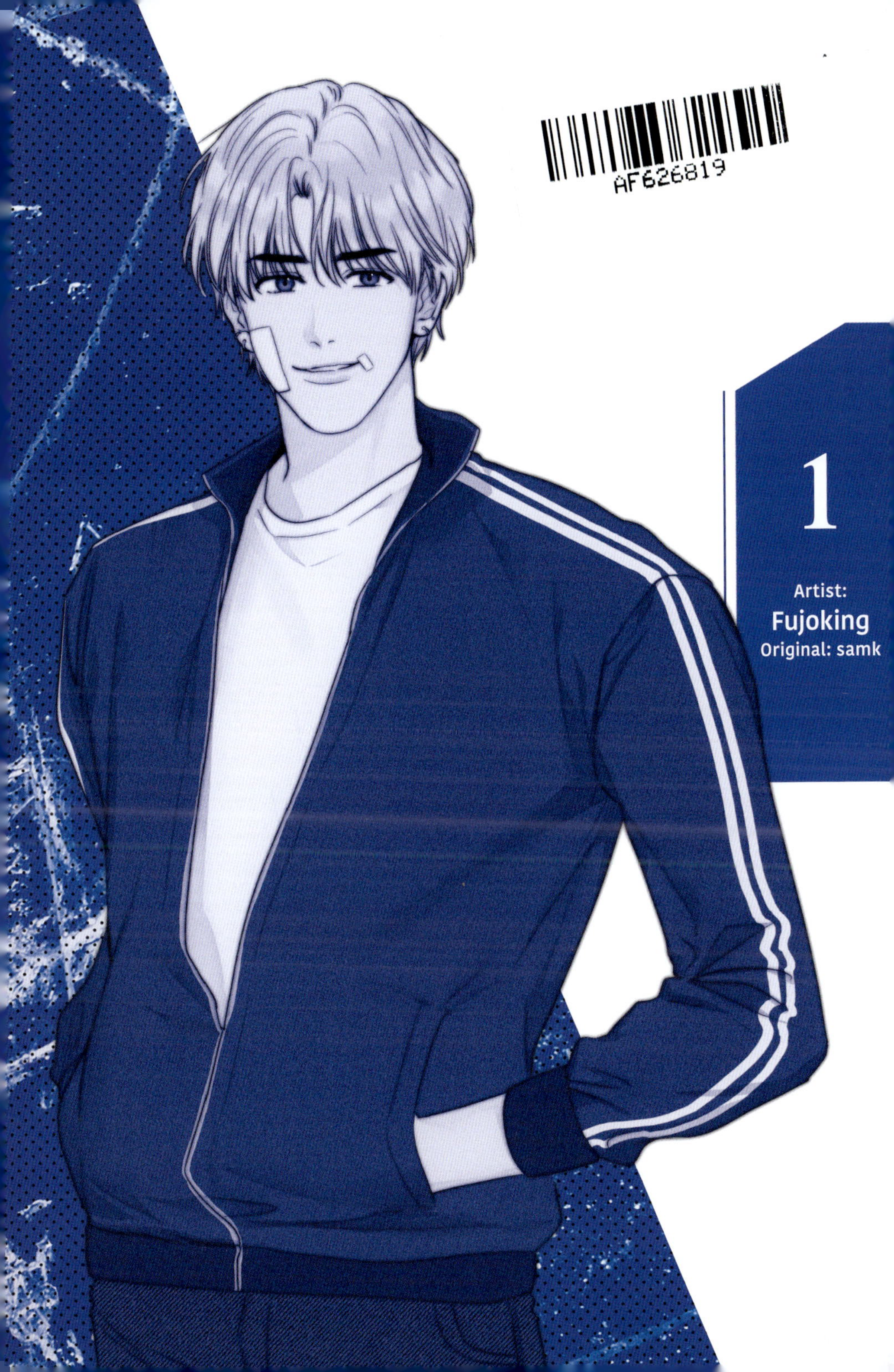

1
Artist:
Fujoking
Original: samk

INHALT

KAPITEL 1

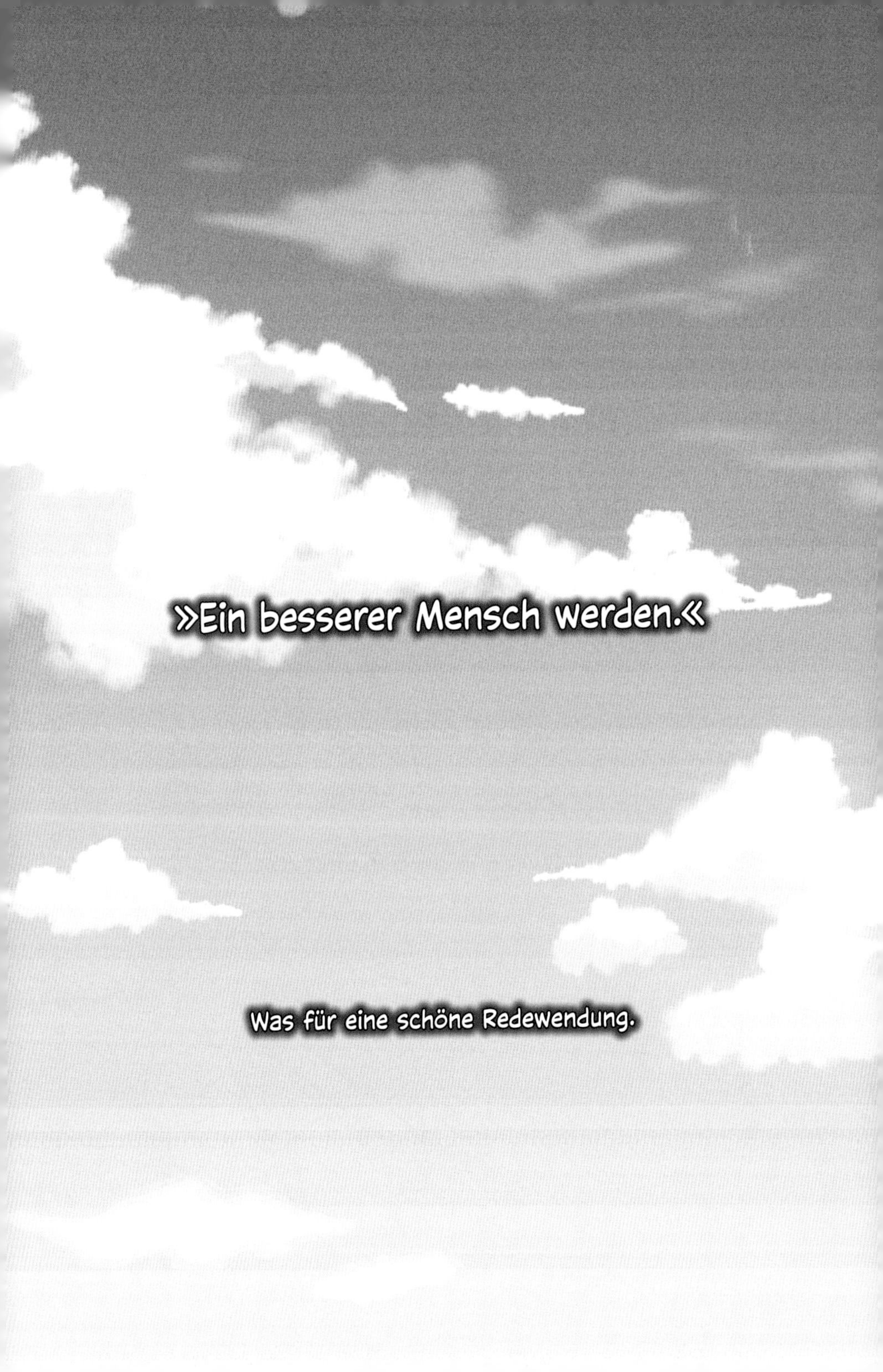
»Ein besserer Mensch werden.«
Was für eine schöne Redewendung.

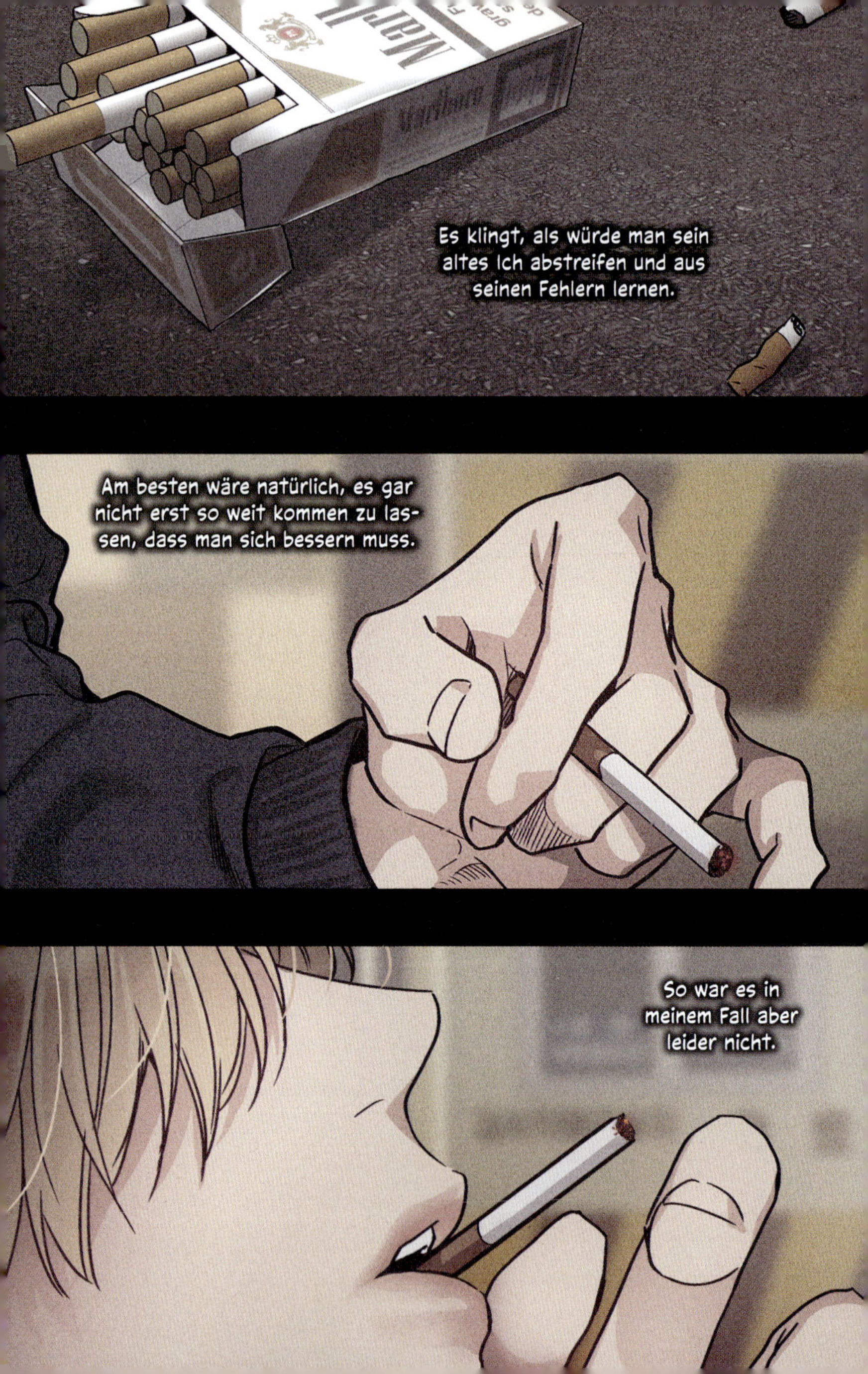
Es klingt, als würde man sein altes Ich abstreifen und aus seinen Fehlern lernen.
Am besten wäre natürlich, es gar nicht erst so weit kommen zu lassen, dass man sich bessern muss.
So war es in meinem Fall aber leider nicht.

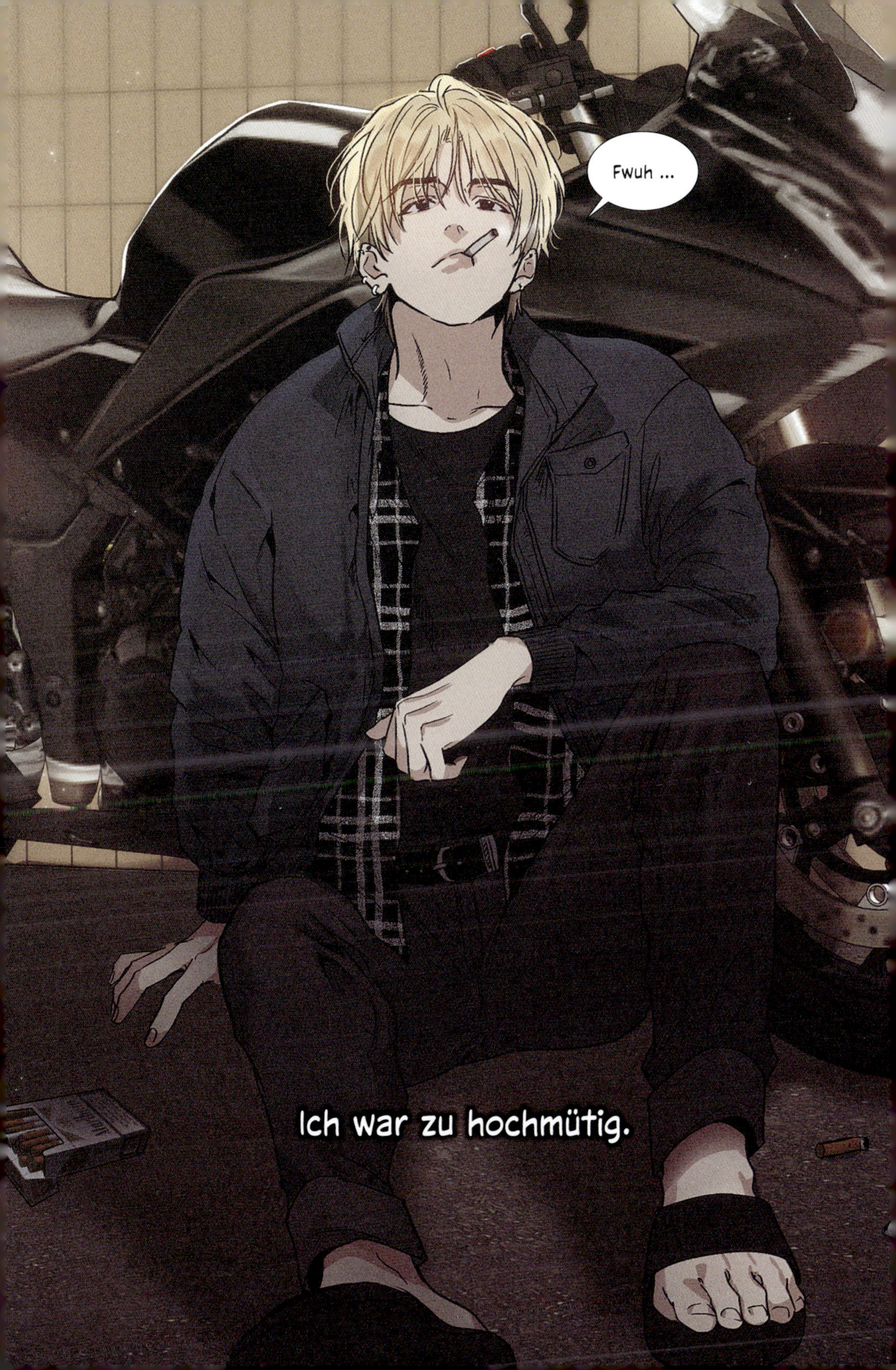
Fwuh ...
Ich war zu hochmütig.

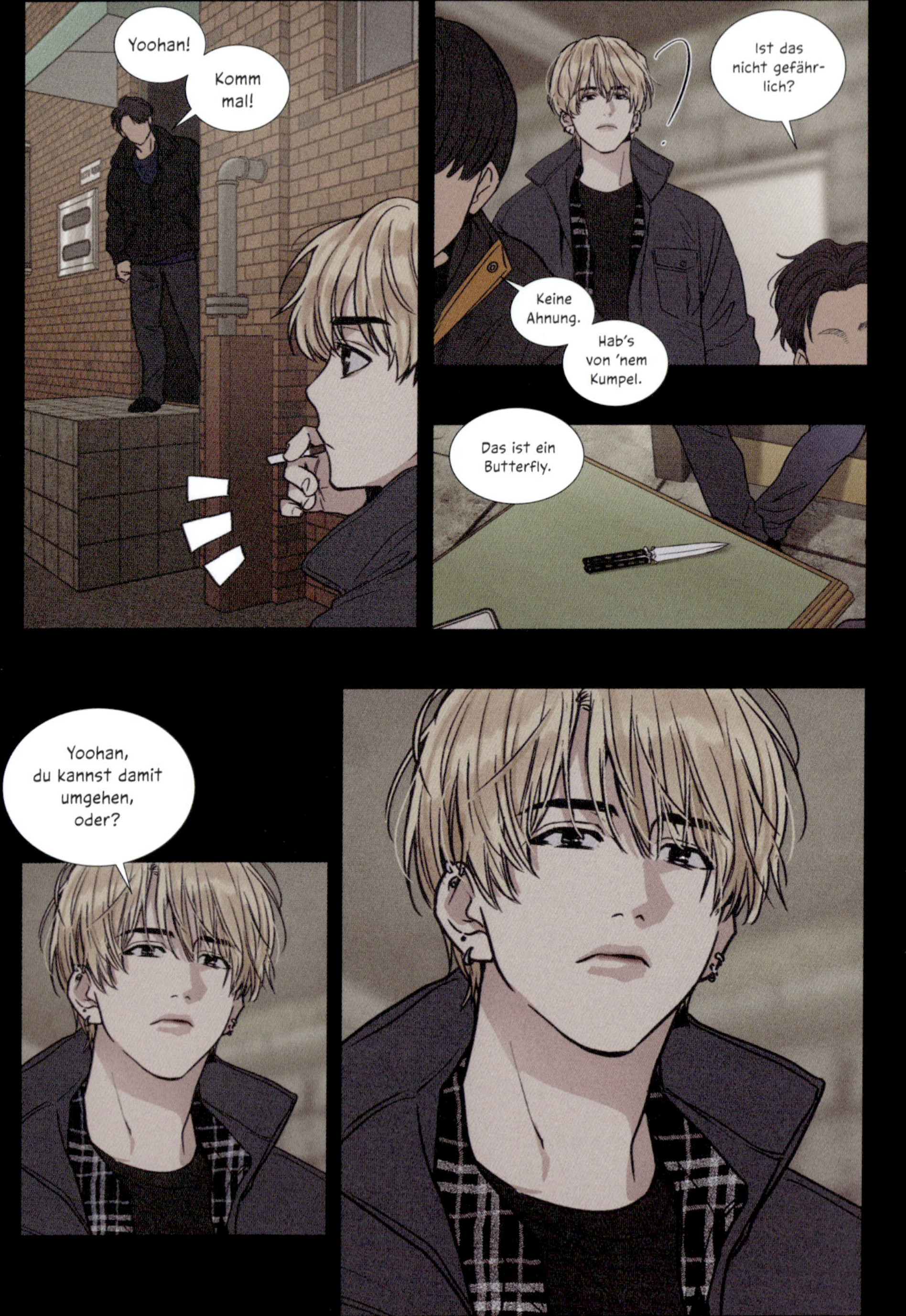
Yoohan!
Komm mal!
Ist das nicht gefährlich?
Keine Ahnung.
Hab's von 'nem Kumpel.
Das ist ein Butterfly.
Yoohan, du kannst damit umgehen, oder?

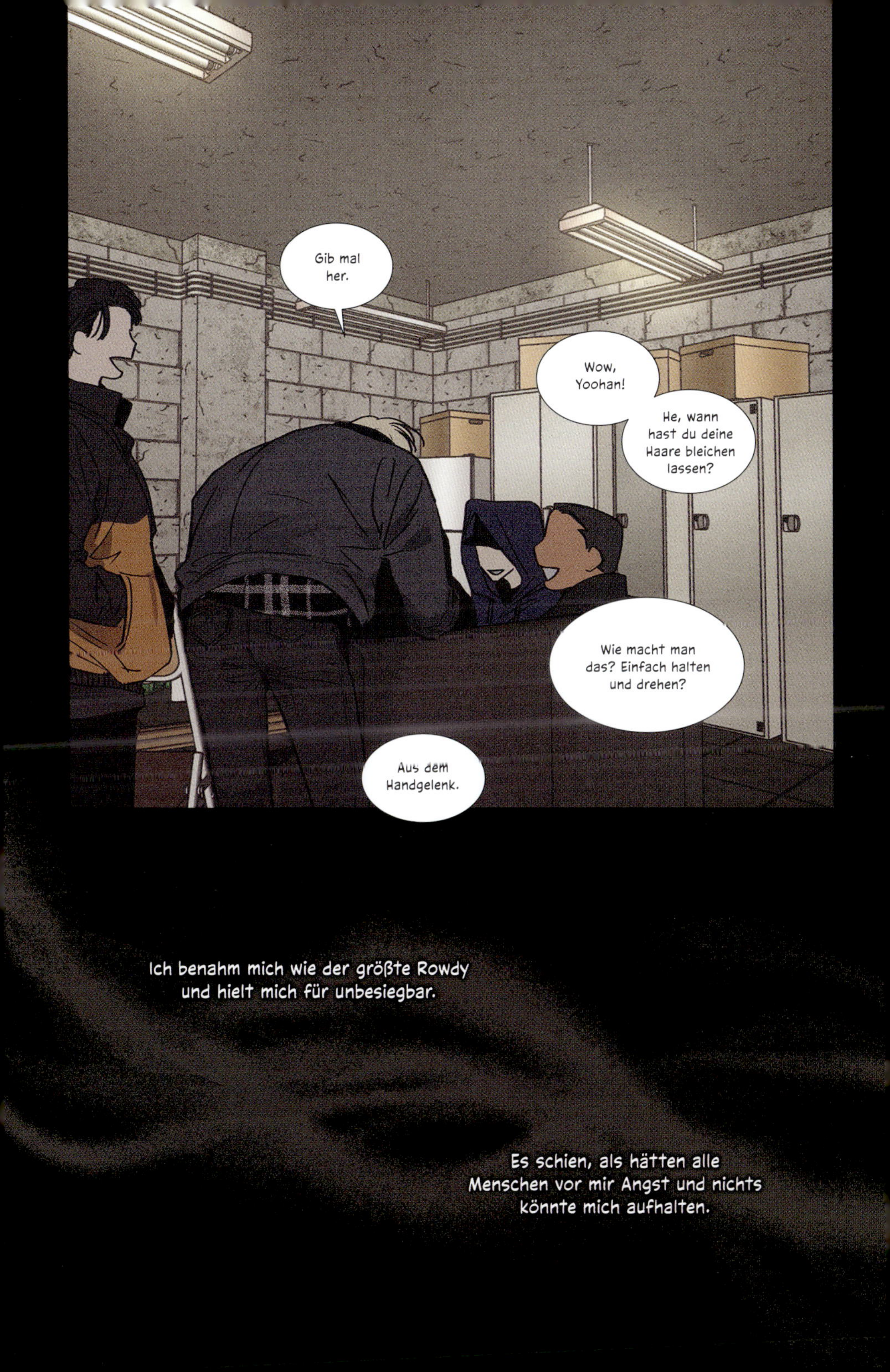
Gib mal her.
Wow, Yoohan!
He, wann hast du deine Haare bleichen lassen?
Wie macht man das? Einfach halten und drehen?
Aus dem Handgelenk.
Ich benahm mich wie der größte Rowdy und hielt mich für unbesiegbar.
Es schien, als hätten alle Menschen vor mir Angst und nichts könnte mich aufhalten.

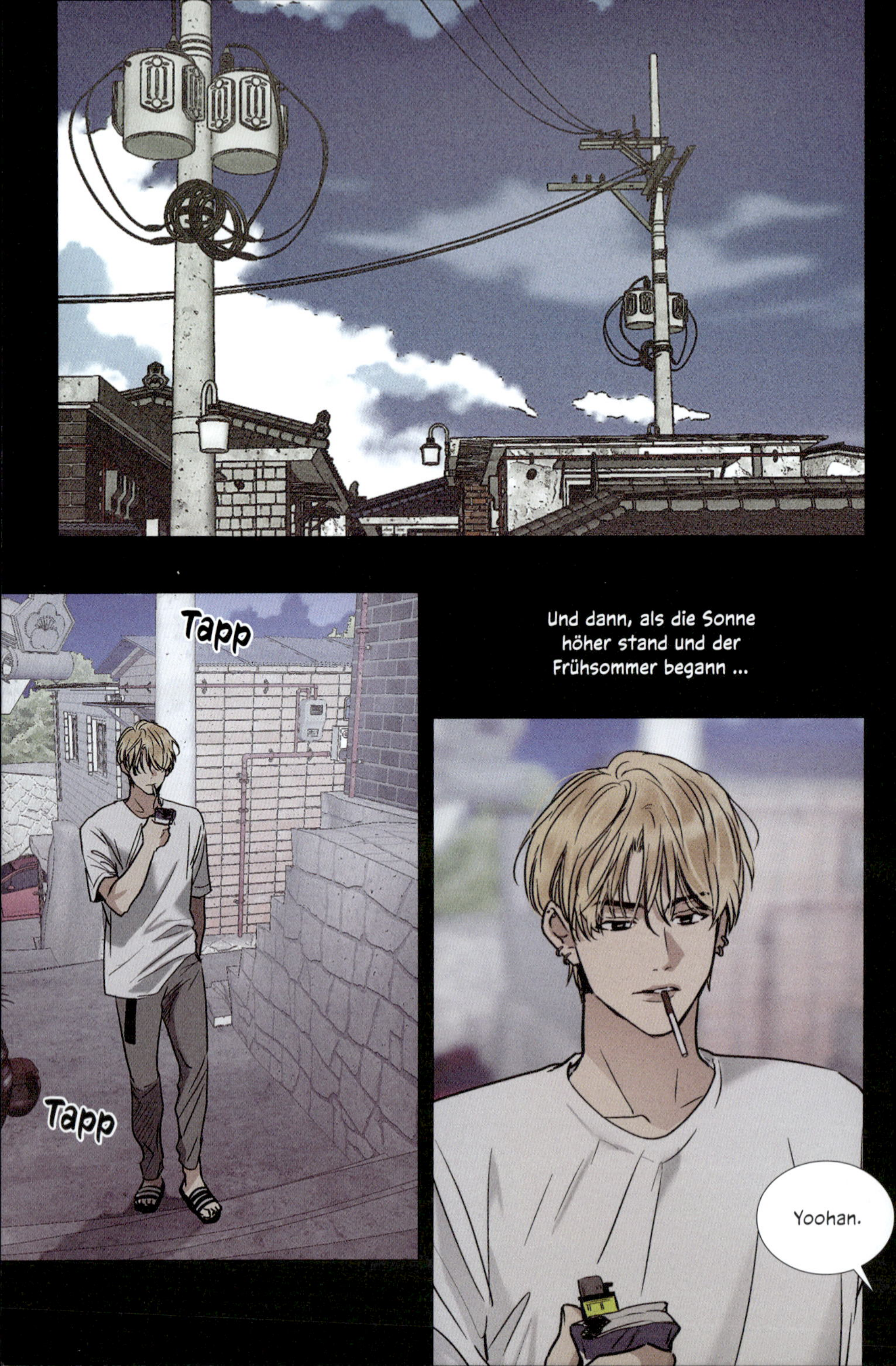
Tapp
Tapp
Und dann, als die Sonne höher stand und der Frühsommer begann ...
Yoohan.

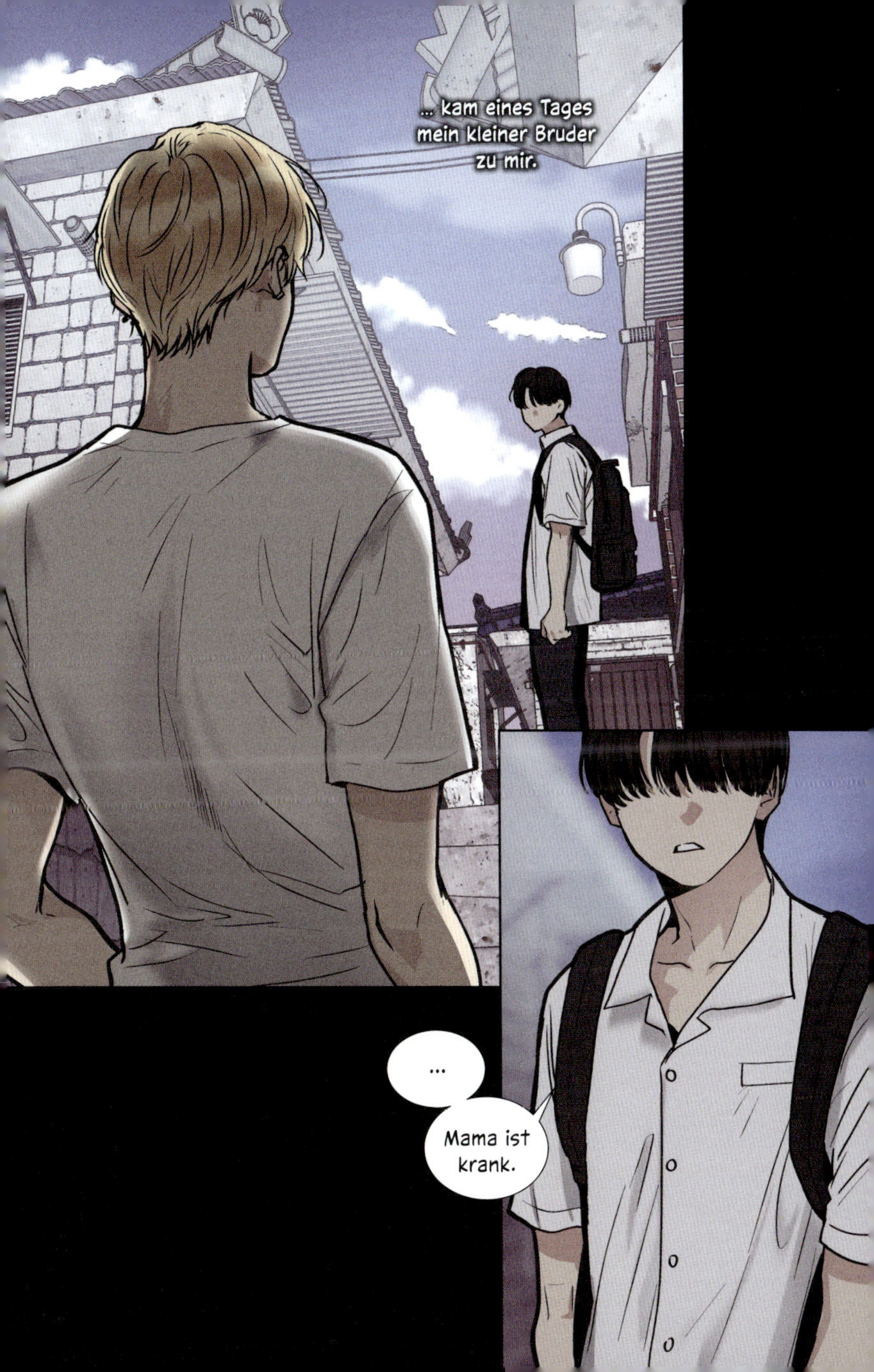
... kam eines Tages mein kleiner Bruder zu mir.
...
Mama ist krank.

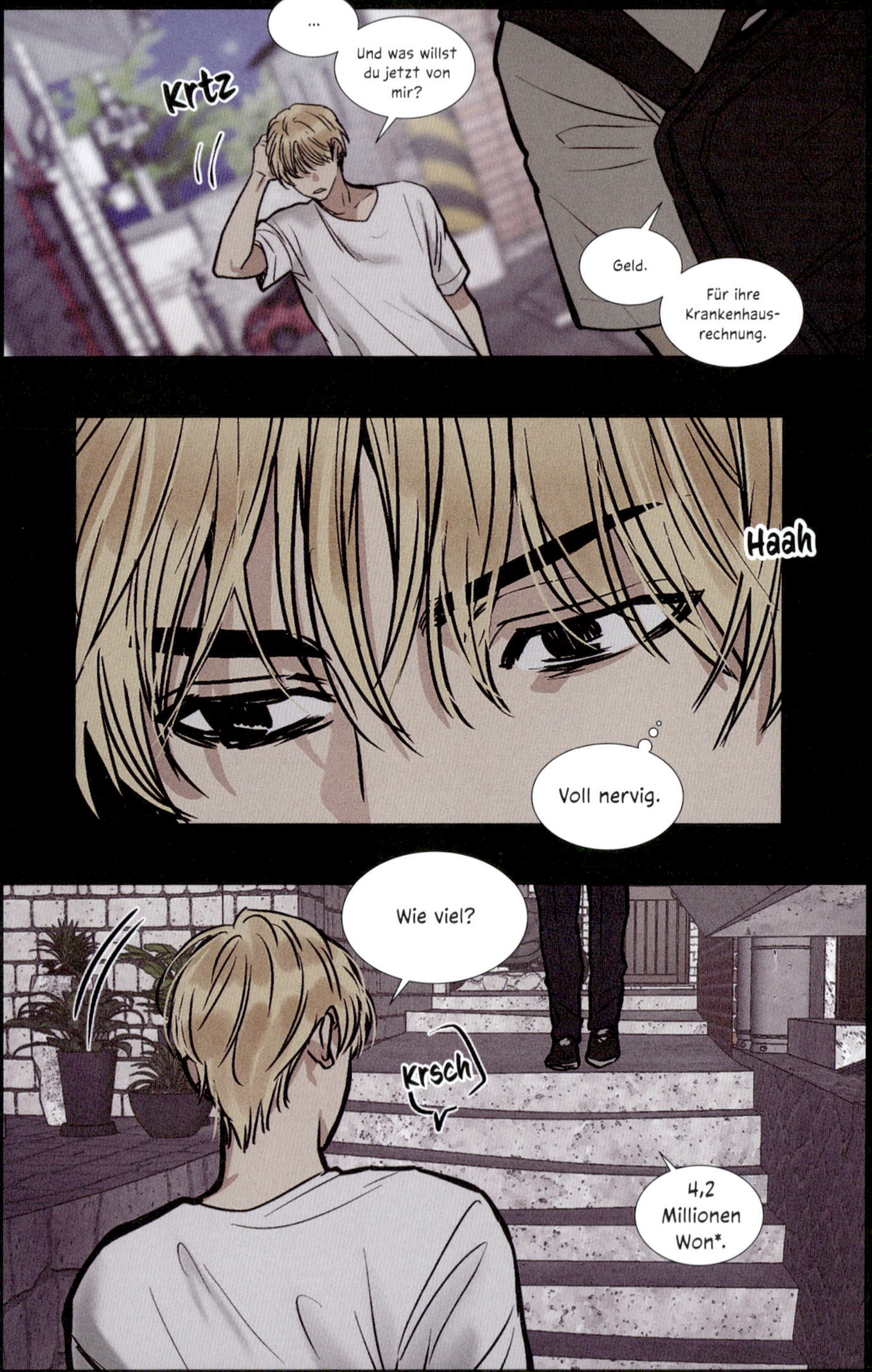

* Circa 3.080 Euro.

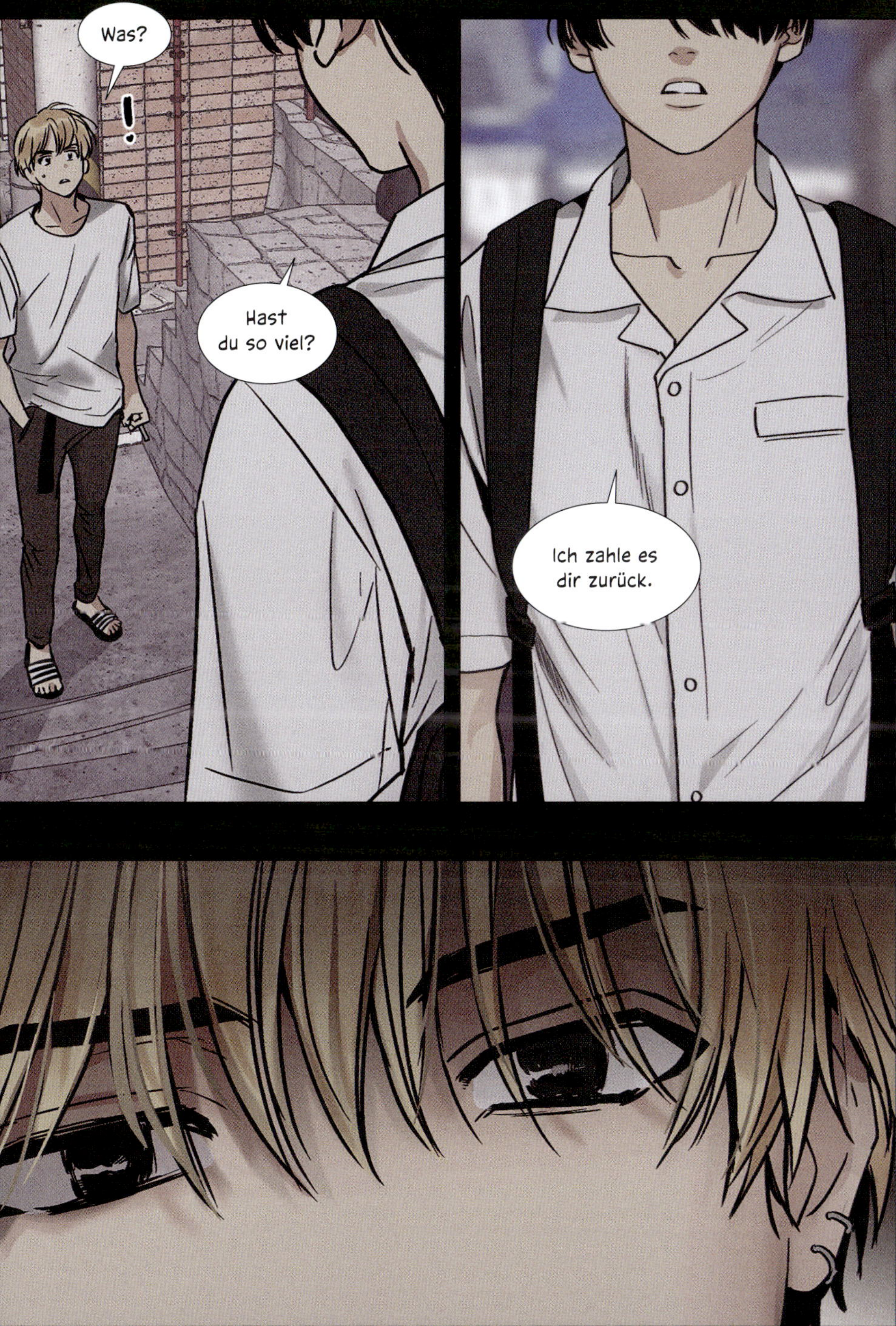
Was?
!
Hast du so viel?
Ich zahle es dir zurück.

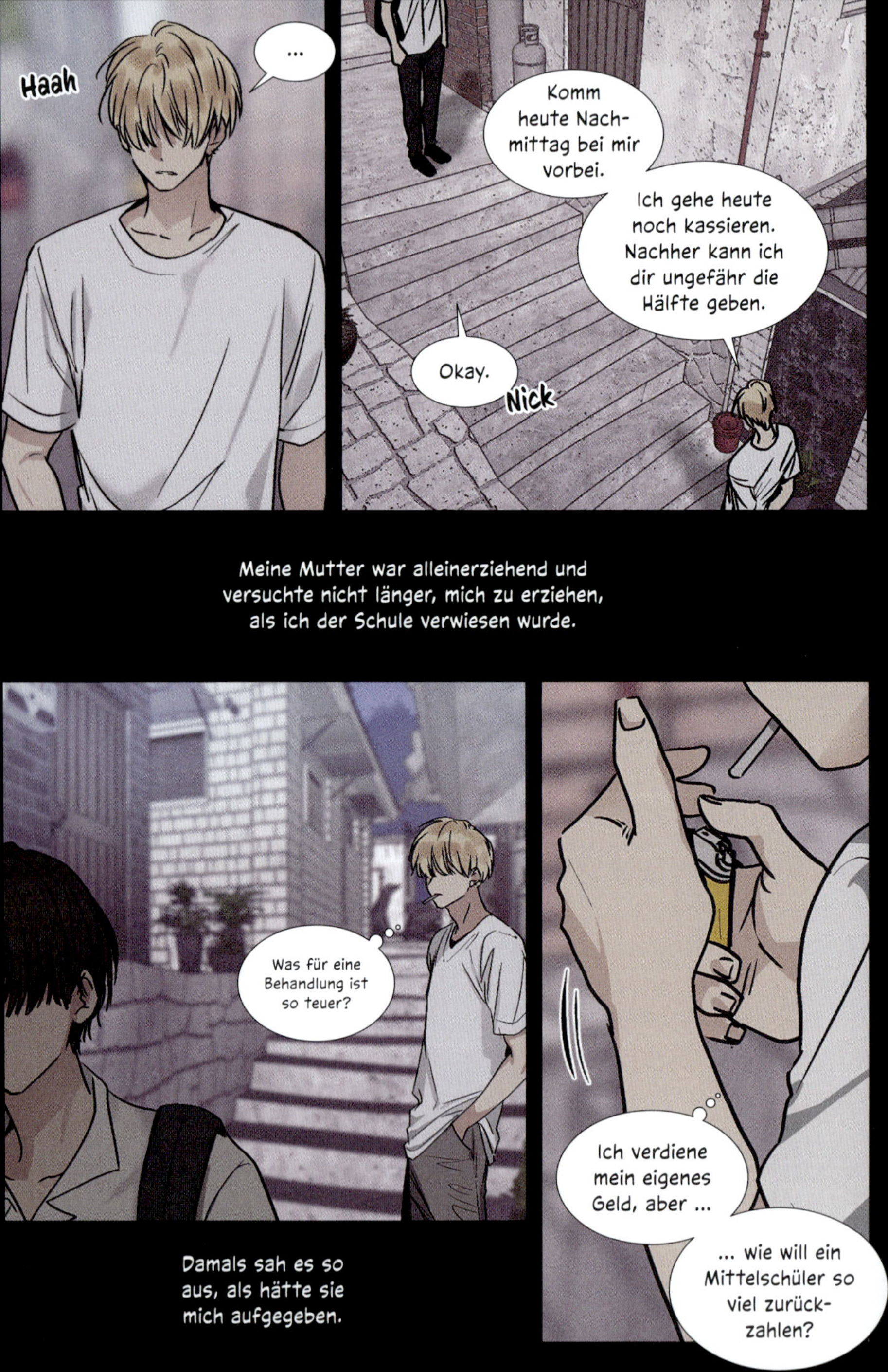
Haah
...
Komm heute Nachmittag bei mir vorbei.
Ich gehe heute noch kassieren. Nachher kann ich dir ungefähr die Hälfte geben.
Okay.
Nick
Meine Mutter war alleinerziehend und versuchte nicht länger, mich zu erziehen, als ich der Schule verwiesen wurde.
Was für eine Behandlung ist so teuer?
Ich verdiene mein eigenes Geld, aber ...
... wie will ein Mittelschüler so viel zurückzahlen?
Damals sah es so aus, als hätte sie mich aufgegeben.

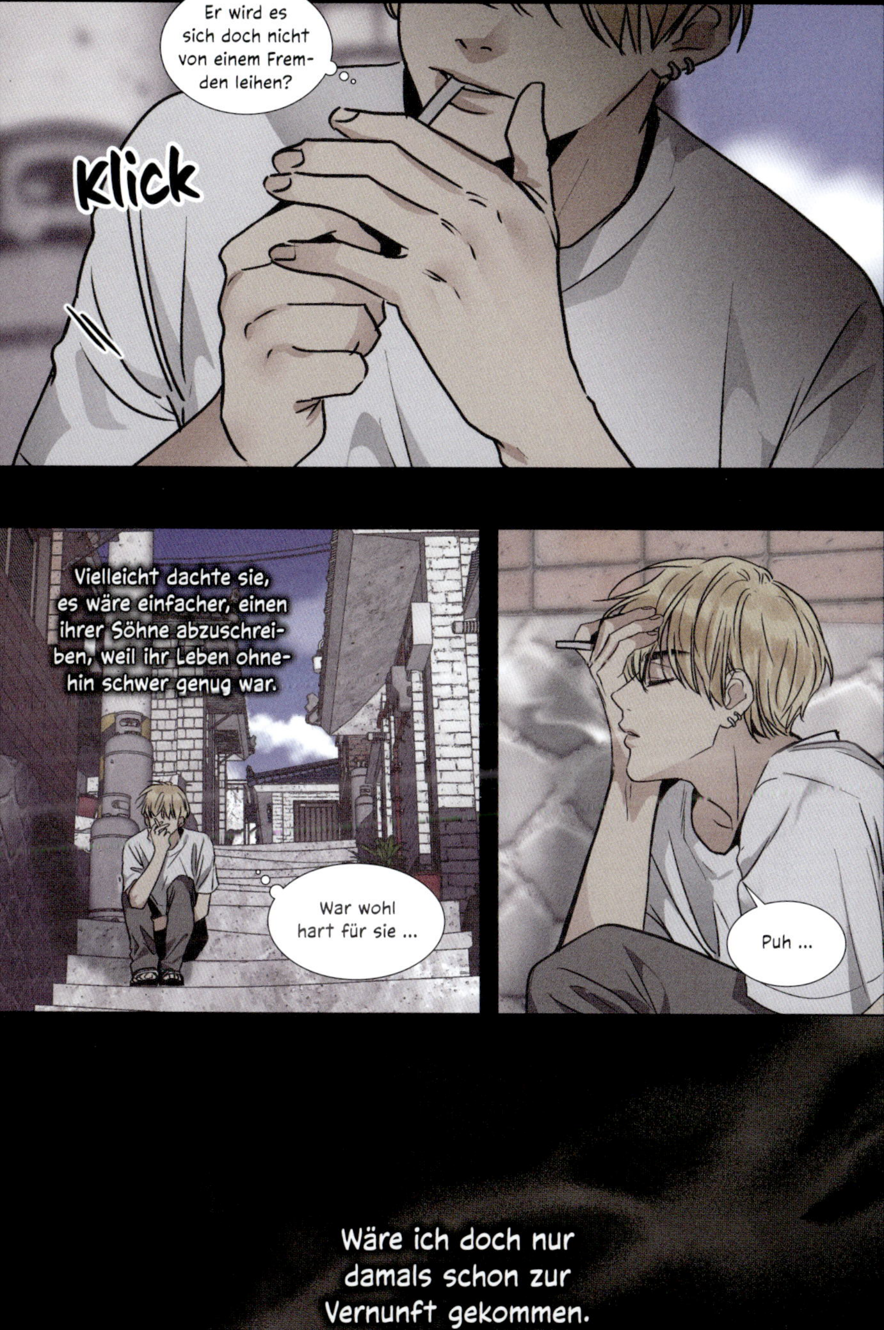
Er wird es sich doch nicht von einem Frem-den leihen?
Klick
Vielleicht dachte sie, es wäre einfacher, einen ihrer Söhne abzuschrei-ben, weil ihr Leben ohne-hin schwer genug war.
War wohl hart für sie ...
Puh ...
Wäre ich doch nur damals schon zur Vernunft gekommen.

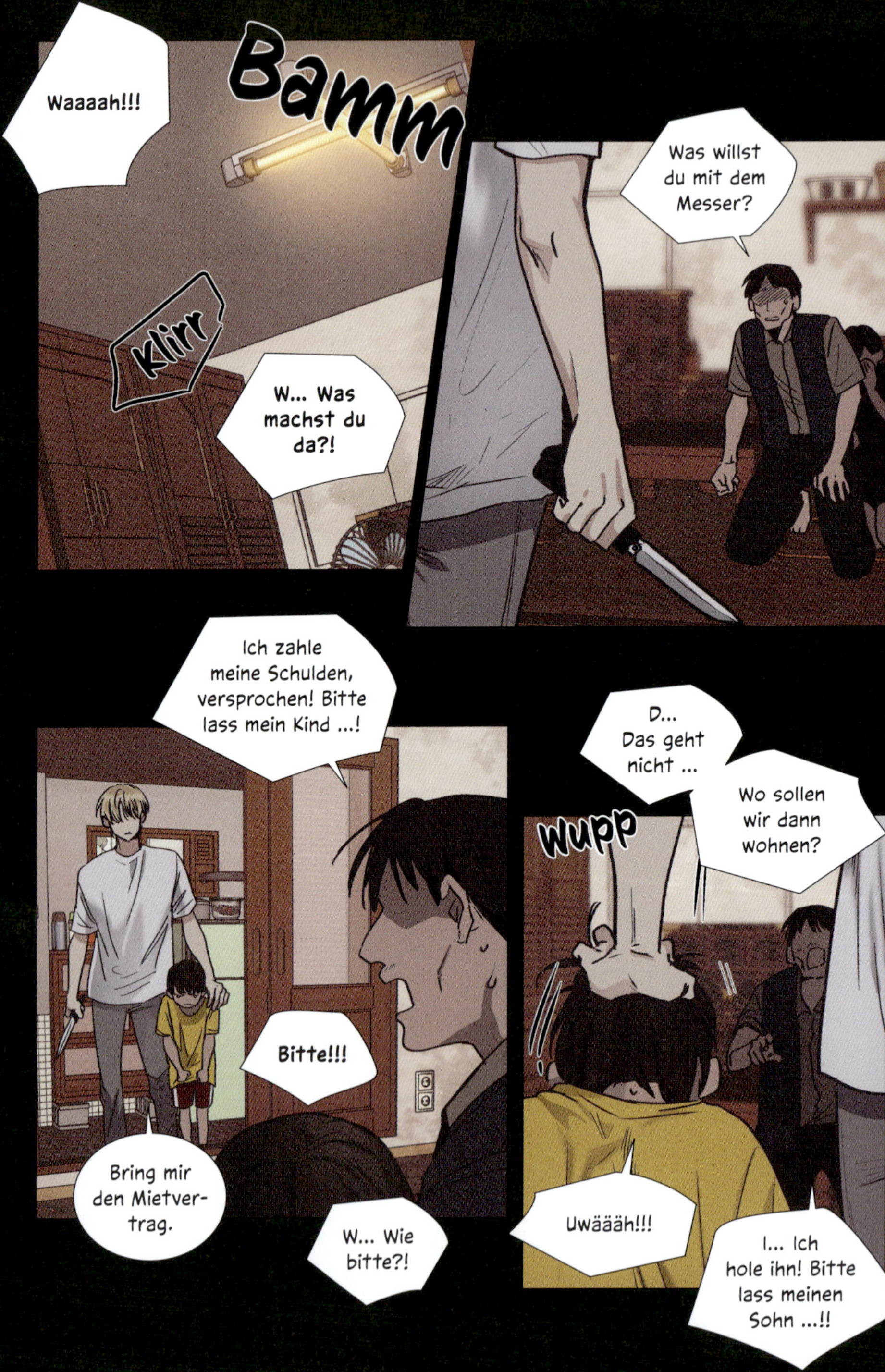
Waaaah!!!
Bamm
Klirr
W... Was machst du da?!
Was willst du mit dem Messer?
Ich zahle meine Schulden, versprochen! Bitte lass mein Kind ...!
Bitte!!!
Bring mir den Mietvertrag.
W... Wie bitte?!
D... Das geht nicht ...
Wo sollen wir dann wohnen?
wupp
Uwääh!!!
I... Ich hole ihn! Bitte lass meinen Sohn ...!!

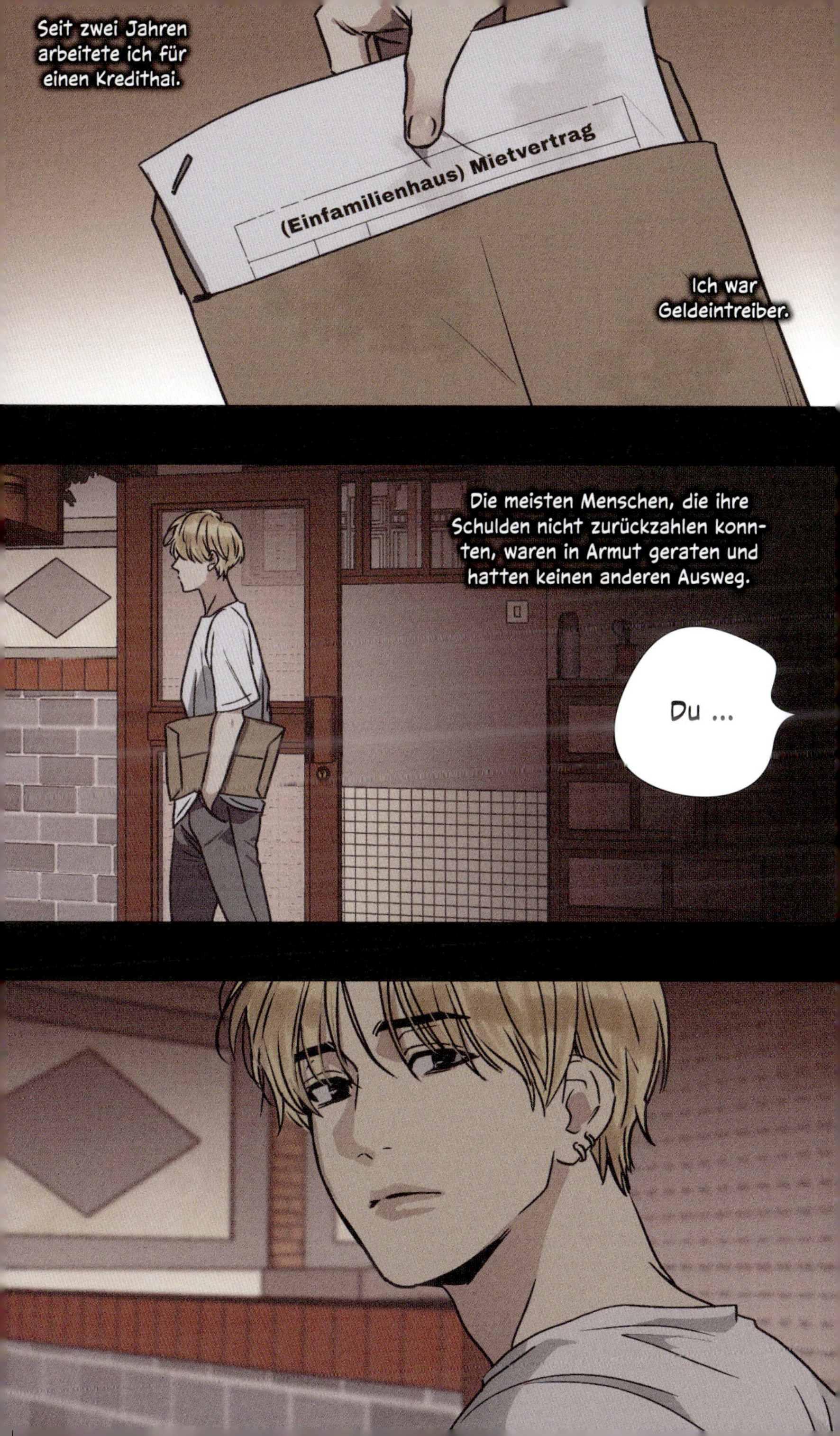
Seit zwei Jahren arbeitete ich für einen Kredithai.
(Einfamilienhaus) Mietvertrag
Ich war Geldeintreiber.
Die meisten Menschen, die ihre Schulden nicht zurückzahlen konnten, waren in Armut geraten und hatten keinen anderen Ausweg.
Du ...

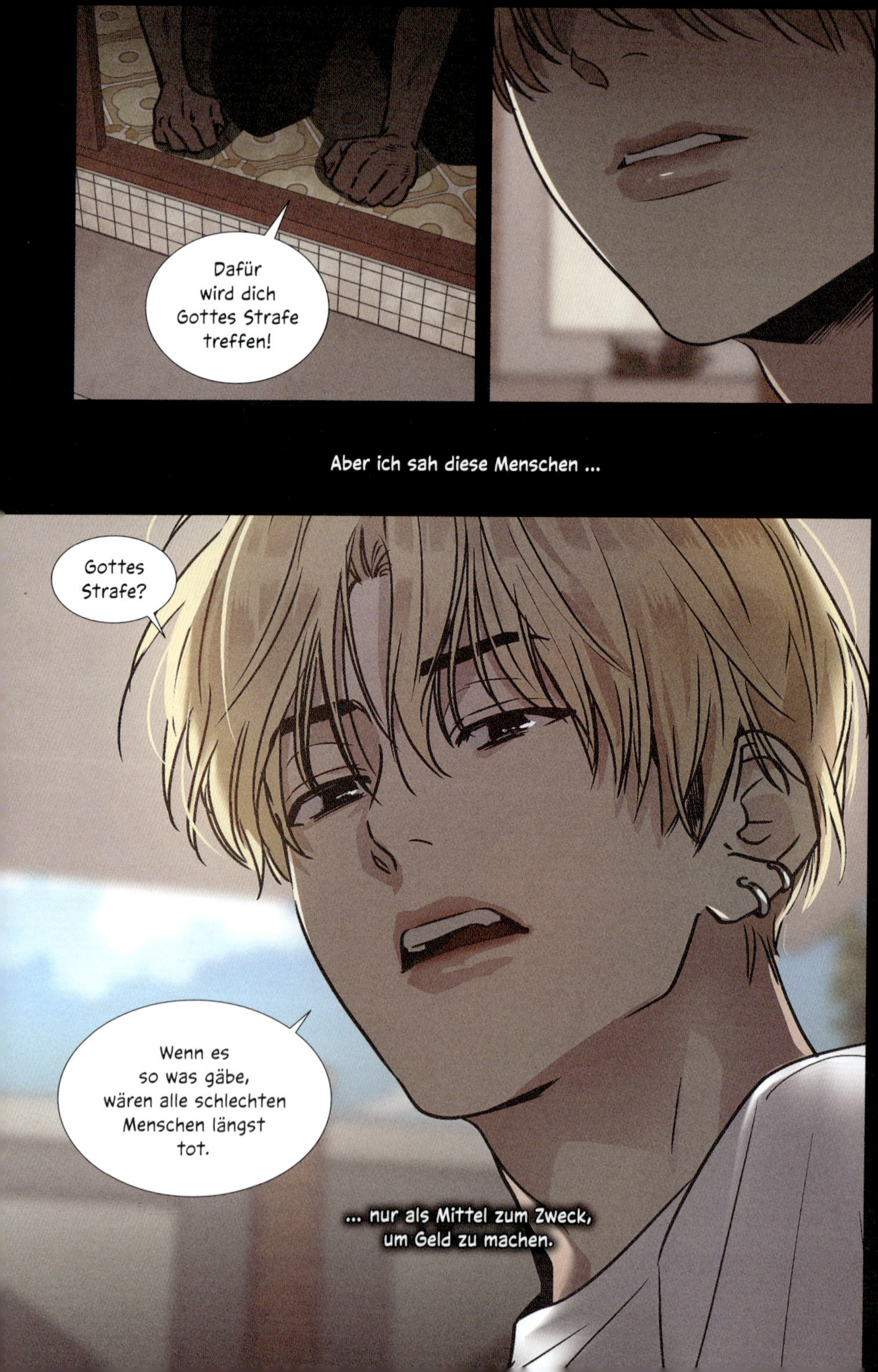
Dafür wird dich Gottes Strafe treffen!
Aber ich sah diese Menschen ...
Gottes Strafe?
Wenn es so was gäbe, wären alle schlechten Menschen längst tot.
... nur als Mittel zum Zweck, um Geld zu machen.

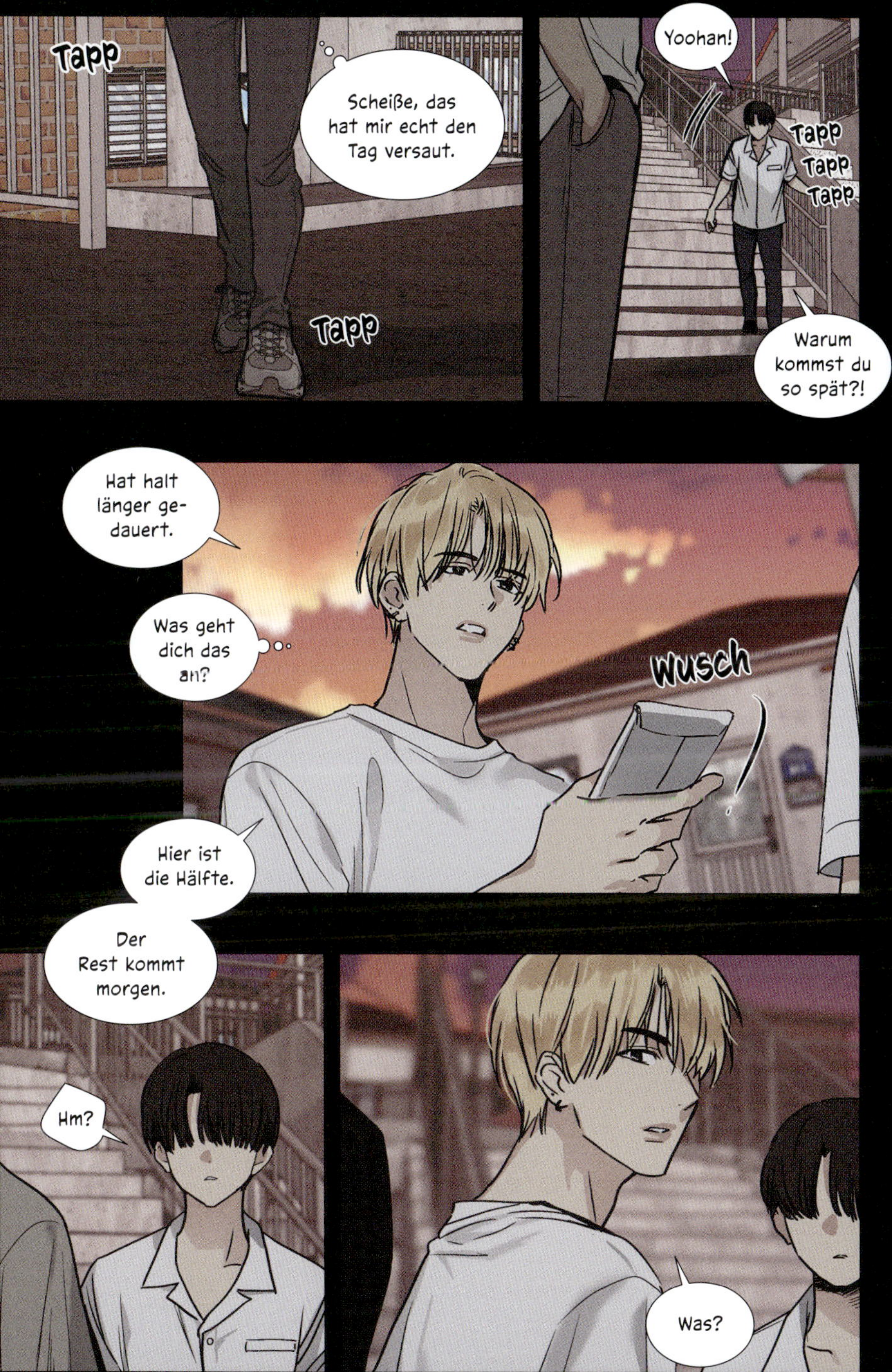

Tapp
Scheiße, das hat mir echt den Tag versaut.
Tapp
Yoohan!
Tapp Tapp Tapp
Warum kommst du so spät?!
Hat halt länger gedauert.
Was geht dich das an?
Wusch
Hier ist die Hälfte.
Der Rest kommt morgen.
Hm?
Was?

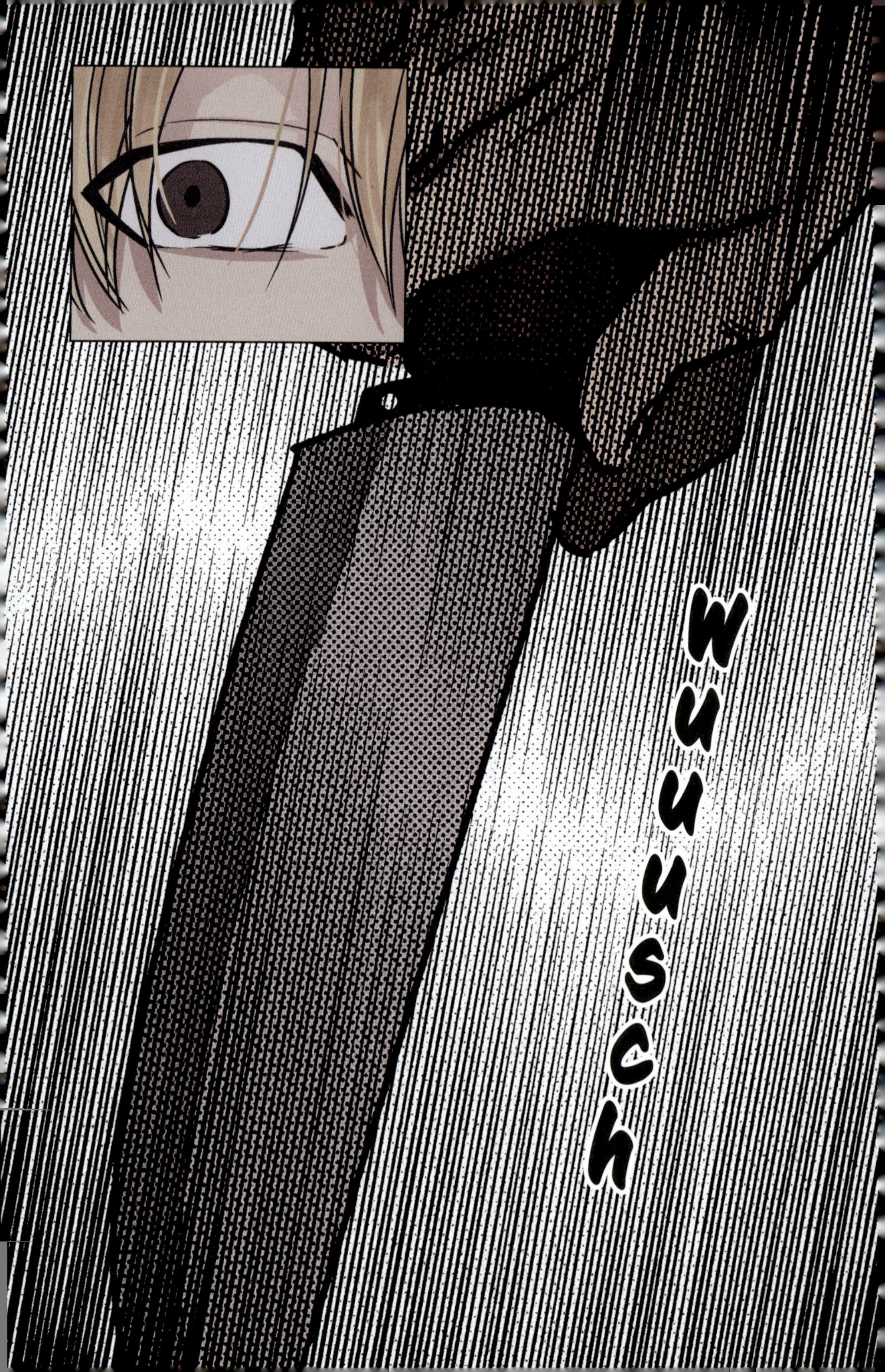
Wuuusch

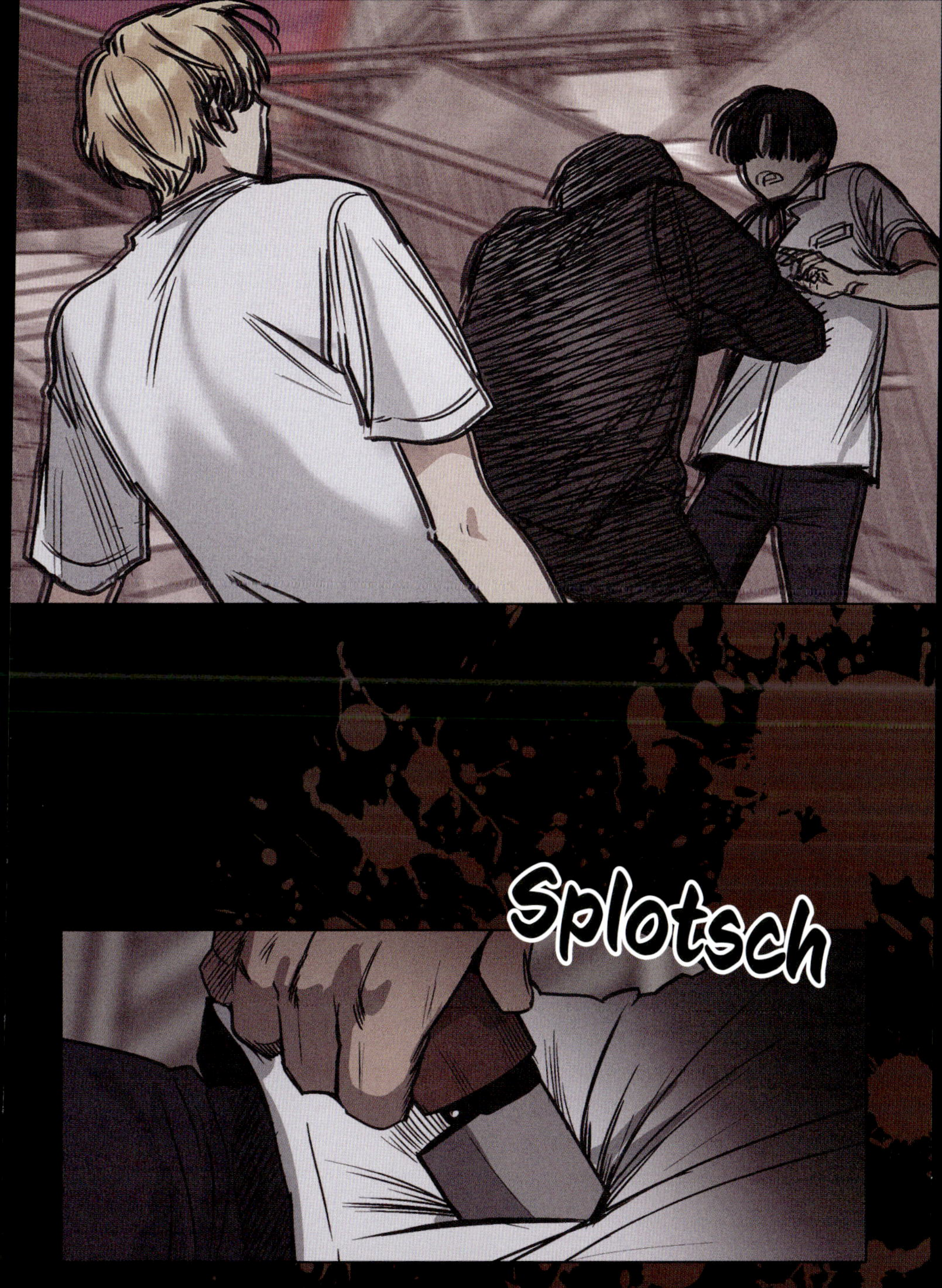
Splotsch

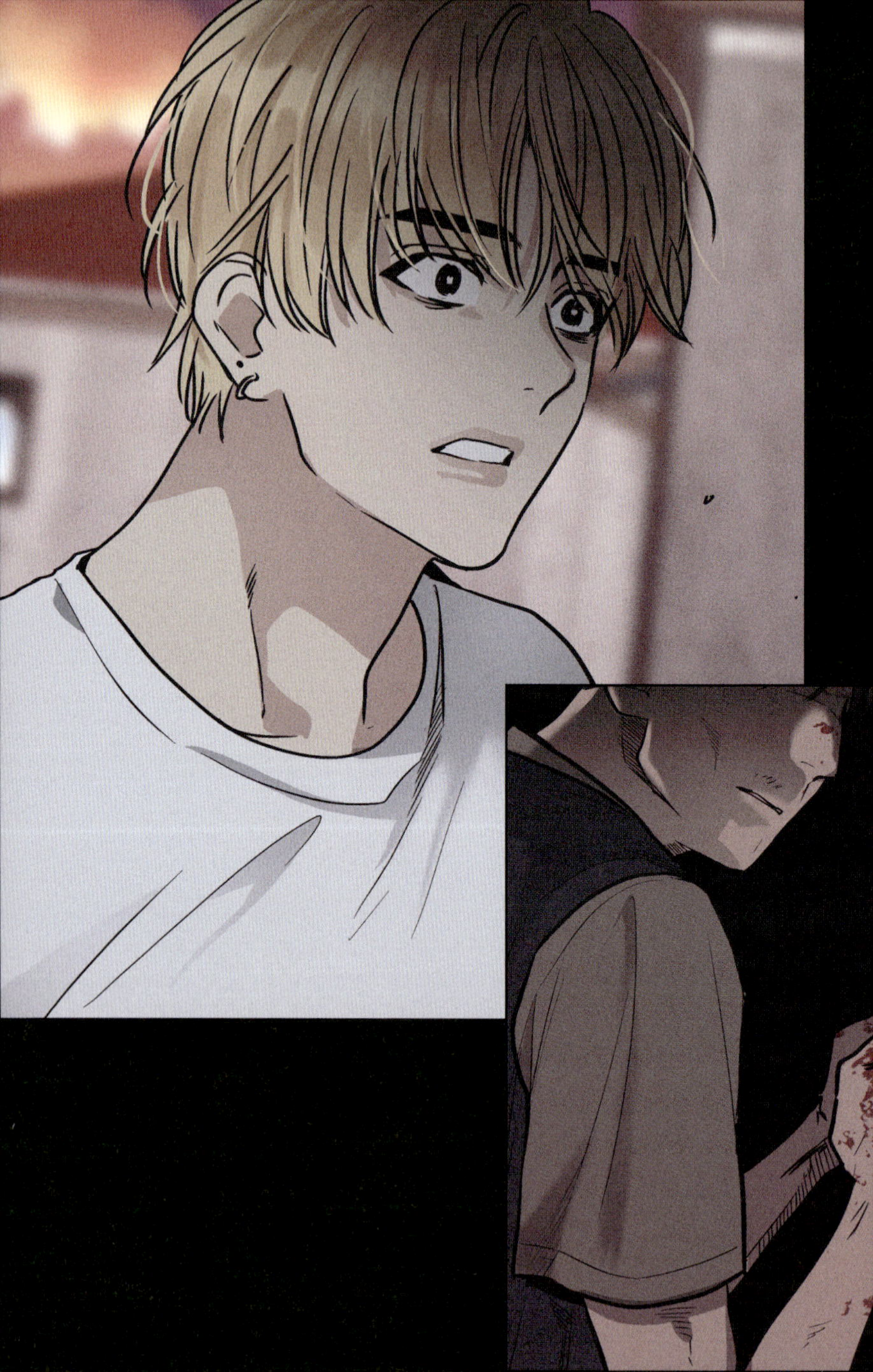

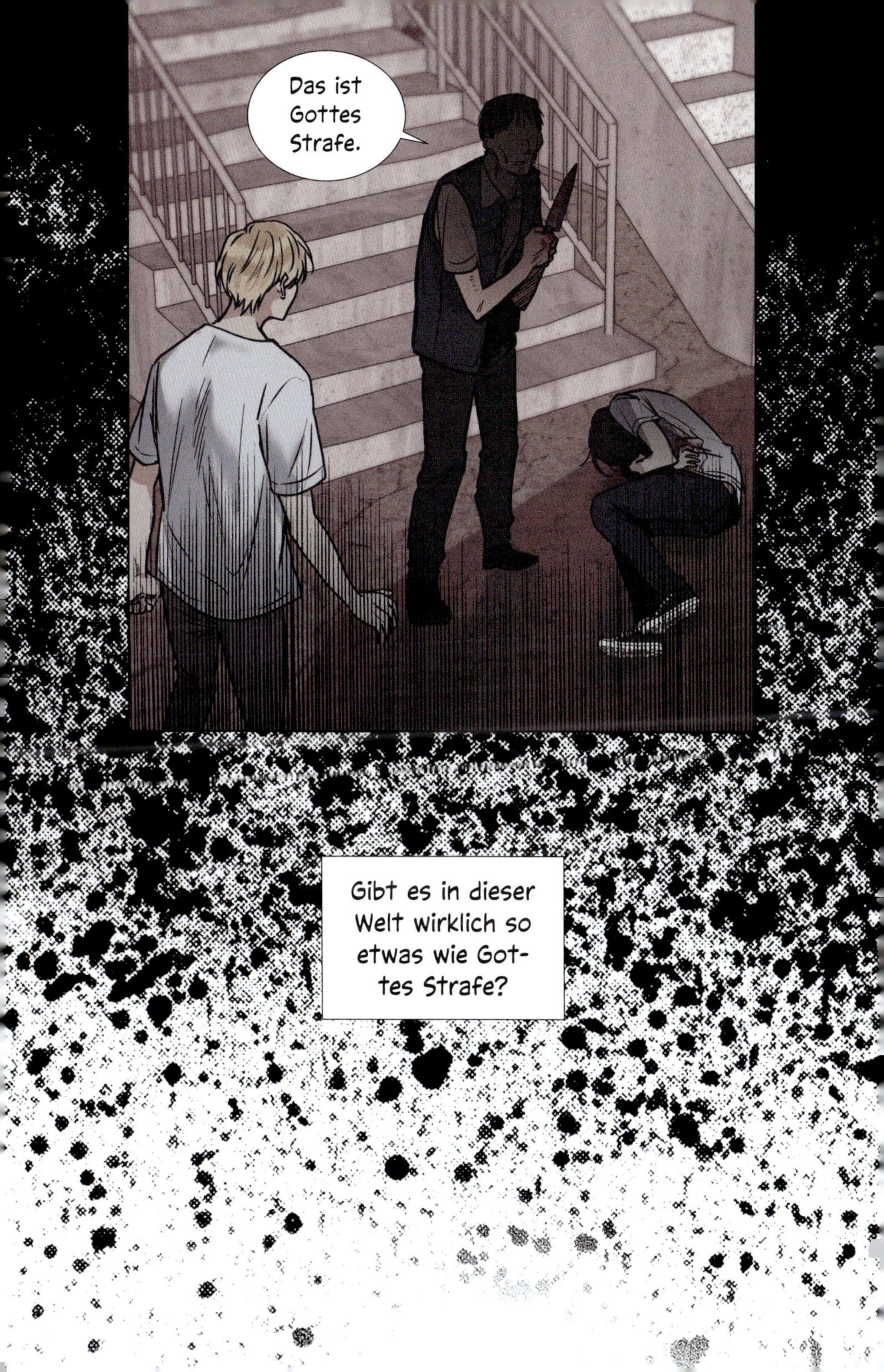
Das ist Gottes Strafe.
Gibt es in dieser Welt wirklich so etwas wie Got-tes Strafe?

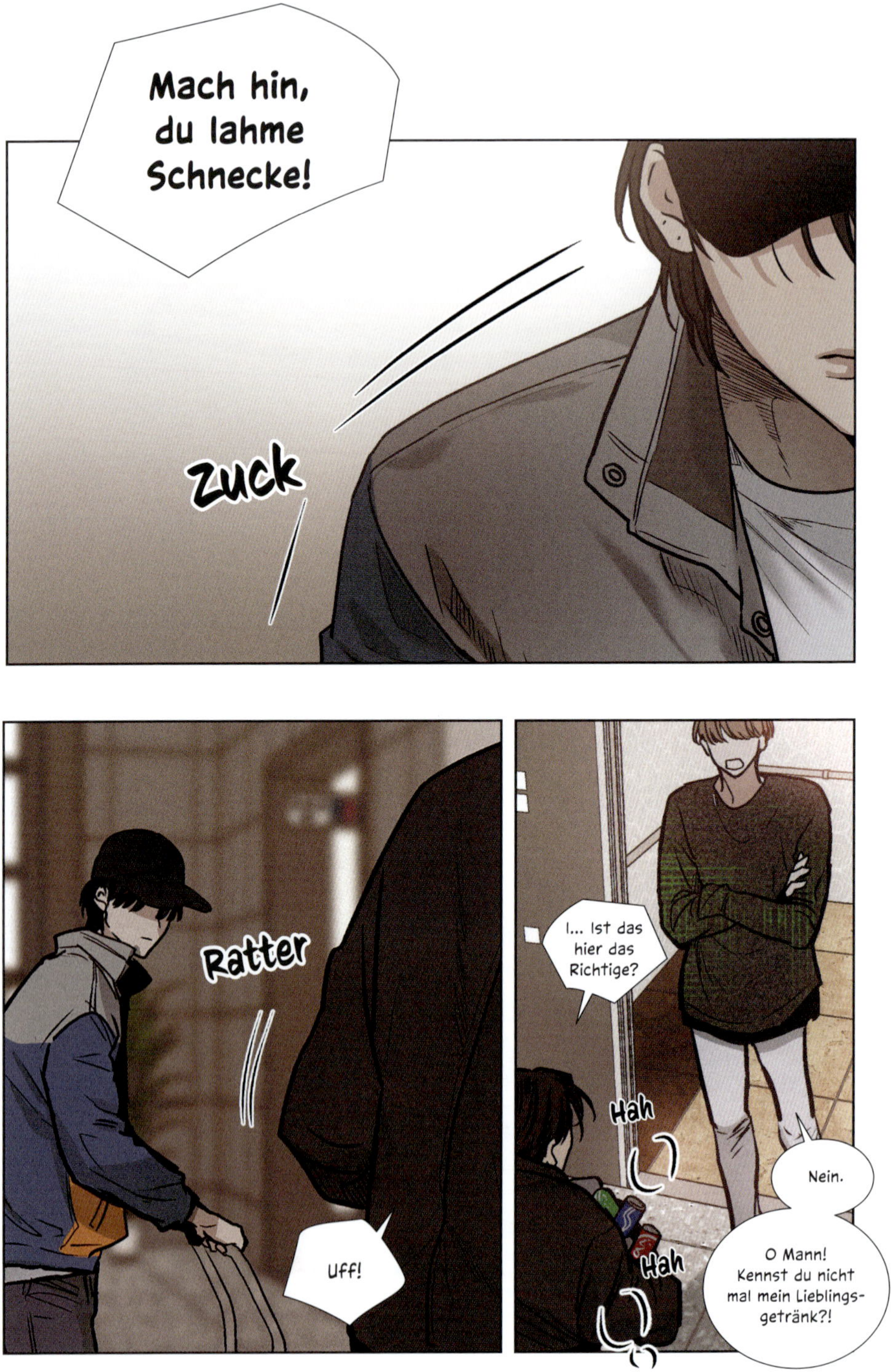
Mach hin, du lahme Schnecke!
Zuck
Ratter
Uff!
I... Ist das hier das Richtige?
Hah
Hah
Nein.
O Mann! Kennst du nicht mal mein Lieblings-getränk?!

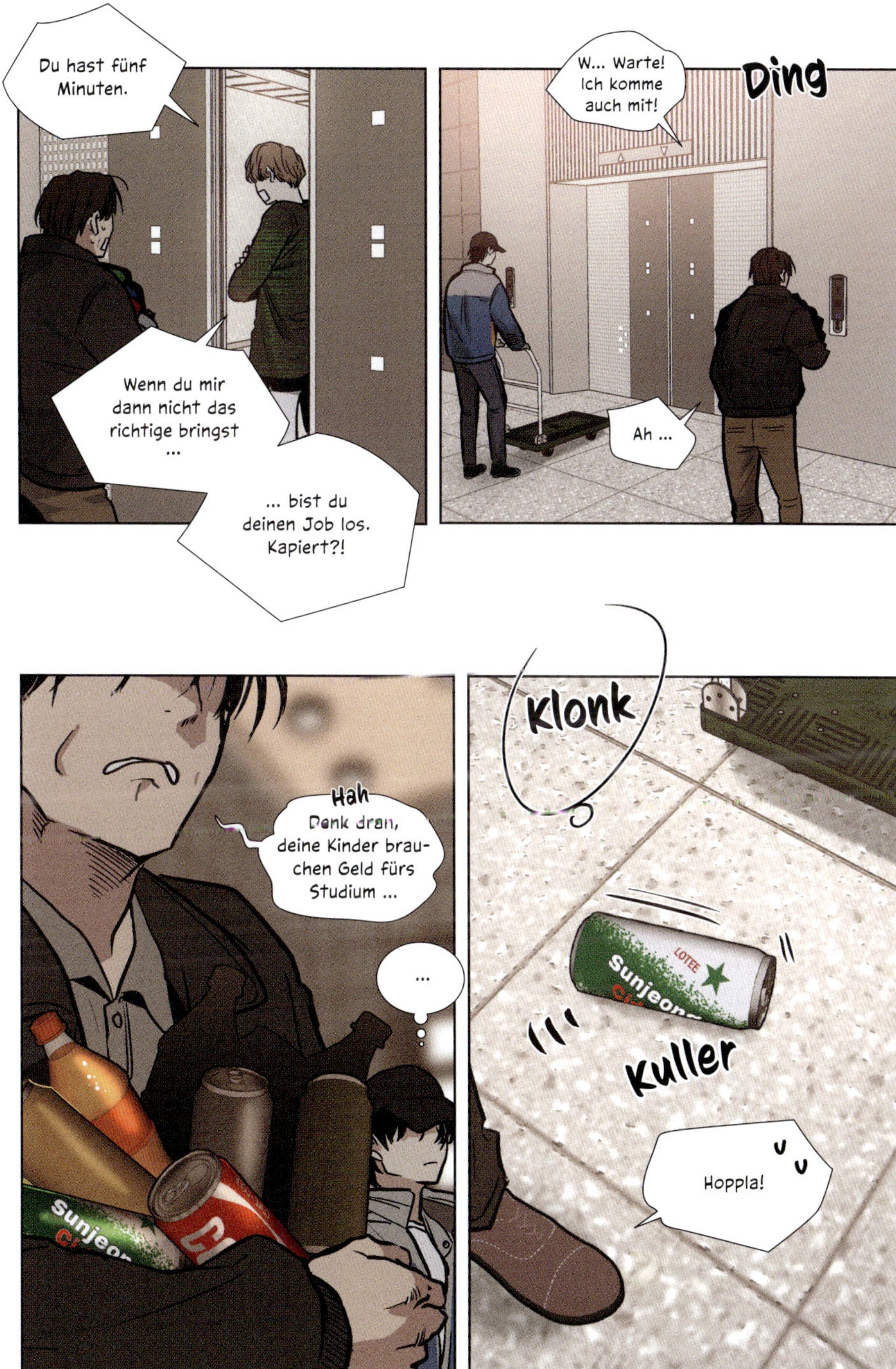
Du hast fünf Minuten.
Wenn du mir dann nicht das richtige bringst ...
... bist du deinen Job los. Kapiert?!
W... Warte! Ich komme auch mit!
Ding
Ah ...
Hah
Denk dran, deine Kinder brauchen Geld fürs Studium ...
...
Klonk
Kuller
Hoppla!

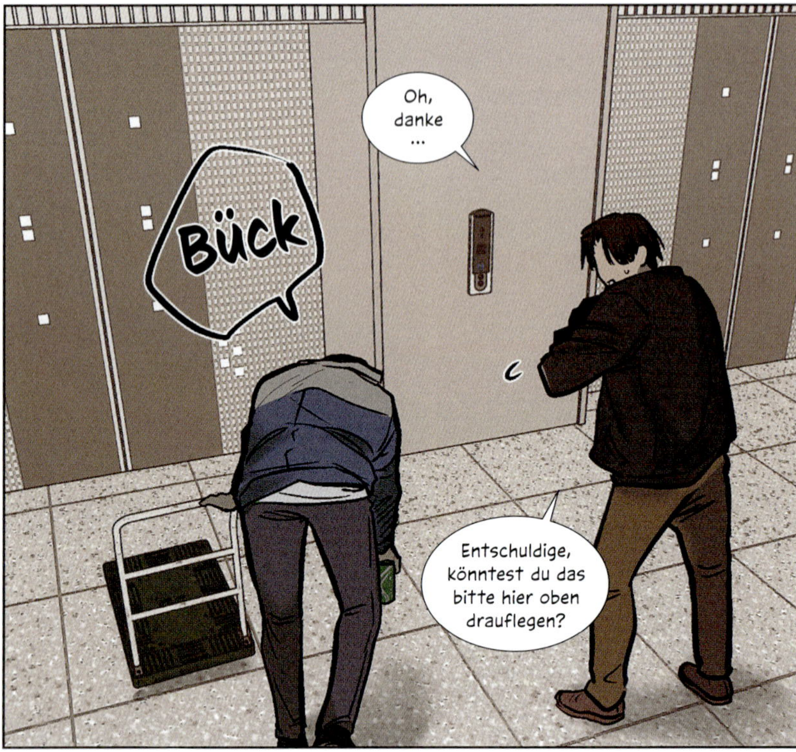
Bück
Oh, danke ...
Entschuldige, könntest du das bitte hier oben drauflegen?

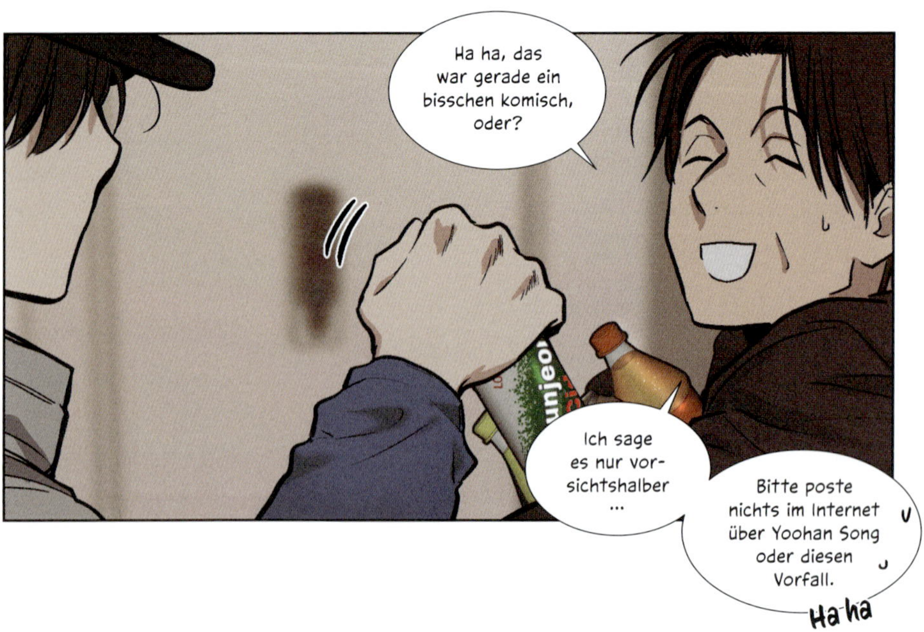
Ha ha, das war gerade ein bisschen komisch, oder?
Ich sage es nur vorsichtshalber ...
Bitte poste nichts im Internet über Yoohan Song oder diesen Vorfall.
Ha ha

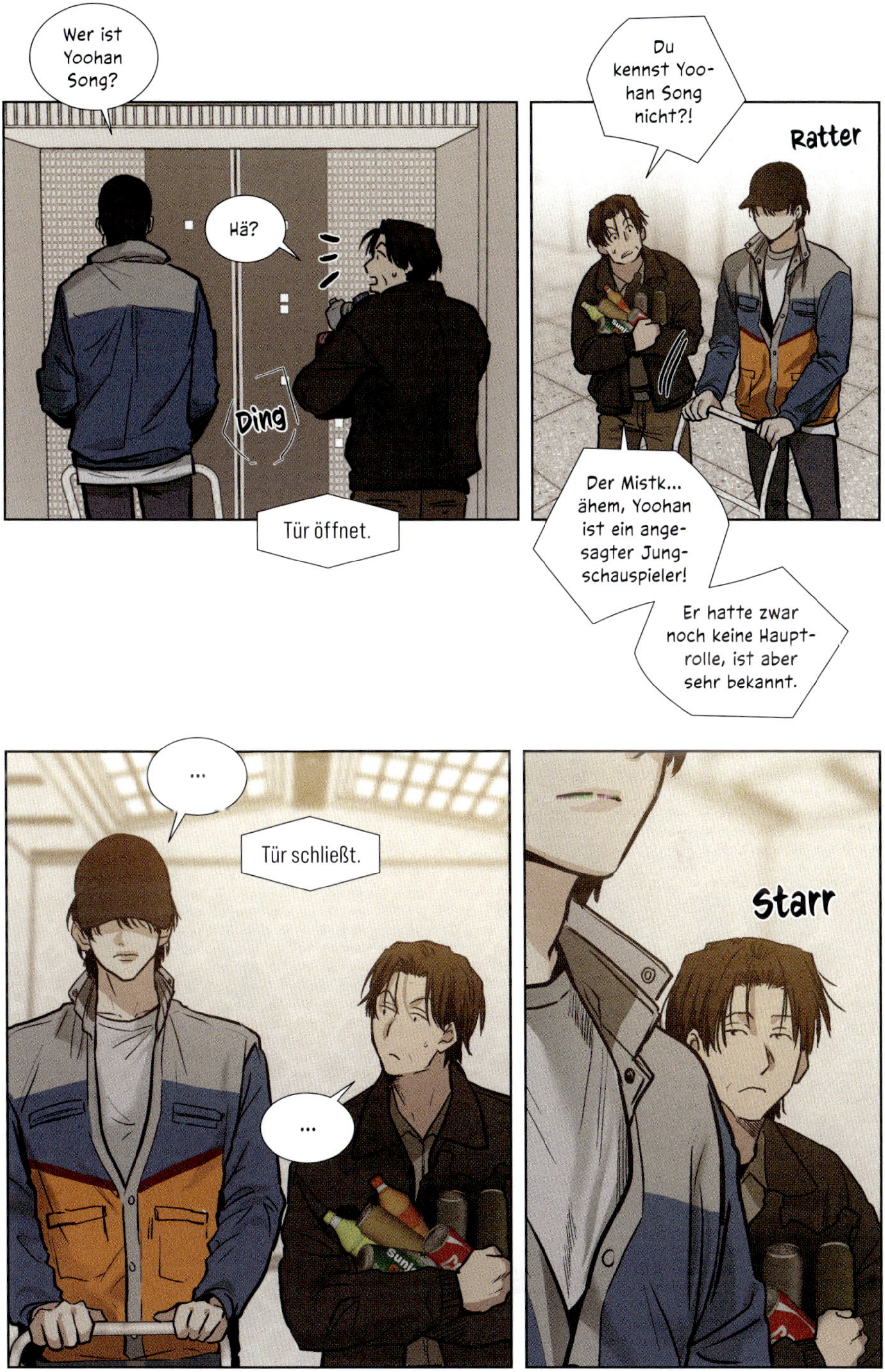
Wer ist Yoohan Song?
Hä?
Ding
Tür öffnet.
Du kennst Yoohan Song nicht?!
Ratter
Der Mistk... ähem, Yoohan ist ein angesagter Jungschauspieler!
Er hatte zwar noch keine Hauptrolle, ist aber sehr bekannt.
...
Tür schließt.
...
Starr

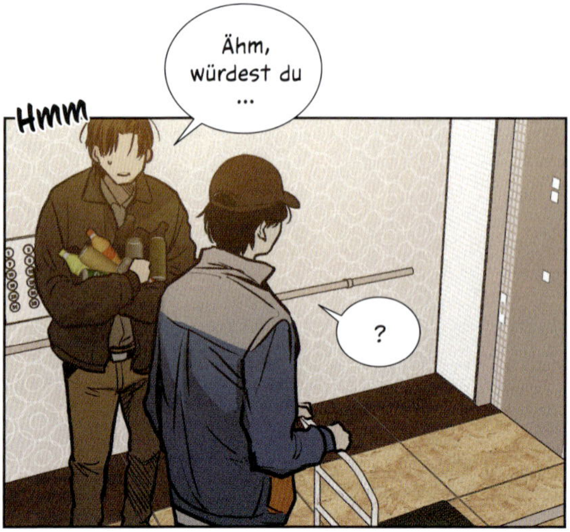
Ähm, würdest du ...
Hmm
?

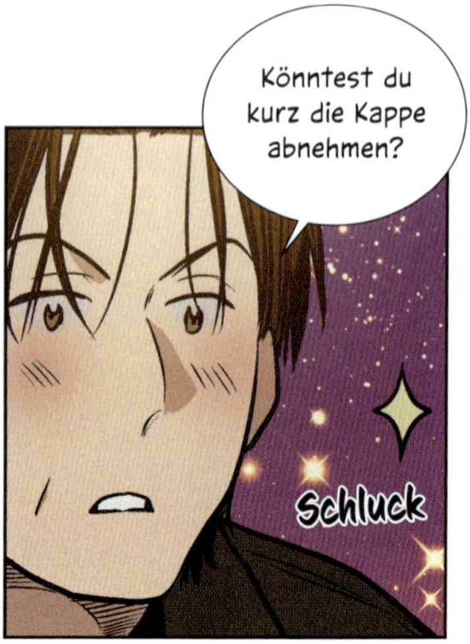
Könntest du kurz die Kappe abnehmen?
Schluck

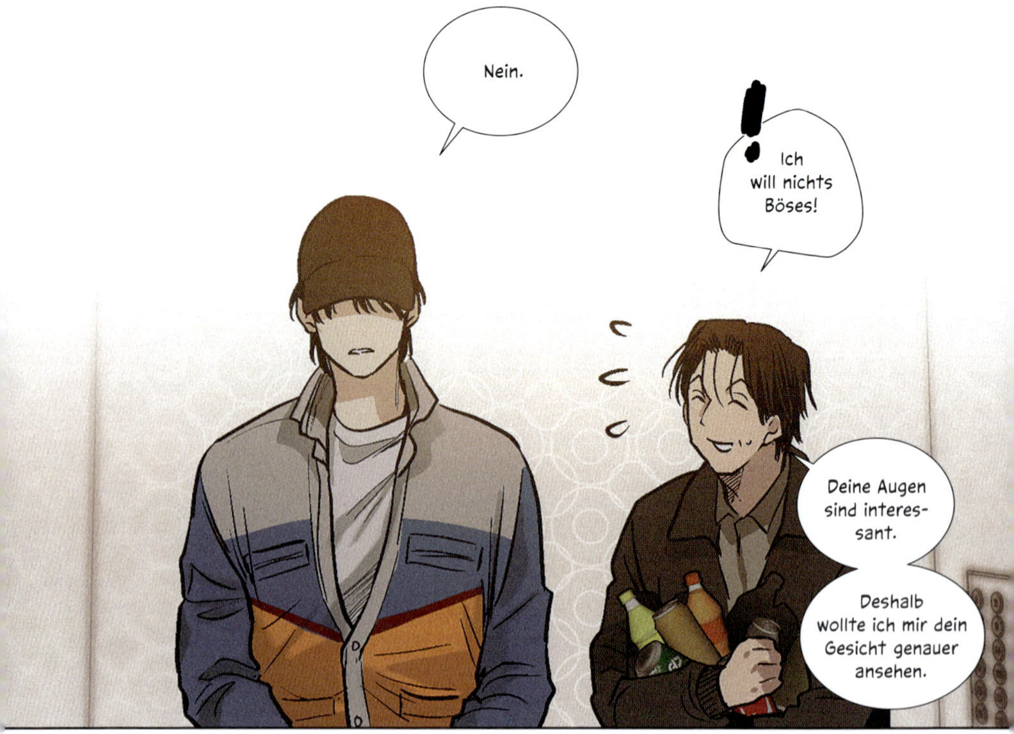
Nein.
Ich will nichts Böses!
Deine Augen sind interes-sant.
Deshalb wollte ich mir dein Gesicht genauer ansehen.

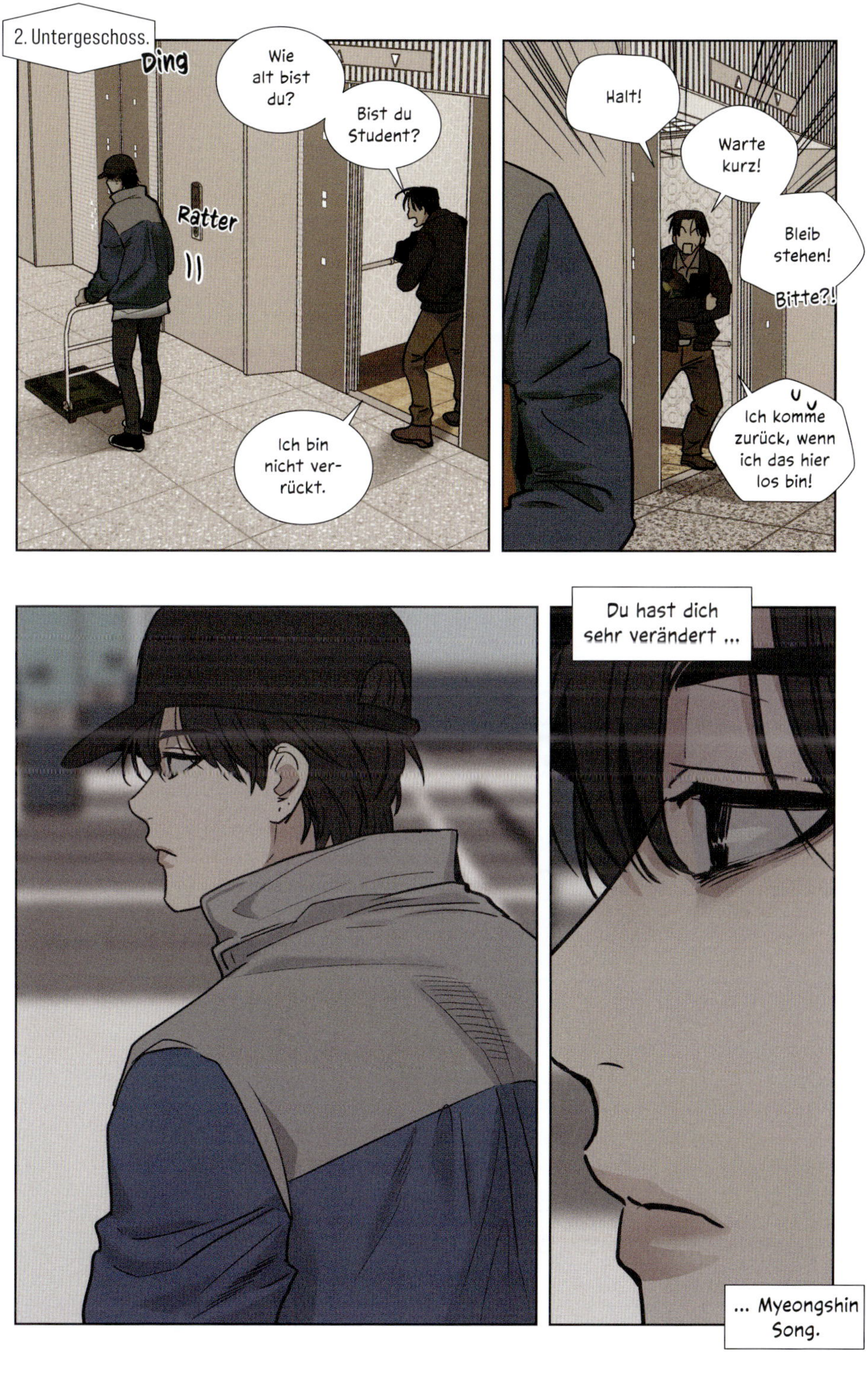
2. Untergeschoss.
Ding
Wie alt bist du?
Bist du Student?
Ratter
Ich bin nicht verrückt.
Halt!
Warte kurz!
Bleib stehen!
Bitte?!
Ich komme zurück, wenn ich das hier los bin!
Du hast dich sehr verändert …
… Myeongshin Song.

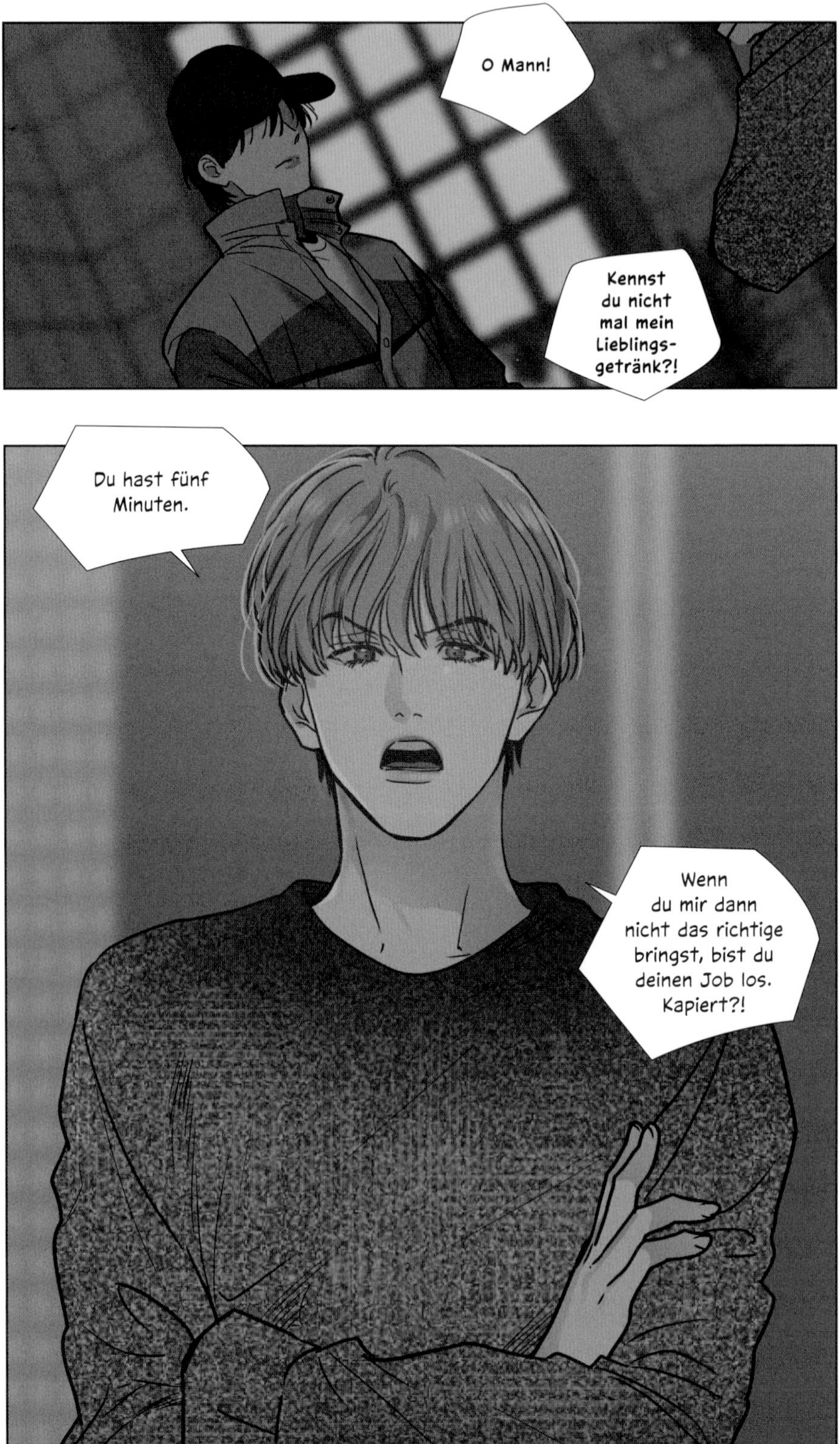
O Mann!
Kennst du nicht mal mein Lieblings-getränk?!
Du hast fünf Minuten.
Wenn du mir dann nicht das richtige bringst, bist du deinen Job los. Kapiert?!

Der Mann, der gerade Yoohan Song genannt wurde ...

... ist Myeongshin Song, der sich mit meinem Geld davonmachte, als ich nach dem Tod meines Bruders völlig aufgelöst war.

Wir wohnten zusammen und ich hielt ihn für meinen Freund.

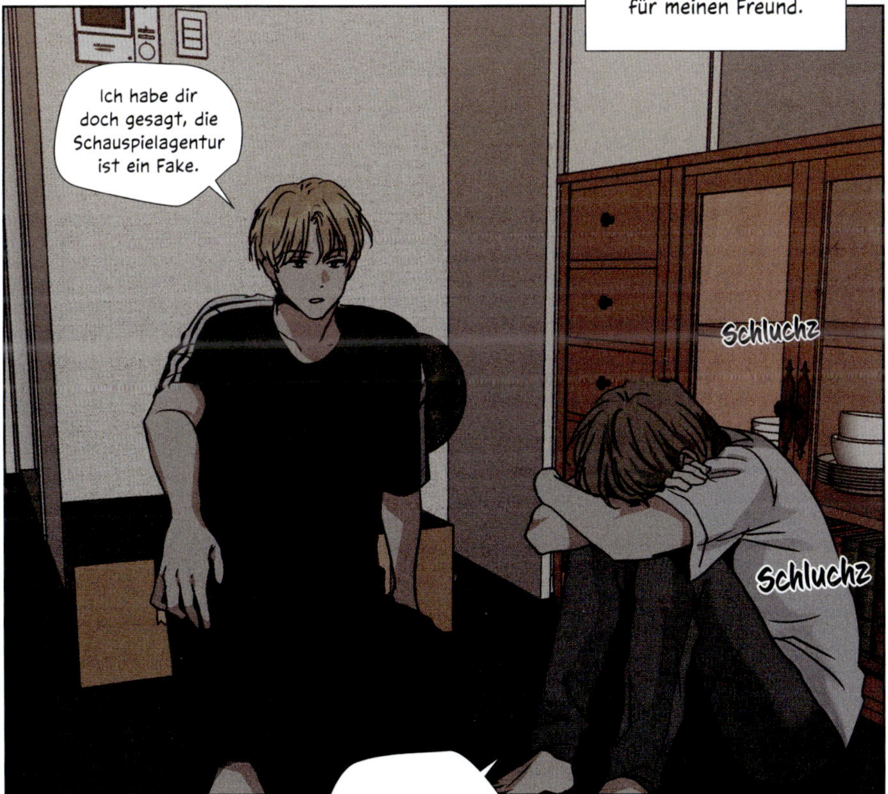

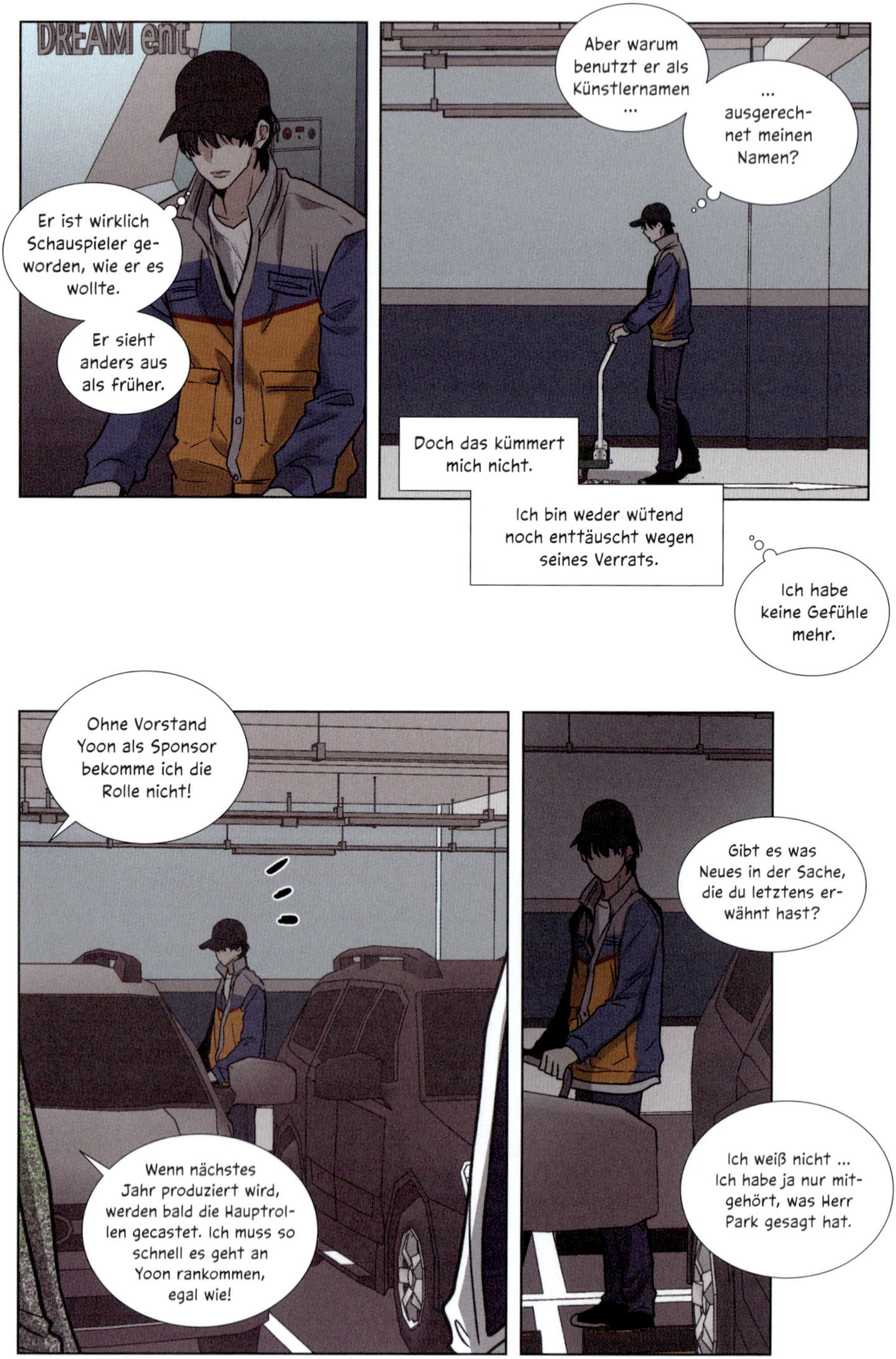
DREAM ent.
Er ist wirklich Schauspieler geworden, wie er es wollte.
Er sieht anders aus als früher.
Aber warum benutzt er als Künstlernamen …
… ausgerechnet meinen Namen?
Doch das kümmert mich nicht.
Ich bin weder wütend noch enttäuscht wegen seines Verrats.
Ich habe keine Gefühle mehr.
Ohne Vorstand Yoon als Sponsor bekomme ich die Rolle nicht!
Wenn nächstes Jahr produziert wird, werden bald die Hauptrollen gecastet. Ich muss so schnell es geht an Yoon rankommen, egal wie!
Gibt es was Neues in der Sache, die du letztens erwähnt hast?
Ich weiß nicht … Ich habe ja nur mitgehört, was Herr Park gesagt hat.

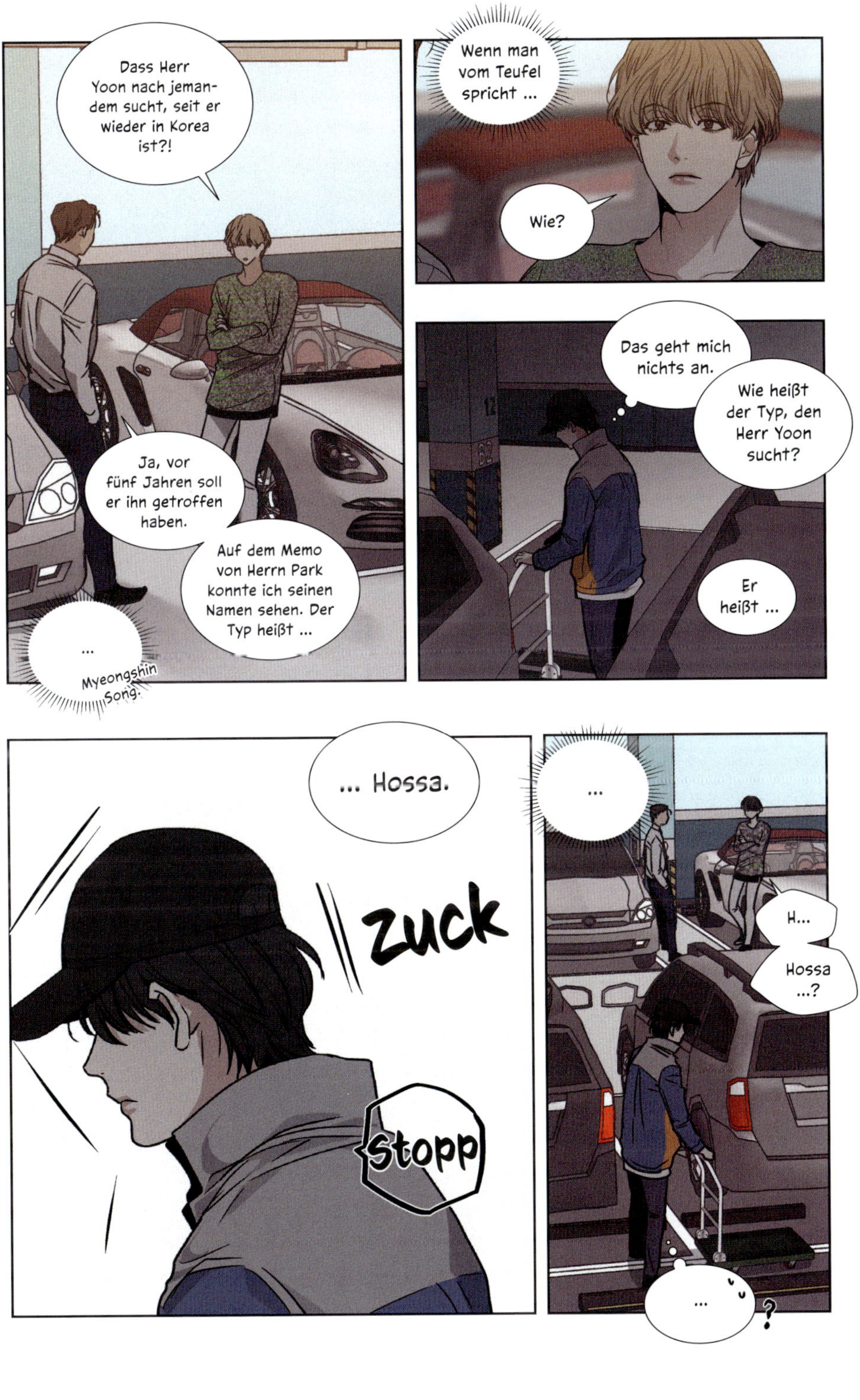
Dass Herr Yoon nach jemandem sucht, seit er wieder in Korea ist?!
Ja, vor fünf Jahren soll er ihn getroffen haben.
Auf dem Memo von Herrn Park konnte ich seinen Namen sehen. Der Typ heißt ...
...
Myeongshin Song.
Wenn man vom Teufel spricht ...
Wie?
Das geht mich nichts an.
Wie heißt der Typ, den Herr Yoon sucht?
Er heißt ...
... Hossa.
Zuck
Stopp
...
H...
Hossa ...?
...

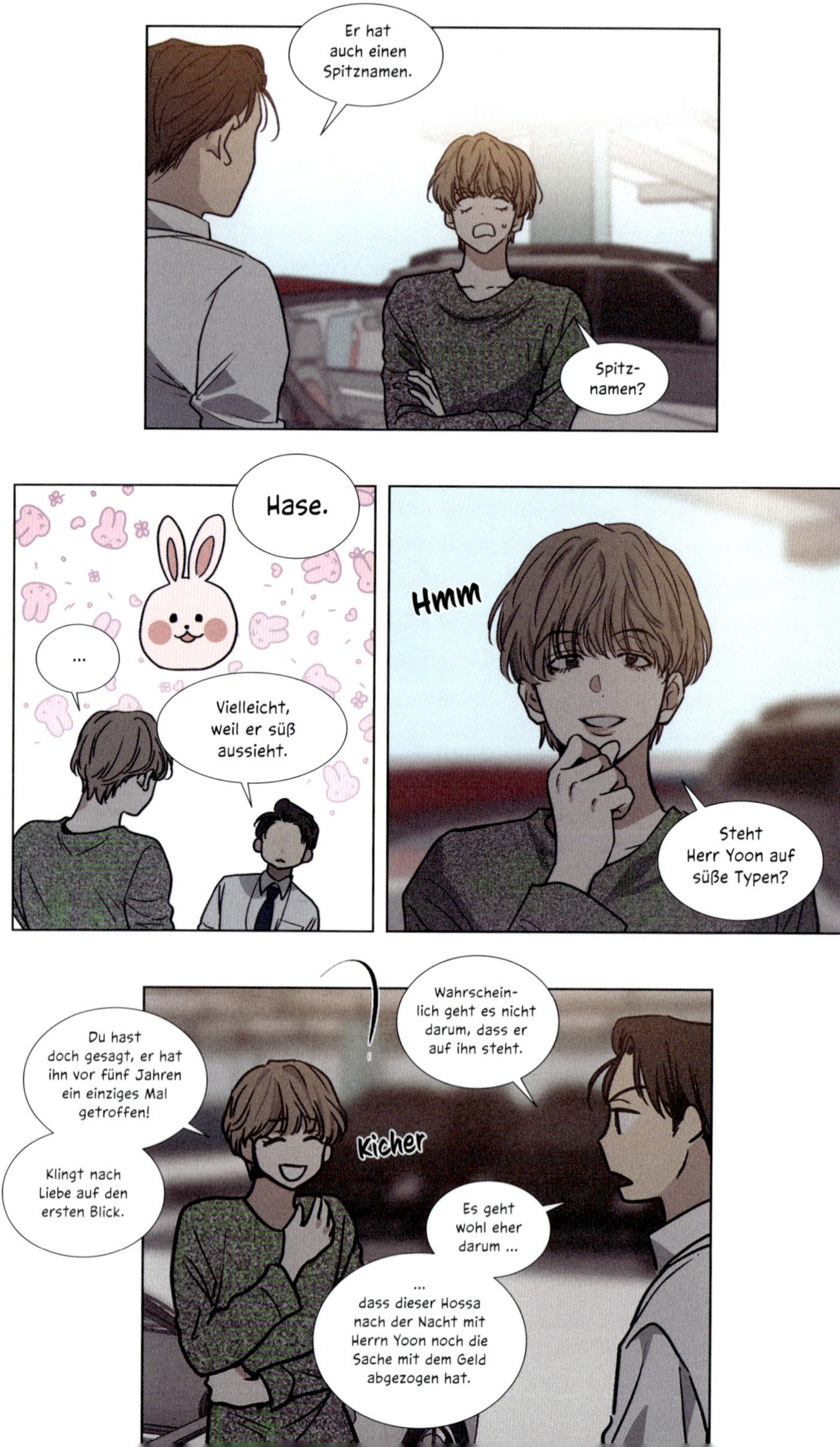

Er hat auch einen Spitznamen.
Spitz-namen?
Hase.
...
Vielleicht, weil er süß aussieht.
Hmm
Steht Herr Yoon auf süße Typen?
Du hast doch gesagt, er hat ihn vor fünf Jahren ein einziges Mal getroffen!
Klingt nach Liebe auf den ersten Blick.
Wahrschein-lich geht es nicht darum, dass er auf ihn steht.
Kicher
Es geht wohl eher darum ...
... dass dieser Hossa nach der Nacht mit Herrn Yoon noch die Sache mit dem Geld abgezogen hat.

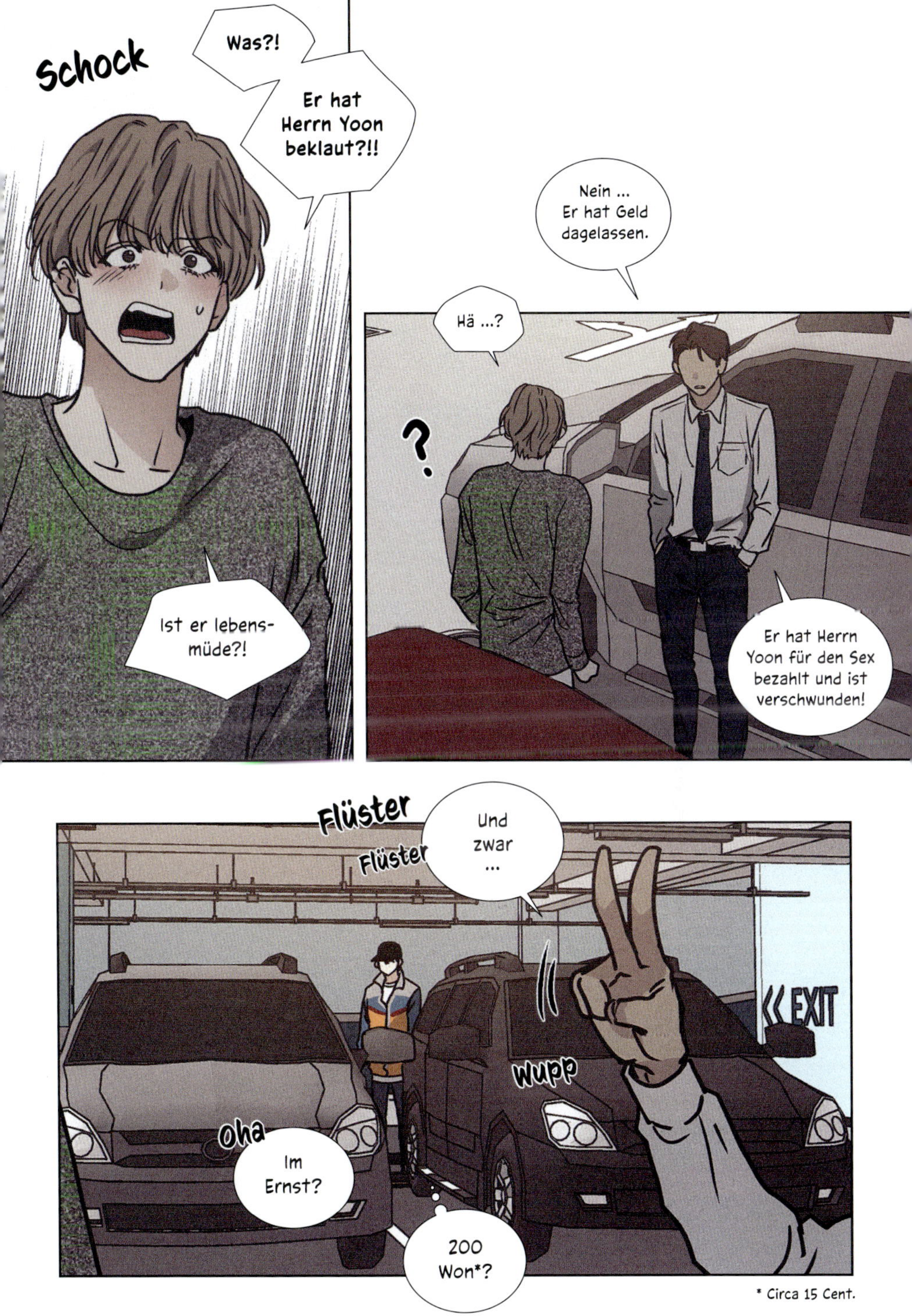

* Circa 15 Cent.

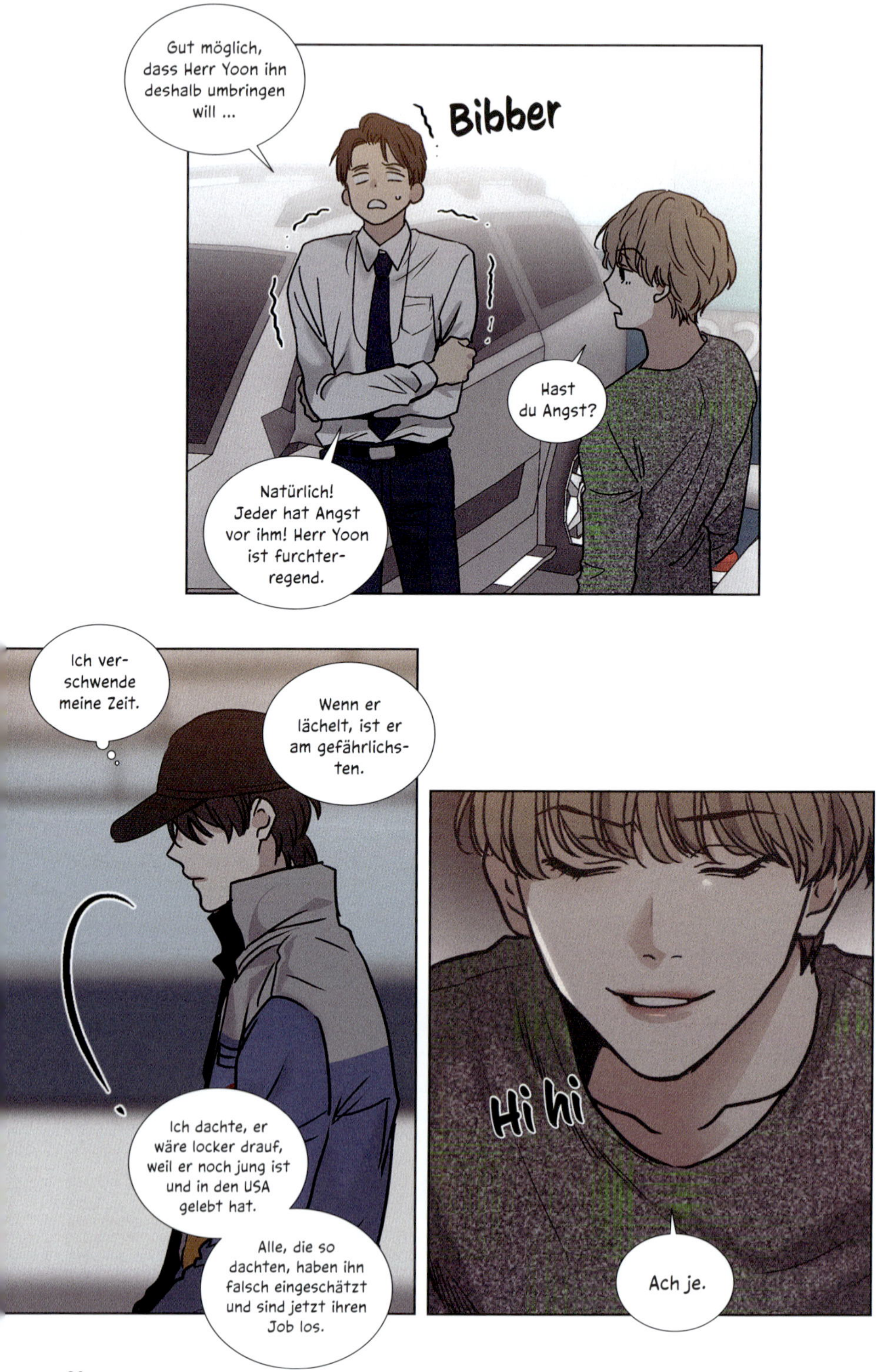
Gut möglich, dass Herr Yoon ihn deshalb umbringen will ...
Bibber
Hast du Angst?
Natürlich! Jeder hat Angst vor ihm! Herr Yoon ist furchter-regend.
Ich ver-schwende meine Zeit.
Wenn er lächelt, ist er am gefährlichs-ten.
Ich dachte, er wäre locker drauf, weil er noch jung ist und in den USA gelebt hat.
Alle, die so dachten, haben ihn falsch eingeschätzt und sind jetzt ihren Job los.
Hi hi
Ach je.

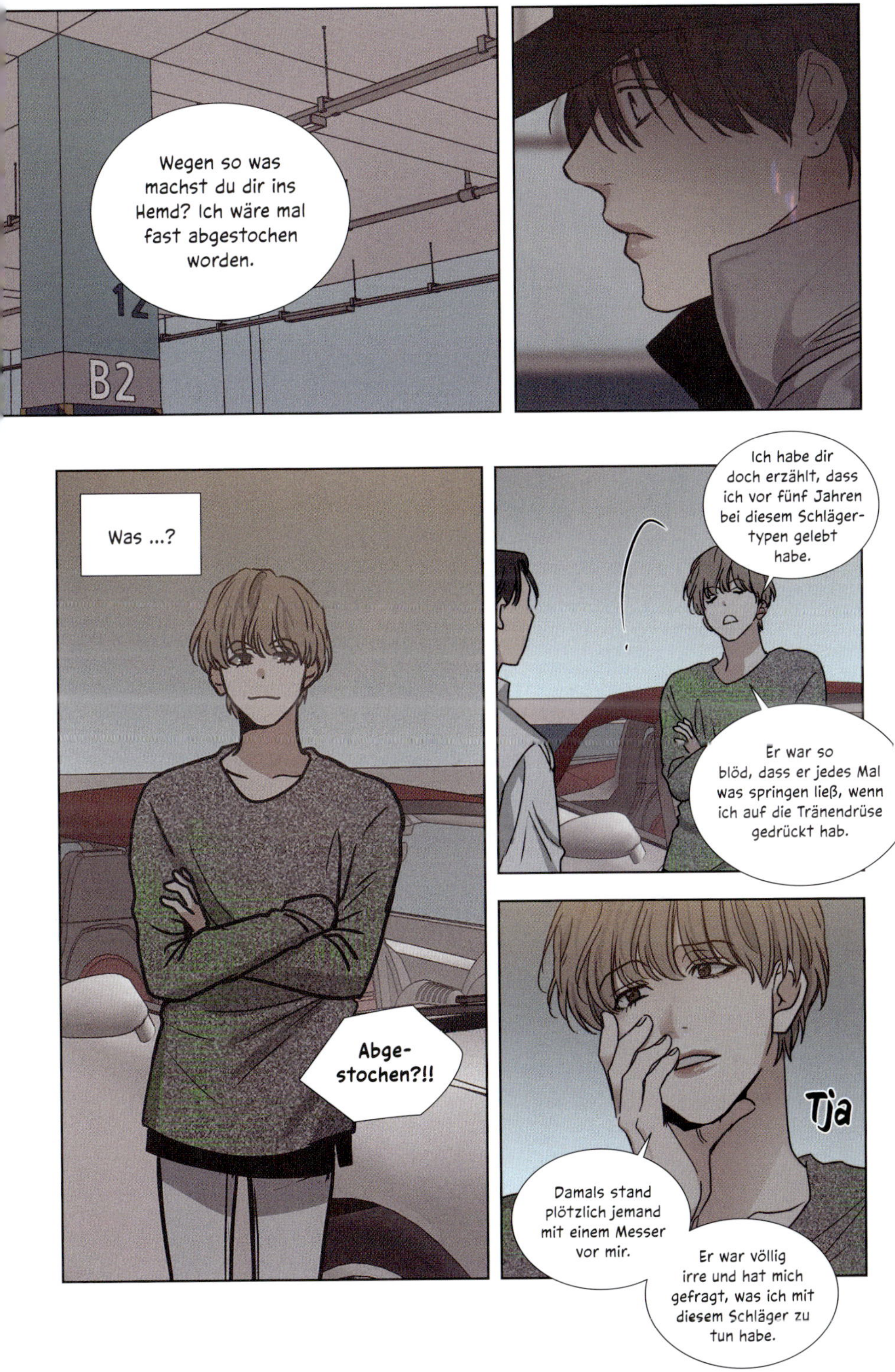
Wegen so was machst du dir ins Hemd? Ich wäre mal fast abgestochen worden.
Was ...?
Abge-stochen?!!
Ich habe dir doch erzählt, dass ich vor fünf Jahren bei diesem Schläger-typen gelebt habe.
Er war so blöd, dass er jedes Mal was springen ließ, wenn ich auf die Tränendrüse gedrückt hab.
Tja
Damals stand plötzlich jemand mit einem Messer vor mir.
Er war völlig irre und hat mich gefragt, was ich mit diesem Schläger zu tun habe.

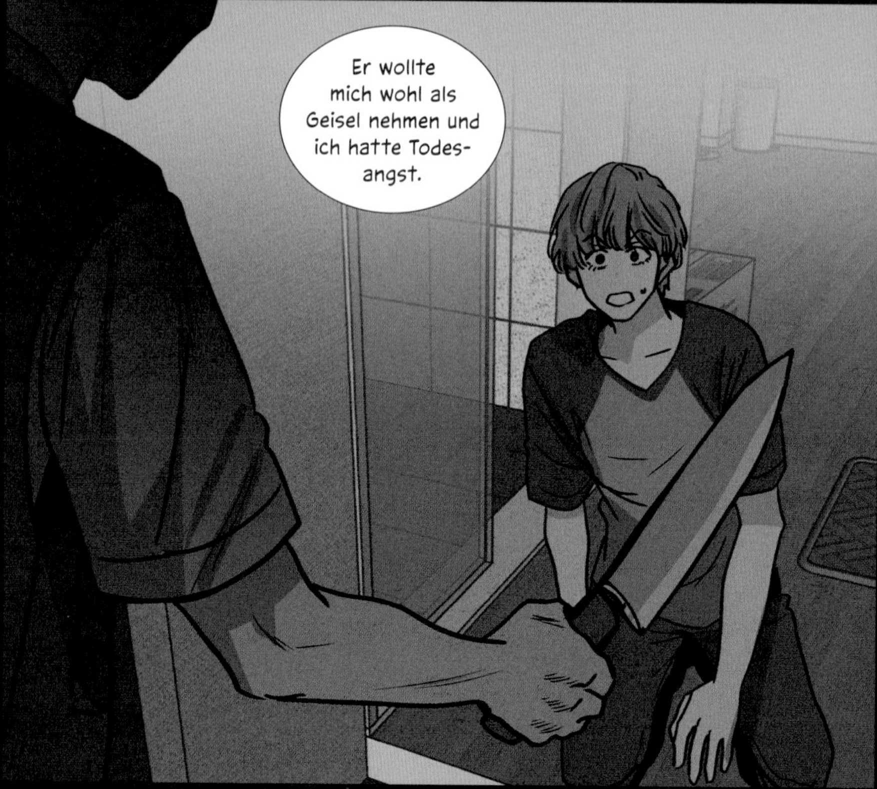
Er wollte mich wohl als Geisel nehmen und ich hatte Todes-angst.

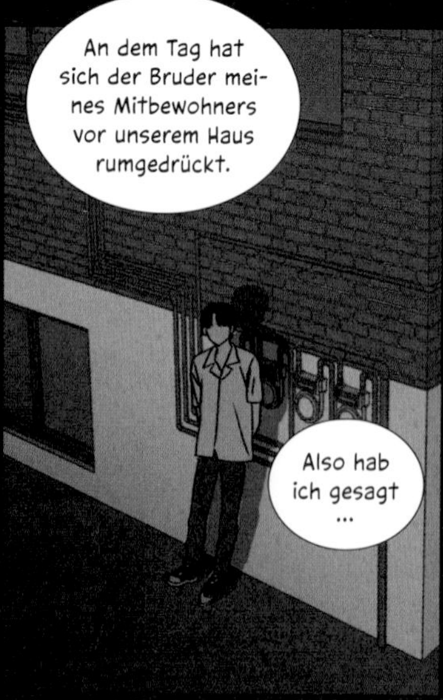
An dem Tag hat sich der Bruder meines Mitbewohners vor unserem Haus rumgedrückt.
Also hab ich gesagt ...

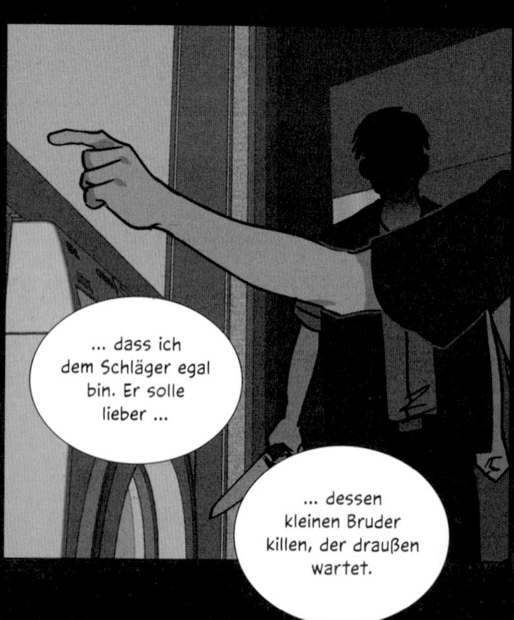
... dass ich dem Schläger egal bin. Er solle lieber ...
... dessen kleinen Bruder killen, der draußen wartet.

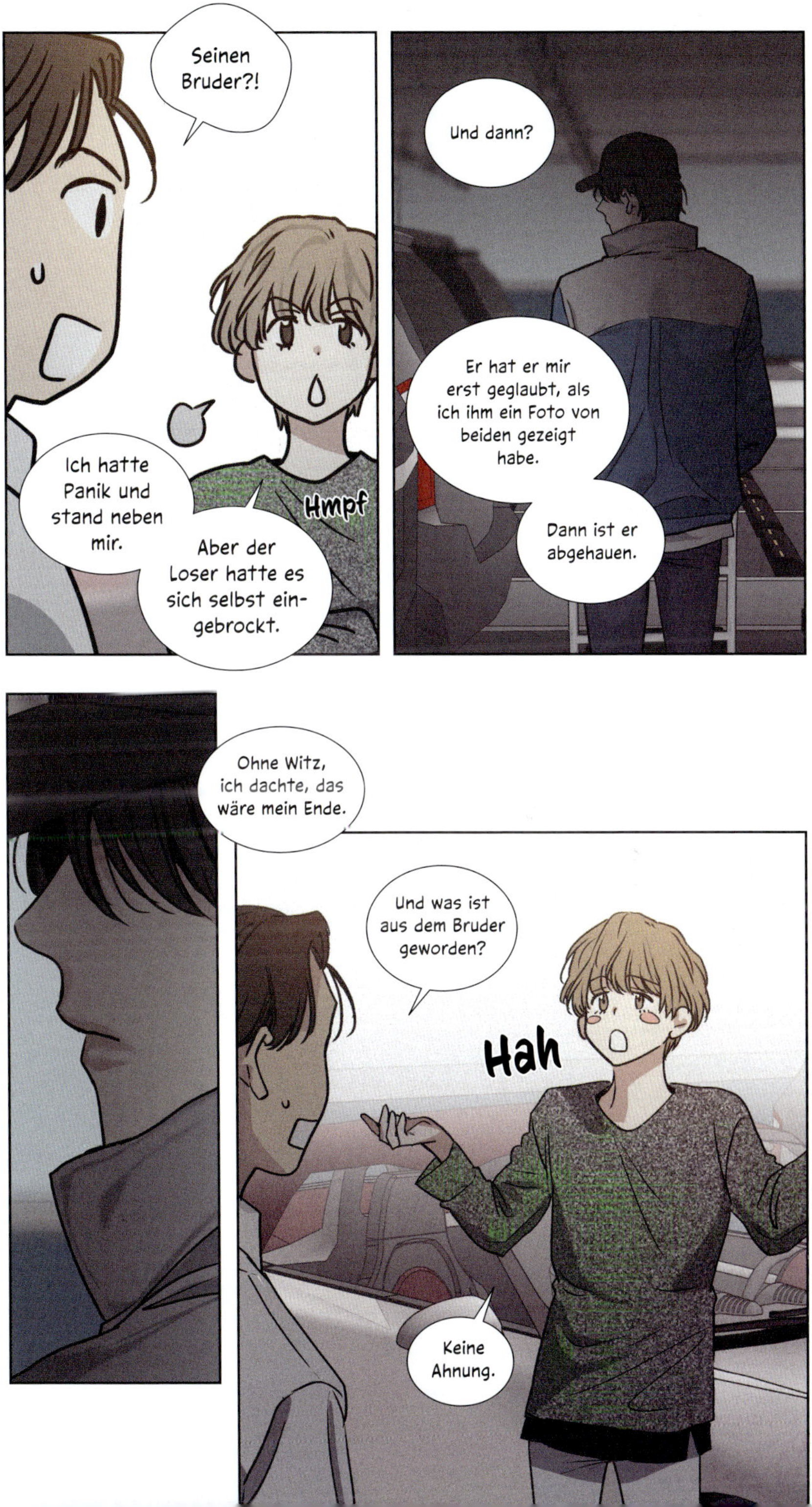
Seinen Bruder?!
Ich hatte Panik und stand neben mir.
Aber der Loser hatte es sich selbst ein-gebrockt.
Hmpf
Und dann?
Er hat er mir erst geglaubt, als ich ihm ein Foto von beiden gezeigt habe.
Dann ist er abgehauen.
Ohne Witz, ich dachte, das wäre mein Ende.
Und was ist aus dem Bruder geworden?
Hah
Keine Ahnung.

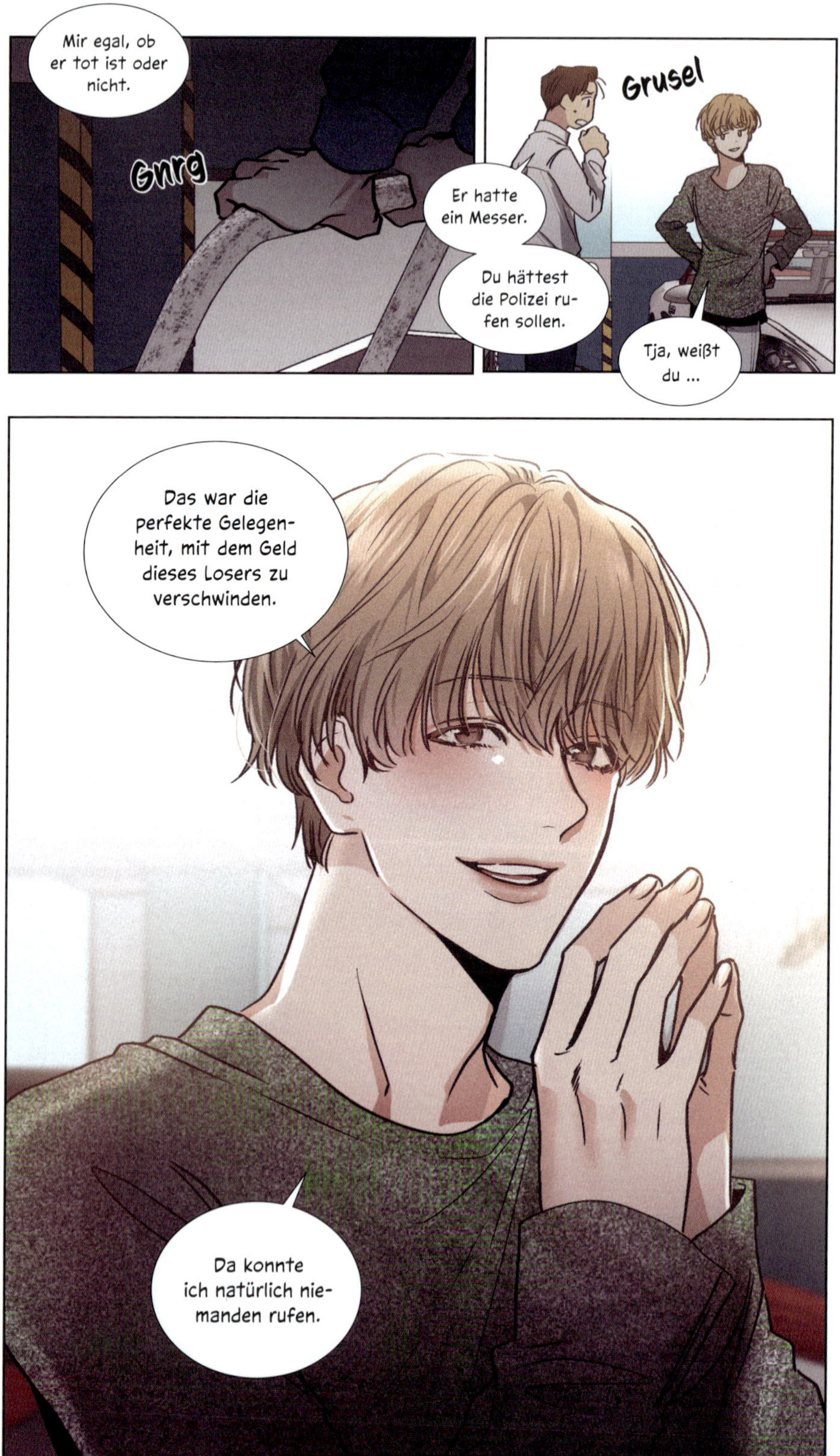
Mir egal, ob er tot ist oder nicht.
Gnrg
Grusel
Er hatte ein Messer.
Du hättest die Polizei rufen sollen.
Tja, weißt du ...
Das war die perfekte Gelegenheit, mit dem Geld dieses Losers zu verschwinden.
Da konnte ich natürlich niemanden rufen.

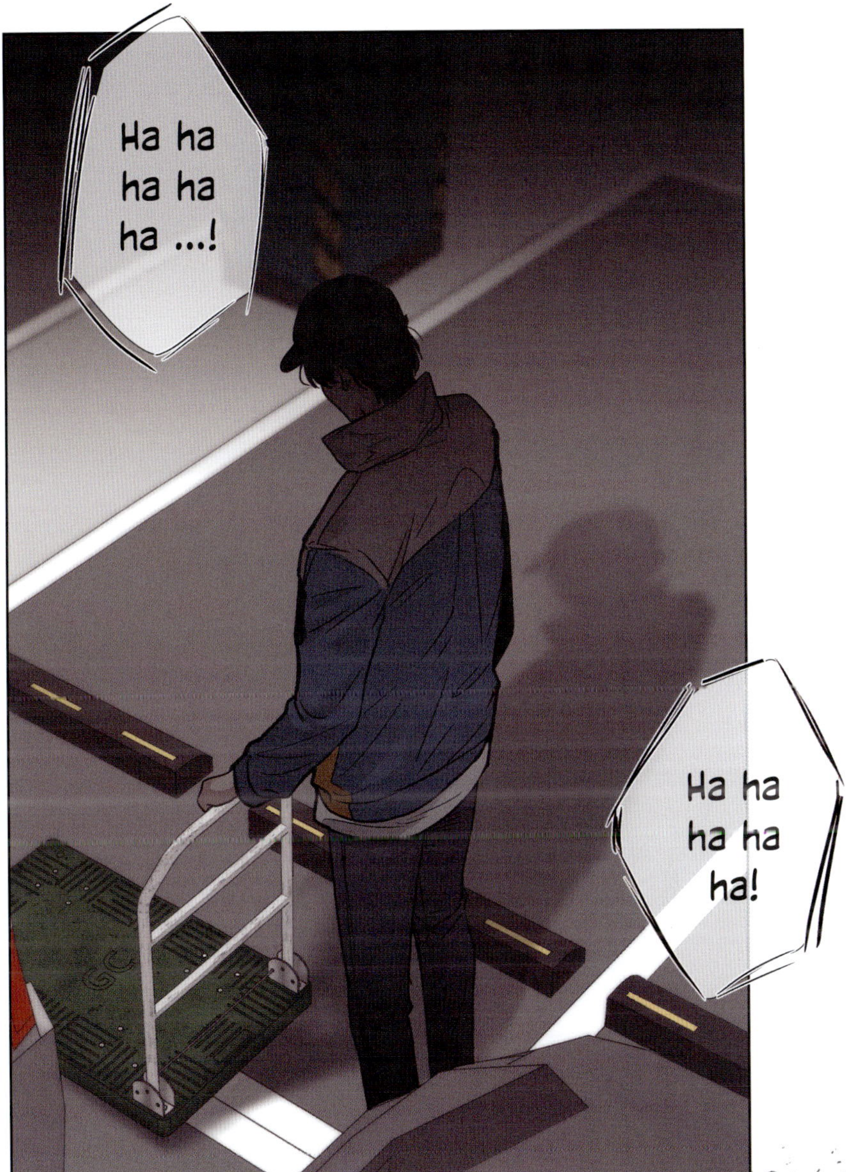

»Ein besserer Mensch werden.«

Vielleicht bin ich ein gutes Beispiel dafür.

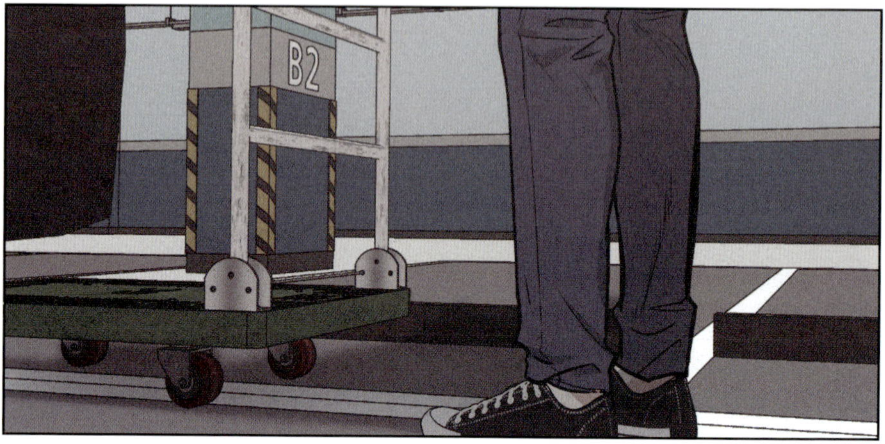

Denn ich habe aufgegeben, mich unmenschlich zu verhalten,
und mich bemüht, ein Leben in Demut zu führen.

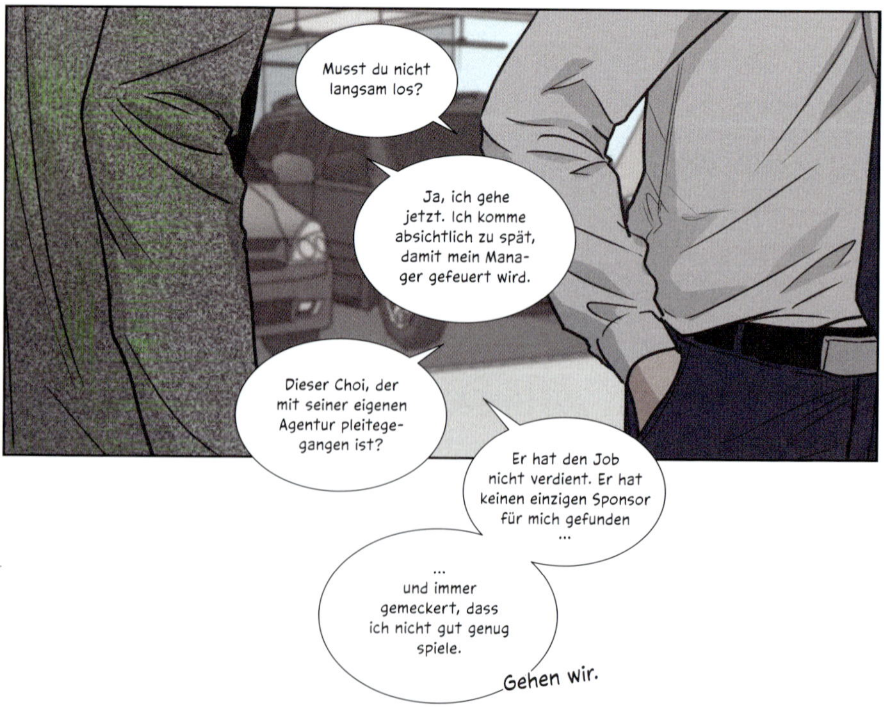

Doch dieses hämische Lachen läutete eine neue Zeit ein.

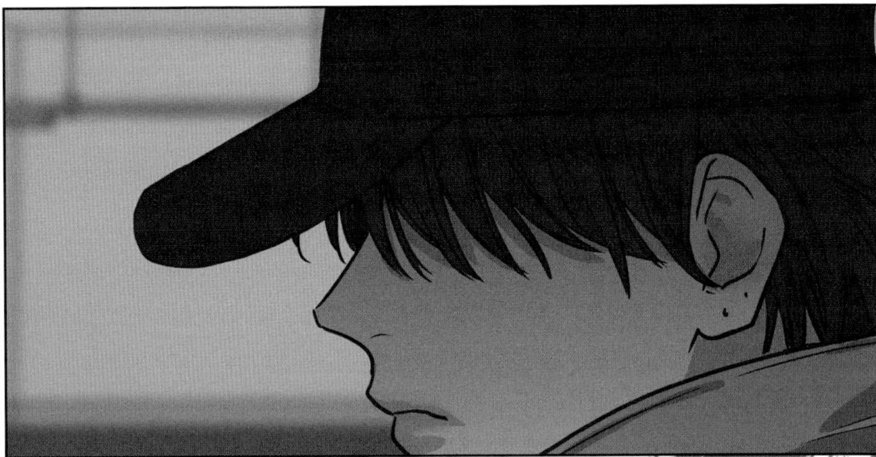

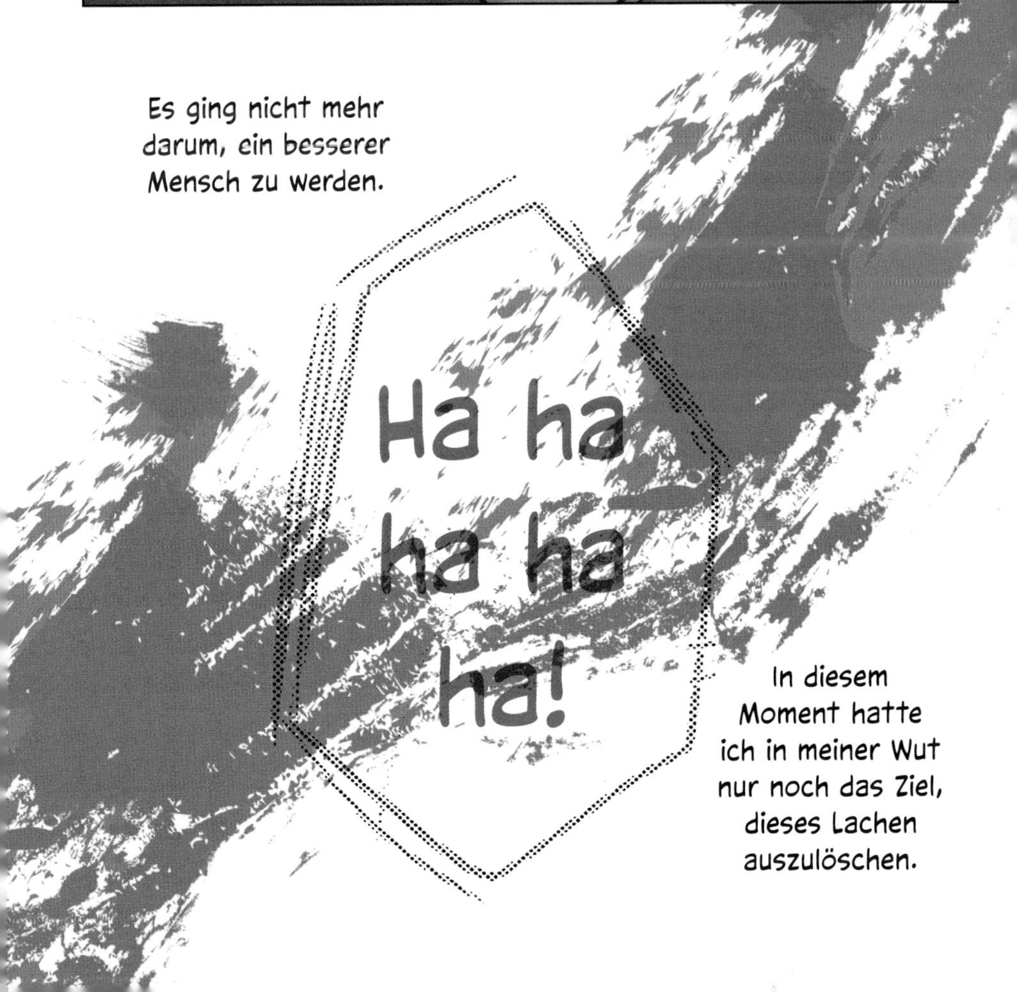

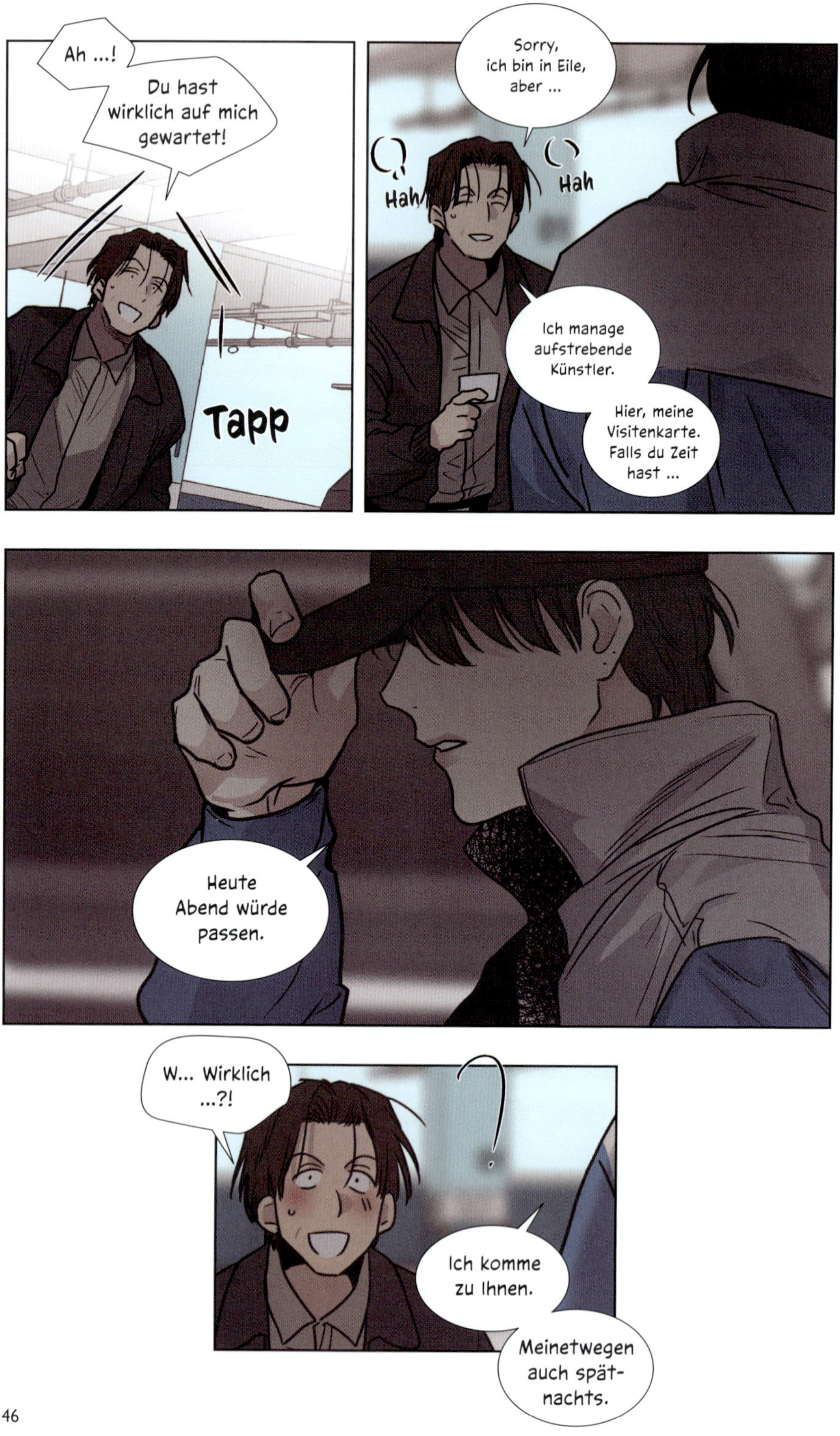
Ah ...!
Du hast wirklich auf mich gewartet!
Tapp
Sorry, ich bin in Eile, aber ...
Hah
Hah
Ich manage aufstrebende Künstler.
Hier, meine Visitenkarte. Falls du Zeit hast ...
Heute Abend würde passen.
W... Wirklich ...?!
Ich komme zu Ihnen.
Meinetwegen auch spät-nachts.

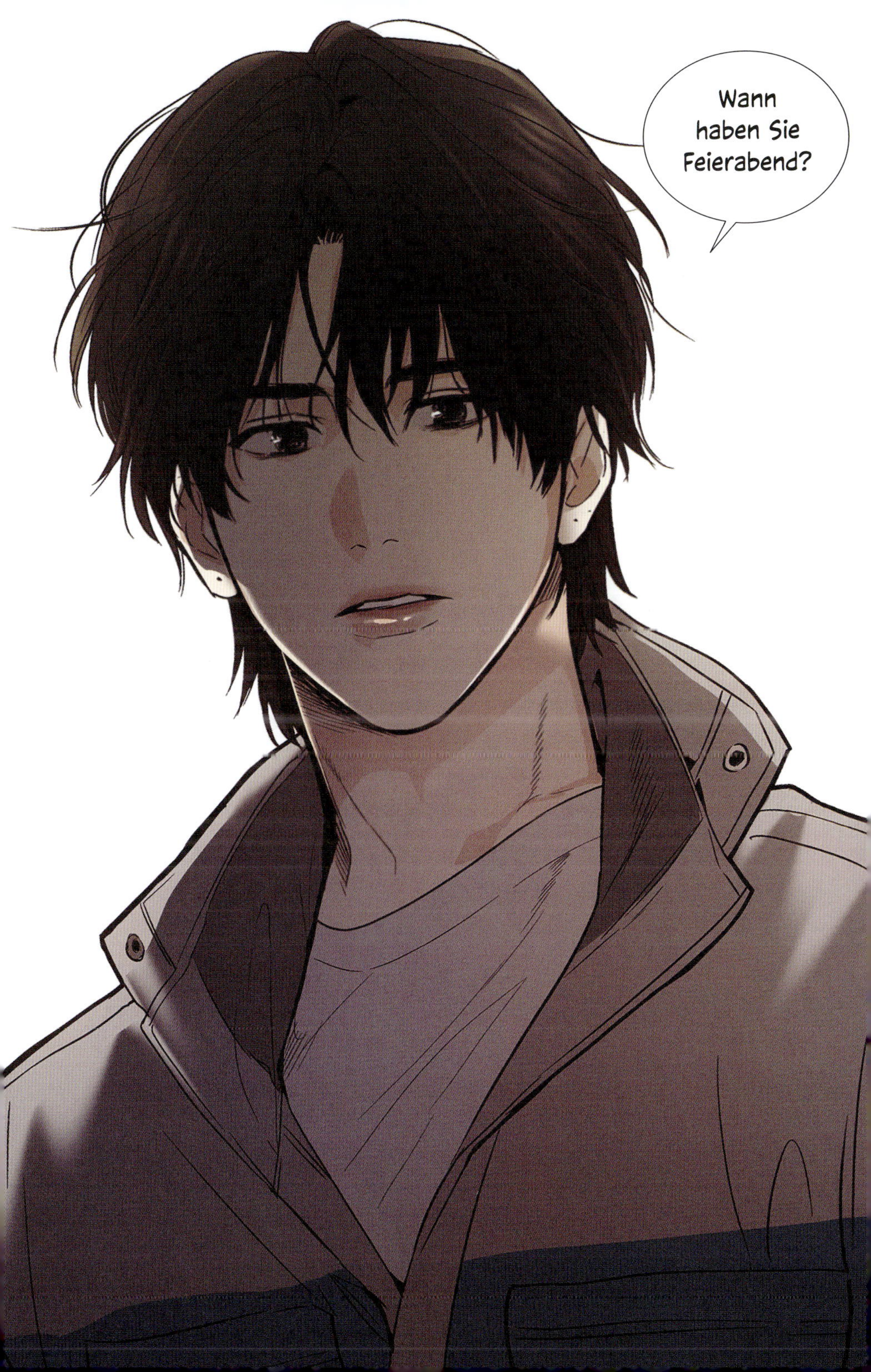
Wann haben Sie Feierabend?

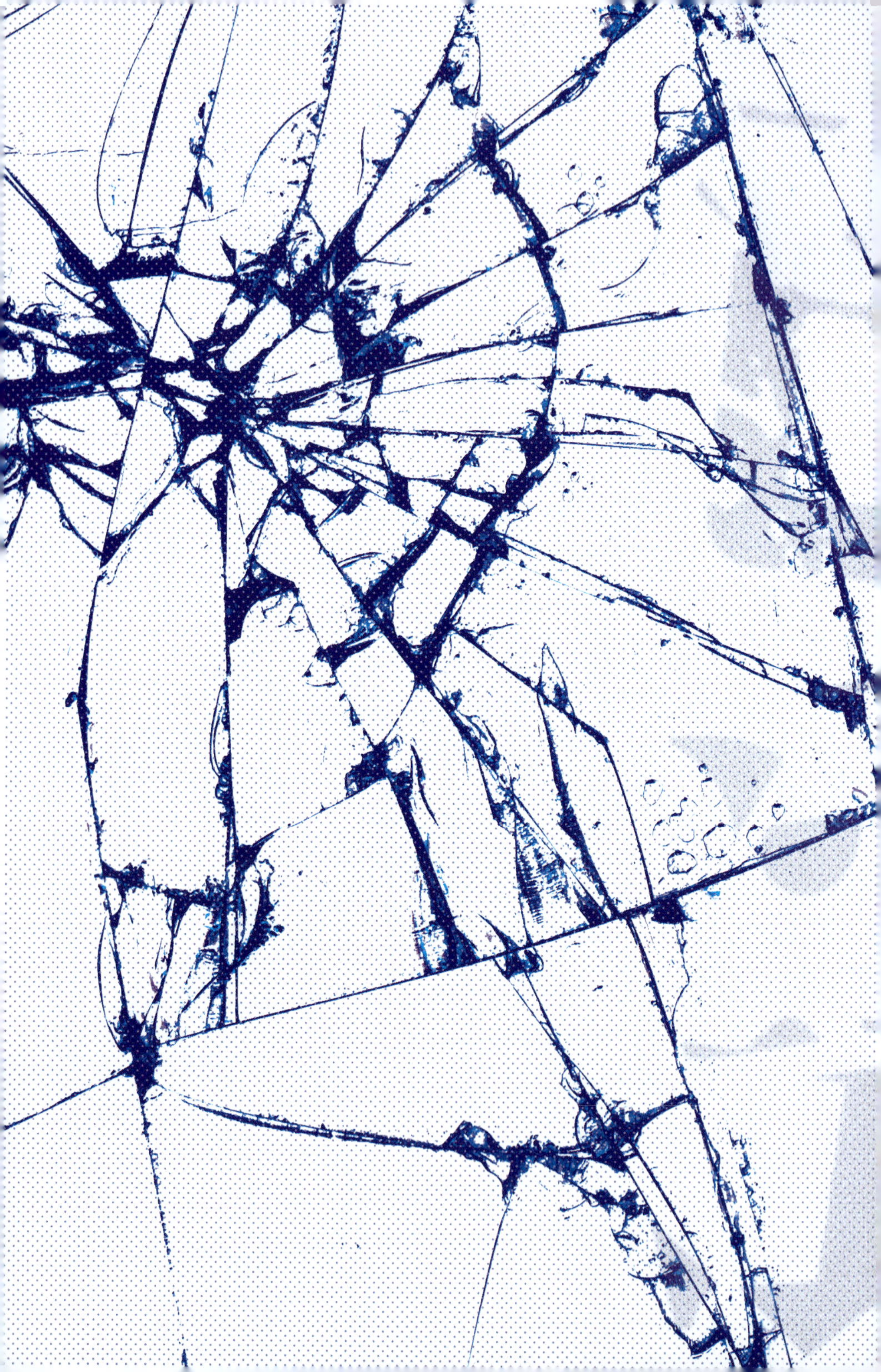

KAPITEL

2

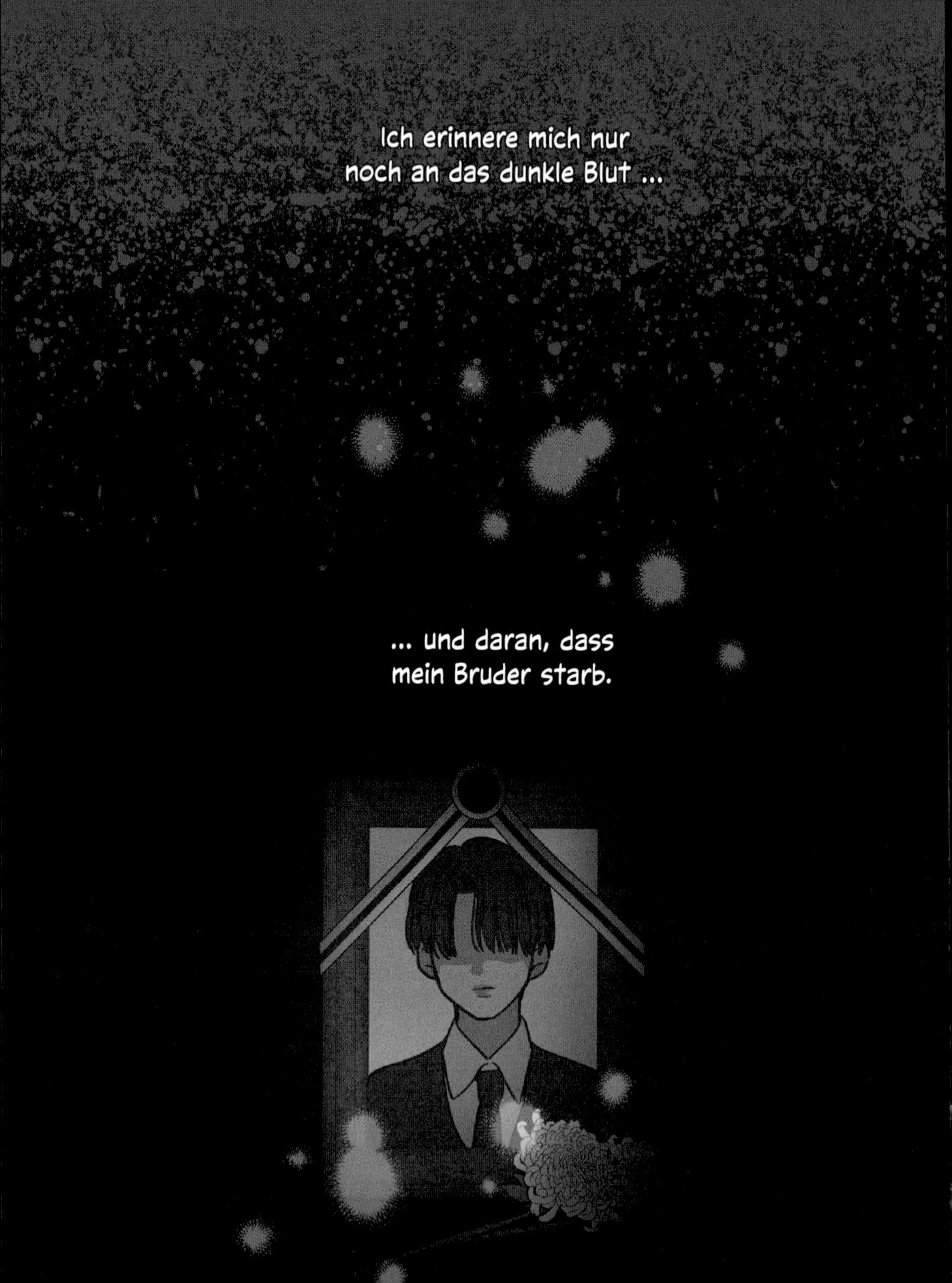
Ich erinnere mich nur noch an das dunkle Blut ...
... und daran, dass mein Bruder starb.

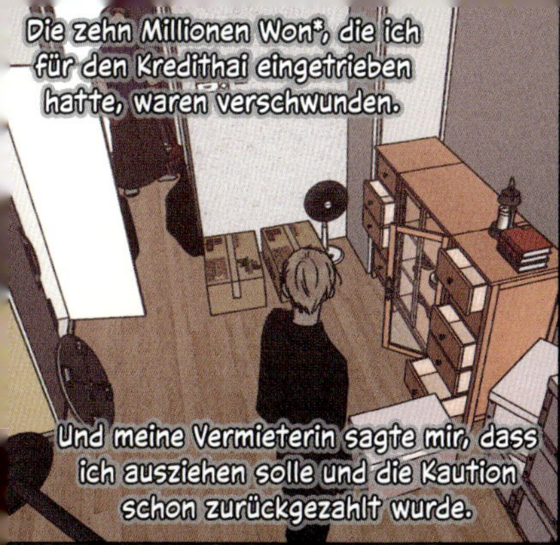

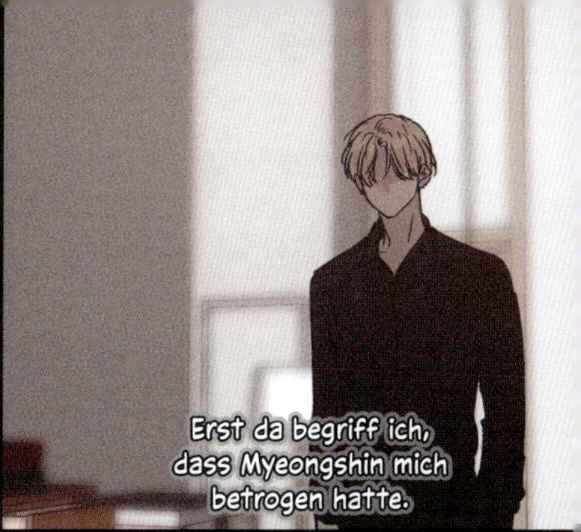

* Etwa 7.350 Euro.

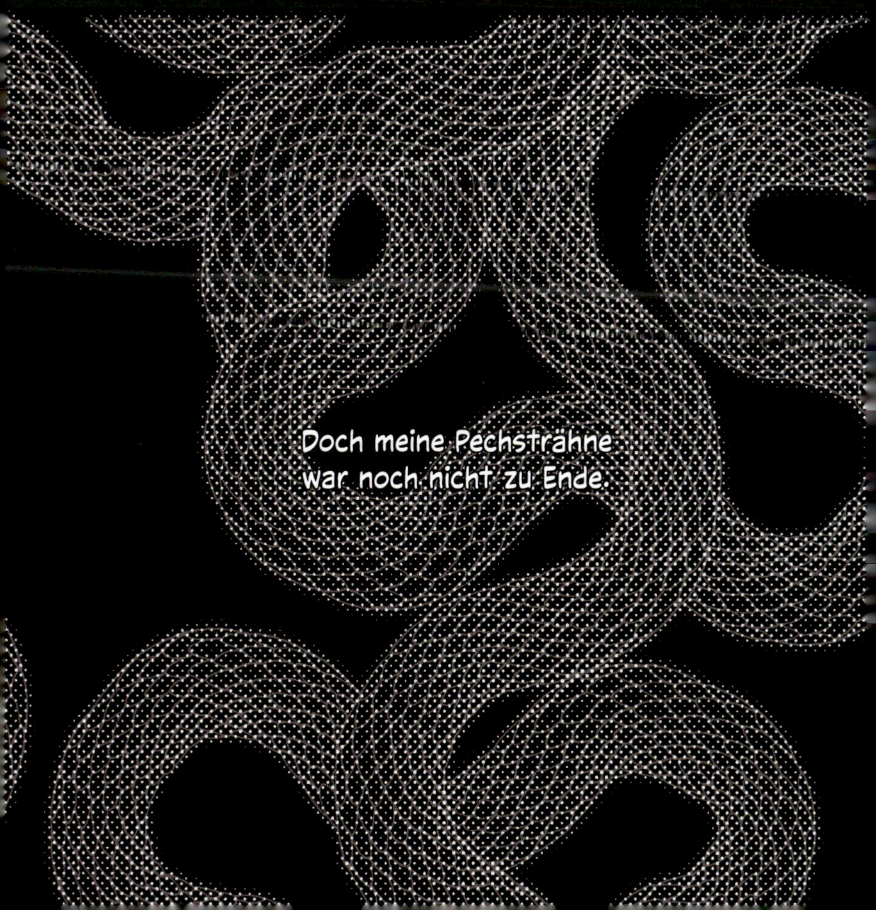

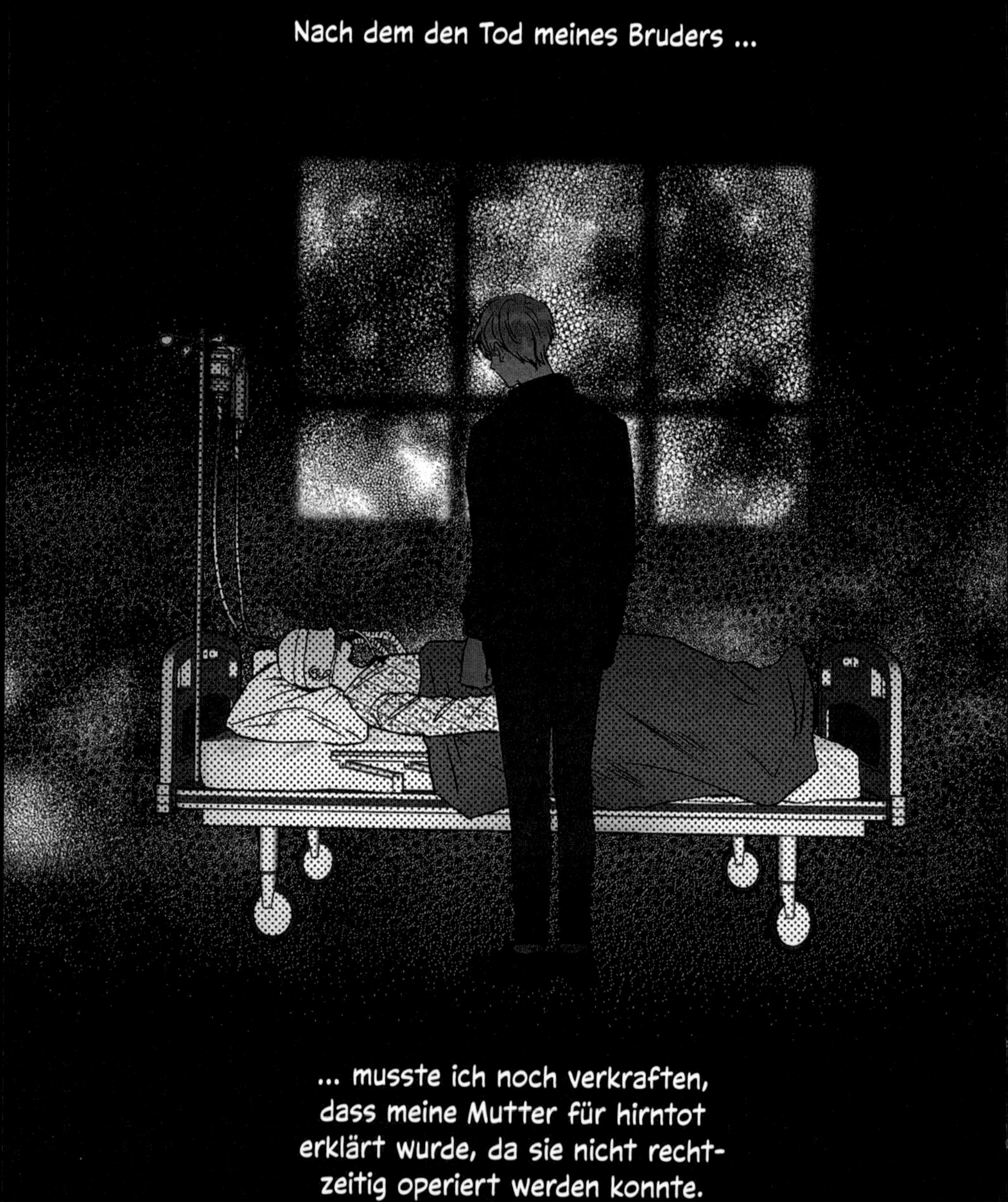
Nach dem den Tod meines Bruders ...
... musste ich noch verkraften, dass meine Mutter für hirntot erklärt wurde, da sie nicht rechtzeitig operiert werden konnte.

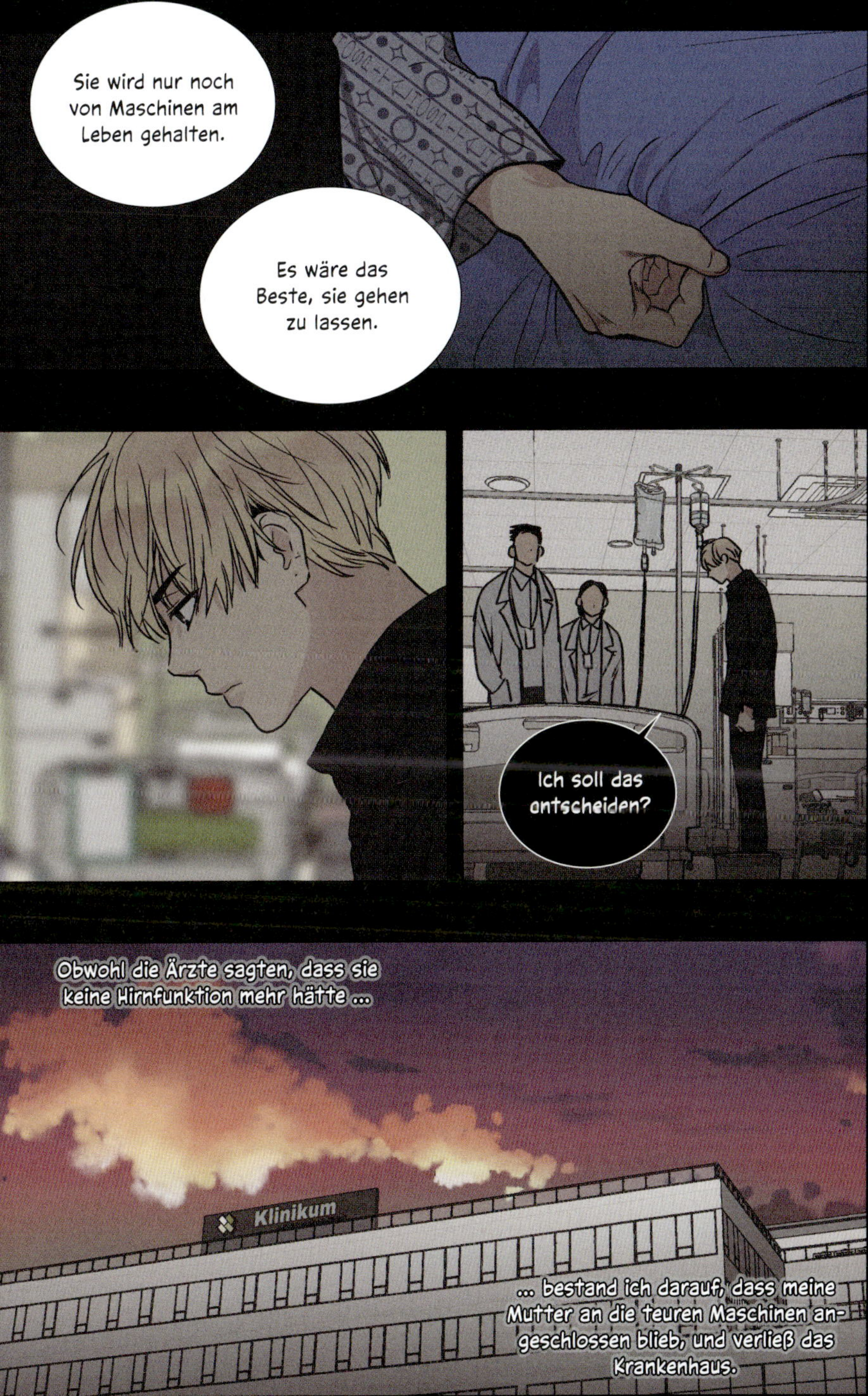
Sie wird nur noch von Maschinen am Leben gehalten.
Es wäre das Beste, sie gehen zu lassen.
Ich soll das entscheiden?
Obwohl die Ärzte sagten, dass sie keine Hirnfunktion mehr hätte ...
Klinikum
... bestand ich darauf, dass meine Mutter an die teuren Maschinen angeschlossen blieb, und verließ das Krankenhaus.

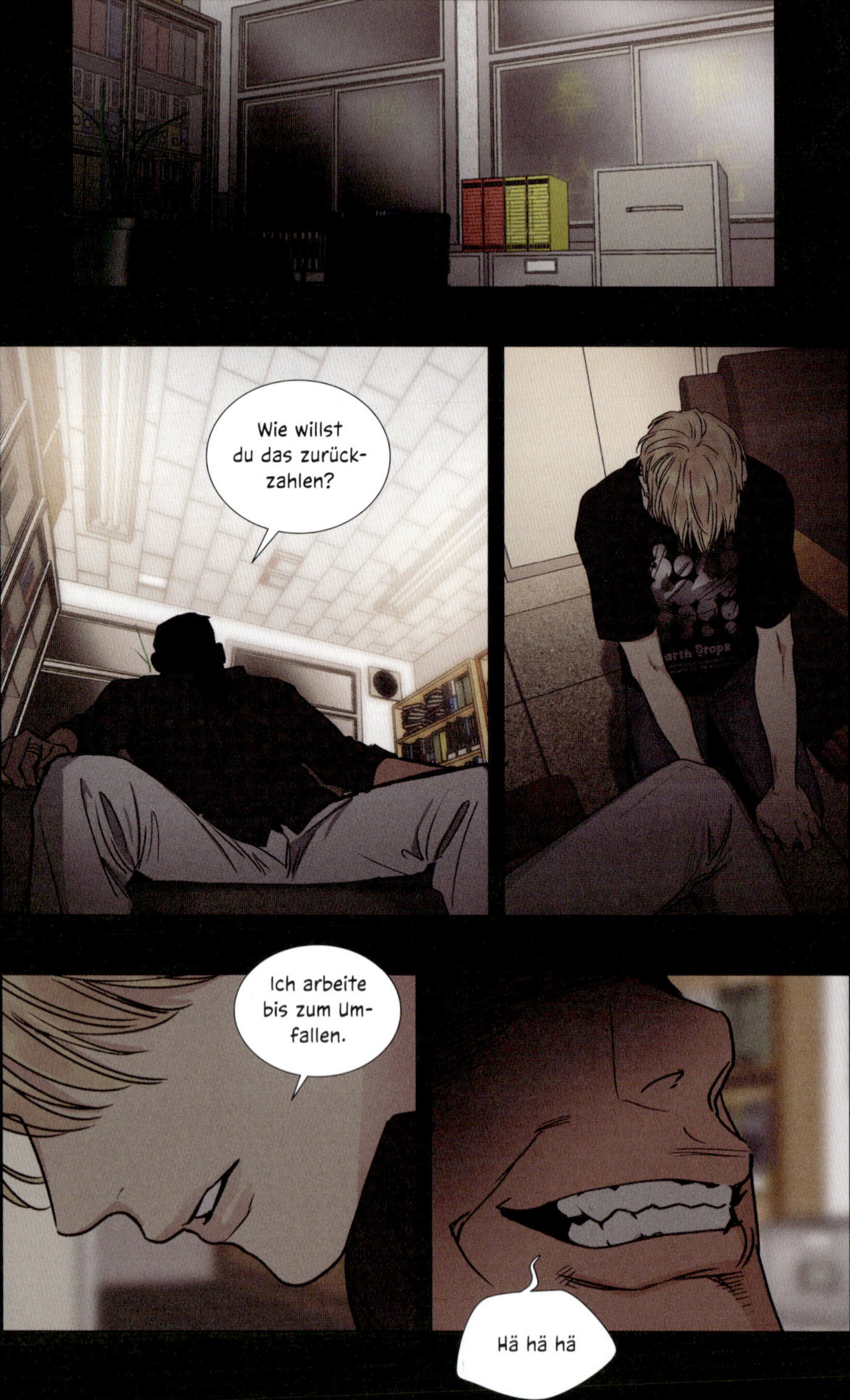
Wie willst du das zurückzahlen?
Ich arbeite bis zum Umfallen.
Hä hä hä

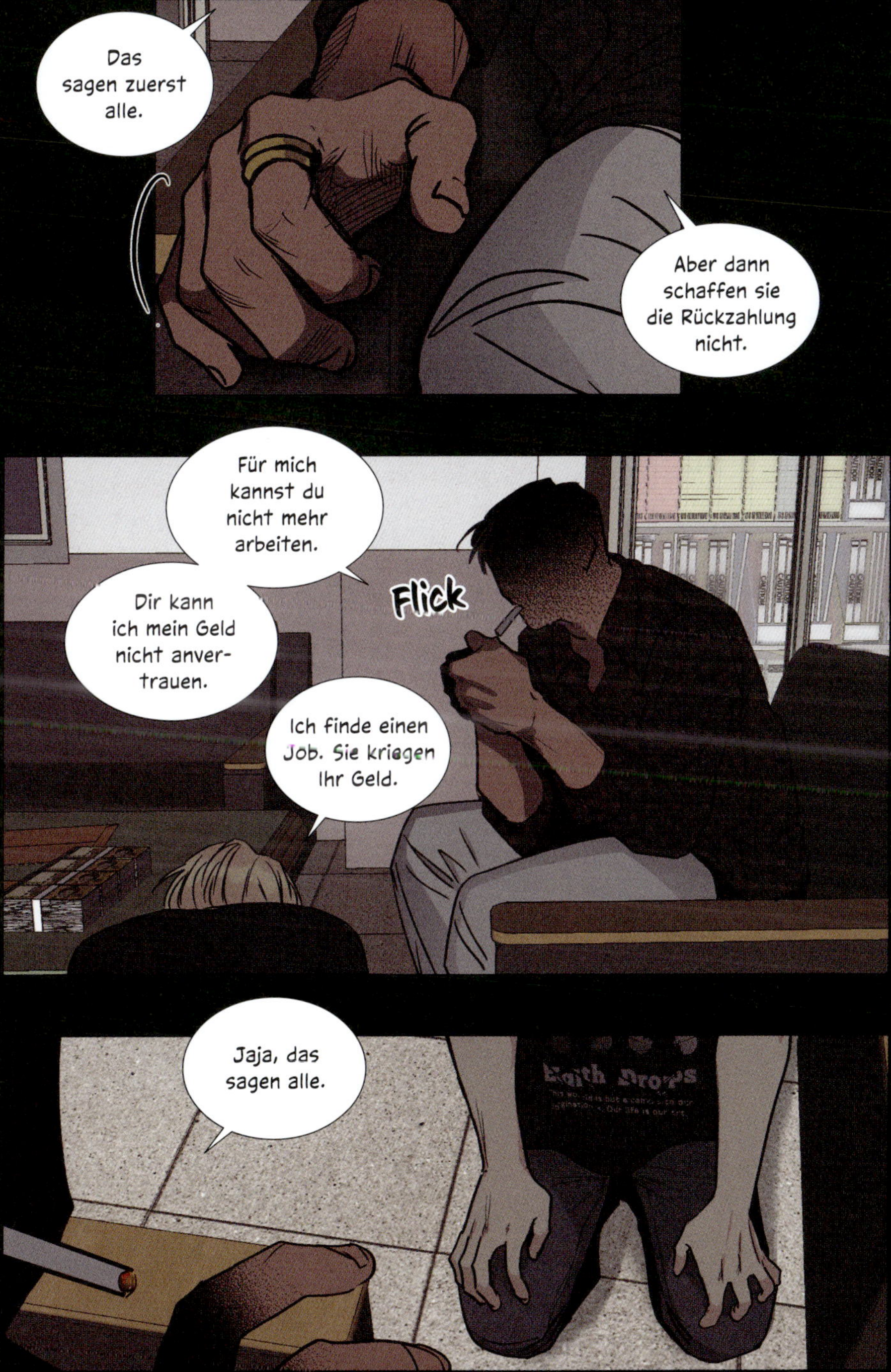
Das sagen zuerst alle.
Aber dann schaffen sie die Rückzahlung nicht.
Für mich kannst du nicht mehr arbeiten.
Dir kann ich mein Geld nicht anver-trauen.
Flick
Ich finde einen Job. Sie kriegen Ihr Geld.
Jaja, das sagen alle.

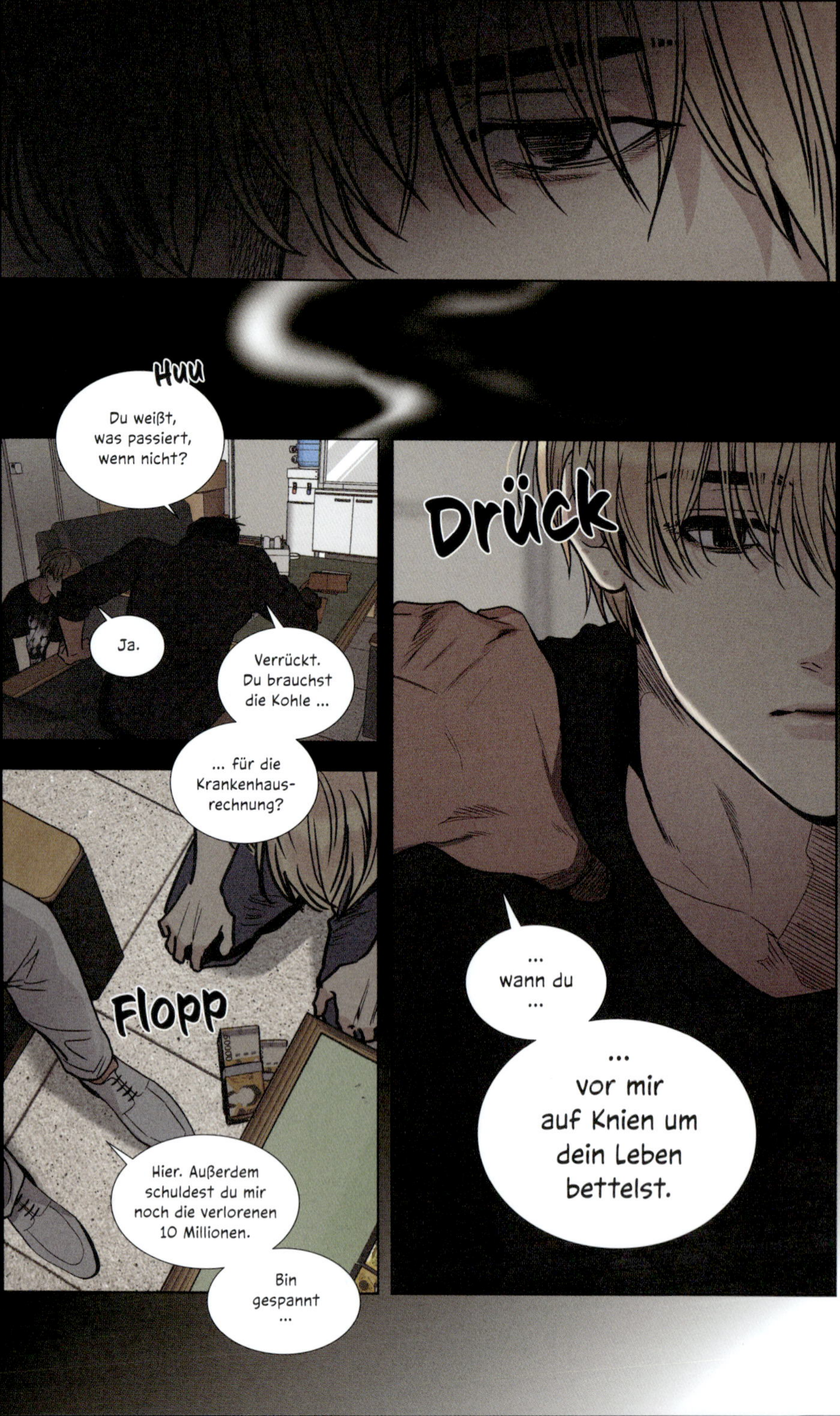

Huu
Du weißt, was passiert, wenn nicht?
Ja.
Verrückt. Du brauchst die Kohle ...
... für die Krankenhausrechnung?
Flopp
Hier. Außerdem schuldest du mir noch die verlorenen 10 Millionen.
Bin gespannt ...
Drück
... wann du ...
... vor mir auf Knien um dein Leben bettelst.

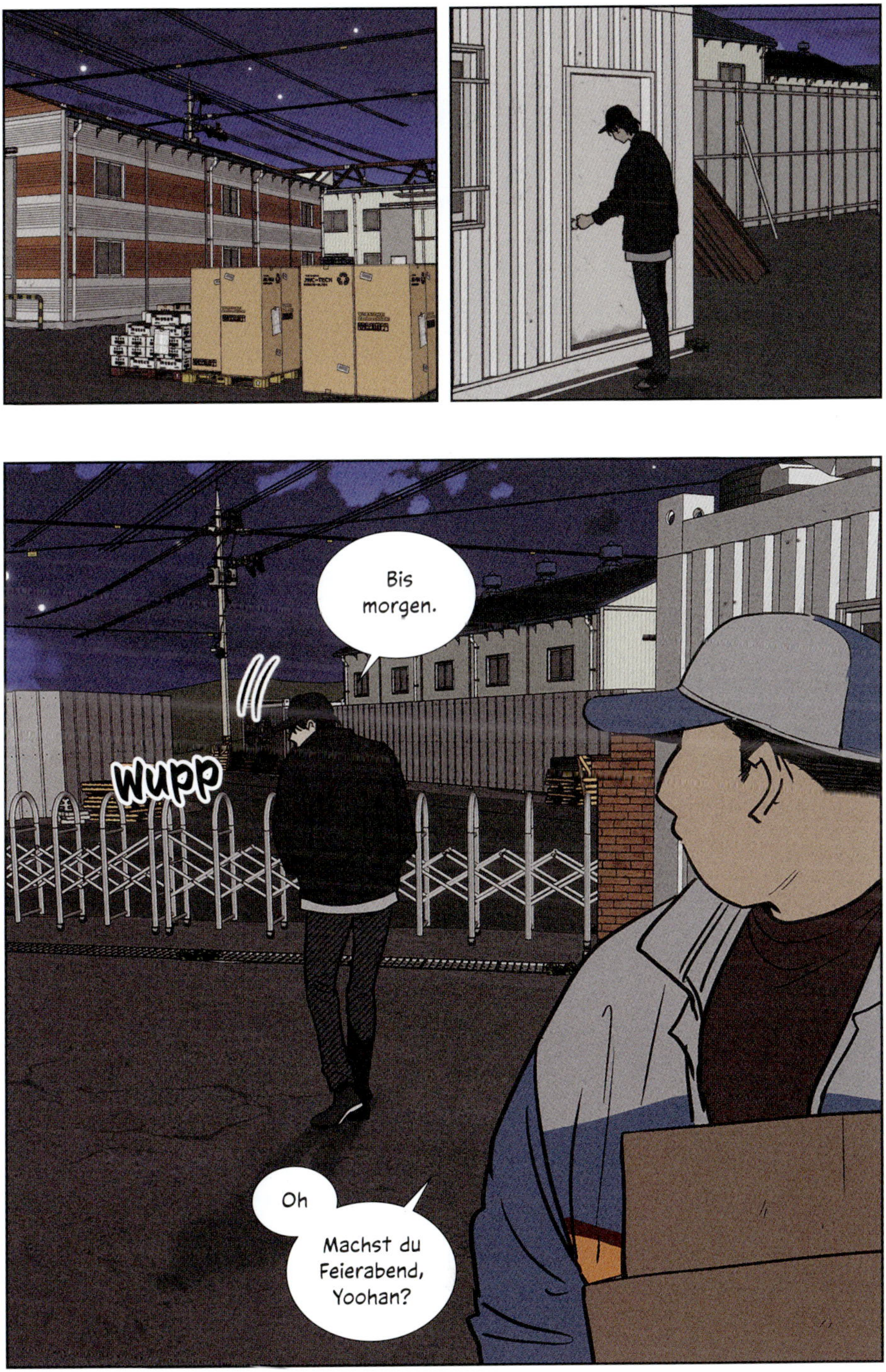
Bis morgen.
Wupp
Oh
Machst du Feierabend, Yoohan?

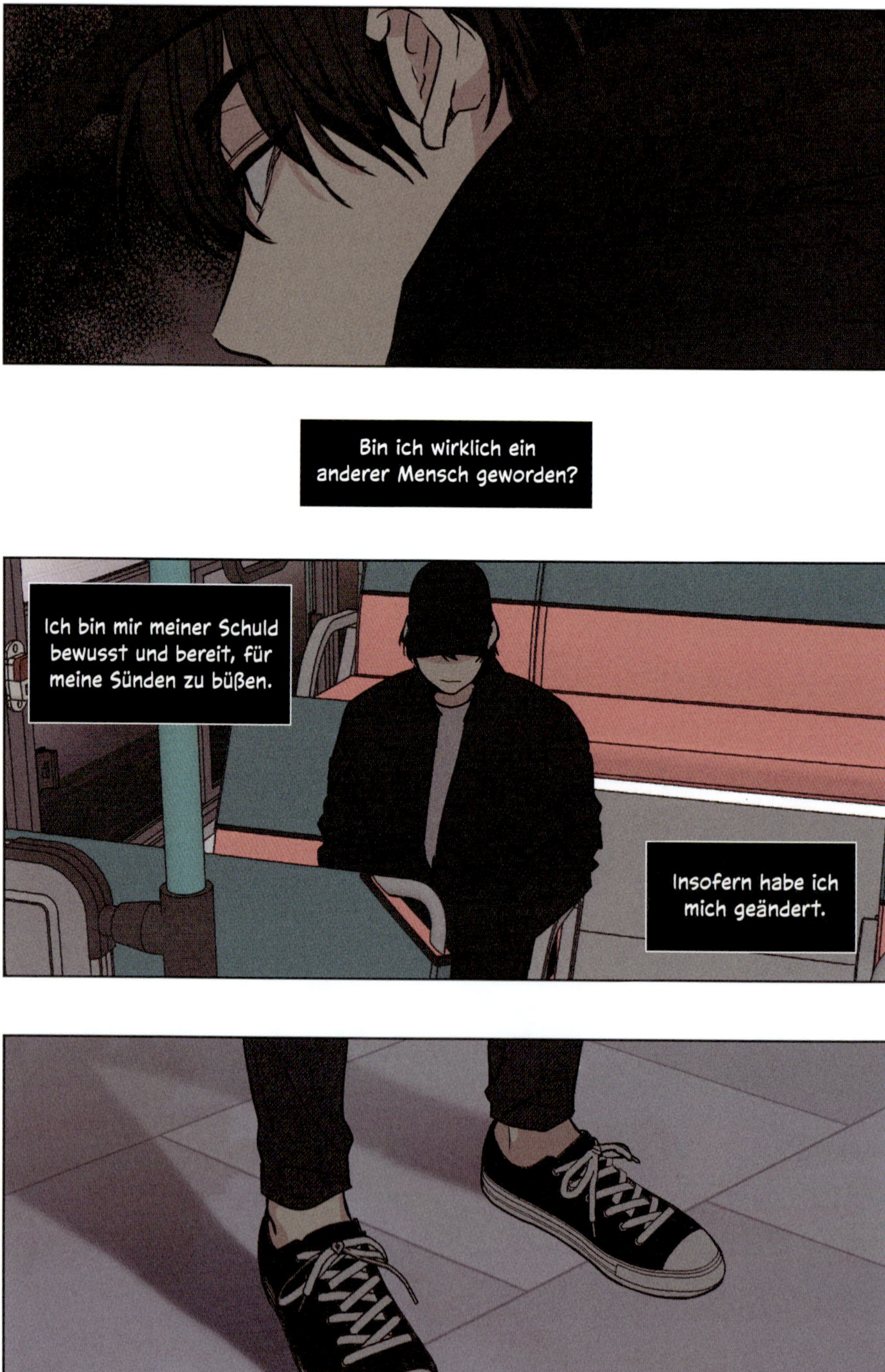
Bin ich wirklich ein anderer Mensch geworden?
Ich bin mir meiner Schuld bewusst und bereit, für meine Sünden zu büßen.
Insofern habe ich mich geändert.

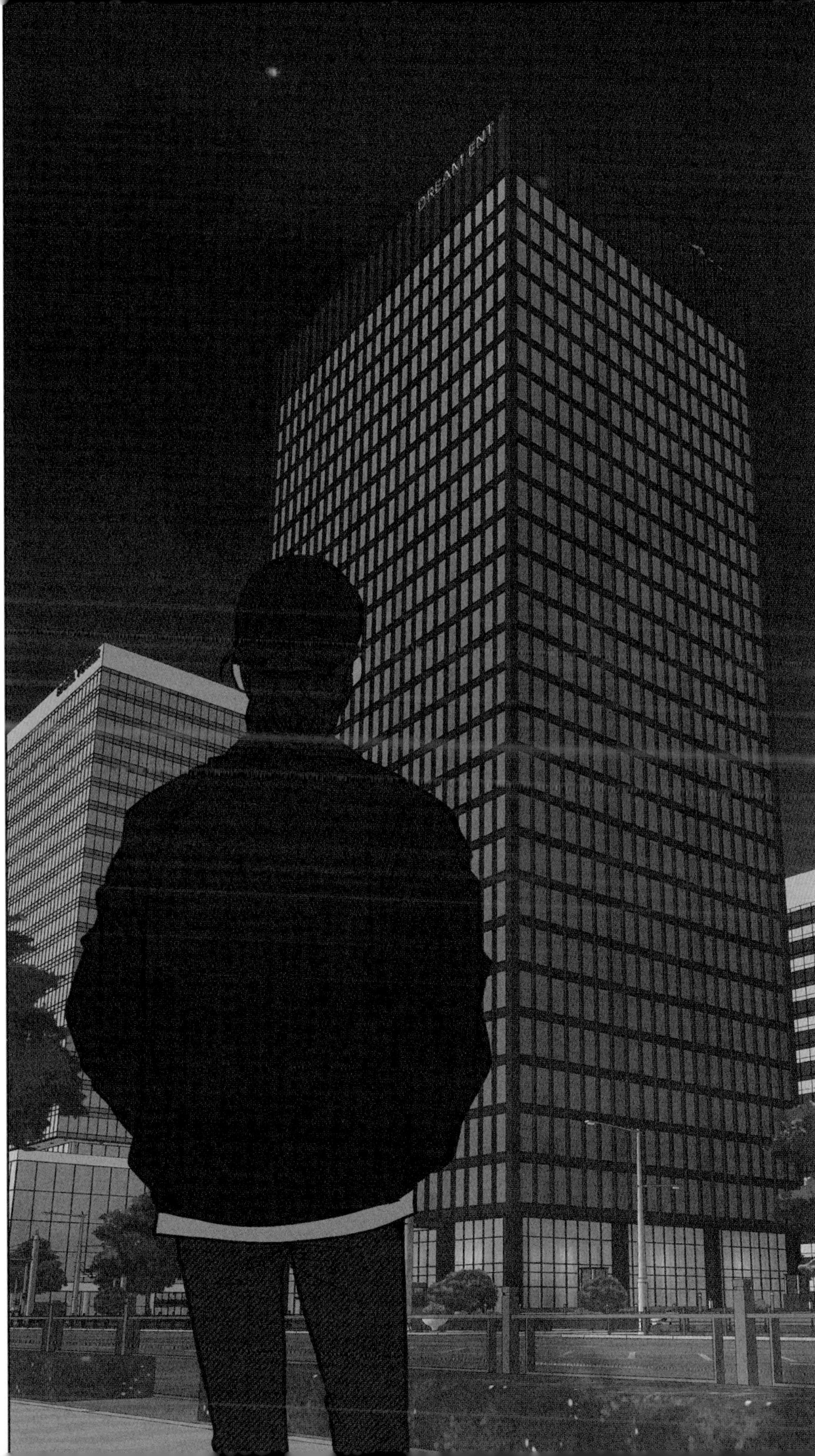
DREAM ENT

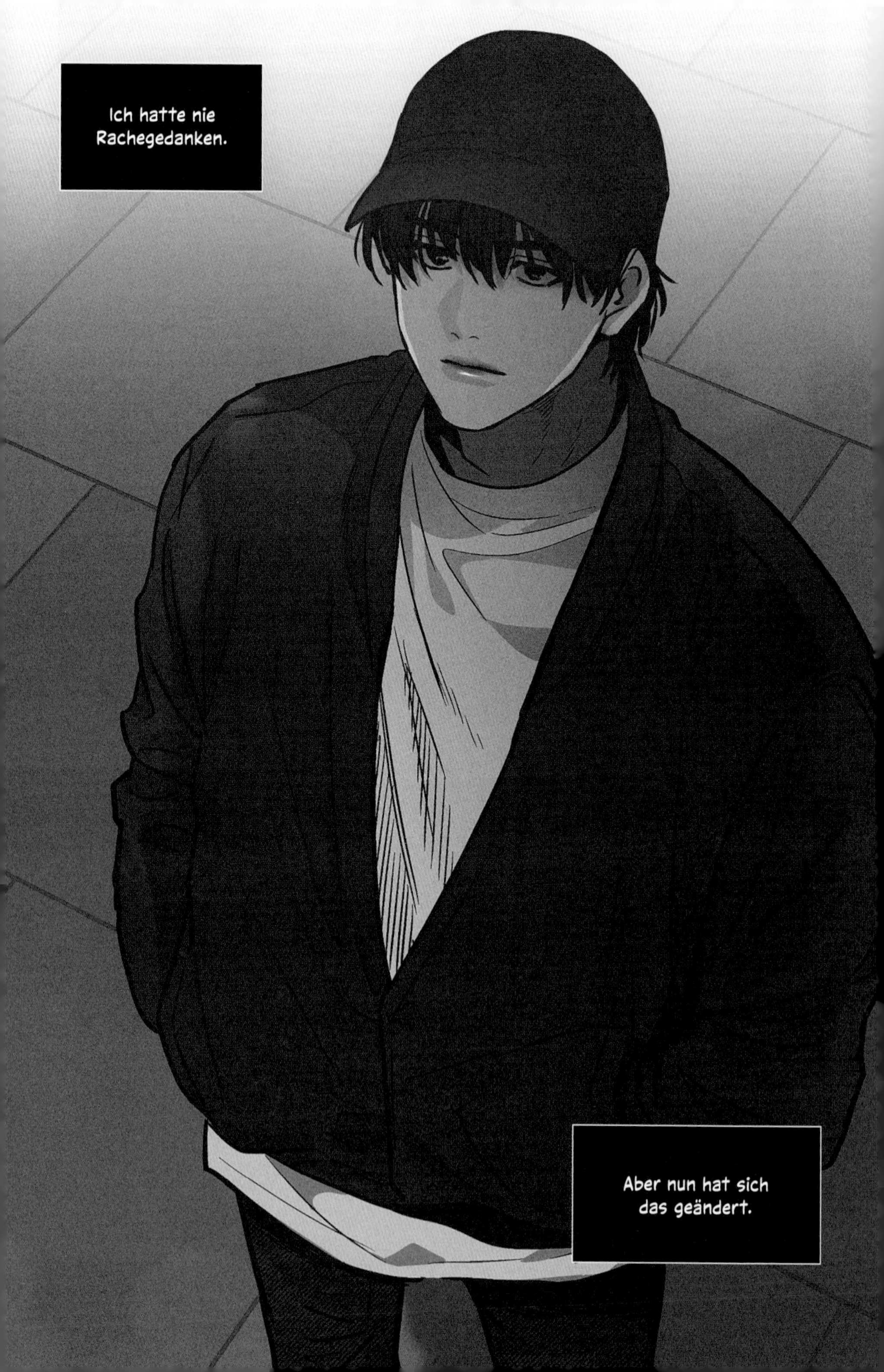
Ich hatte nie Rachegedanken.
Aber nun hat sich das geändert.

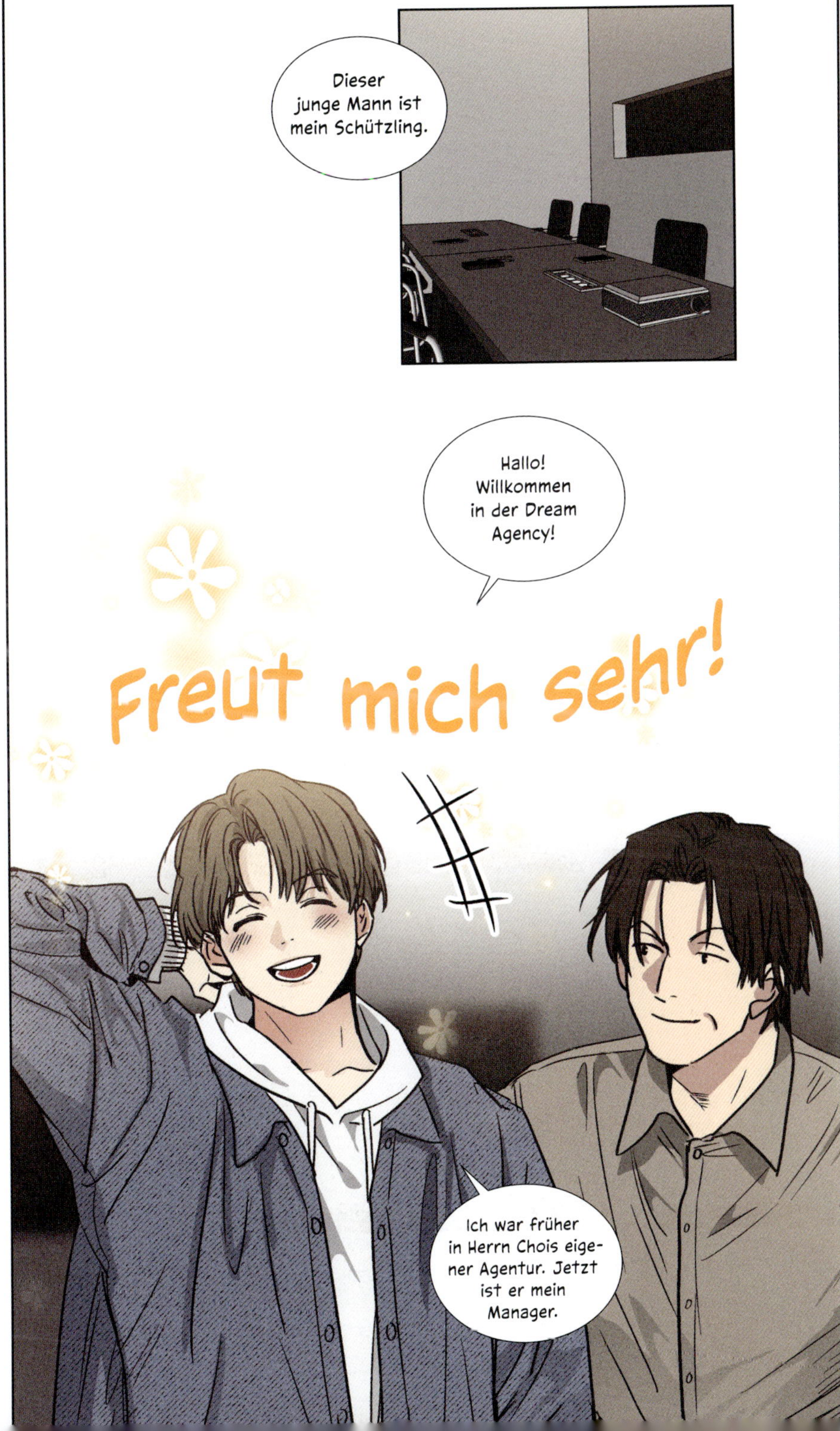

Dieser junge Mann ist mein Schützling.
Hallo! Willkommen in der Dream Agency!
Freut mich sehr!
Ich war früher in Herrn Chois eigener Agentur. Jetzt ist er mein Manager.

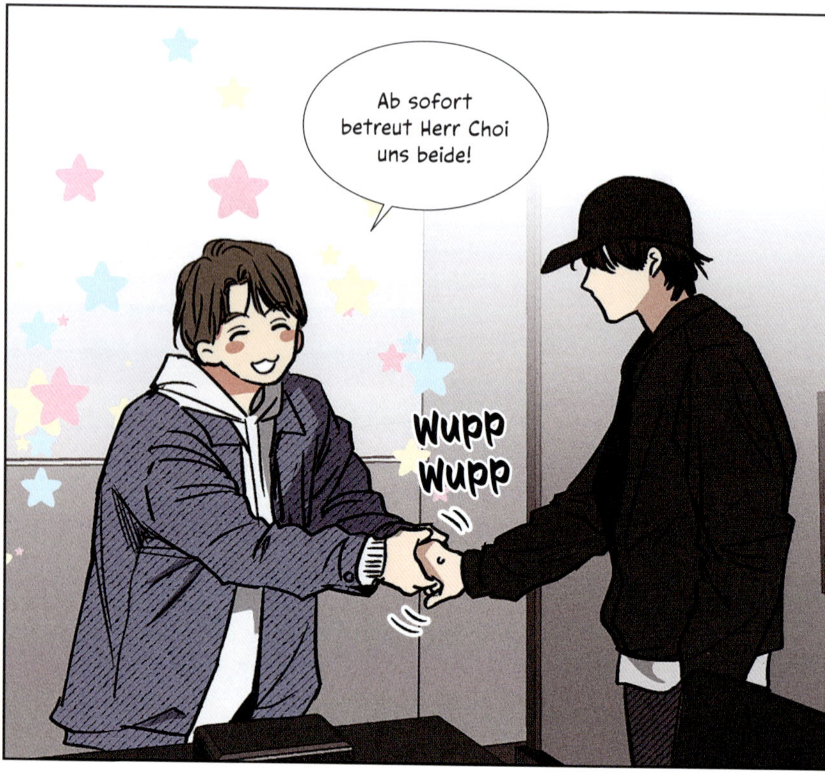
Ab sofort betreut Herr Choi uns beide!
wupp wupp

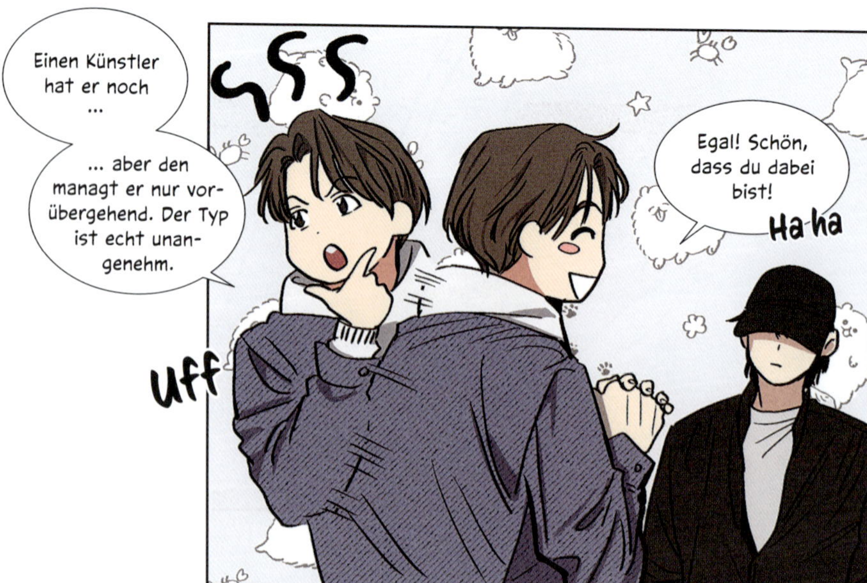
Einen Künstler hat er noch ...
... aber den managt er nur vorübergehend. Der Typ ist echt unangenehm.
uff
Egal! Schön, dass du dabei bist!
Ha ha

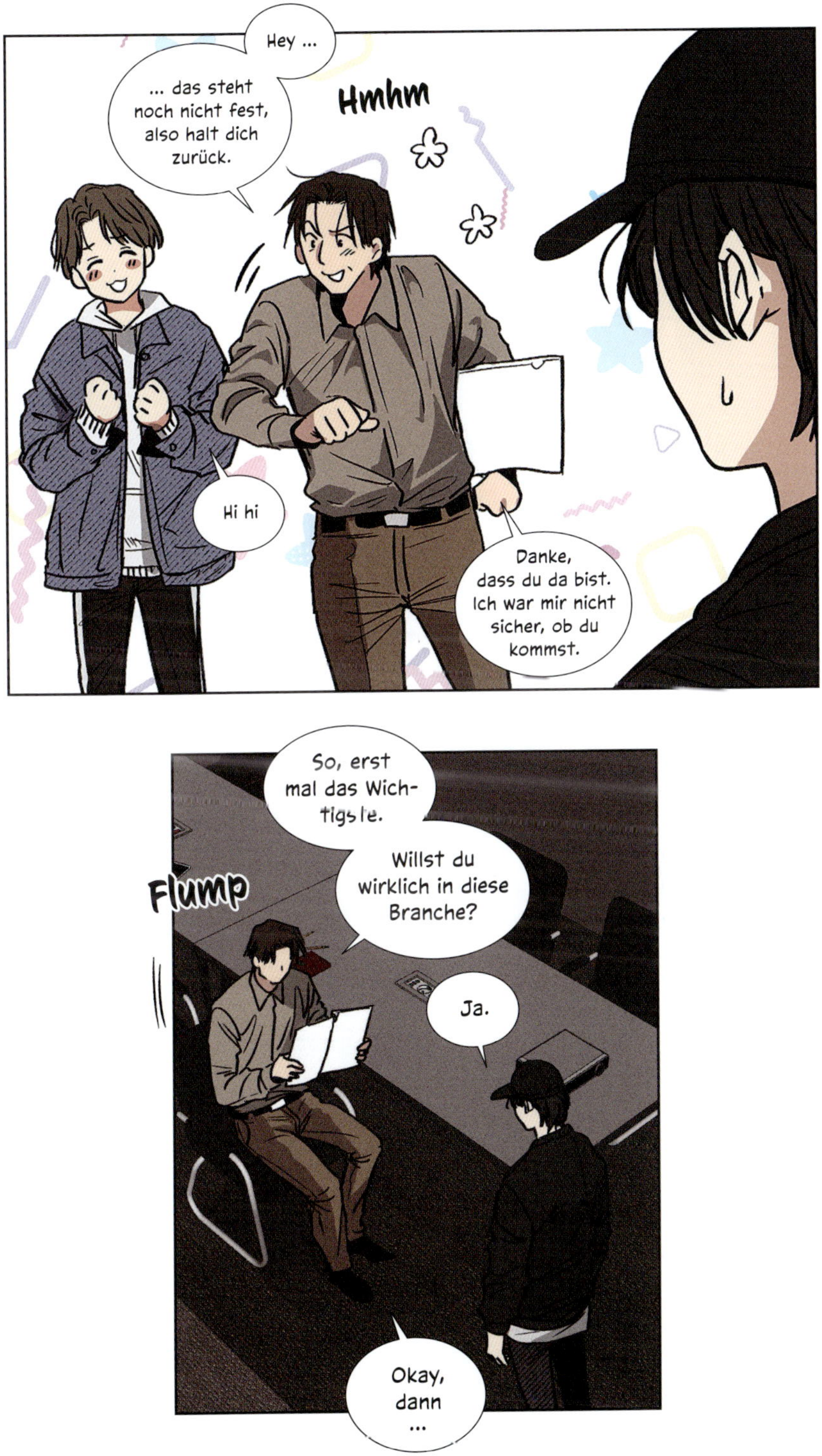
Hey ...
... das steht noch nicht fest, also halt dich zurück.
Hmhm
Hi hi
Danke, dass du da bist. Ich war mir nicht sicher, ob du kommst.
So, erst mal das Wichtigste.
Willst du wirklich in diese Branche?
Flump
Ja.
Okay, dann ...

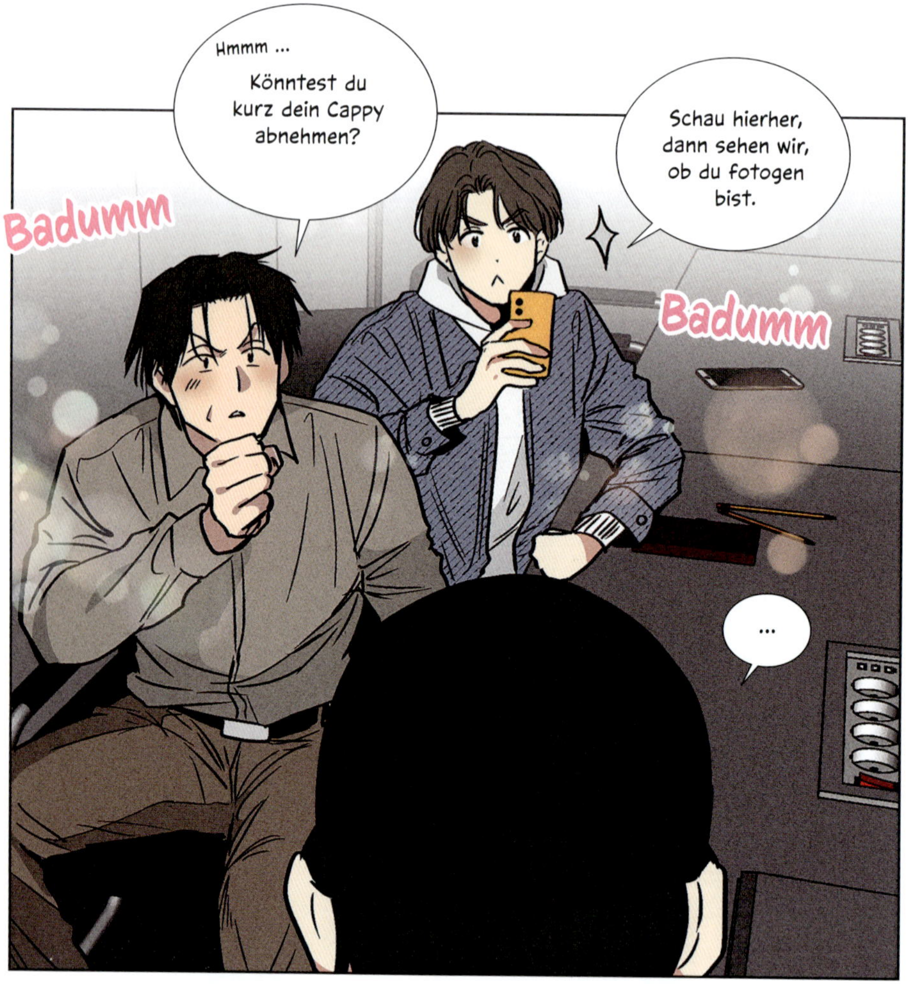
Badumm
Hmmm ...
Könntest du kurz dein Cappy abnehmen?
Schau hierher, dann sehen wir, ob du fotogen bist.
Badumm
...

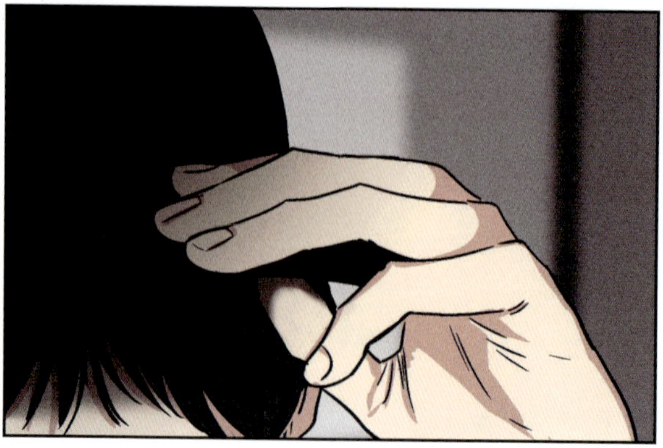

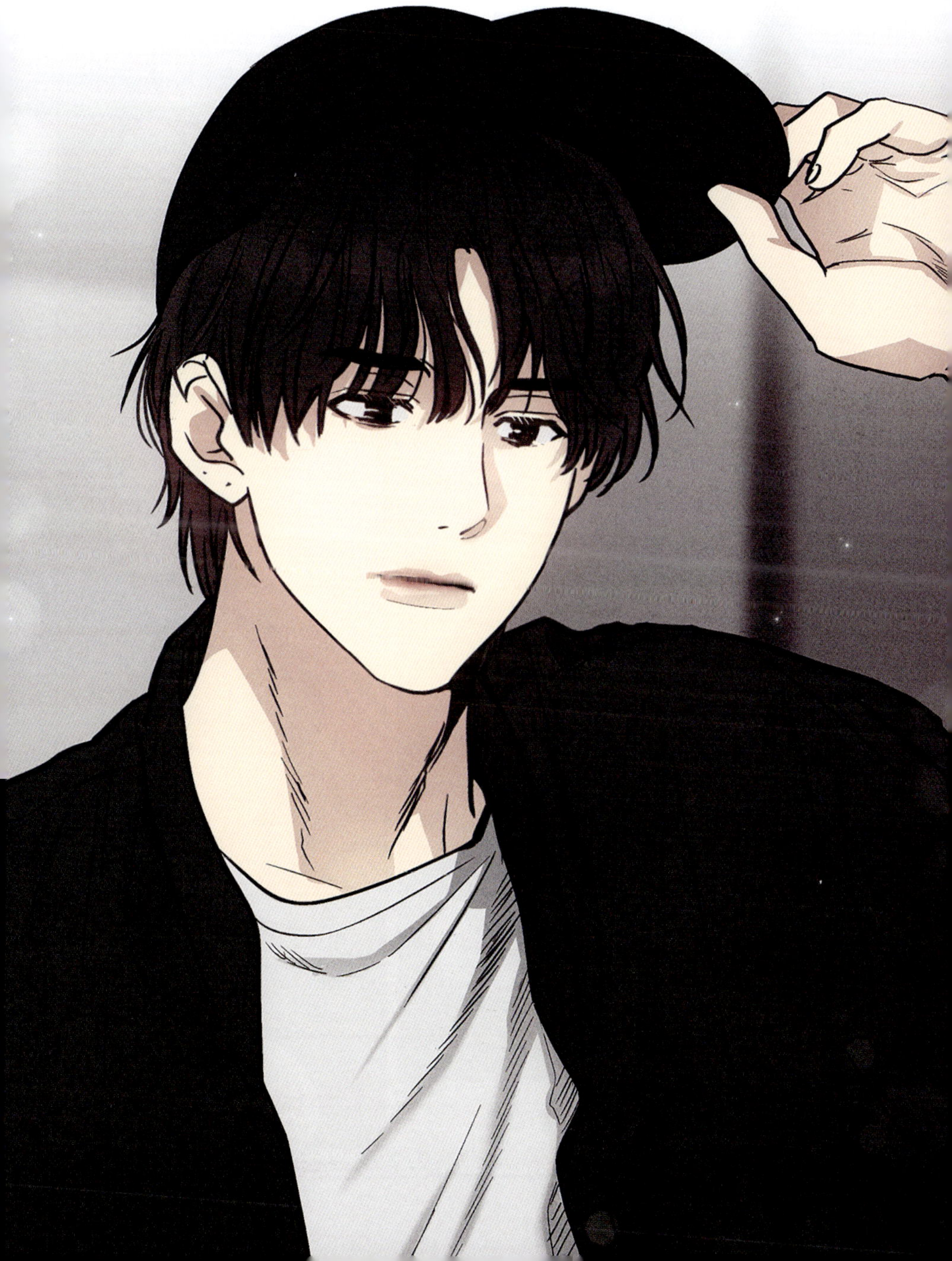

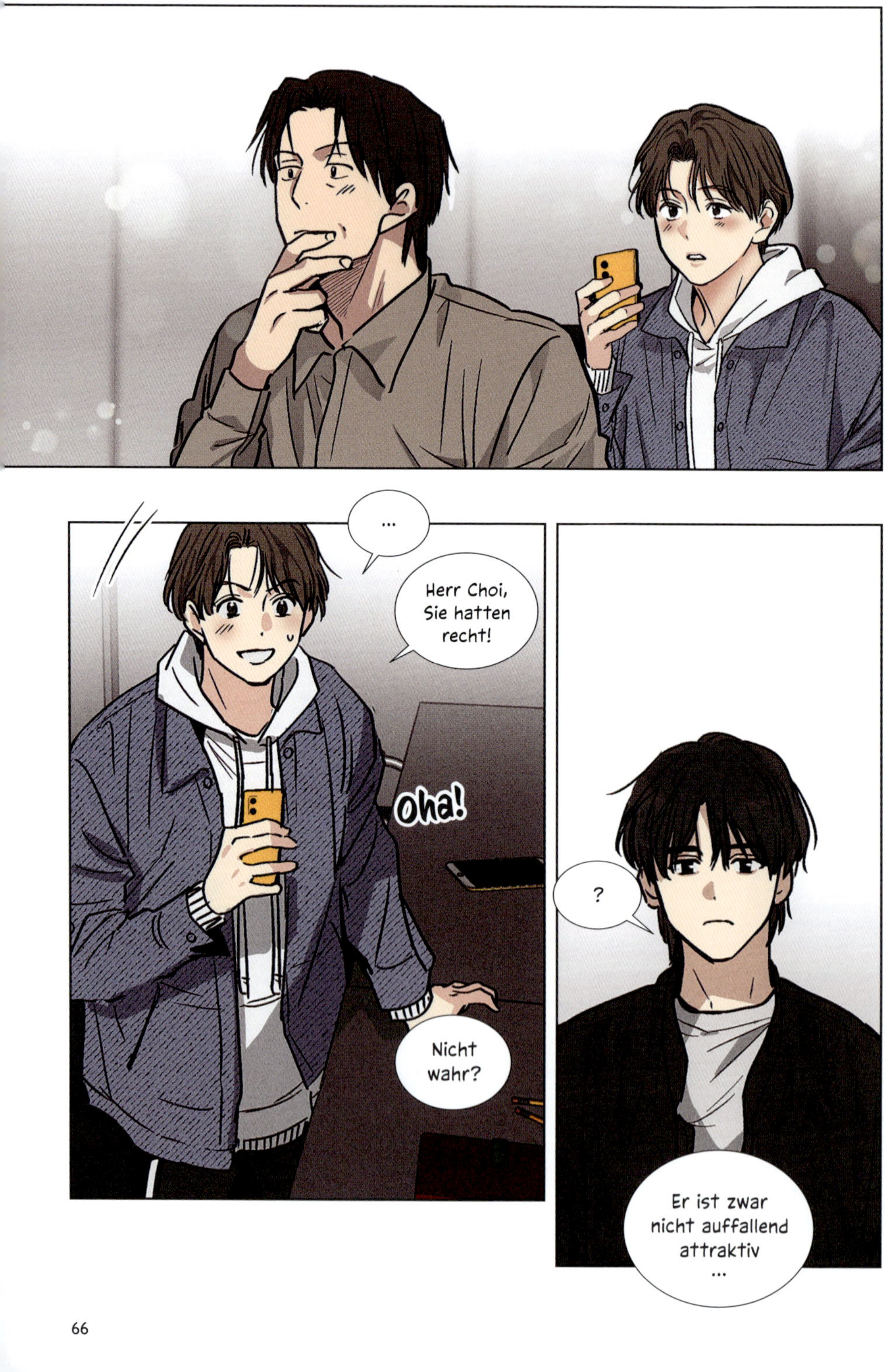
...
Herr Choi, Sie hatten recht!
Oha!
Nicht wahr?
?
Er ist zwar nicht auffallend attraktiv ...

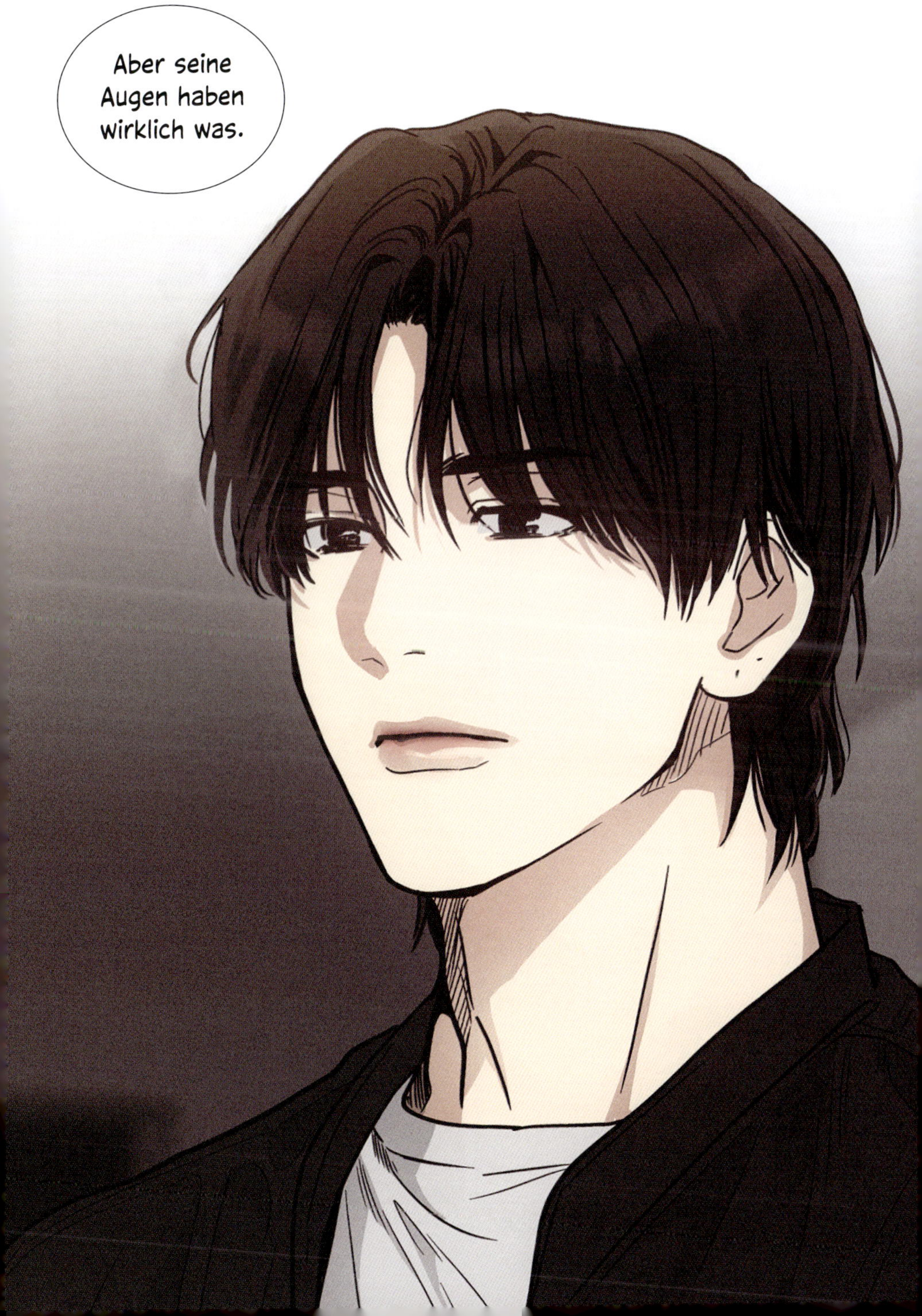
Aber seine Augen haben wirklich was.

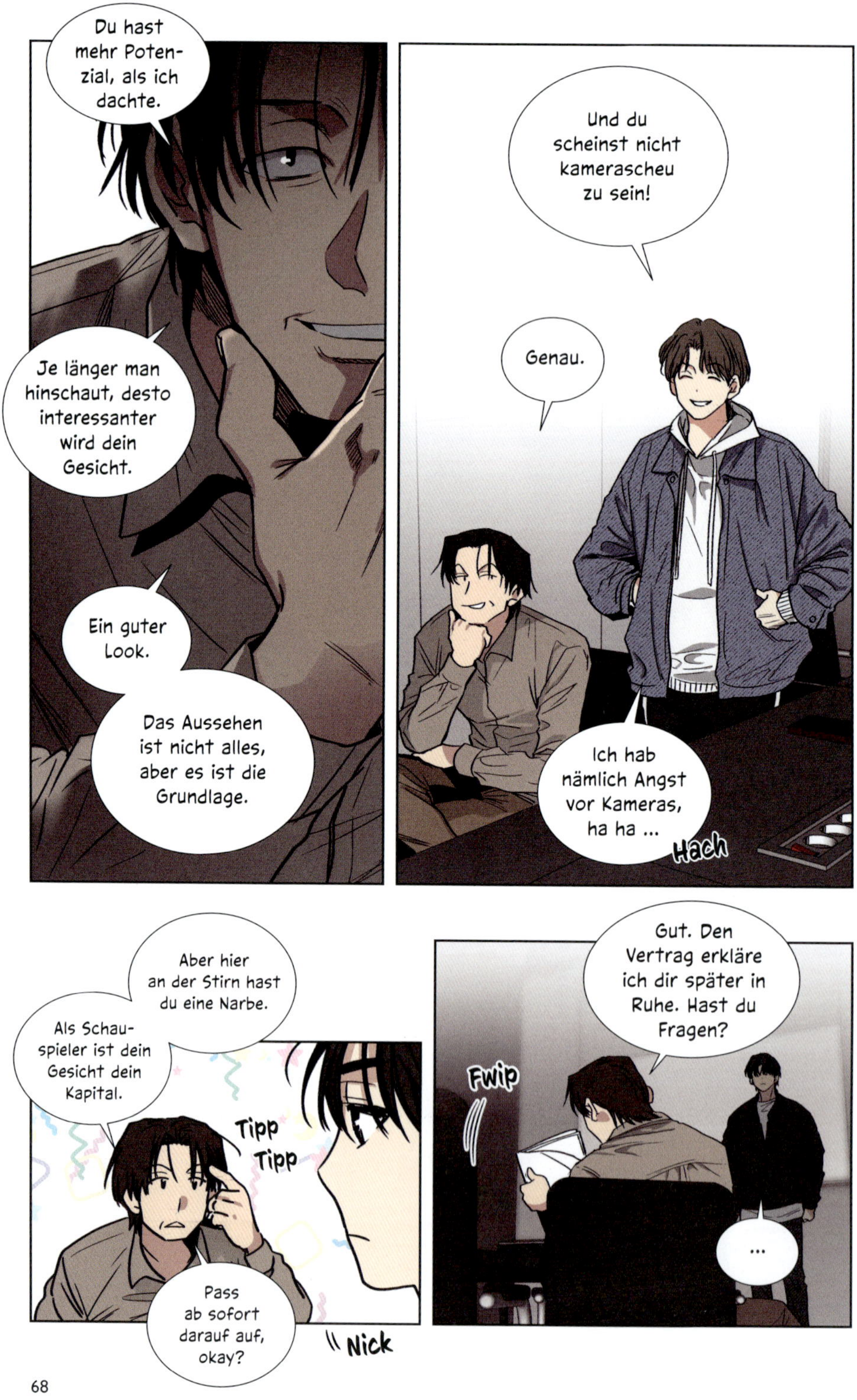
Du hast mehr Potenzial, als ich dachte.
Je länger man hinschaut, desto interessanter wird dein Gesicht.
Ein guter Look.
Das Aussehen ist nicht alles, aber es ist die Grundlage.
Und du scheinst nicht kamerascheu zu sein!
Genau.
Ich hab nämlich Angst vor Kameras, ha ha ...
Hach
Aber hier an der Stirn hast du eine Narbe.
Als Schauspieler ist dein Gesicht dein Kapital.
Tipp
Tipp
Pass ab sofort darauf auf, okay?
Nick
Gut. Den Vertrag erkläre ich dir später in Ruhe. Hast du Fragen?
Fwip
...

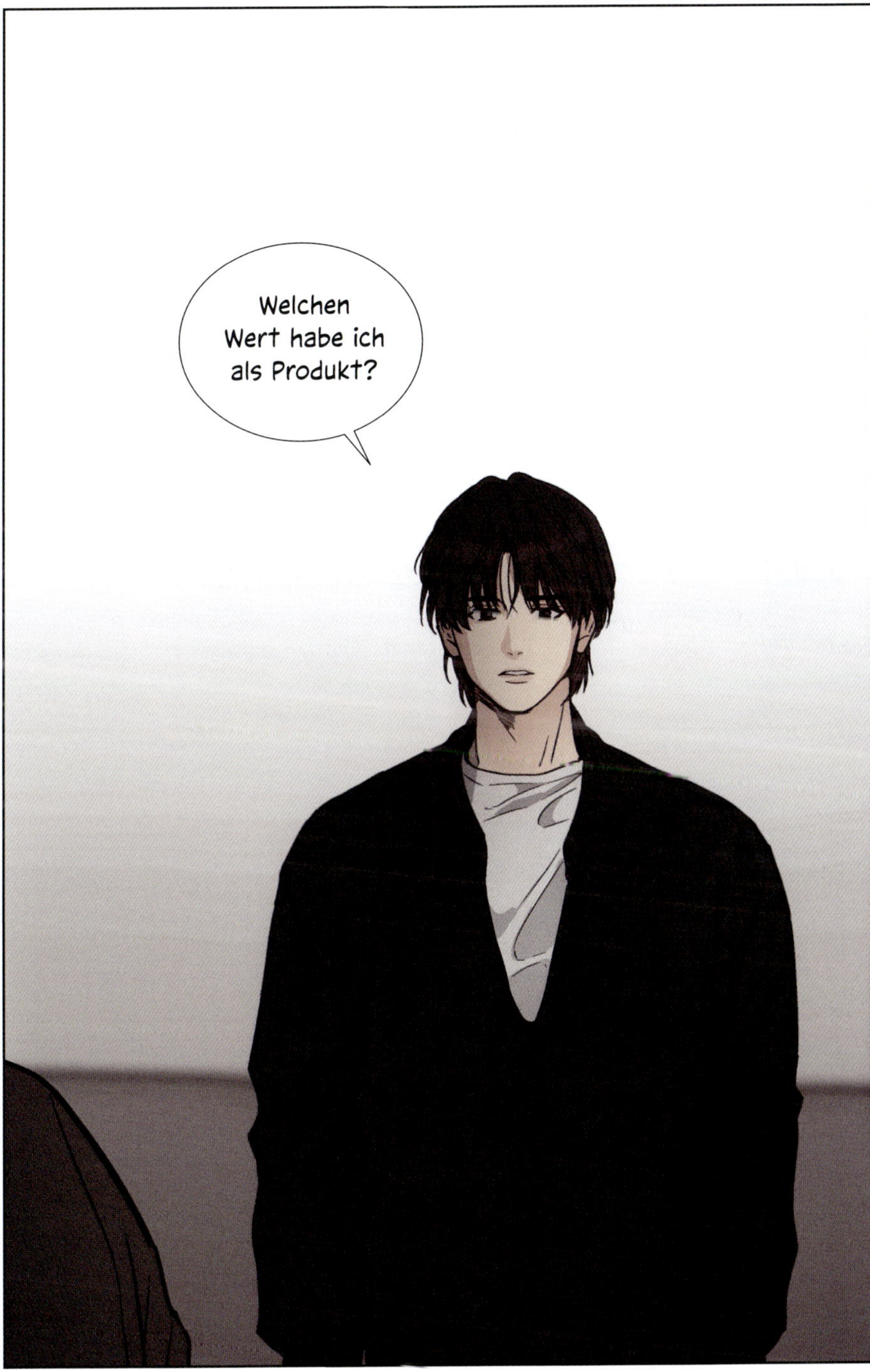
Welchen Wert habe ich als Produkt?

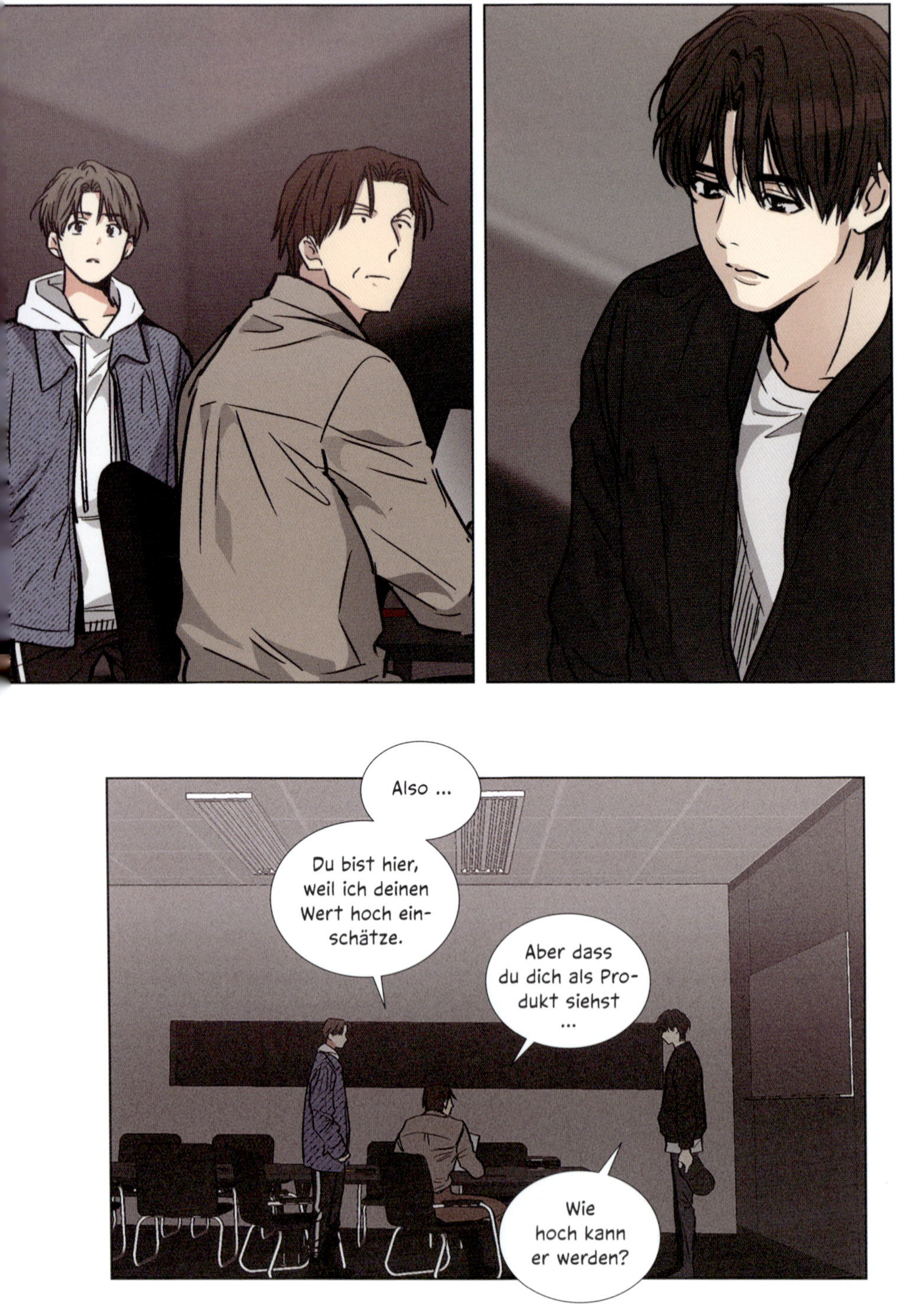
Also ...
Du bist hier, weil ich deinen Wert hoch einschätze.
Aber dass du dich als Produkt siehst ...
Wie hoch kann er werden?

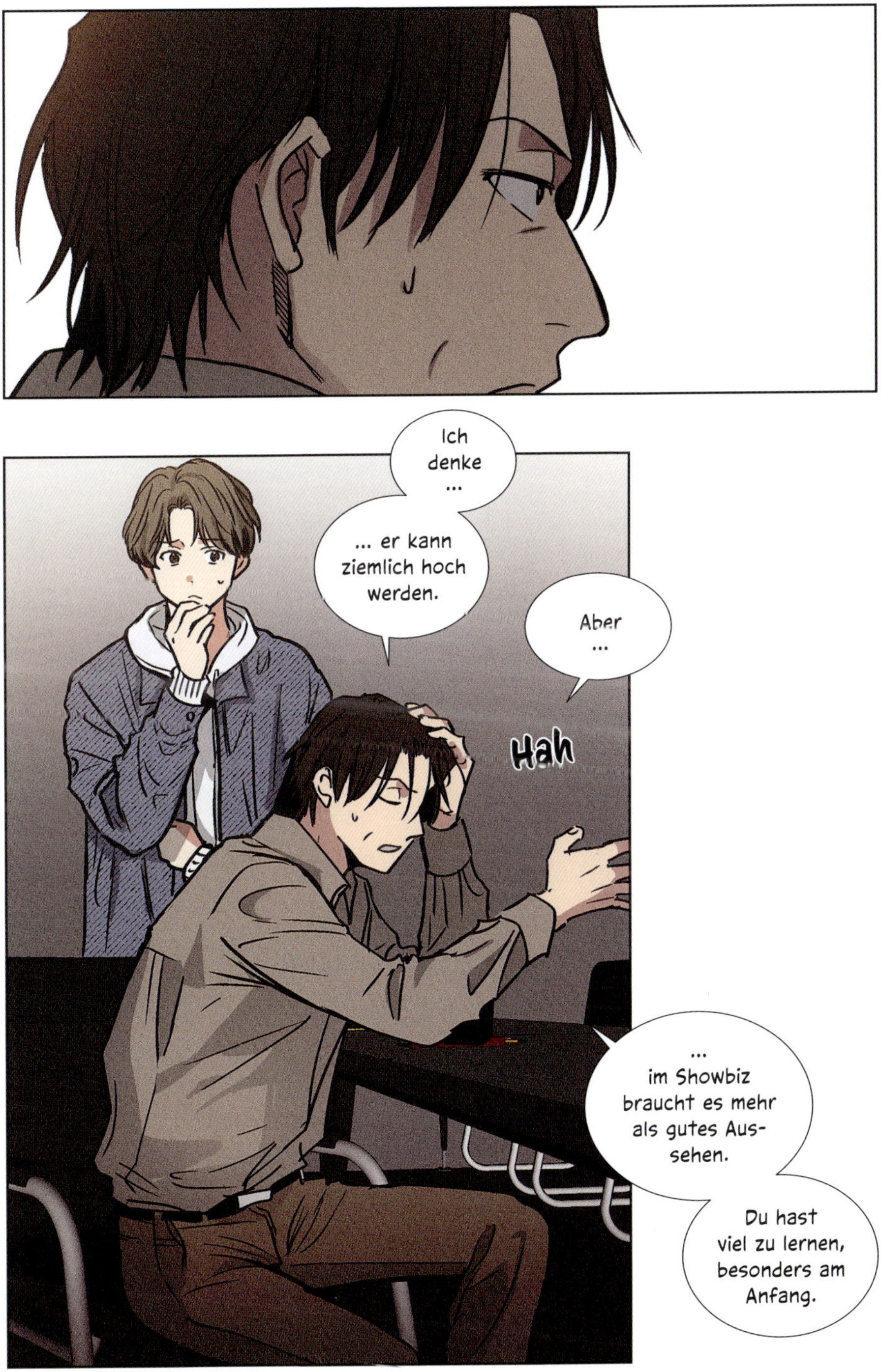
Ich denke …
… er kann ziemlich hoch werden.
Aber …
Hah
… im Showbiz braucht es mehr als gutes Aussehen.
Du hast viel zu lernen, besonders am Anfang.

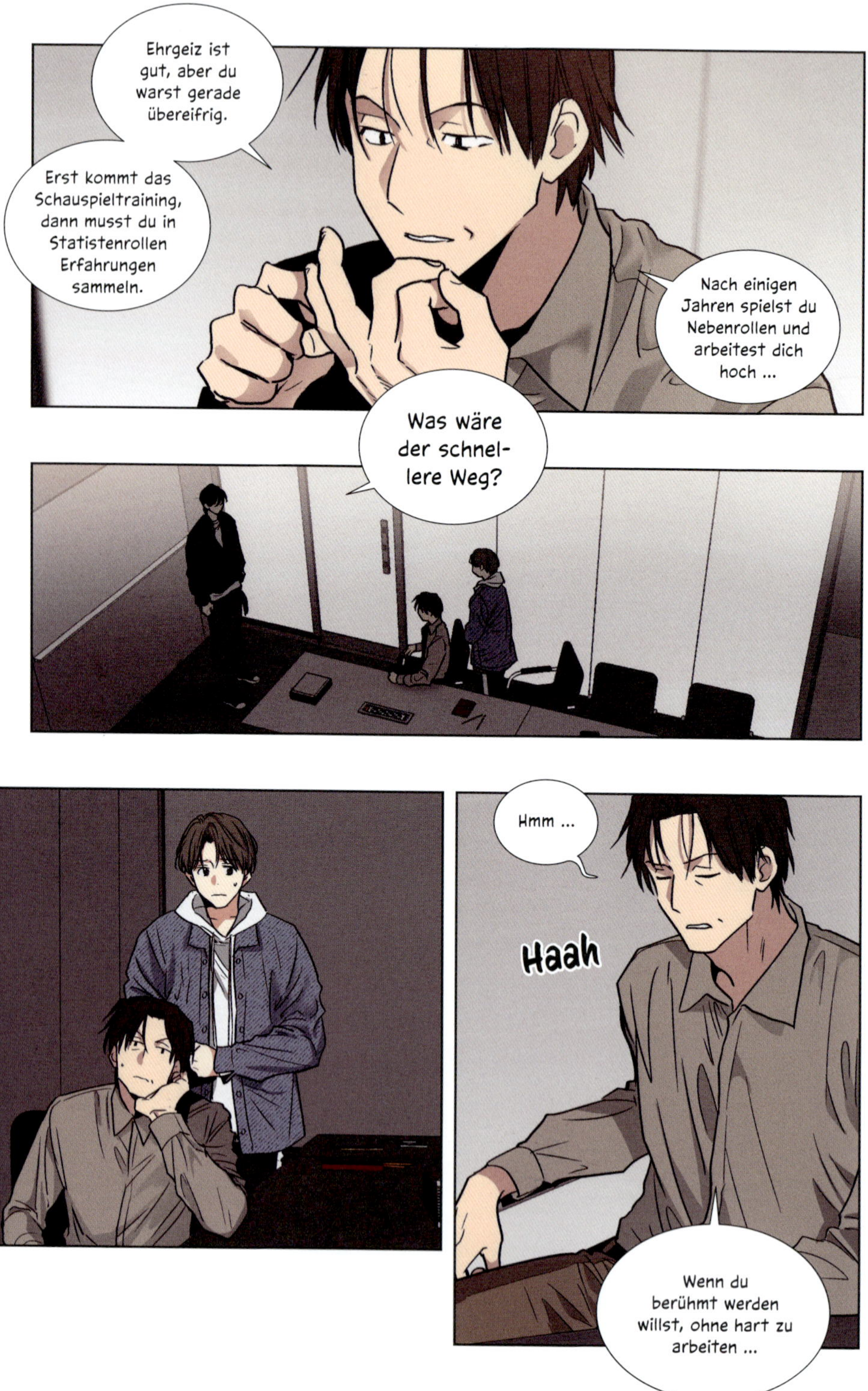
Ehrgeiz ist gut, aber du warst gerade übereifrig.
Erst kommt das Schauspieltraining, dann musst du in Statistenrollen Erfahrungen sammeln.
Nach einigen Jahren spielst du Nebenrollen und arbeitest dich hoch ...
Was wäre der schnellere Weg?
Hmm ...
Haah
Wenn du berühmt werden willst, ohne hart zu arbeiten ...

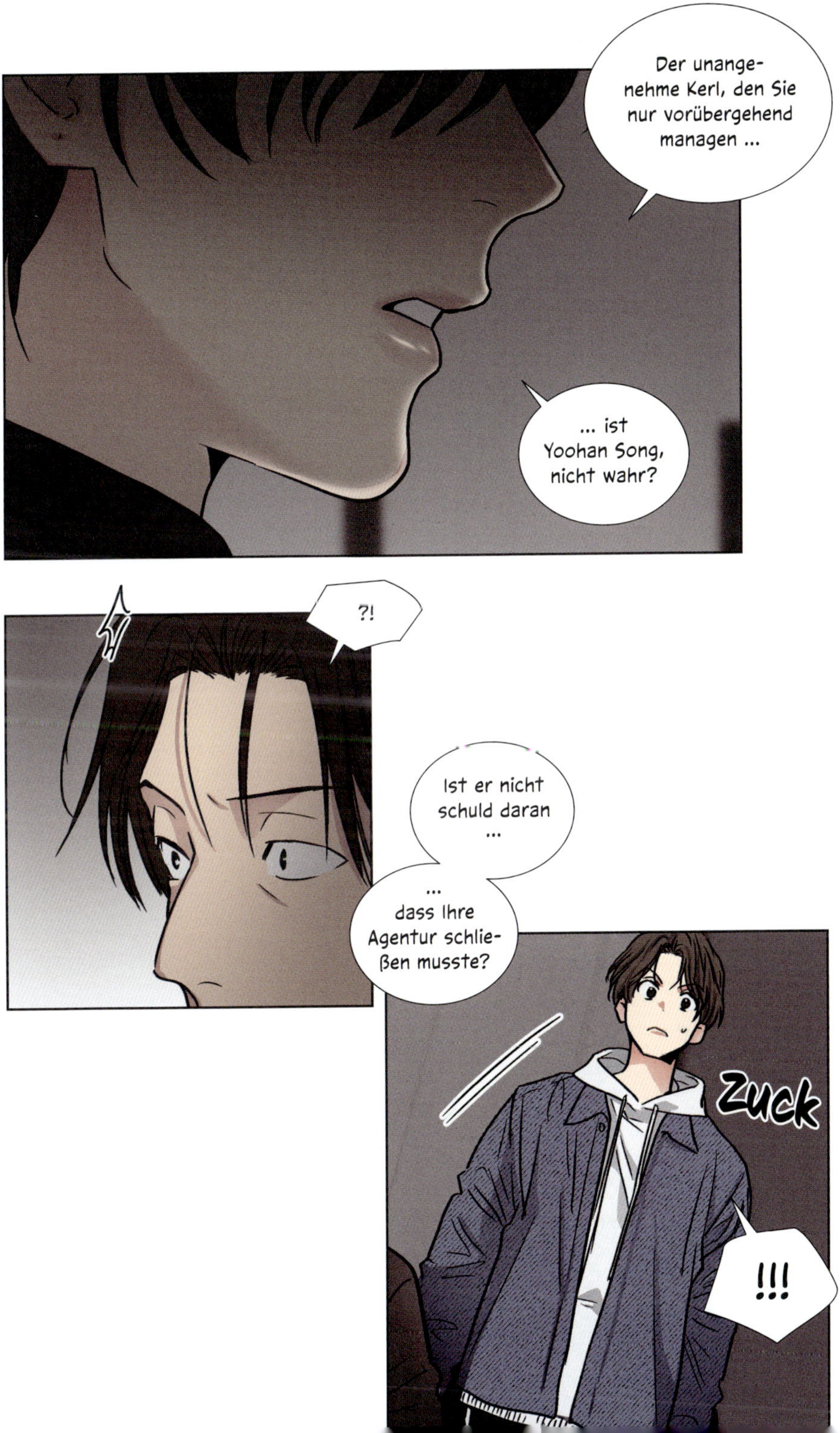
Der unangenehme Kerl, den Sie nur vorübergehend managen ...
... ist Yoohan Song, nicht wahr?
?!
Ist er nicht schuld daran ...
... dass Ihre Agentur schließen musste?
Zuck
!!!

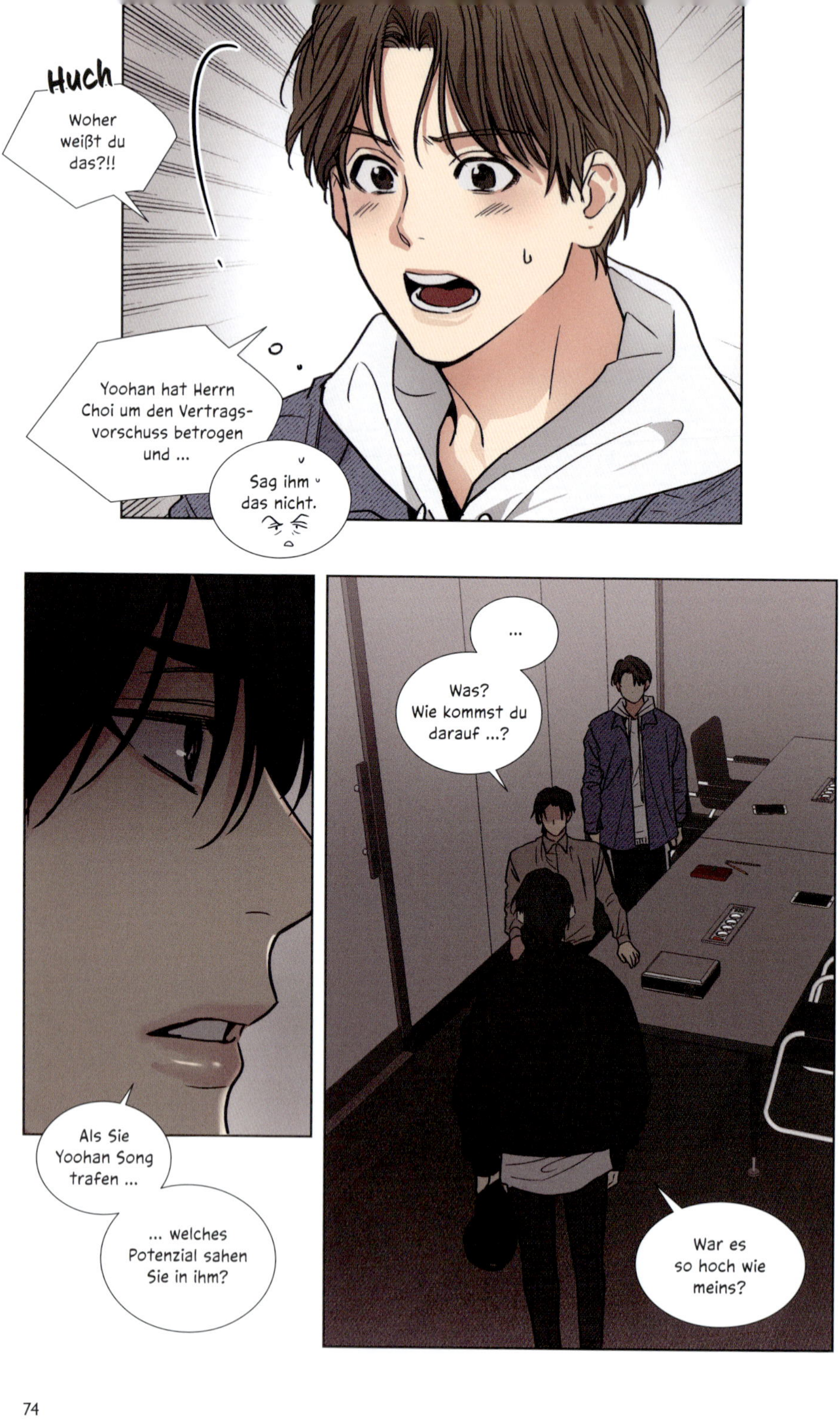
Huch
Woher weißt du das?!!
Yoohan hat Herrn Choi um den Vertrags-vorschuss betrogen und ...
Sag ihm das nicht.
...
Was? Wie kommst du darauf ...?
Als Sie Yoohan Song trafen ...
... welches Potenzial sahen Sie in ihm?
War es so hoch wie meins?

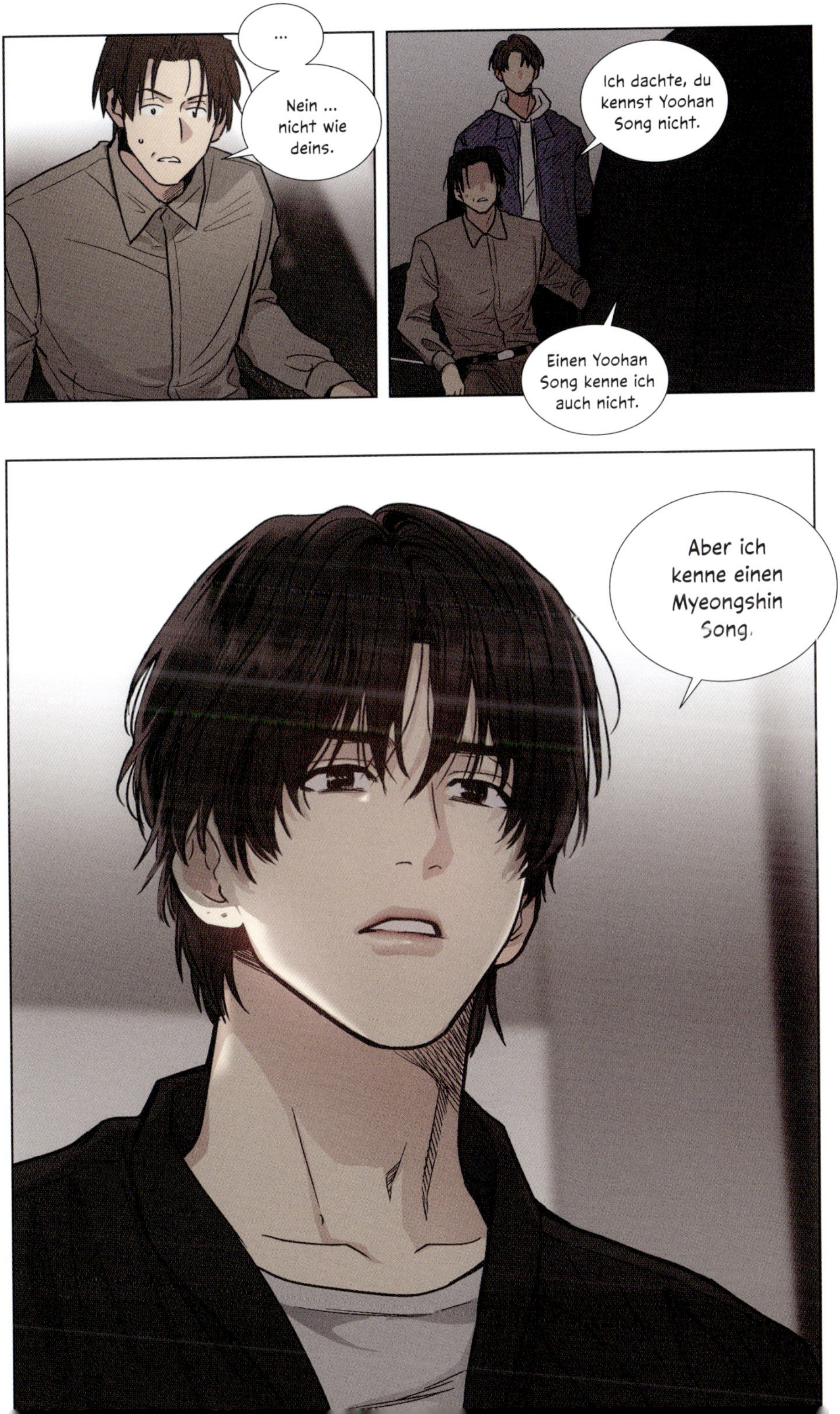
...
Nein ... nicht wie deins.
Ich dachte, du kennst Yoohan Song nicht.
Einen Yoohan Song kenne ich auch nicht.
Aber ich kenne einen Myeongshin Song.

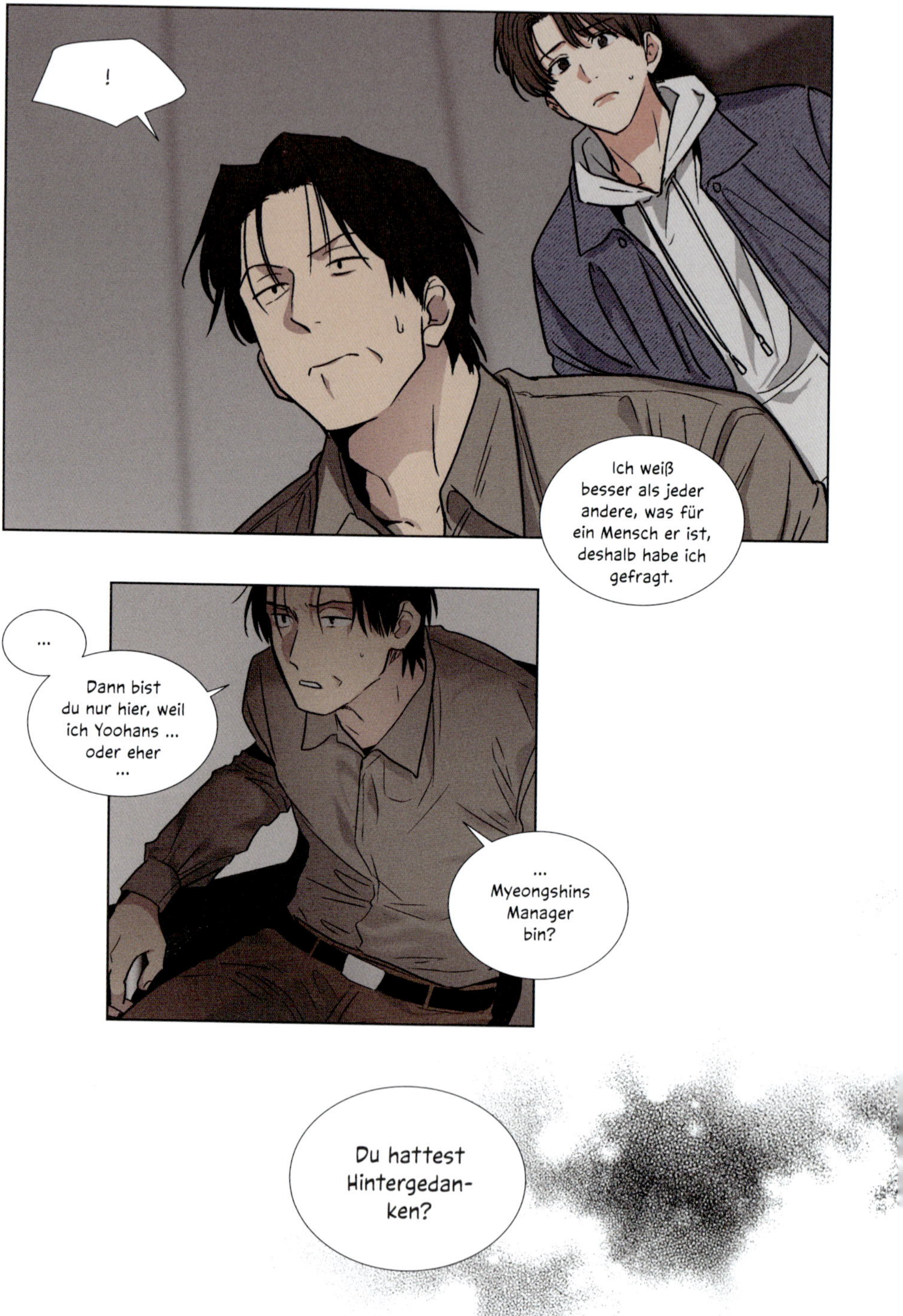
!
Ich weiß besser als jeder andere, was für ein Mensch er ist, deshalb habe ich gefragt.
...
Dann bist du nur hier, weil ich Yoohans ... oder eher ...
... Myeongshins Manager bin?
Du hattest Hintergedanken?

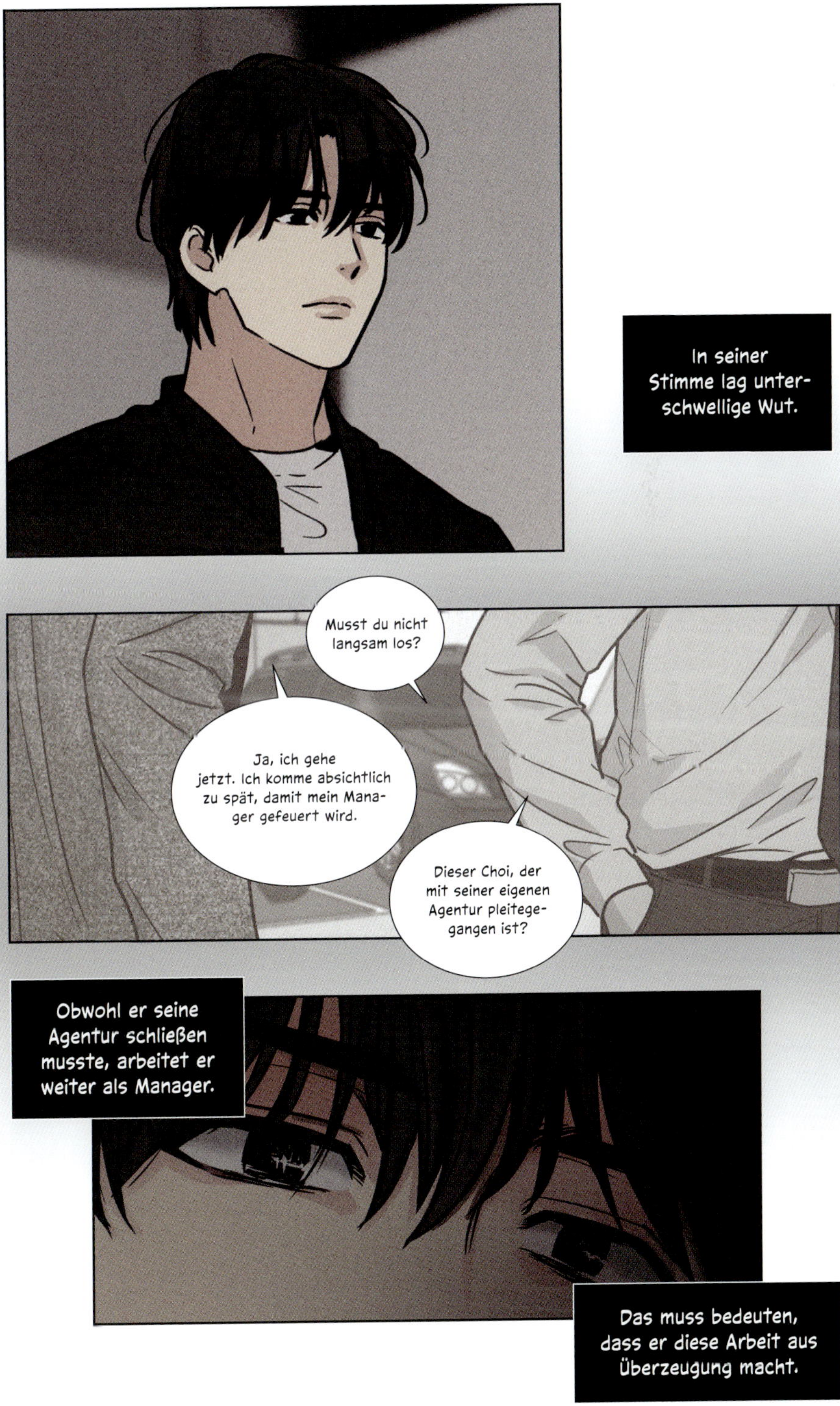
In seiner Stimme lag unterschwellige Wut.
Musst du nicht langsam los?
Ja, ich gehe jetzt. Ich komme absichtlich zu spät, damit mein Manager gefeuert wird.
Dieser Choi, der mit seiner eigenen Agentur pleitegegangen ist?
Obwohl er seine Agentur schließen musste, arbeitet er weiter als Manager.
Das muss bedeuten, dass er diese Arbeit aus Überzeugung macht.

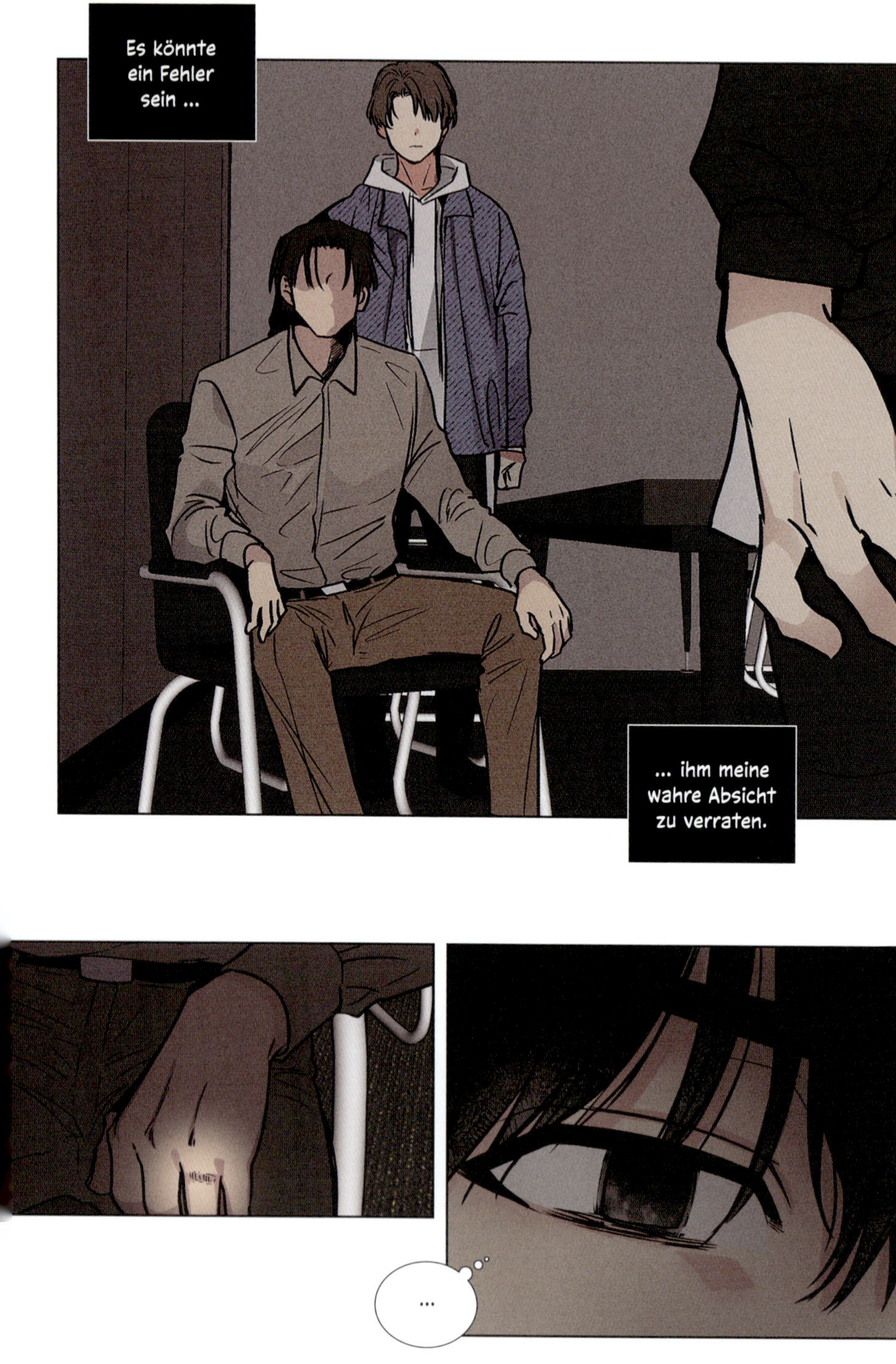
Es könnte ein Fehler sein ...
... ihm meine wahre Absicht zu verraten.
...

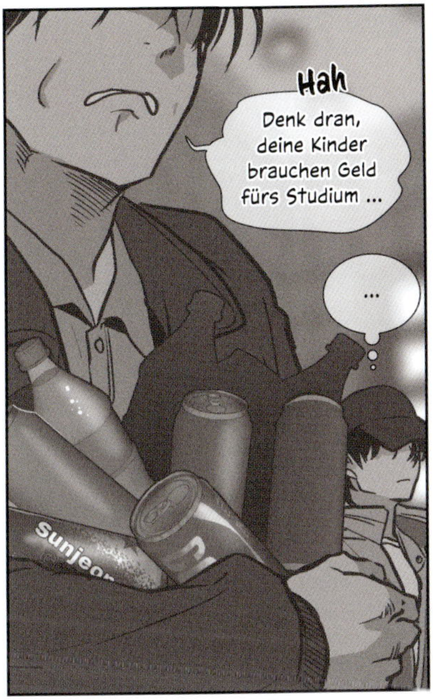
Hah
Denk dran, deine Kinder brauchen Geld fürs Studium ...
...

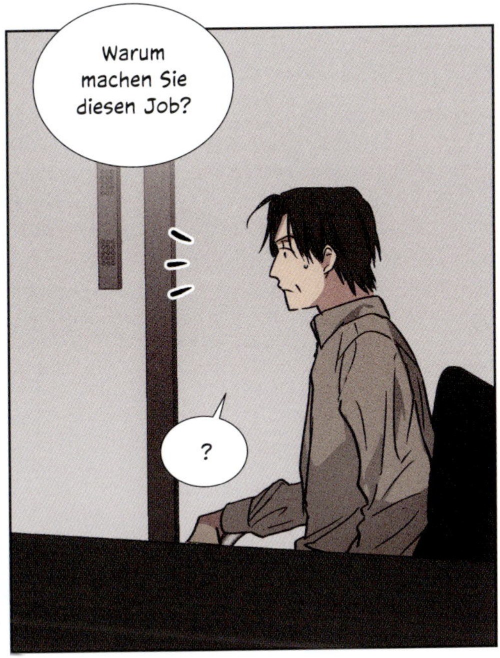
Warum machen Sie diesen Job?
?

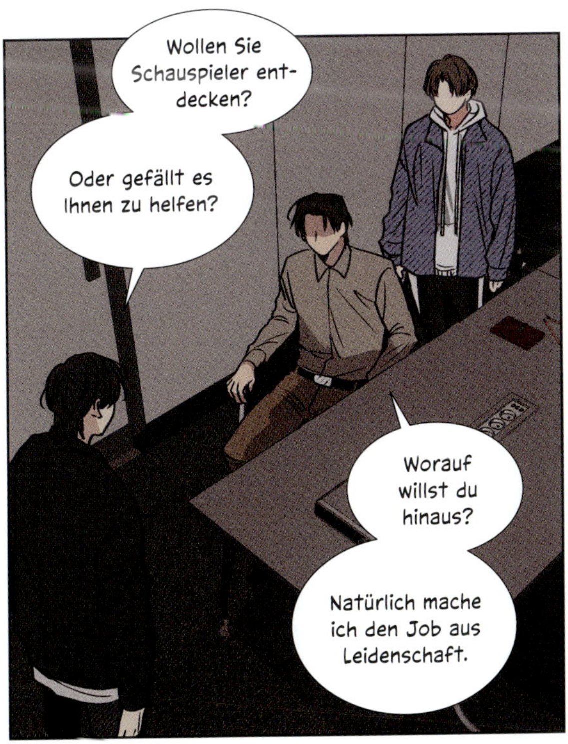
Wollen Sie Schauspieler entdecken?
Oder gefällt es Ihnen zu helfen?
Worauf willst du hinaus?
Natürlich mache ich den Job aus Leidenschaft.

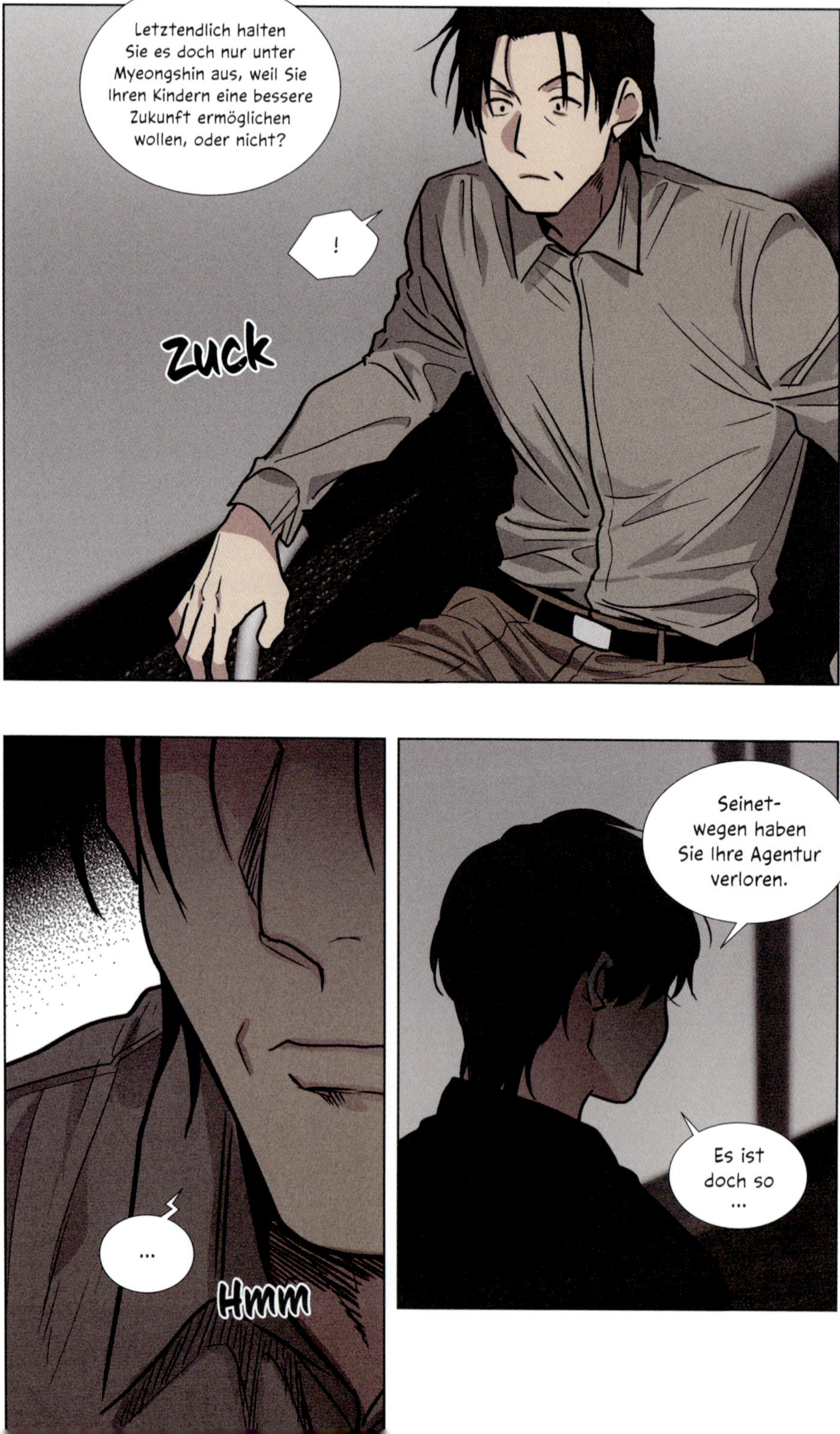
Letztendlich halten Sie es doch nur unter Myeongshin aus, weil Sie Ihren Kindern eine bessere Zukunft ermöglichen wollen, oder nicht?
!
Zuck
...
Hmm
Seinetwegen haben Sie Ihre Agentur verloren.
Es ist doch so ...

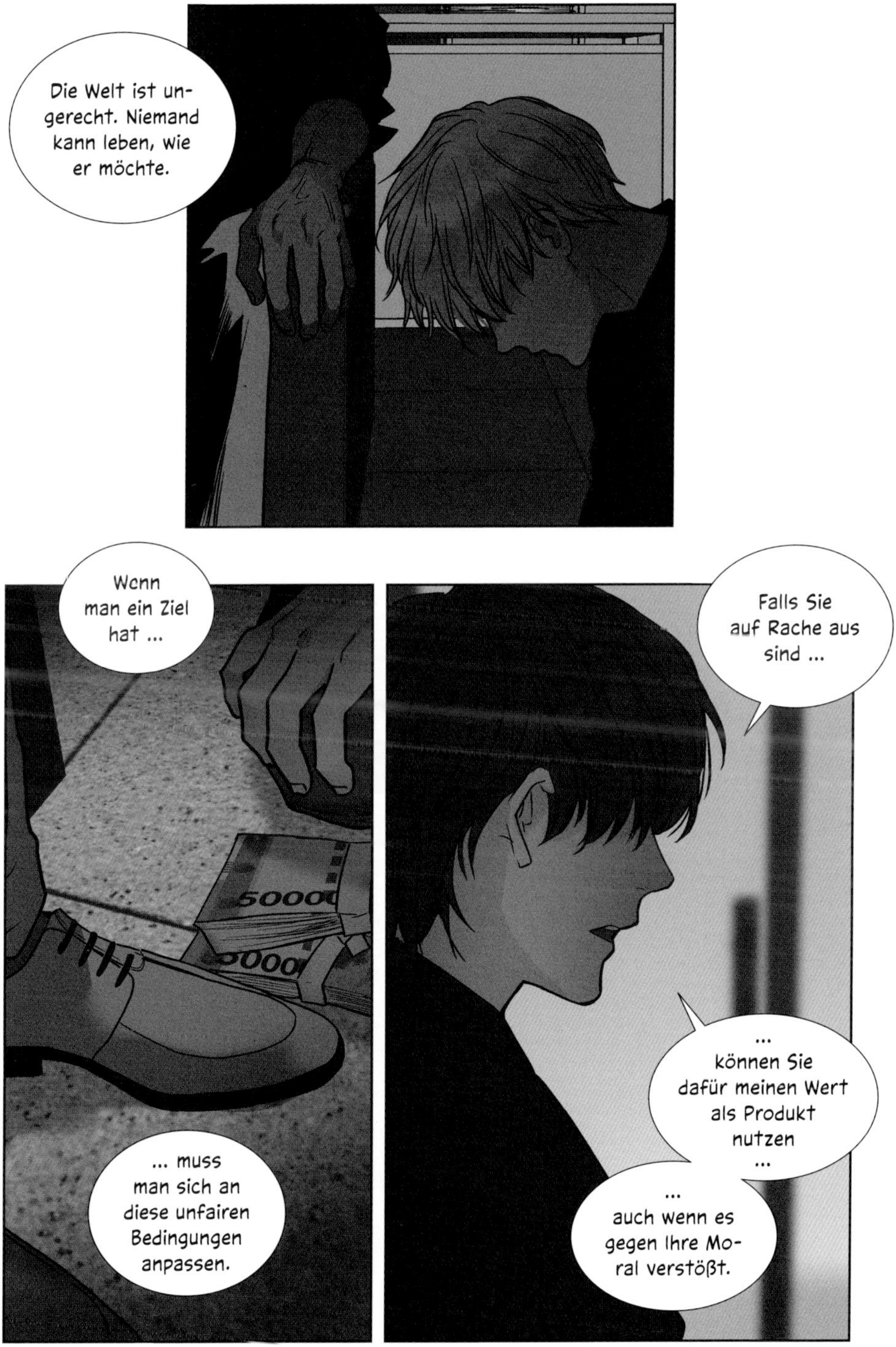
Die Welt ist ungerecht. Niemand kann leben, wie er möchte.
Wenn man ein Ziel hat ...
... muss man sich an diese unfairen Bedingungen anpassen.
Falls Sie auf Rache aus sind ...
... können Sie dafür meinen Wert als Produkt nutzen ...
... auch wenn es gegen Ihre Moral verstößt.

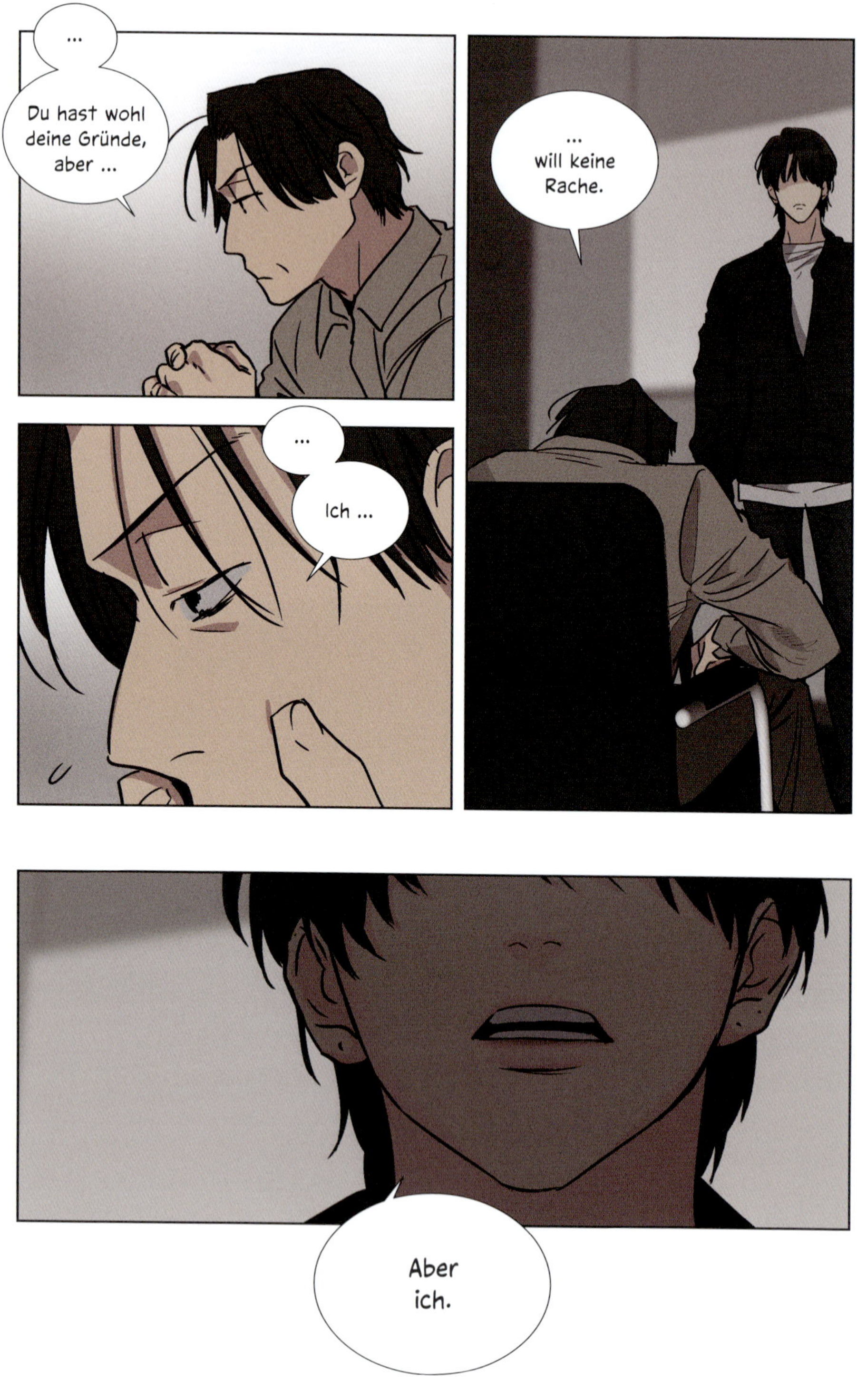
...
Du hast wohl deine Gründe, aber ...
... will keine Rache.
...
Ich ...
Aber ich.

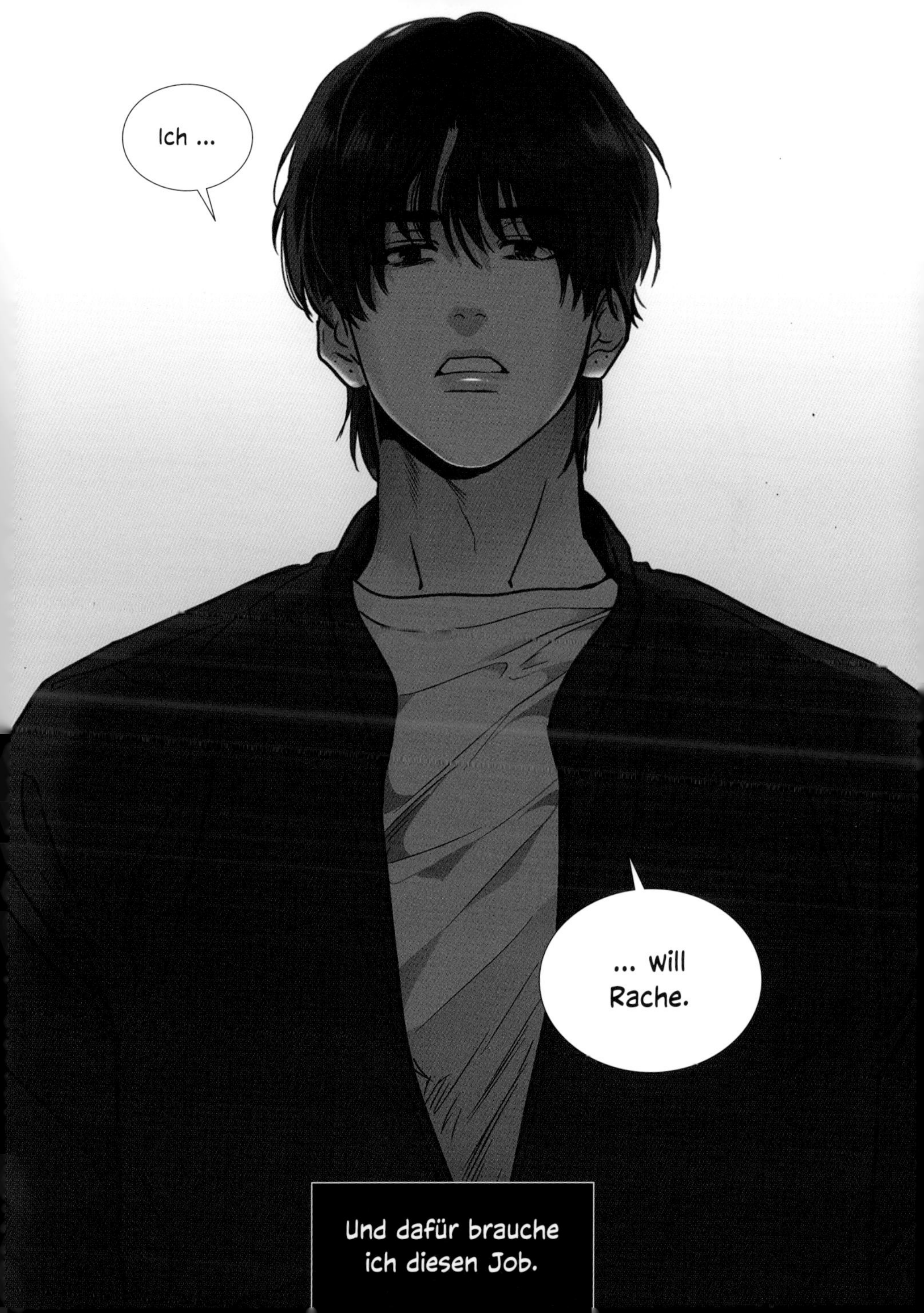
Ich ...
... will Rache.
Und dafür brauche ich diesen Job.

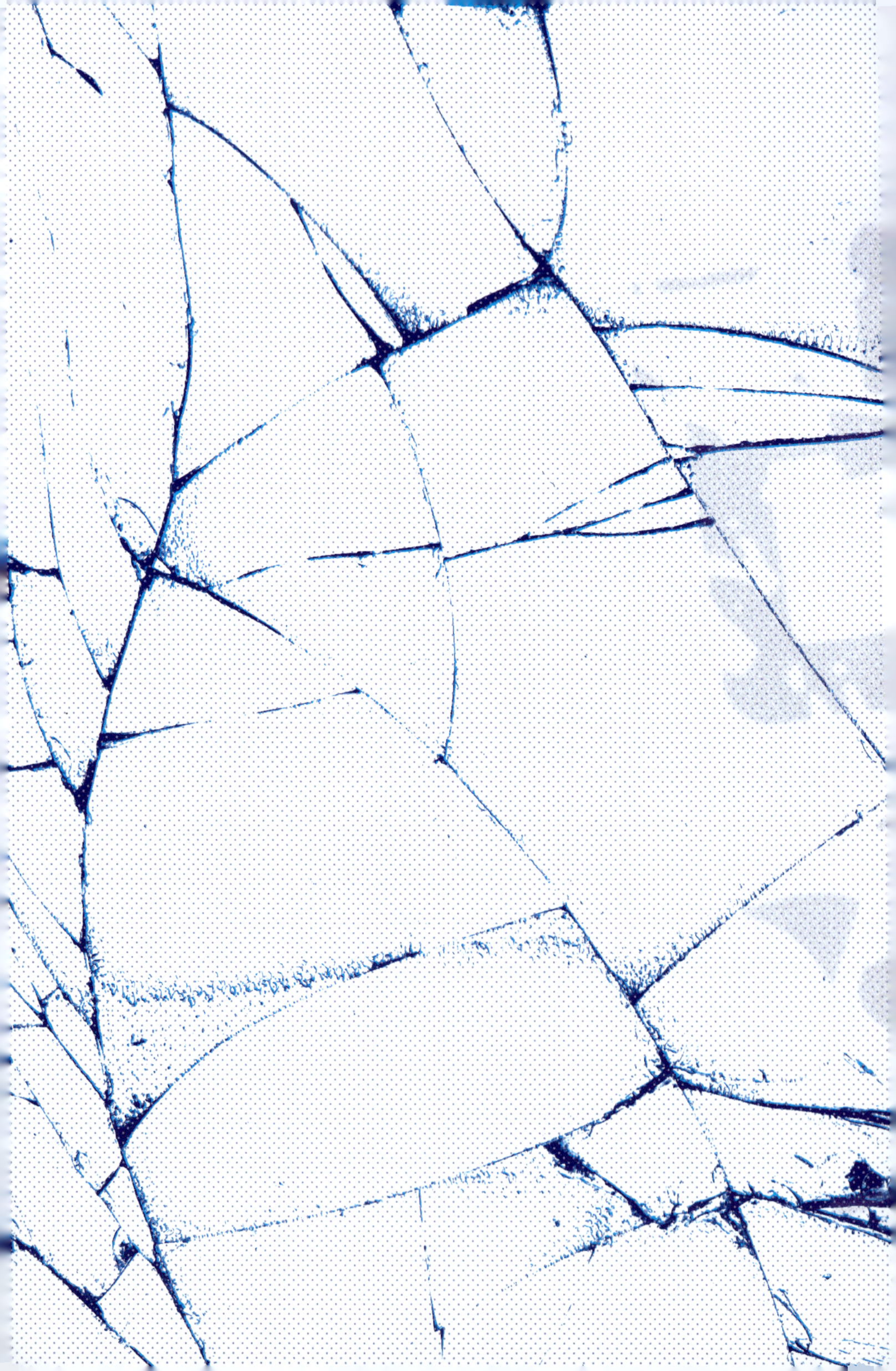

KAPITEL 3

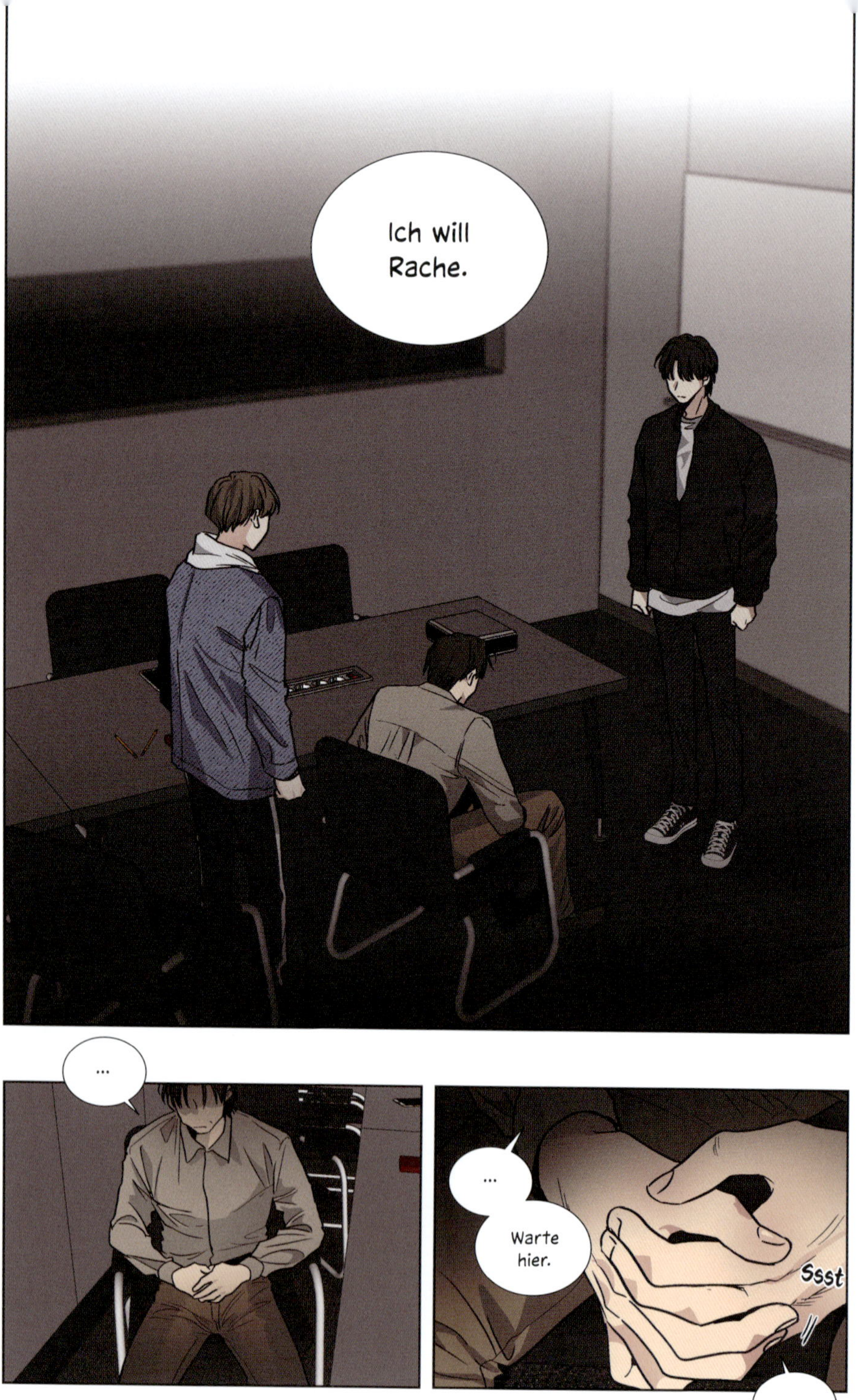
Ich will
Rache.
...
...
Warte
hier.
Ssst
...

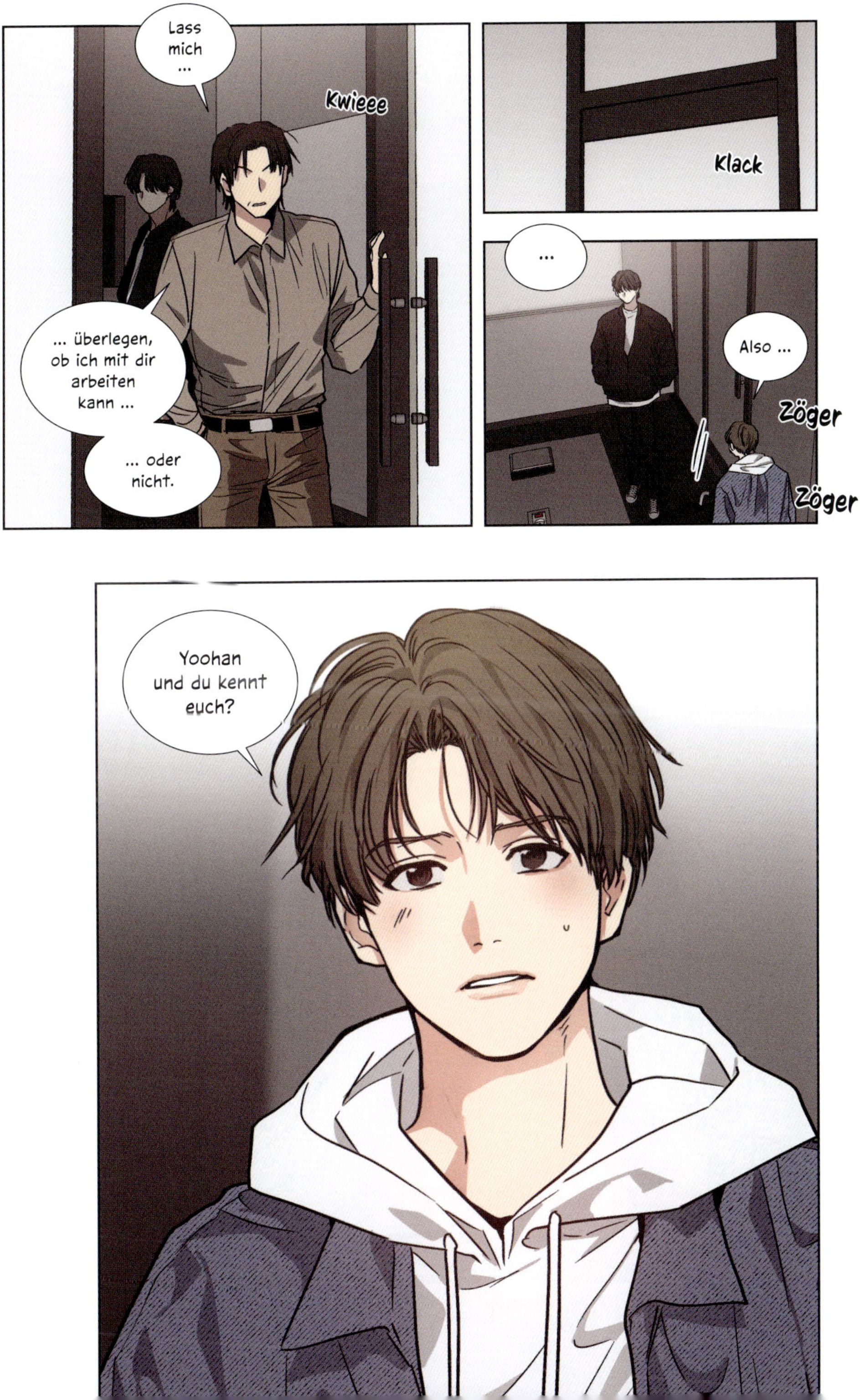
Lass mich ...
Kwieee
... überlegen, ob ich mit dir arbeiten kann ...
... oder nicht.
Klack
...
Also ...
Zöger
Zöger
Yoohan und du kennt euch?

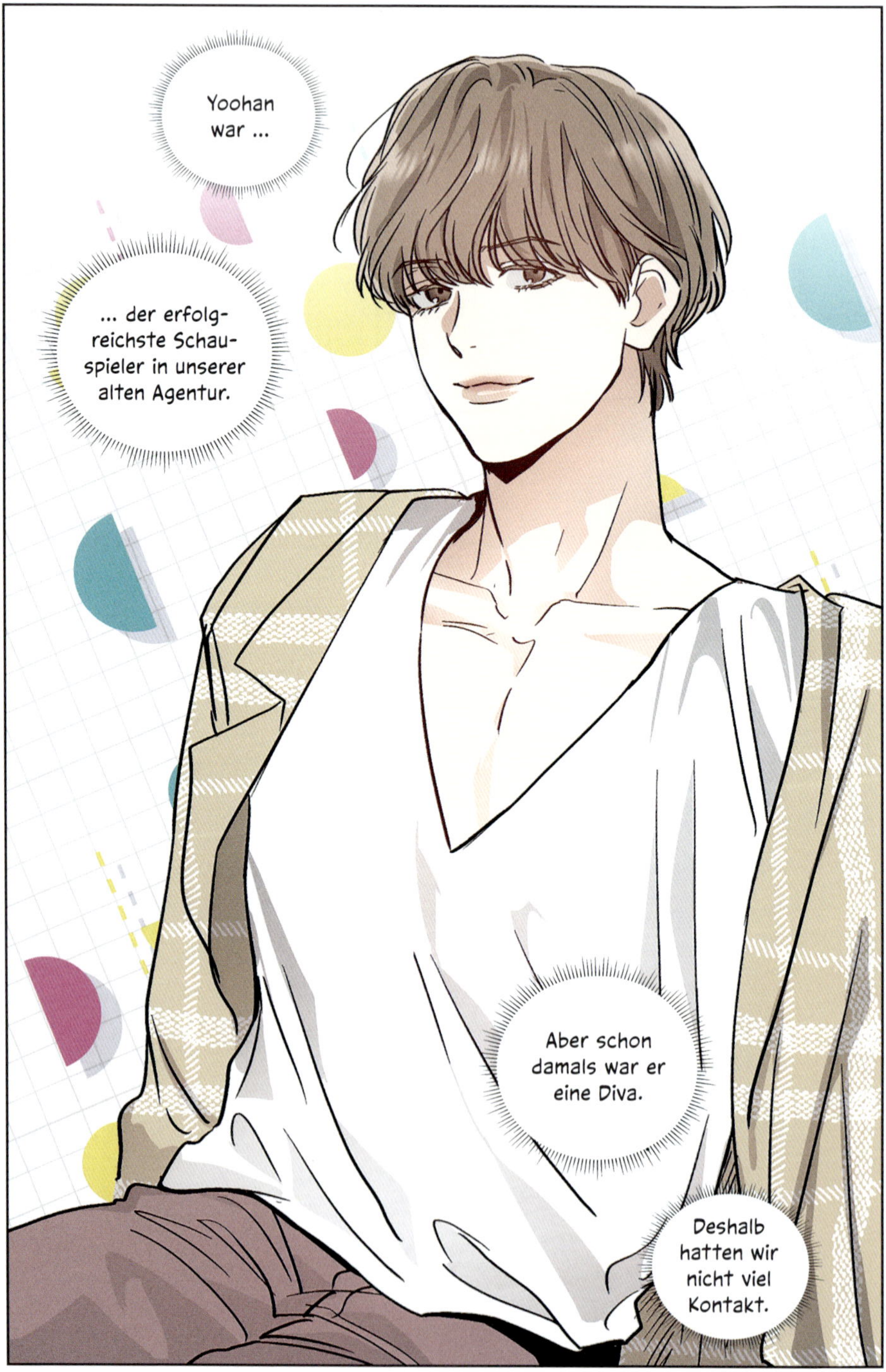
Yoohan war ...
... der erfolg-reichste Schau-spieler in unserer alten Agentur.
Aber schon damals war er eine Diva.
Deshalb hatten wir nicht viel Kontakt.

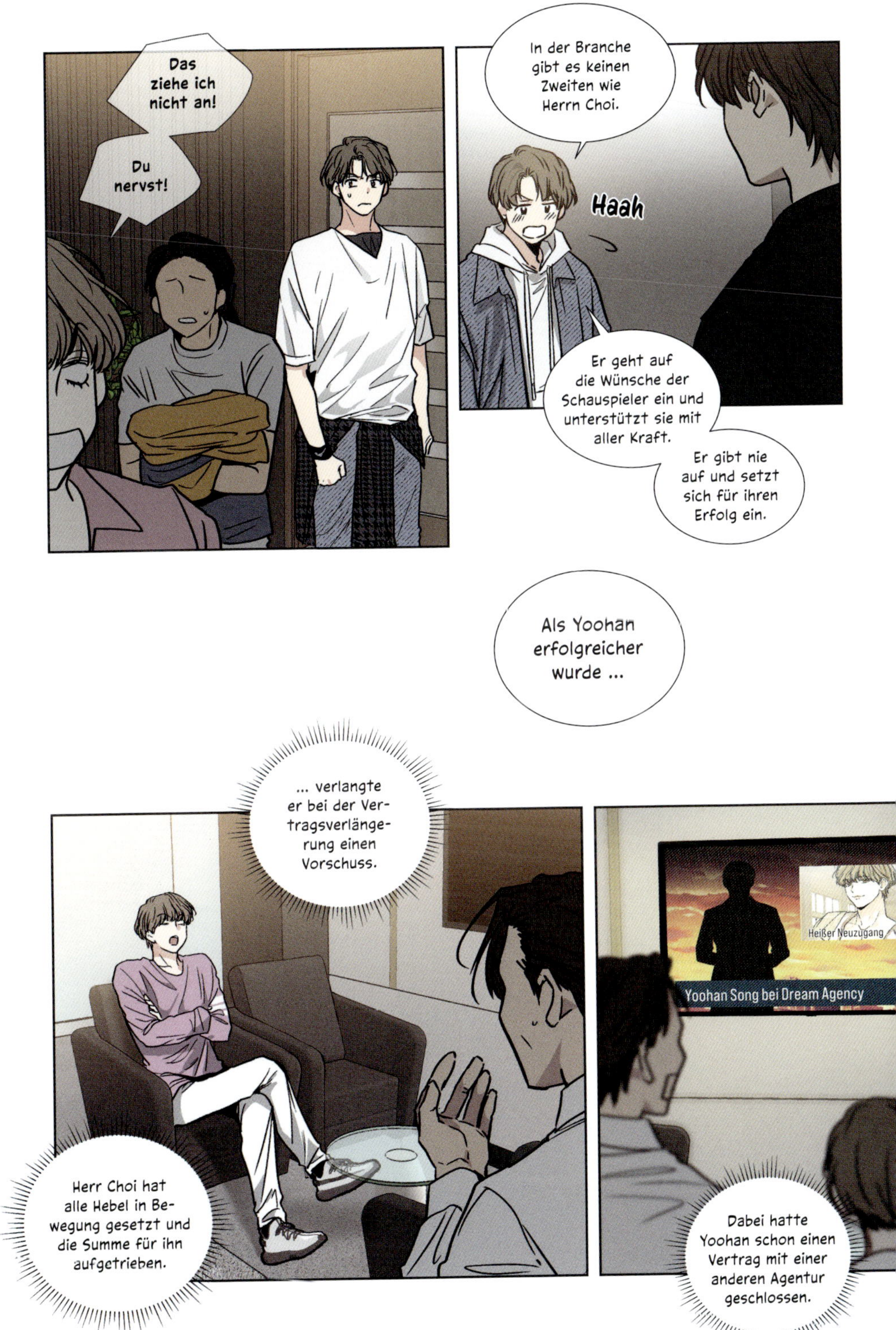
Das ziehe ich nicht an!
Du nervst!
In der Branche gibt es keinen Zweiten wie Herrn Choi.
Haah
Er geht auf die Wünsche der Schauspieler ein und unterstützt sie mit aller Kraft.
Er gibt nie auf und setzt sich für ihren Erfolg ein.
Als Yoohan erfolgreicher wurde ...
... verlangte er bei der Vertragsverlängerung einen Vorschuss.
Herr Choi hat alle Hebel in Bewegung gesetzt und die Summe für ihn aufgetrieben.
Heißer Neuzugang
Yoohan Song bei Dream Agency
Dabei hatte Yoohan schon einen Vertrag mit einer anderen Agentur geschlossen.

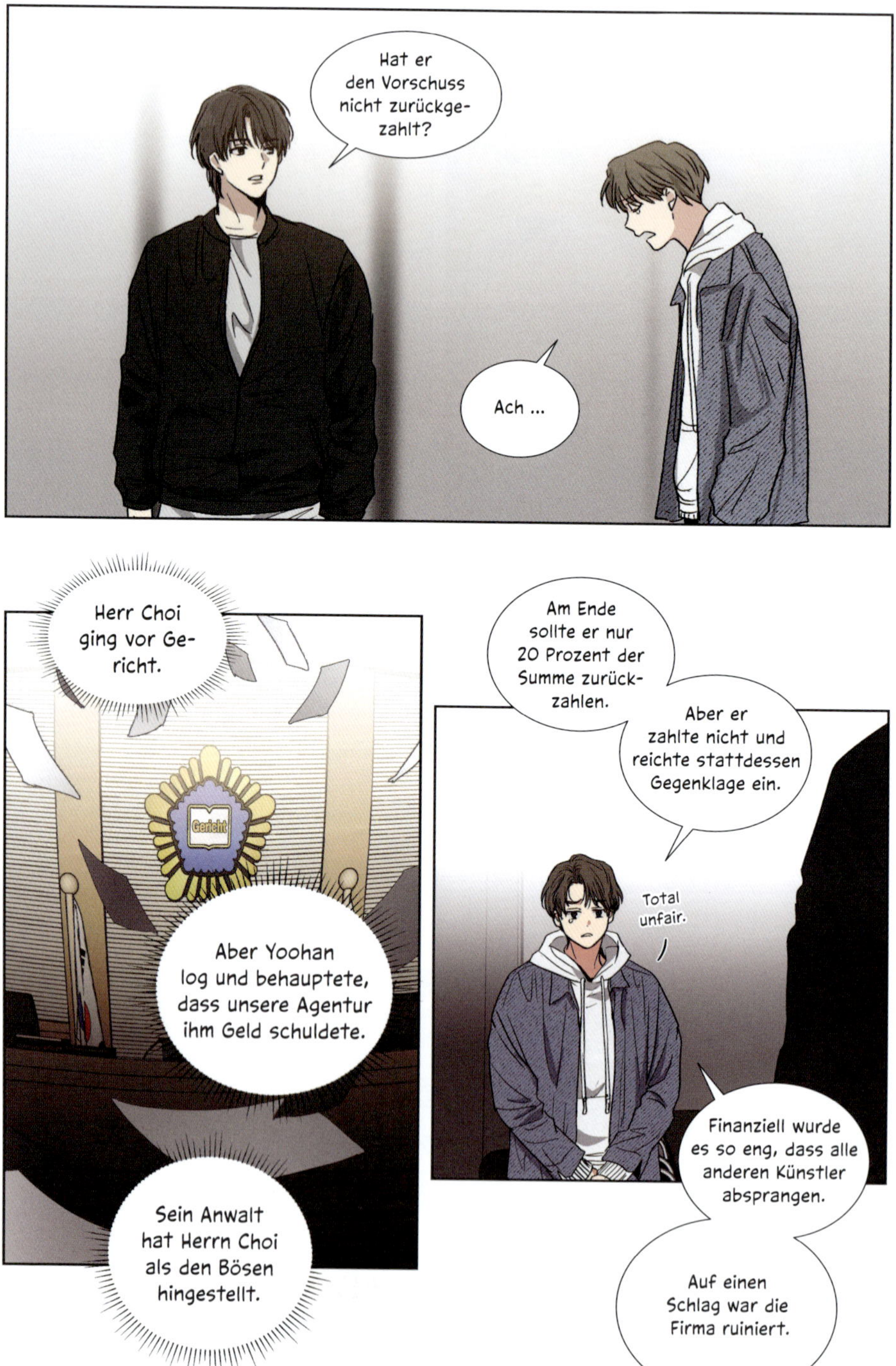
Hat er den Vorschuss nicht zurückgezahlt?
Ach ...
Herr Choi ging vor Gericht.
Gericht
Aber Yoohan log und behauptete, dass unsere Agentur ihm Geld schuldete.
Sein Anwalt hat Herrn Choi als den Bösen hingestellt.
Am Ende sollte er nur 20 Prozent der Summe zurückzahlen.
Aber er zahlte nicht und reichte stattdessen Gegenklage ein.
Total unfair.
Finanziell wurde es so eng, dass alle anderen Künstler absprangen.
Auf einen Schlag war die Firma ruiniert.

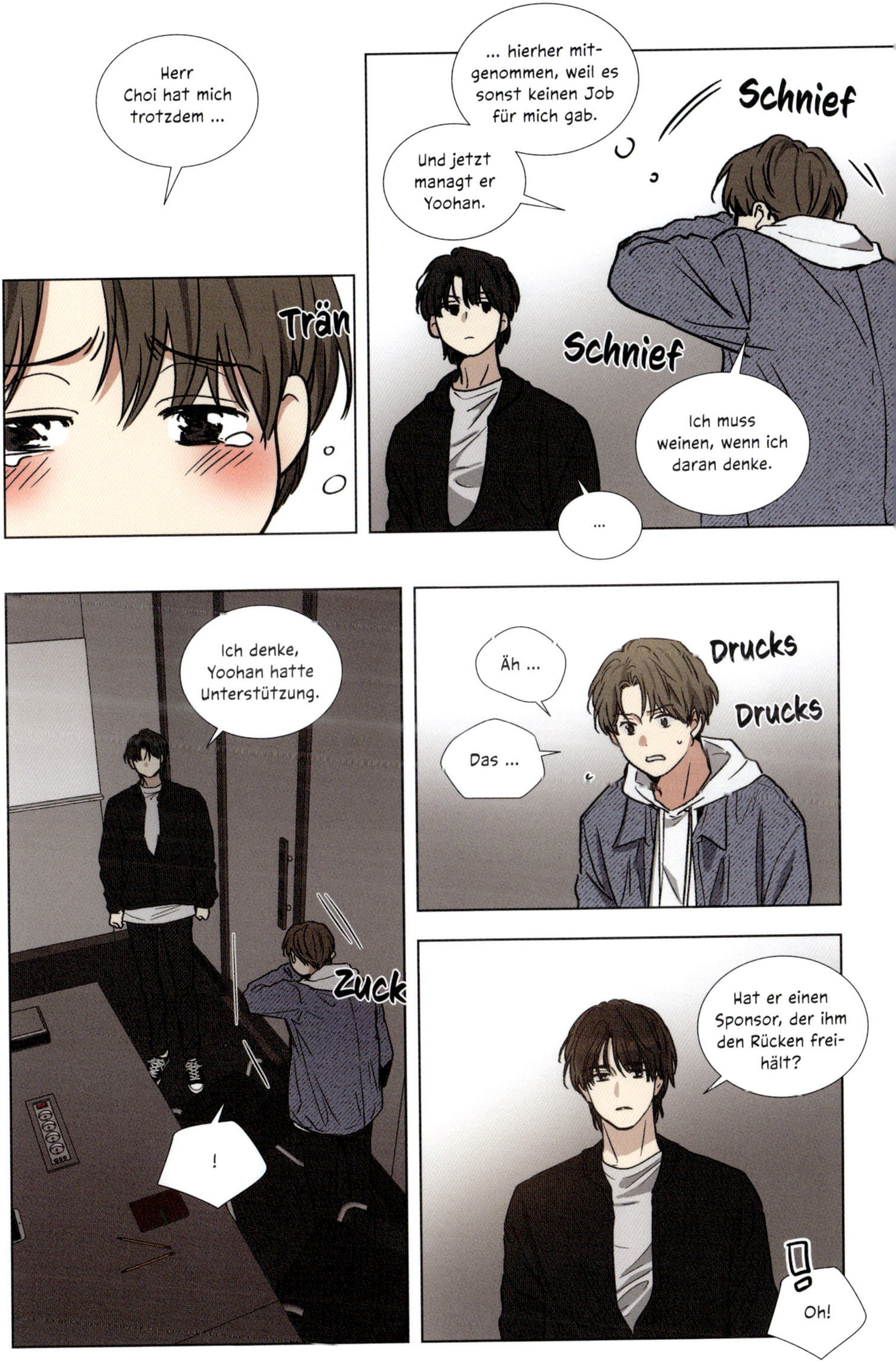
Herr Choi hat mich trotzdem ...
... hierher mitgenommen, weil es sonst keinen Job für mich gab.
Schnief
Und jetzt managt er Yoohan.
Trän
Schnief
Ich muss weinen, wenn ich daran denke.
...
Ich denke, Yoohan hatte Unterstützung.
Zuck
!
Äh ...
Drucks
Drucks
Das ...
Hat er einen Sponsor, der ihm den Rücken freihält?
Oh!

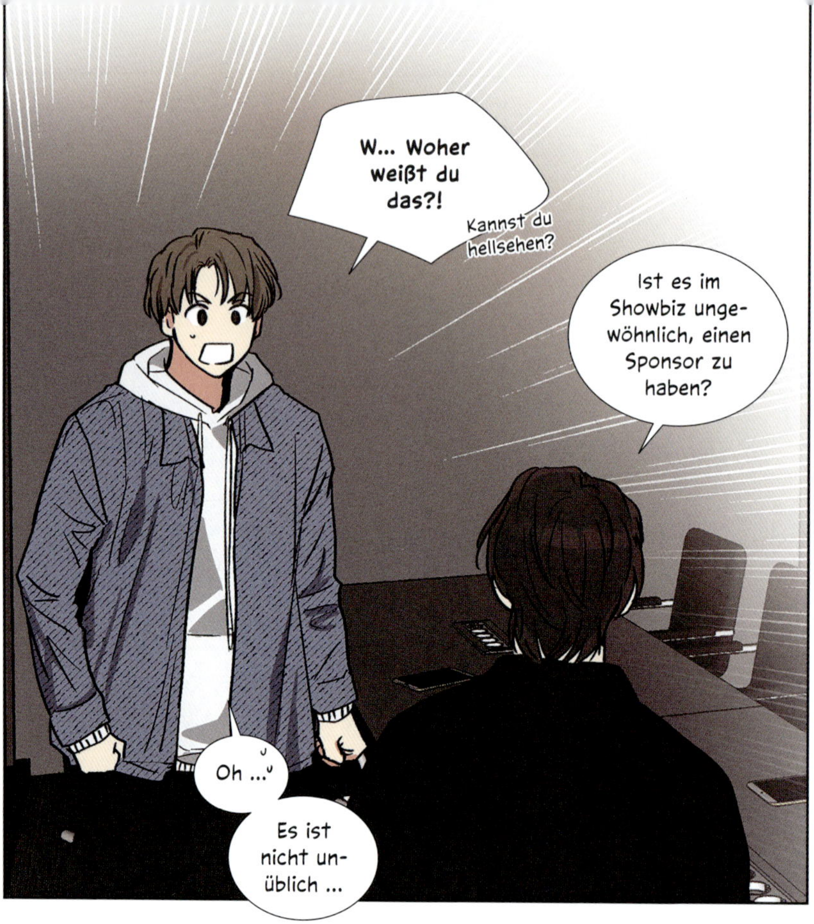
W... Woher weißt du das?!
Kannst du hellsehen?
Ist es im Showbiz ungewöhnlich, einen Sponsor zu haben?
Oh ...
Es ist nicht unüblich ...

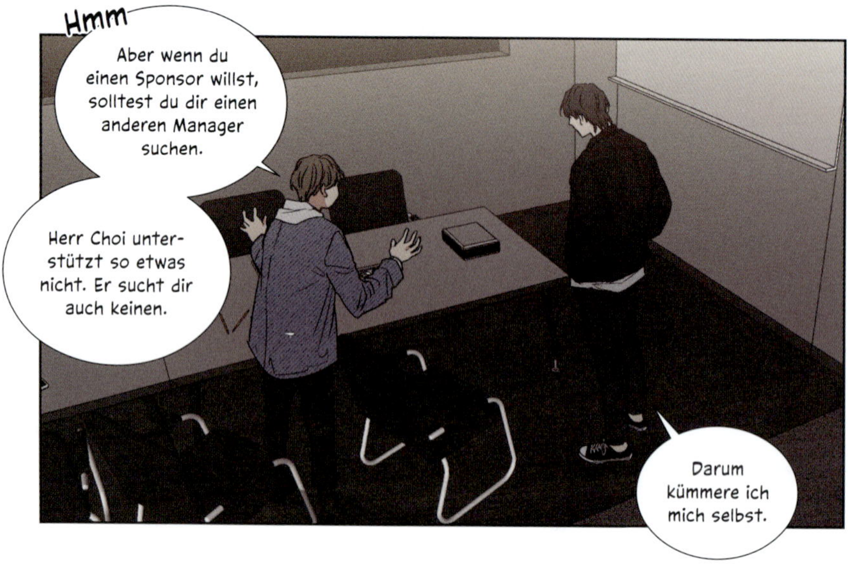
Hmm
Aber wenn du einen Sponsor willst, solltest du dir einen anderen Manager suchen.
Herr Choi unterstützt so etwas nicht. Er sucht dir auch keinen.
Darum kümmere ich mich selbst.

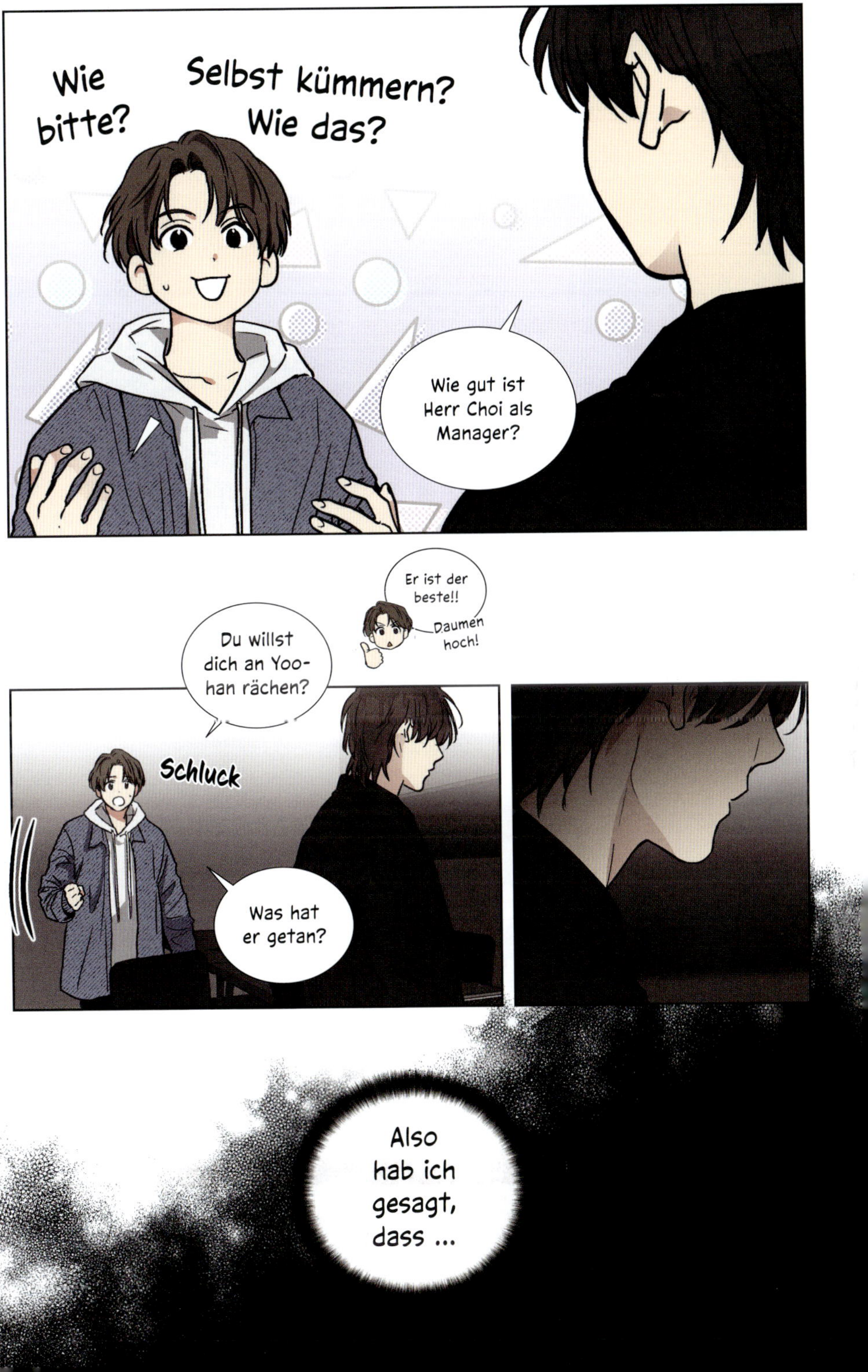
Wie bitte?
Selbst kümmern? Wie das?
Wie gut ist Herr Choi als Manager?
Er ist der beste!!
Daumen hoch!
Du willst dich an Yoo-han rächen?
Schluck
Was hat er getan?
Also hab ich gesagt, dass ...

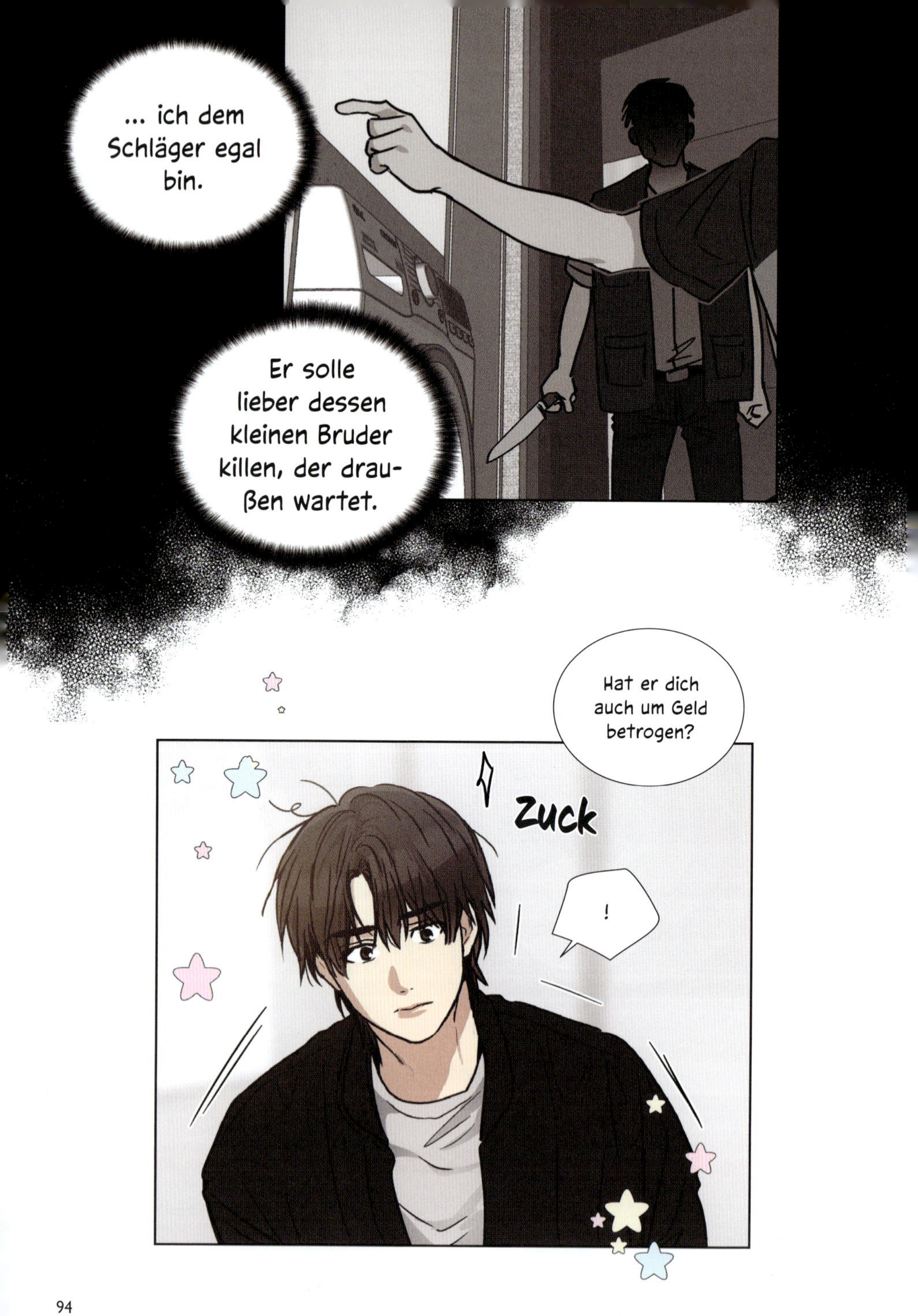
... ich dem Schläger egal bin.
Er solle lieber dessen kleinen Bruder killen, der drau- ßen wartet.
Hat er dich auch um Geld betrogen?
Zuck
!

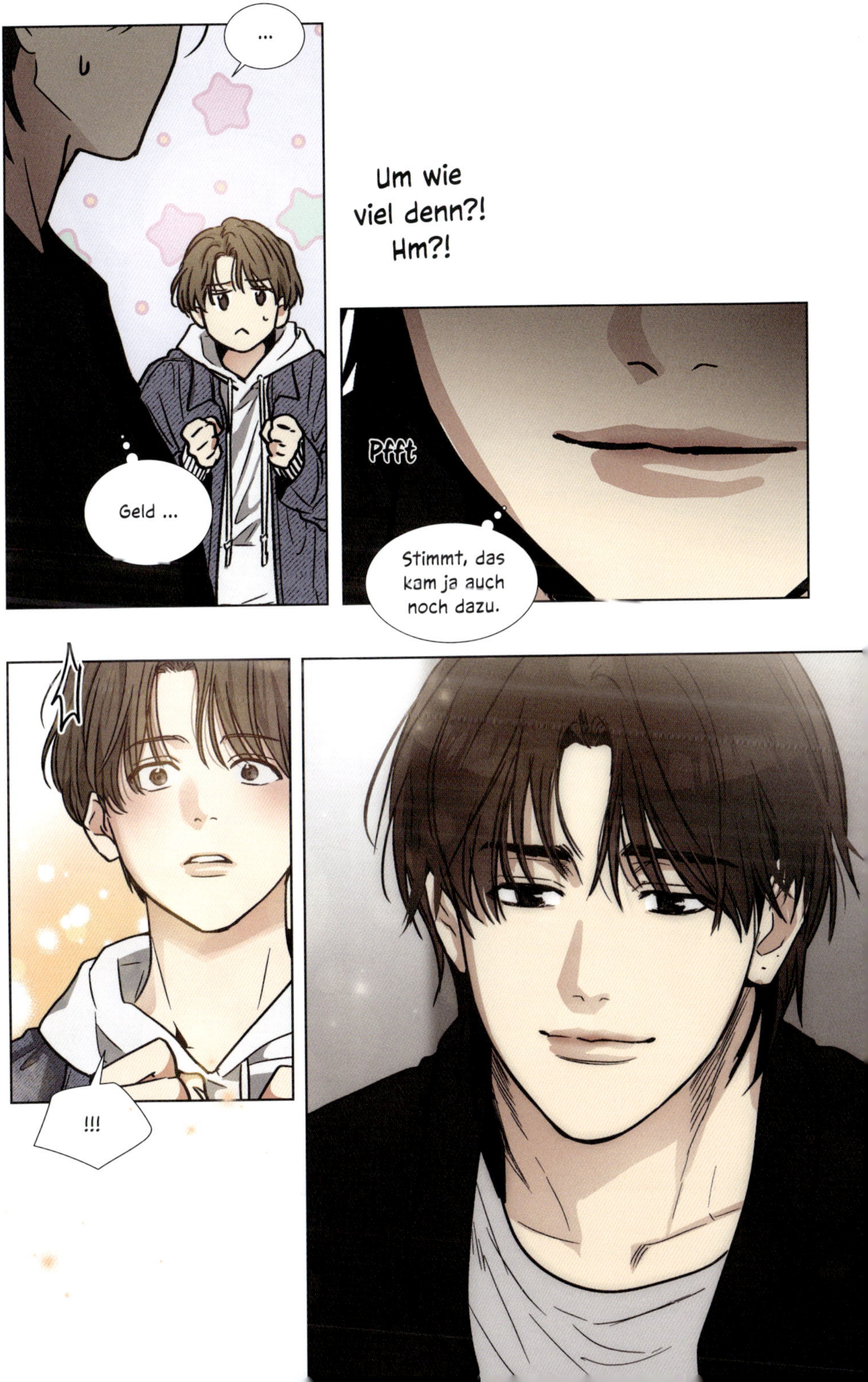
...
Geld ...
Um wie viel denn?! Hm?!
Pfft
Stimmt, das kam ja auch noch dazu.
!!!

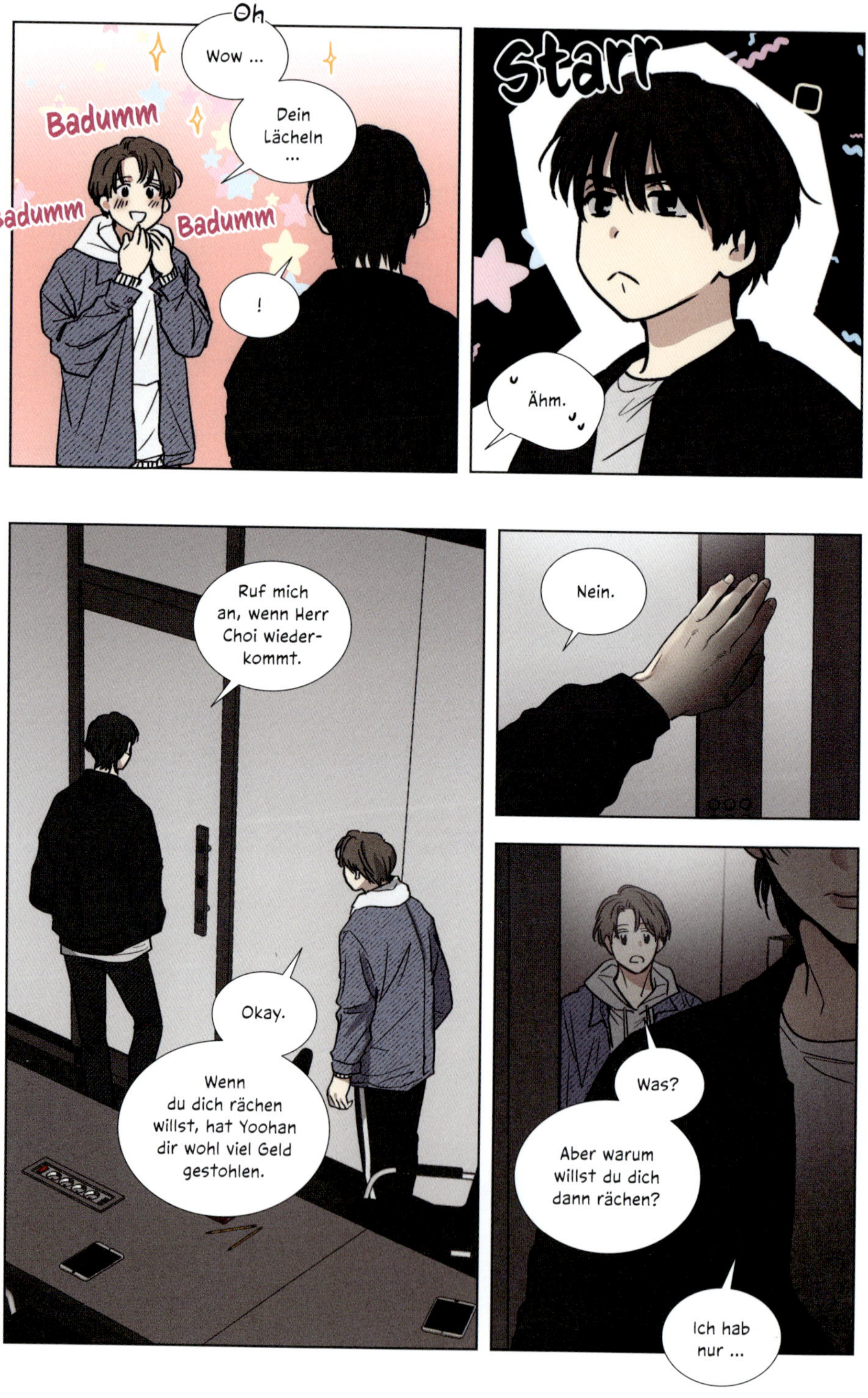
Oh
Wow ...
Dein Lächeln ...
Badumm
Badumm
Badumm
!
Starr
Ähm.
Ruf mich an, wenn Herr Choi wieder-kommt.
Okay.
Wenn du dich rächen willst, hat Yoohan dir wohl viel Geld gestohlen.
Nein.
Was?
Aber warum willst du dich dann rächen?
Ich hab nur ...

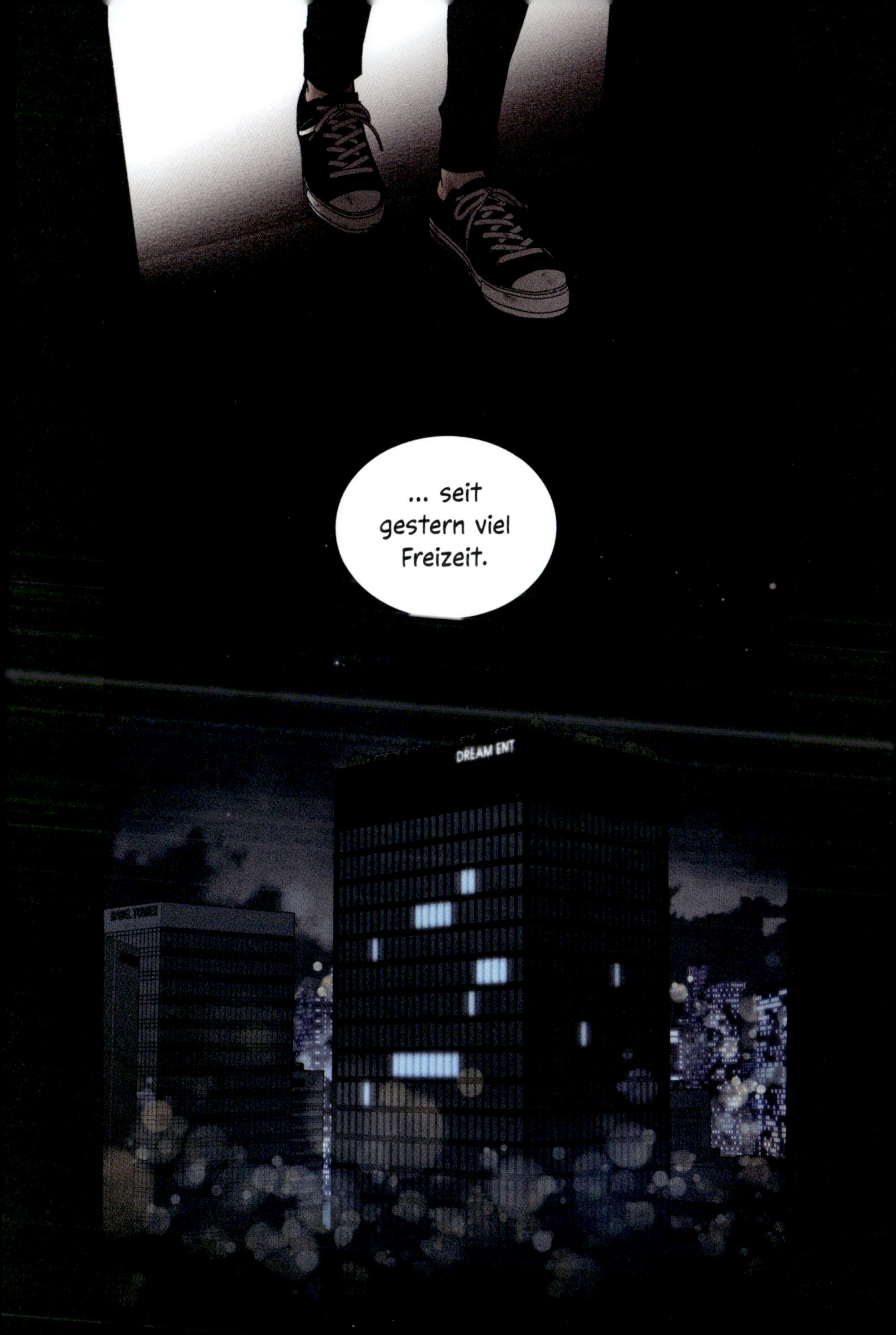
... seit gestern viel Freizeit.
DREAM ENT

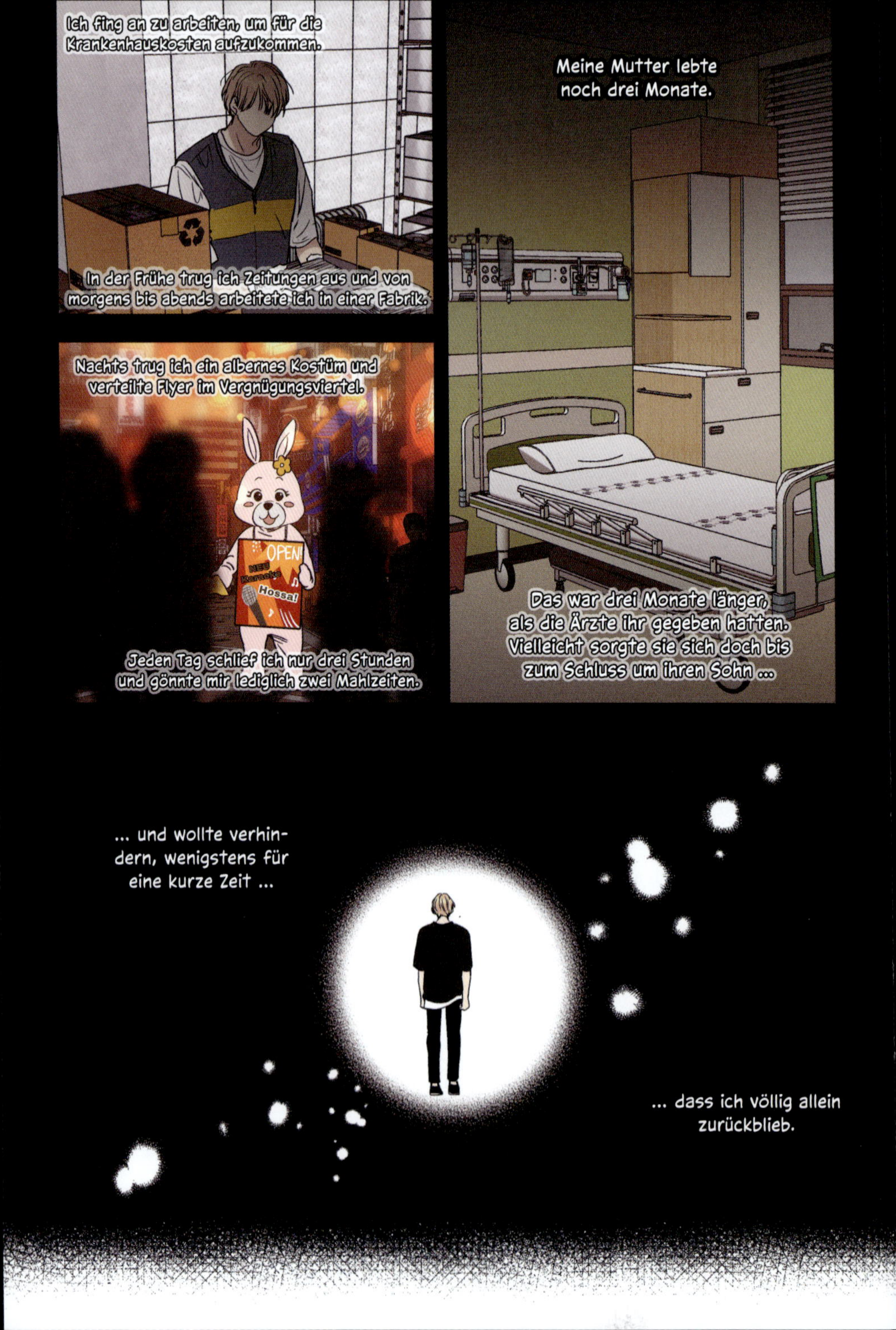
Ich fing an zu arbeiten, um für die Krankenhauskosten aufzukommen.
In der Frühe trug ich Zeitungen aus und von morgens bis abends arbeitete ich in einer Fabrik.
Nachts trug ich ein albernes Kostüm und verteilte Flyer im Vergnügungsviertel.
OPEN!
NEW Karaoke
Hossa!
Jeden Tag schlief ich nur drei Stunden und gönnte mir lediglich zwei Mahlzeiten.
Meine Mutter lebte noch drei Monate.
Das war drei Monate länger, als die Ärzte ihr gegeben hatten. Vielleicht sorgte sie sich doch bis zum Schluss um ihren Sohn ...
... und wollte verhindern, wenigstens für eine kurze Zeit ...
... dass ich völlig allein zurückblieb.

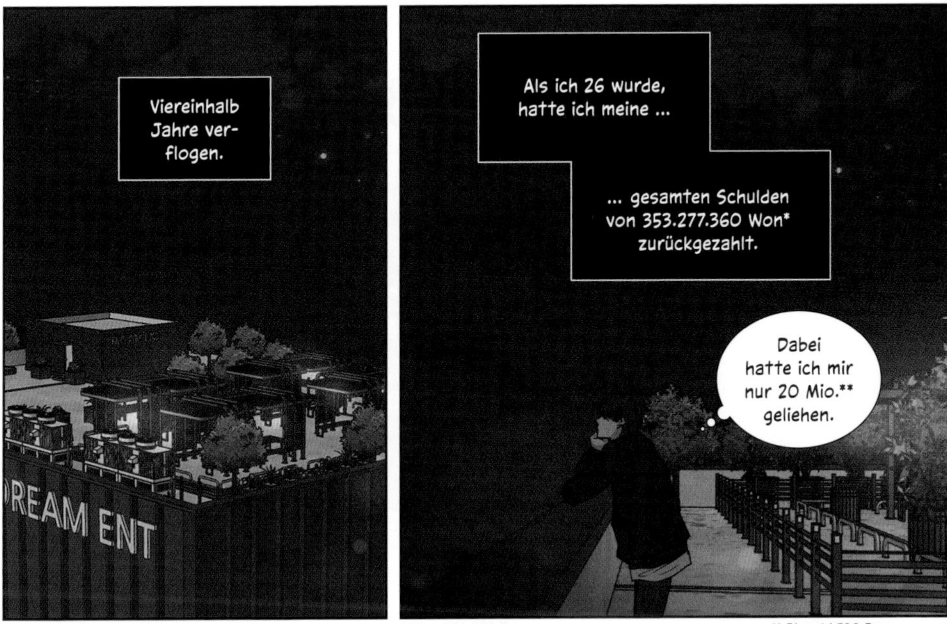

* Etwa 265.000 Euro.

** Etwa 14.700 Euro.

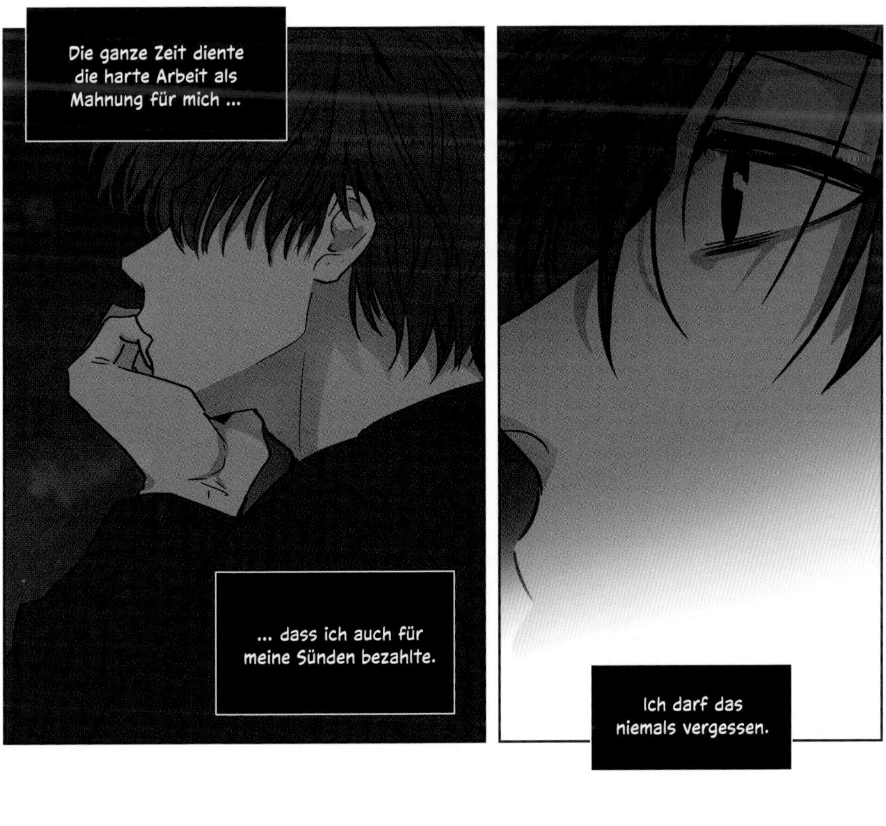

Ich habe Schuld
auf mich geladen
und bin immer noch
dabei, Buße zu tun.

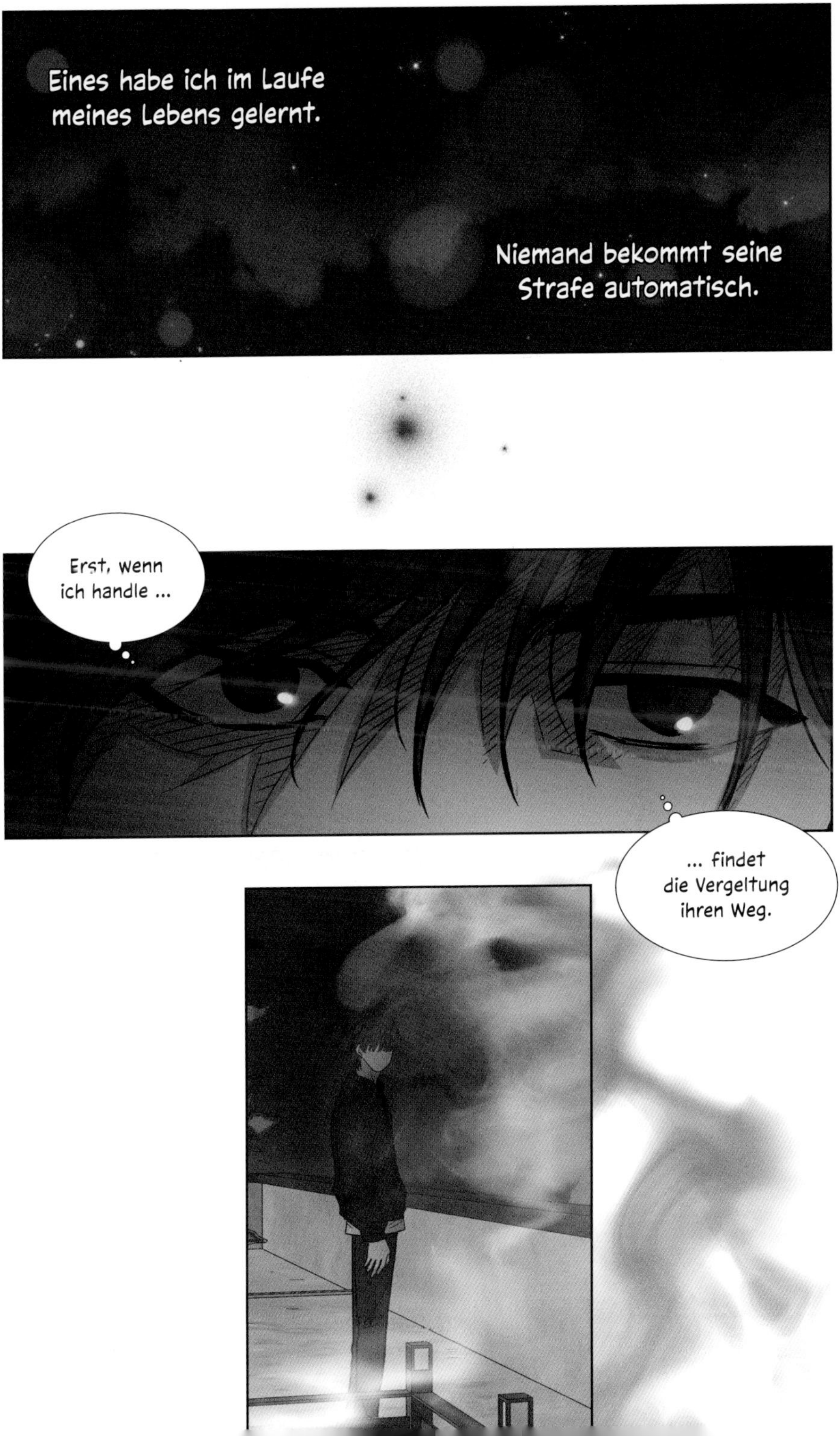
Eines habe ich im Laufe meines Lebens gelernt.
Niemand bekommt seine Strafe automatisch.
Erst, wenn ich handle ...
... findet die Vergeltung ihren Weg.

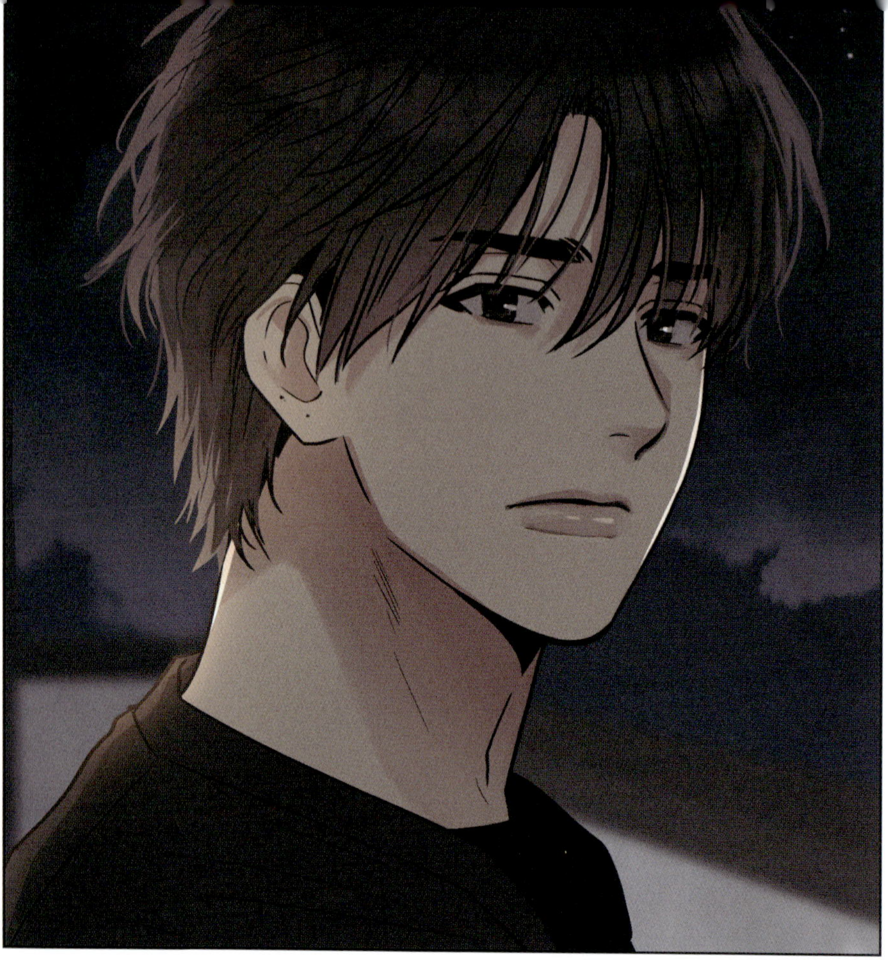

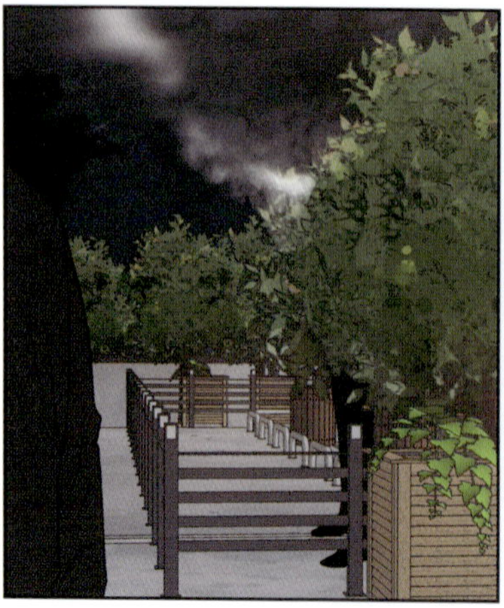

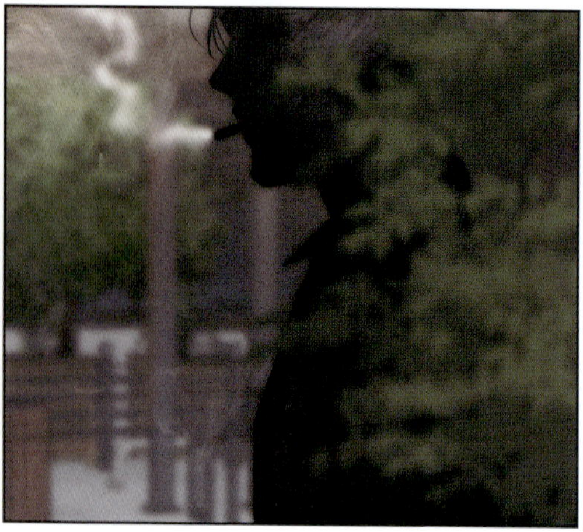

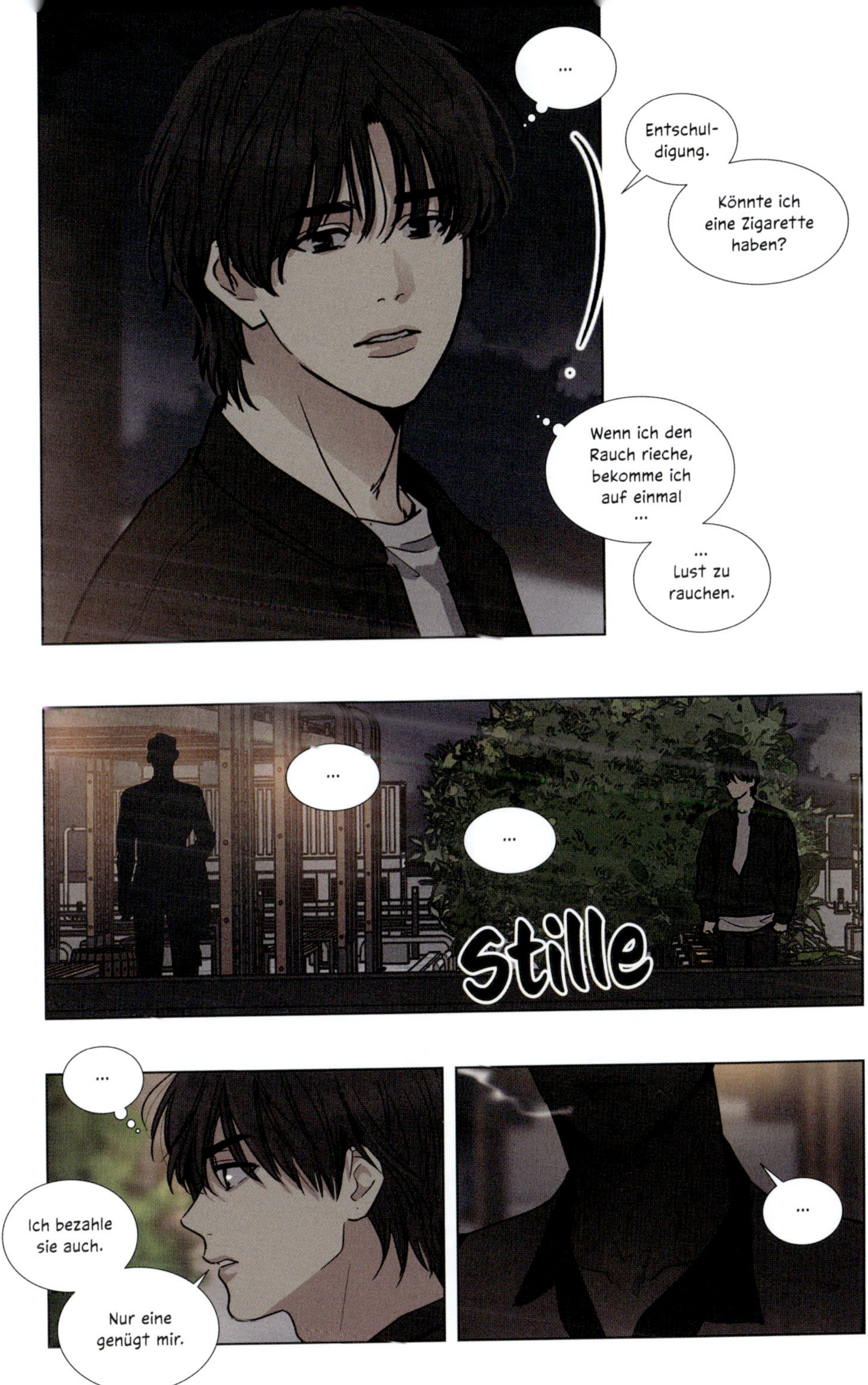
...
Entschuldigung.
Könnte ich eine Zigarette haben?
Wenn ich den Rauch rieche, bekomme ich auf einmal ...
... Lust zu rauchen.
...
...
stille
...
Ich bezahle sie auch.
Nur eine genügt mir.
...

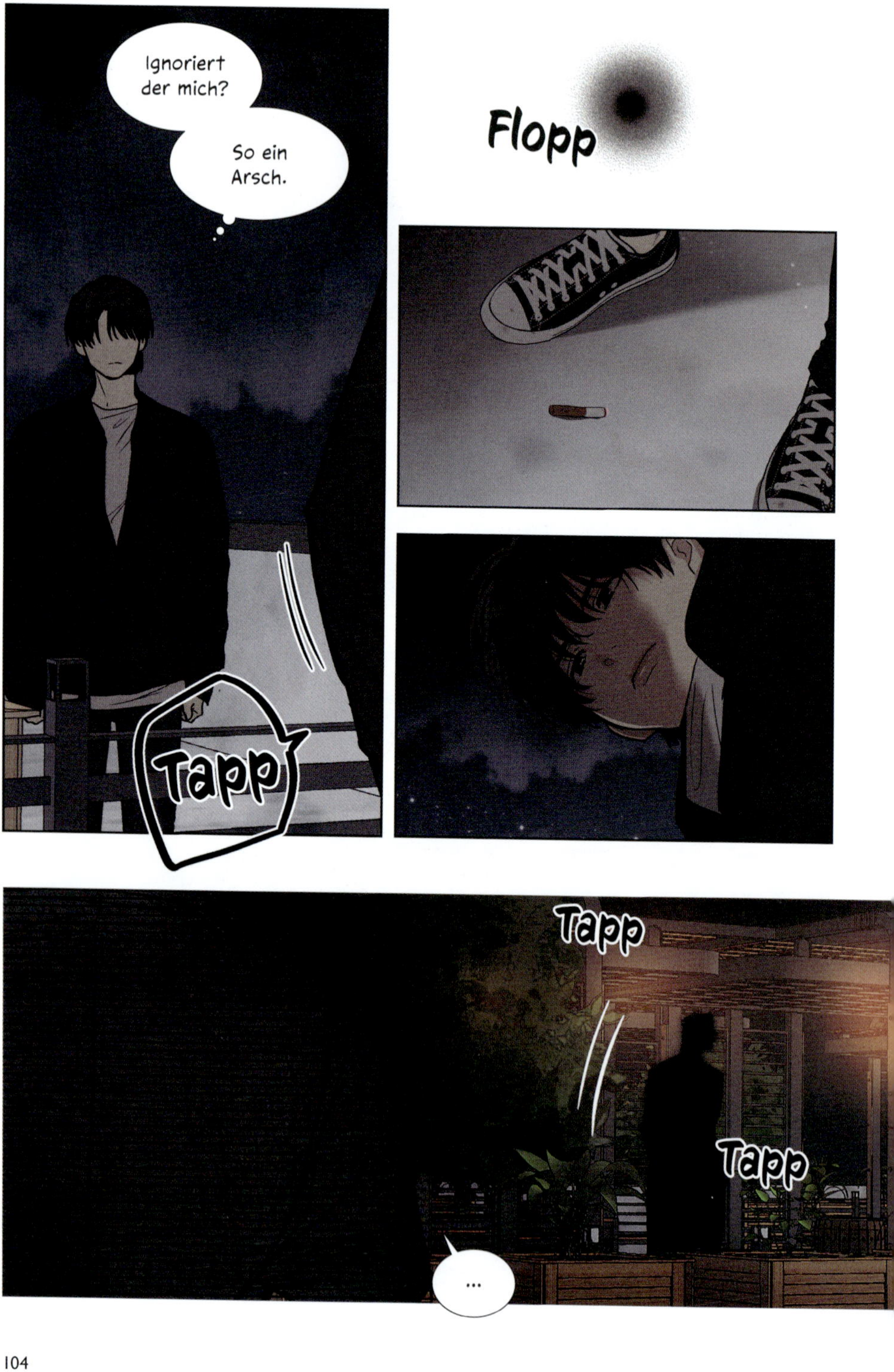
Ignoriert der mich?
So ein Arsch.
Flopp
Tapp
Tapp
Tapp
...

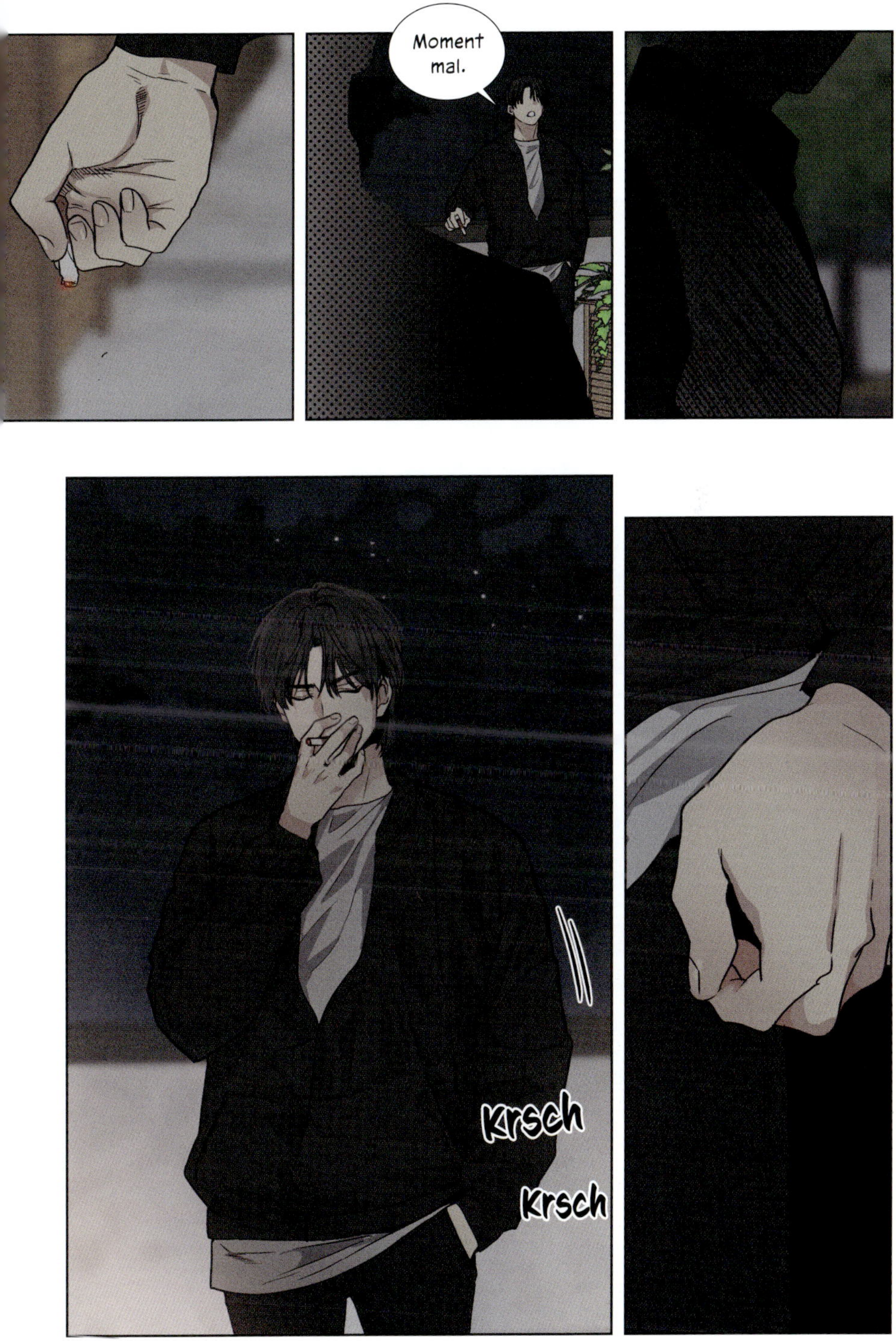
Moment mal.
Krsch
Krsch

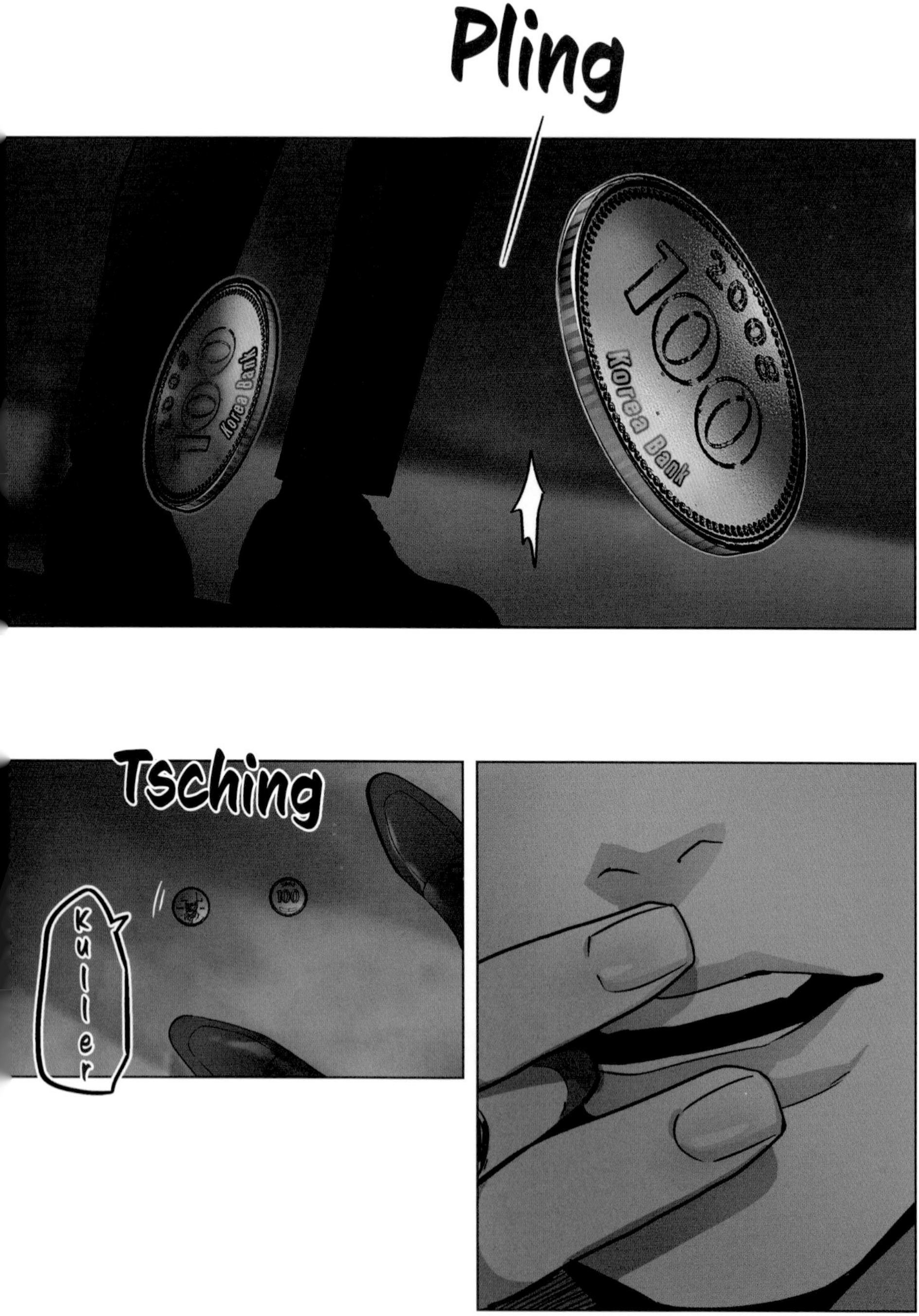
Pling
2008
100
Korea Bank
Tsching
Kuller

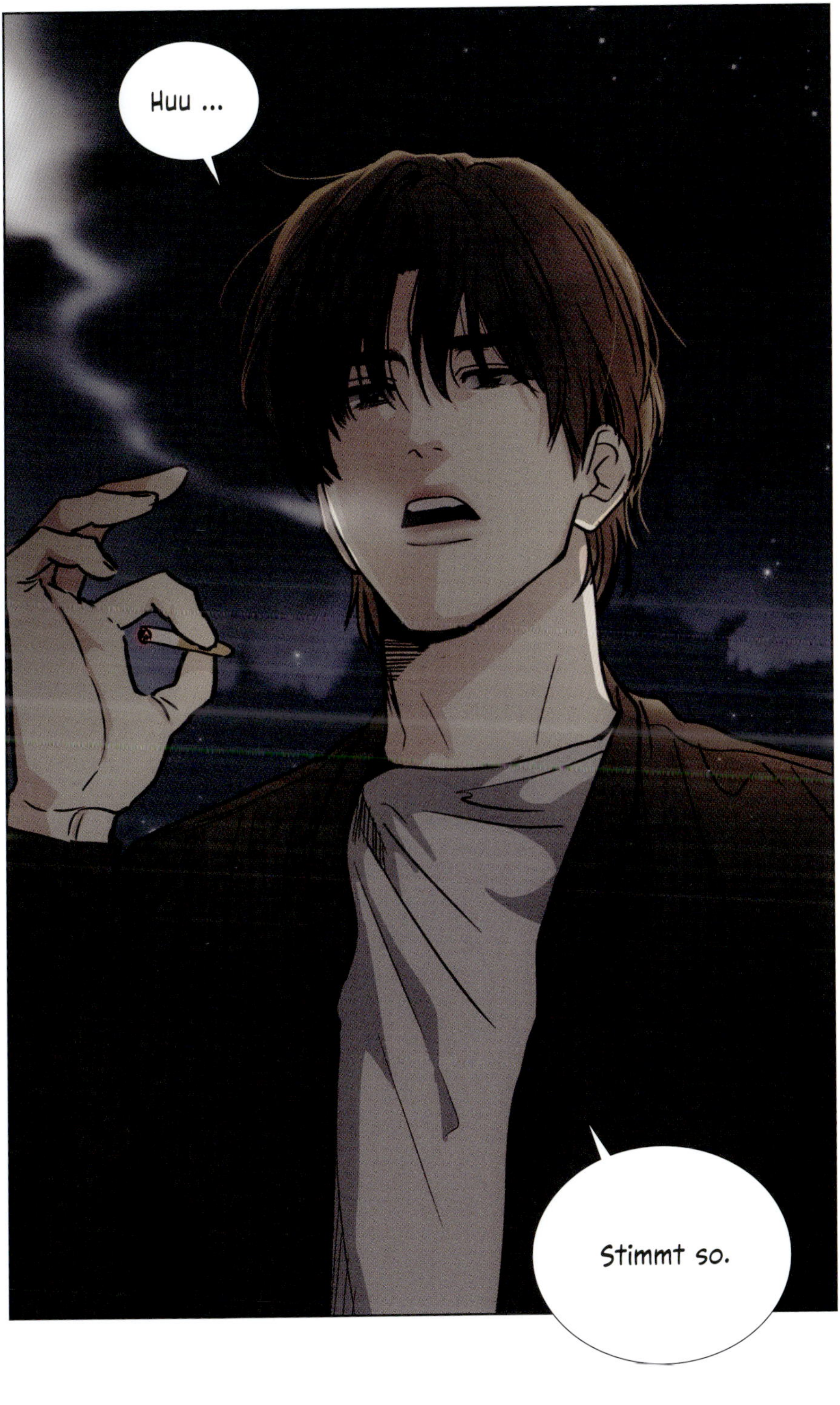
Huu ...
Stimmt so.

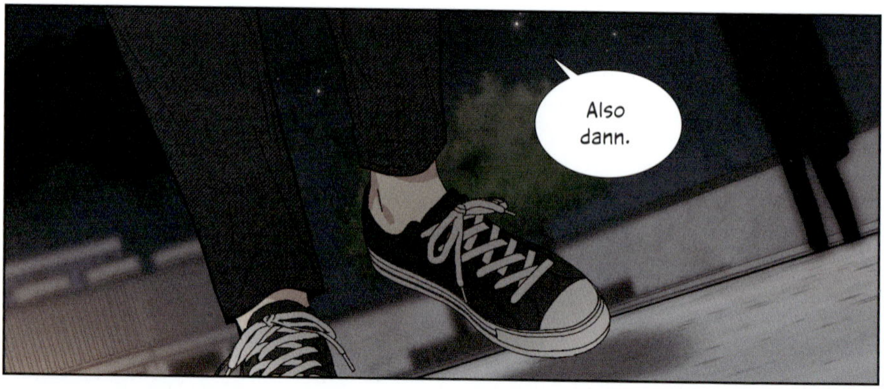
Also dann.

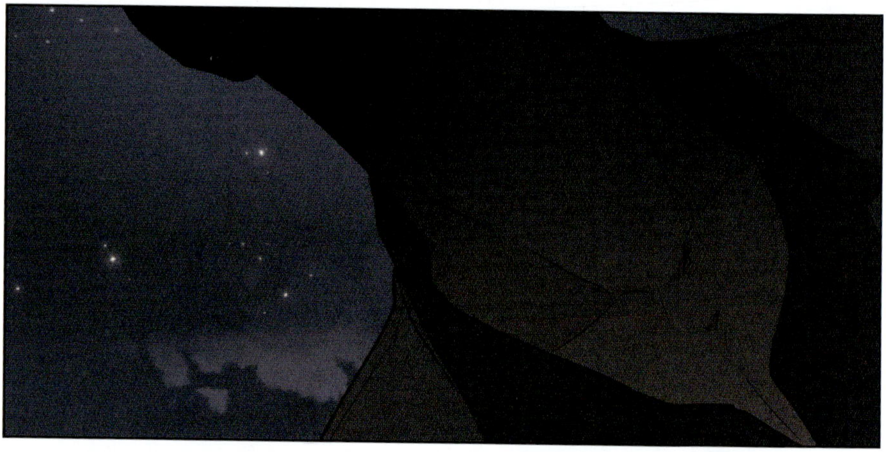

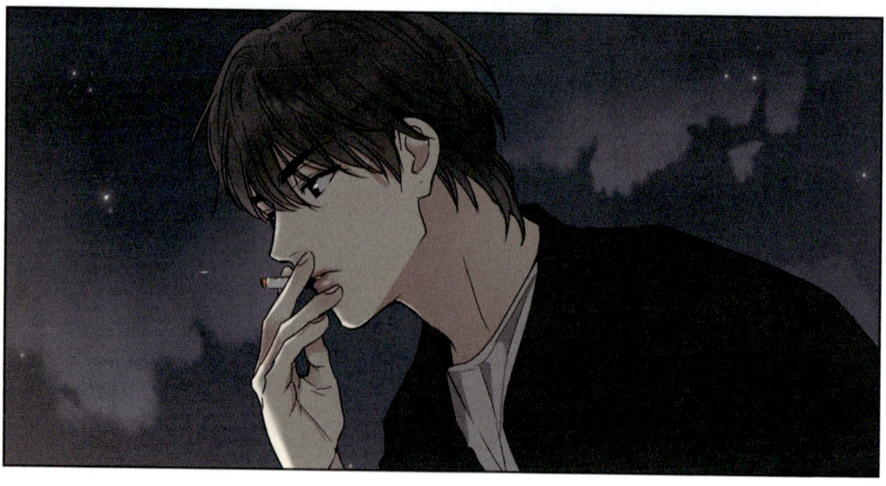

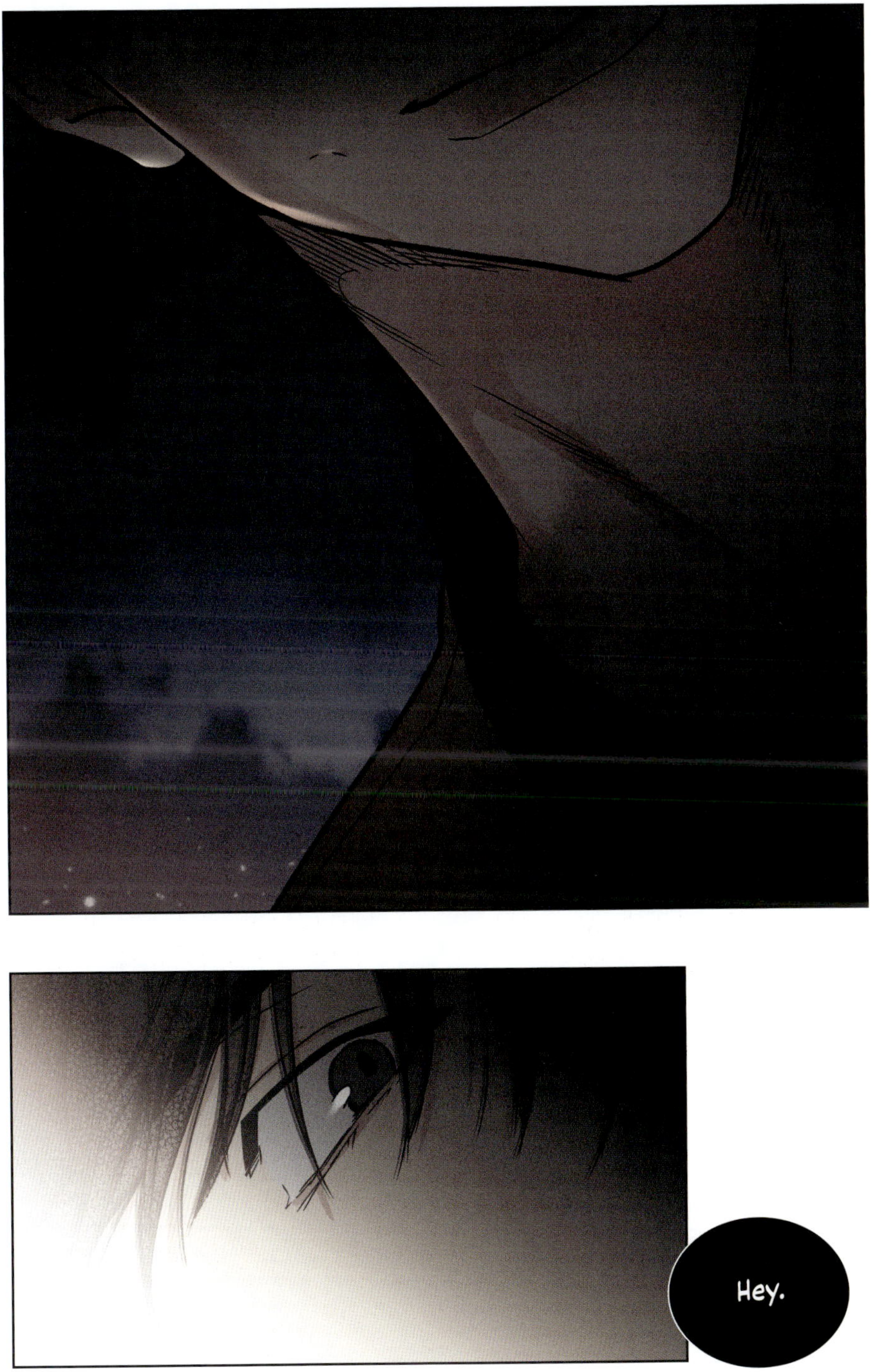
Hey.

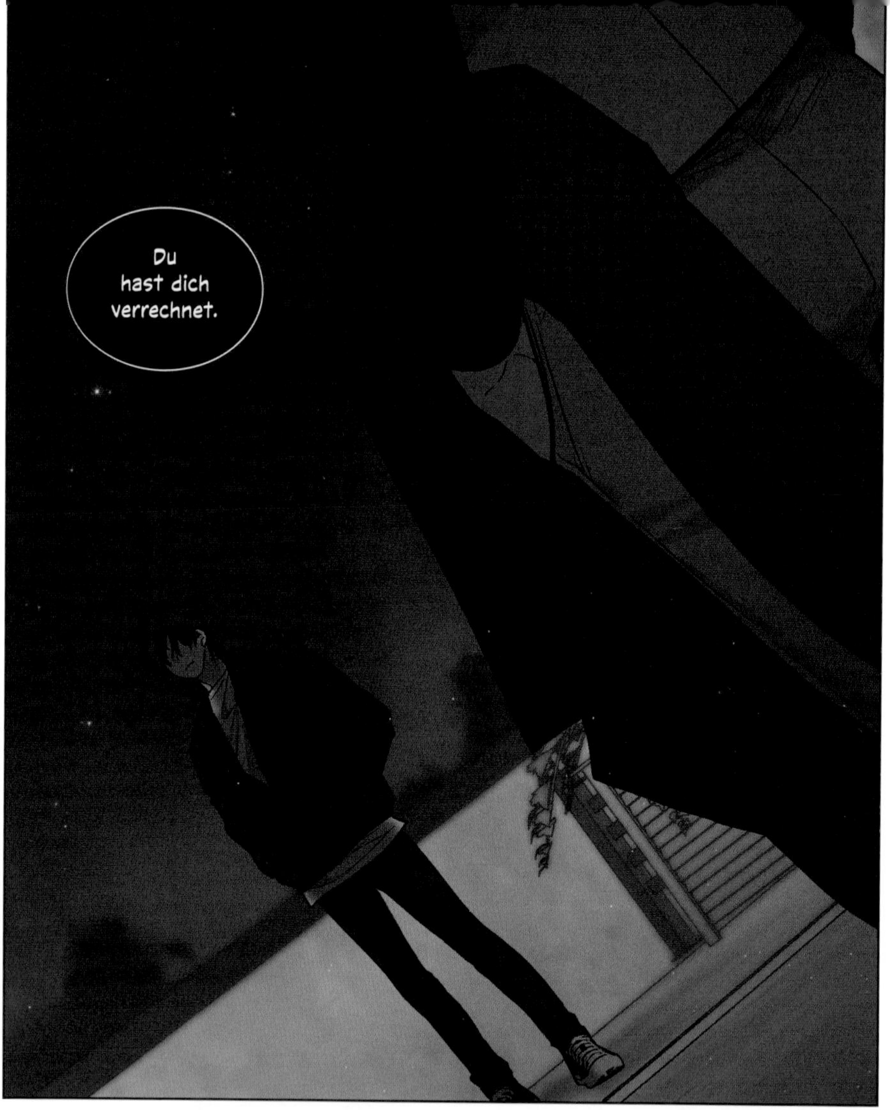
Du hast dich verrechnet.

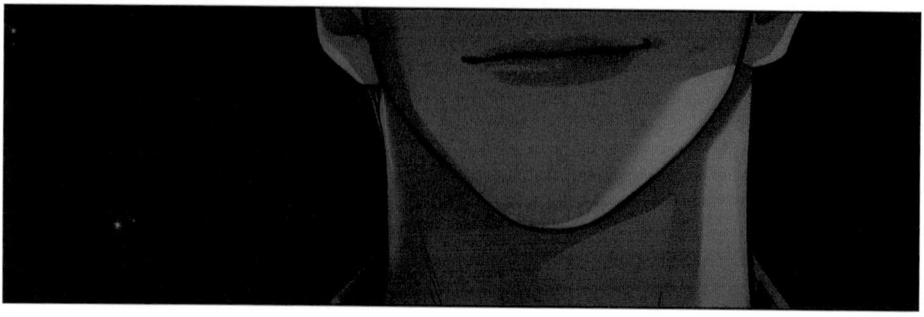

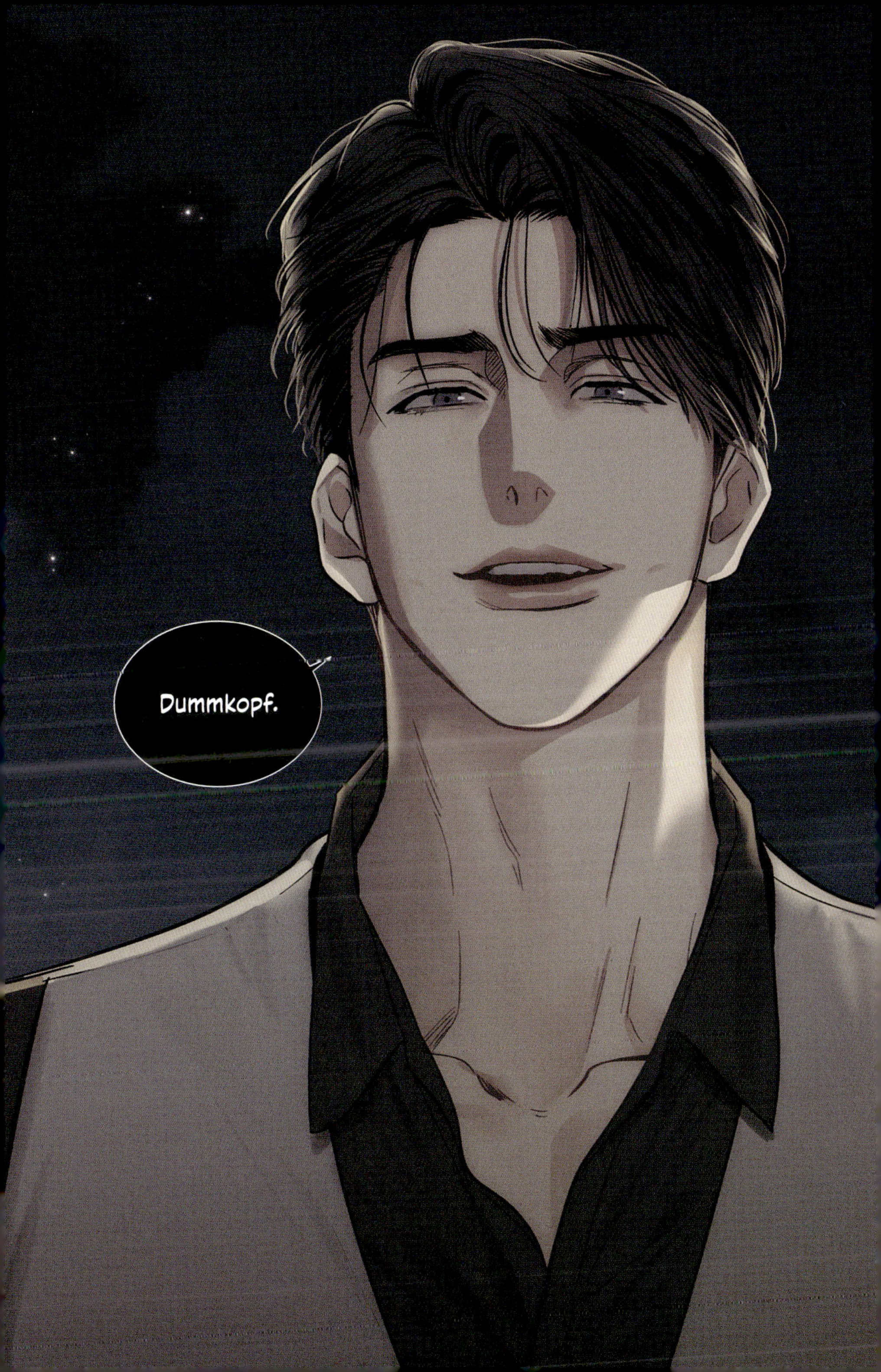
Dummkopf.

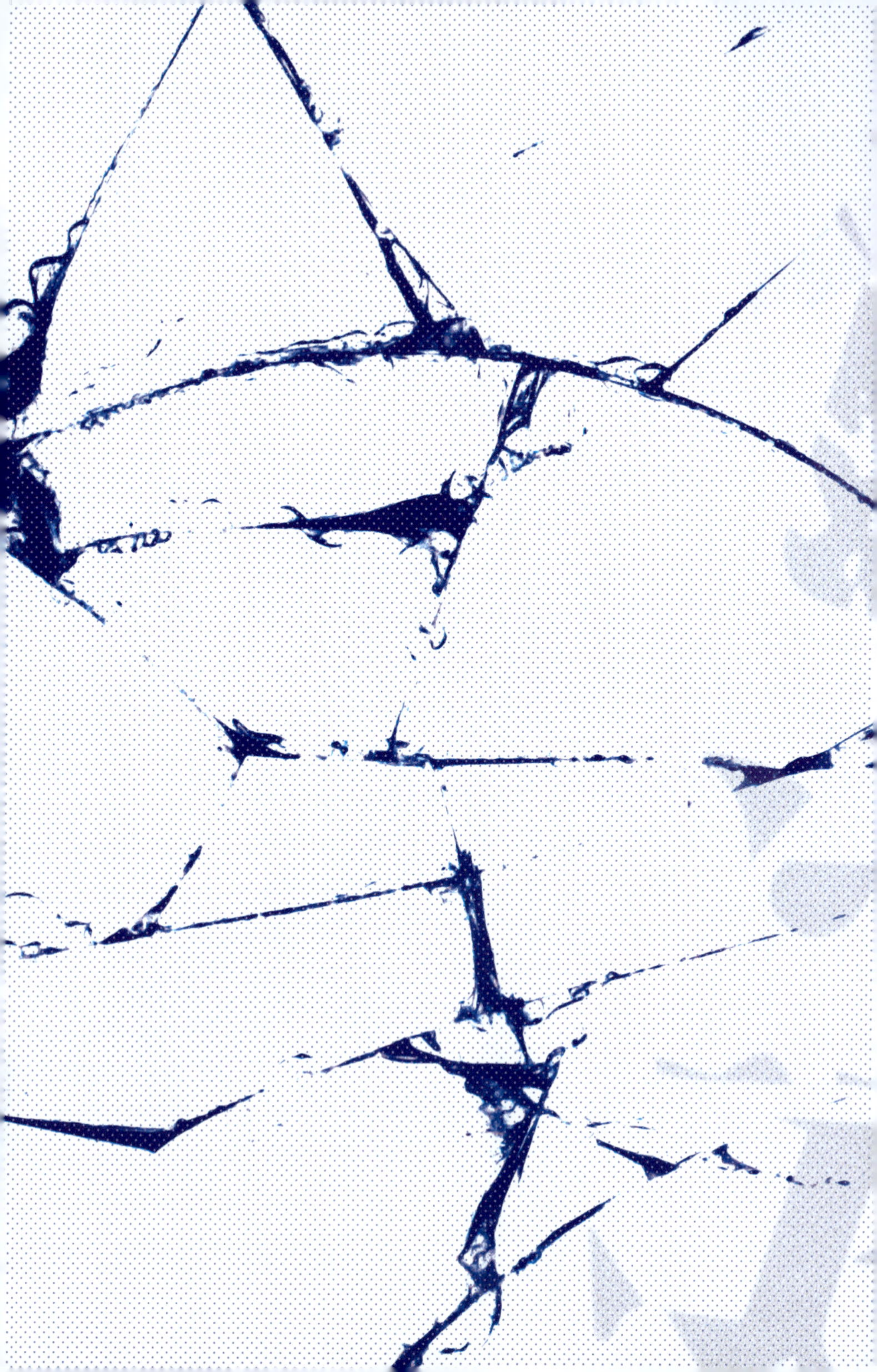

KAPITEL 4

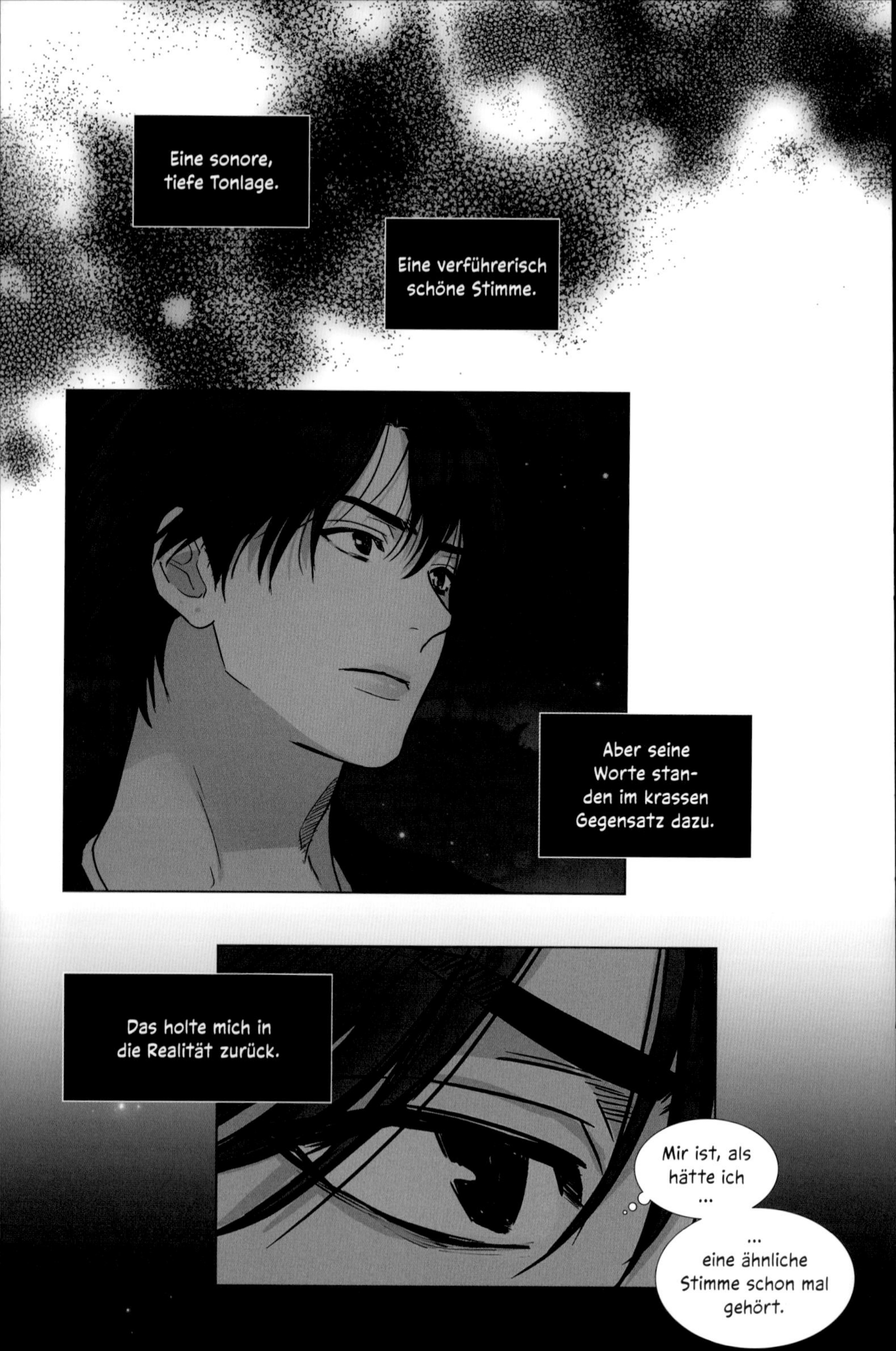
Eine sonore, tiefe Tonlage.
Eine verführerisch schöne Stimme.
Aber seine Worte standen im krassen Gegensatz dazu.
Das holte mich in die Realität zurück.
Mir ist, als hätte ich ...
... eine ähnliche Stimme schon mal gehört.

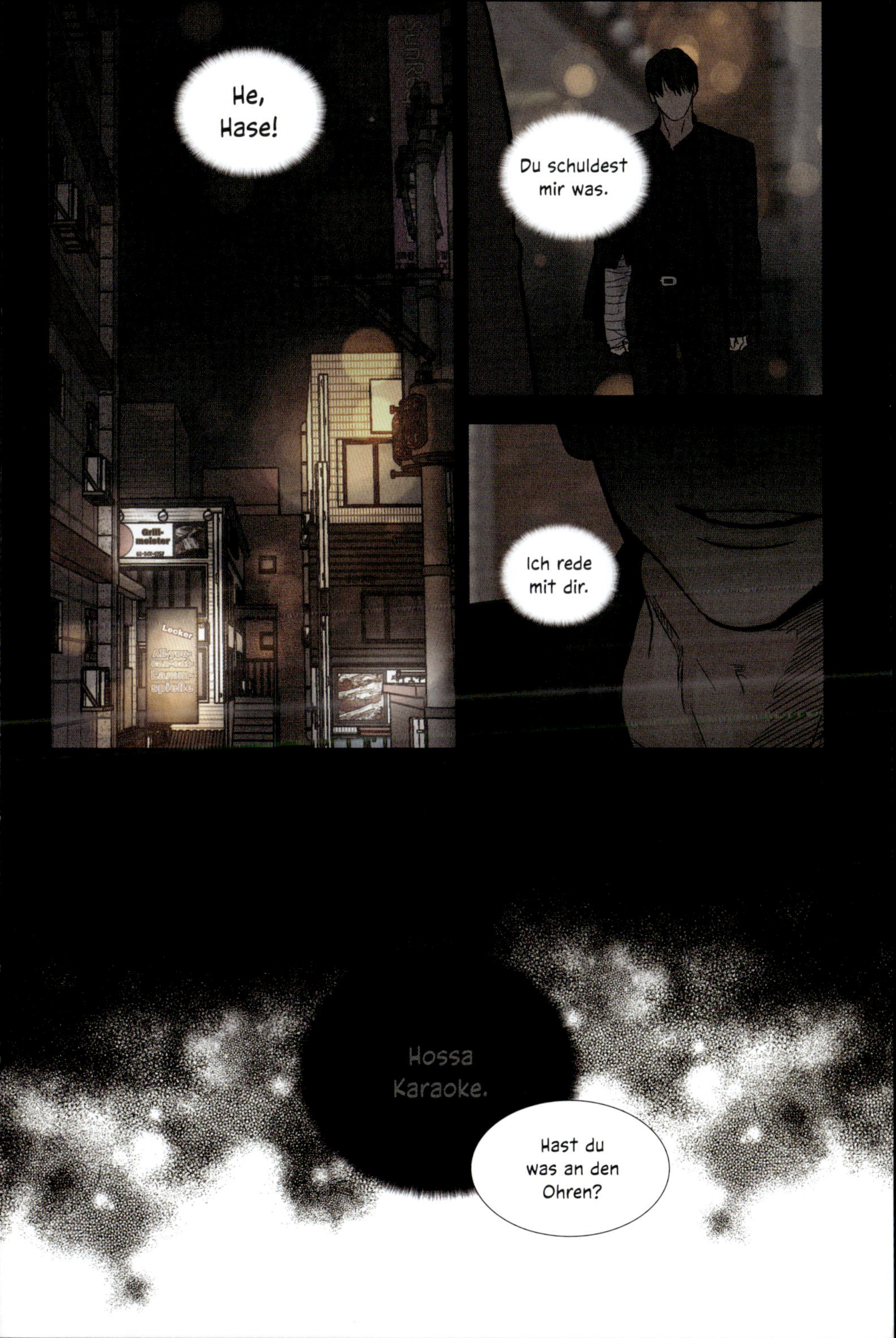
He, Hase!
Du schuldest mir was.
Grill-meister
Lecker
Ich rede mit dir.
Hossa Karaoke.
Hast du was an den Ohren?

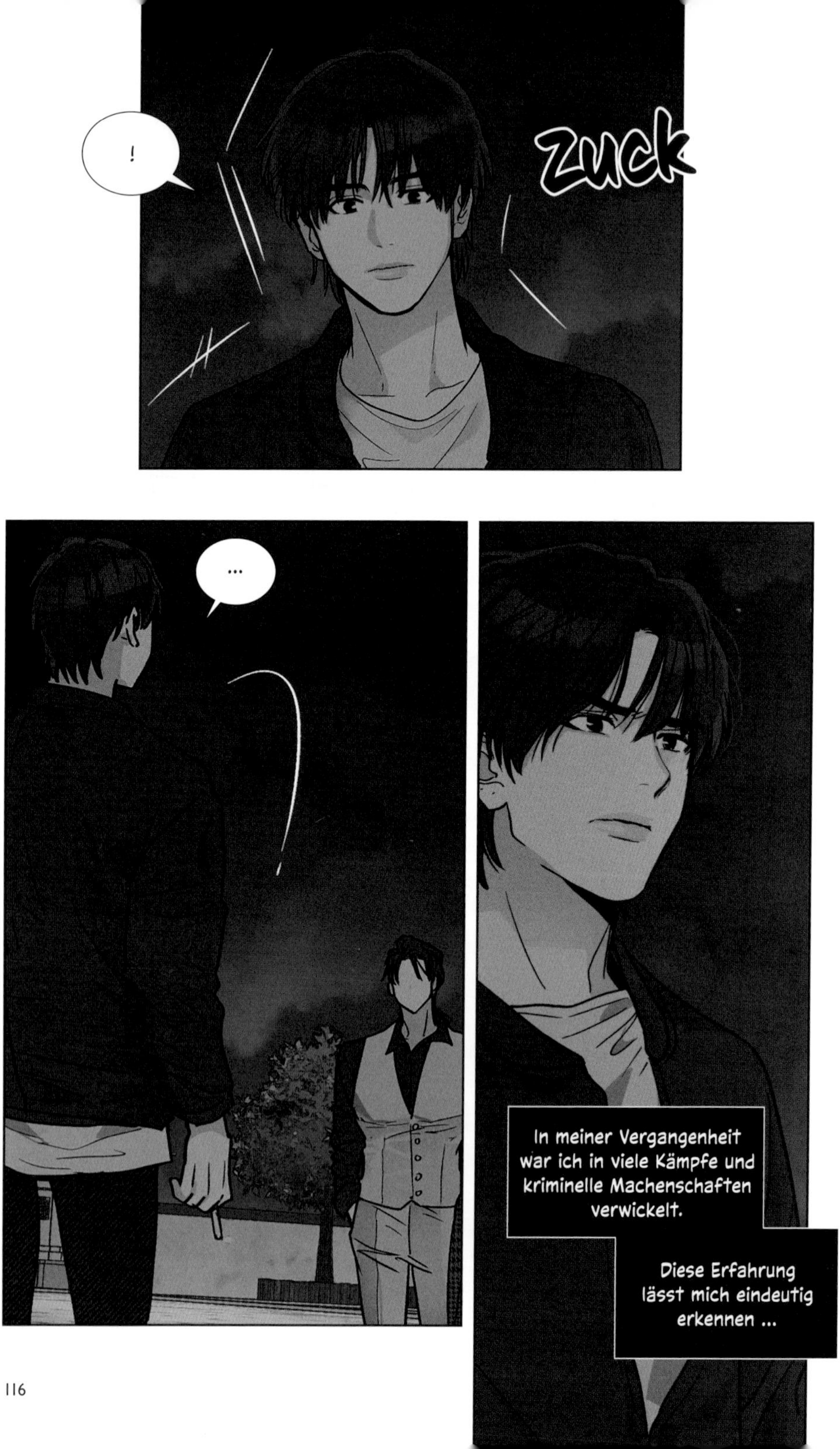
!
ZUCK
...
In meiner Vergangenheit war ich in viele Kämpfe und kriminelle Machenschaften verwickelt.
Diese Erfahrung lässt mich eindeutig erkennen ...

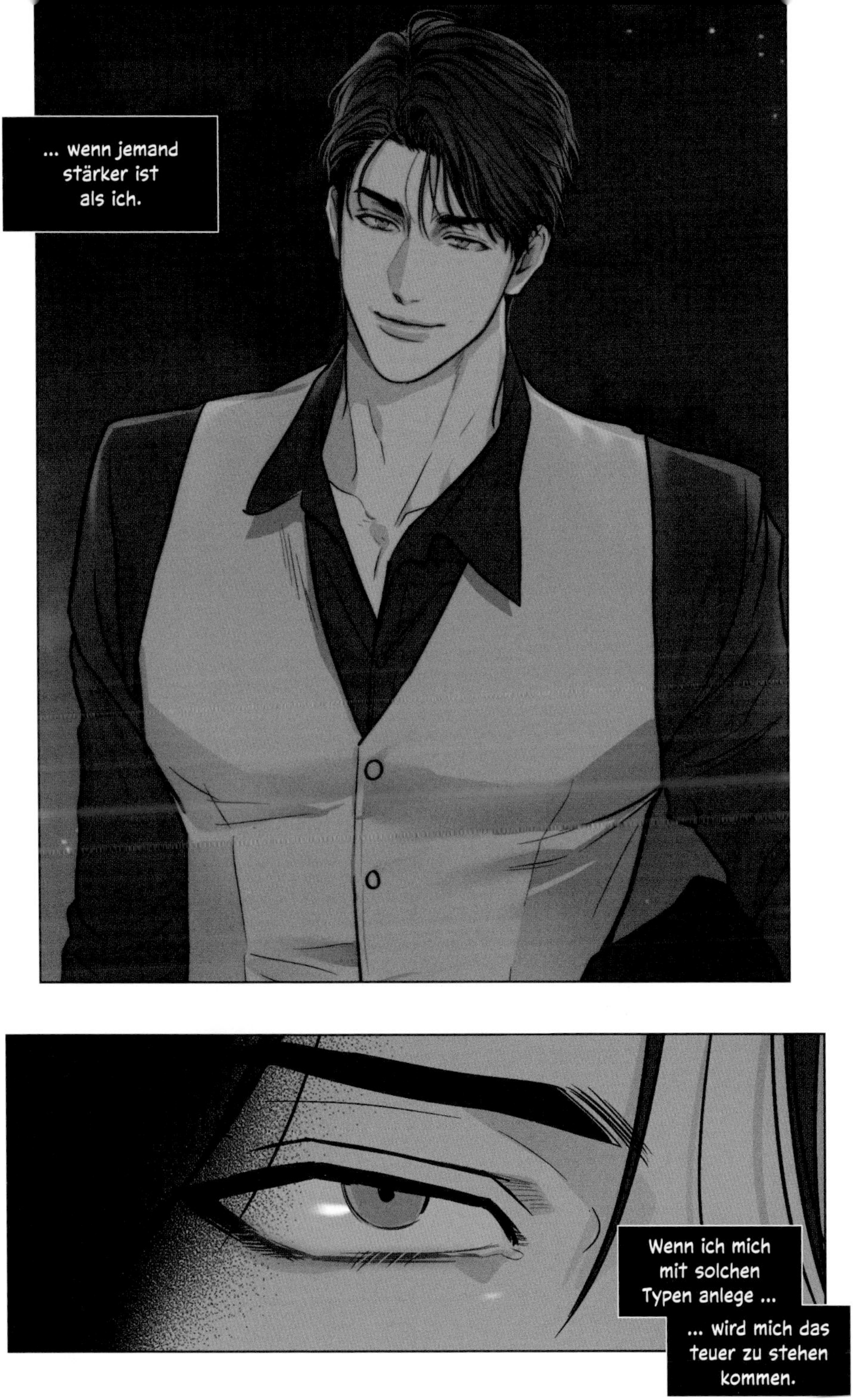
... wenn jemand stärker ist als ich.
Wenn ich mich mit solchen Typen anlege ...
... wird mich das teuer zu stehen kommen.

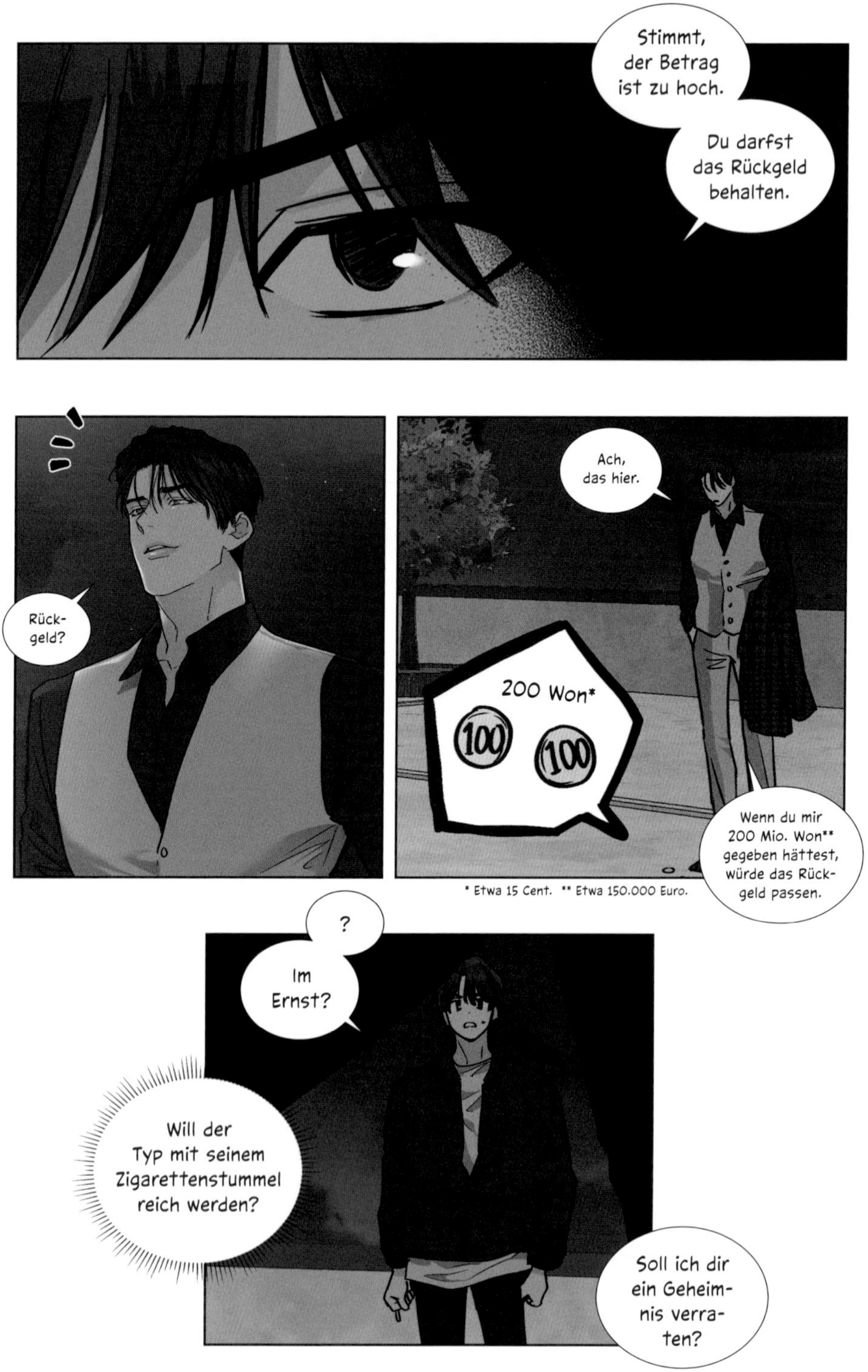

* Etwa 15 Cent. ** Etwa 150.000 Euro.

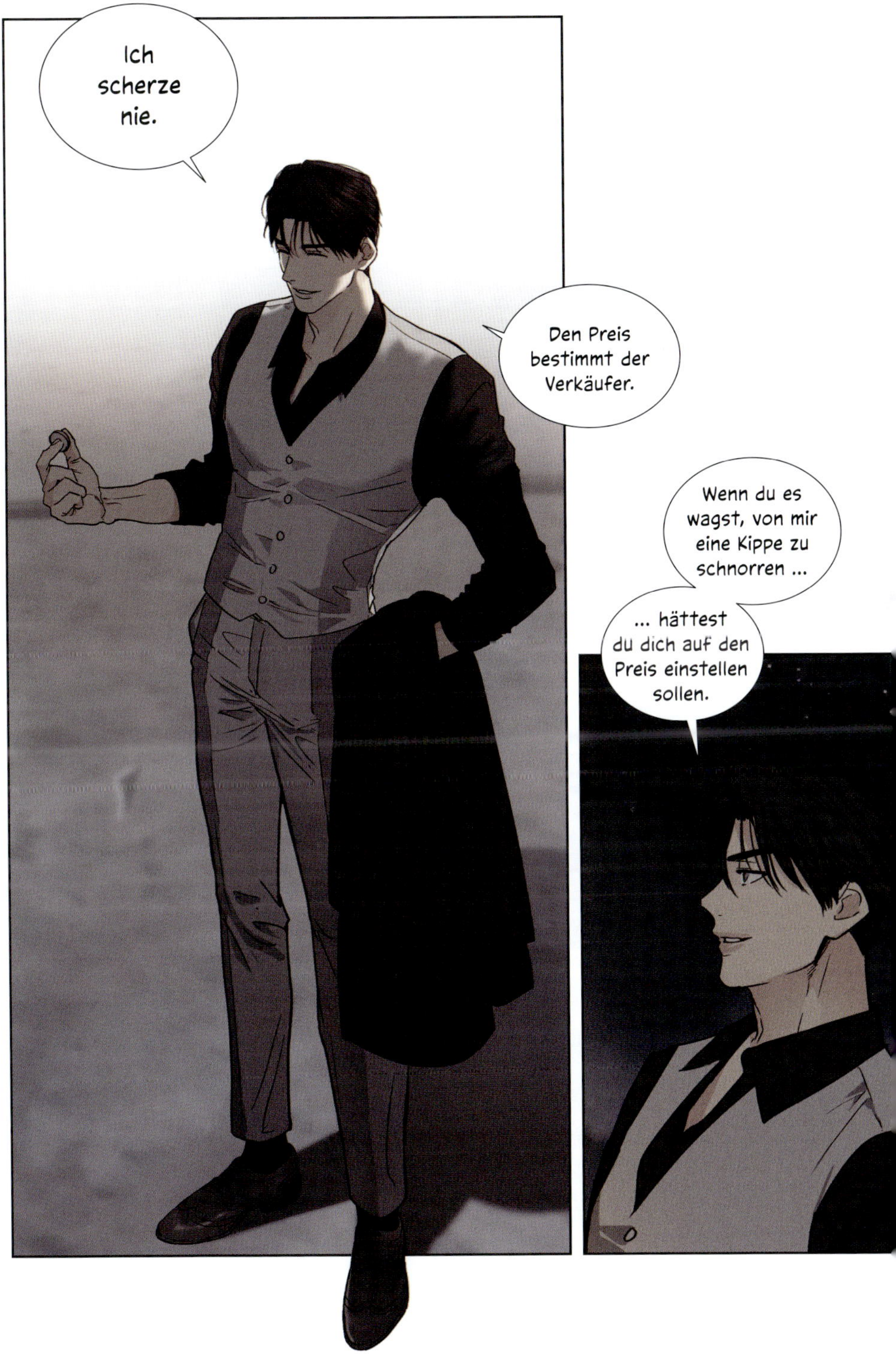
Ich scherze nie.
Den Preis bestimmt der Verkäufer.
Wenn du es wagst, von mir eine Kippe zu schnorren ...
... hättest du dich auf den Preis einstellen sollen.

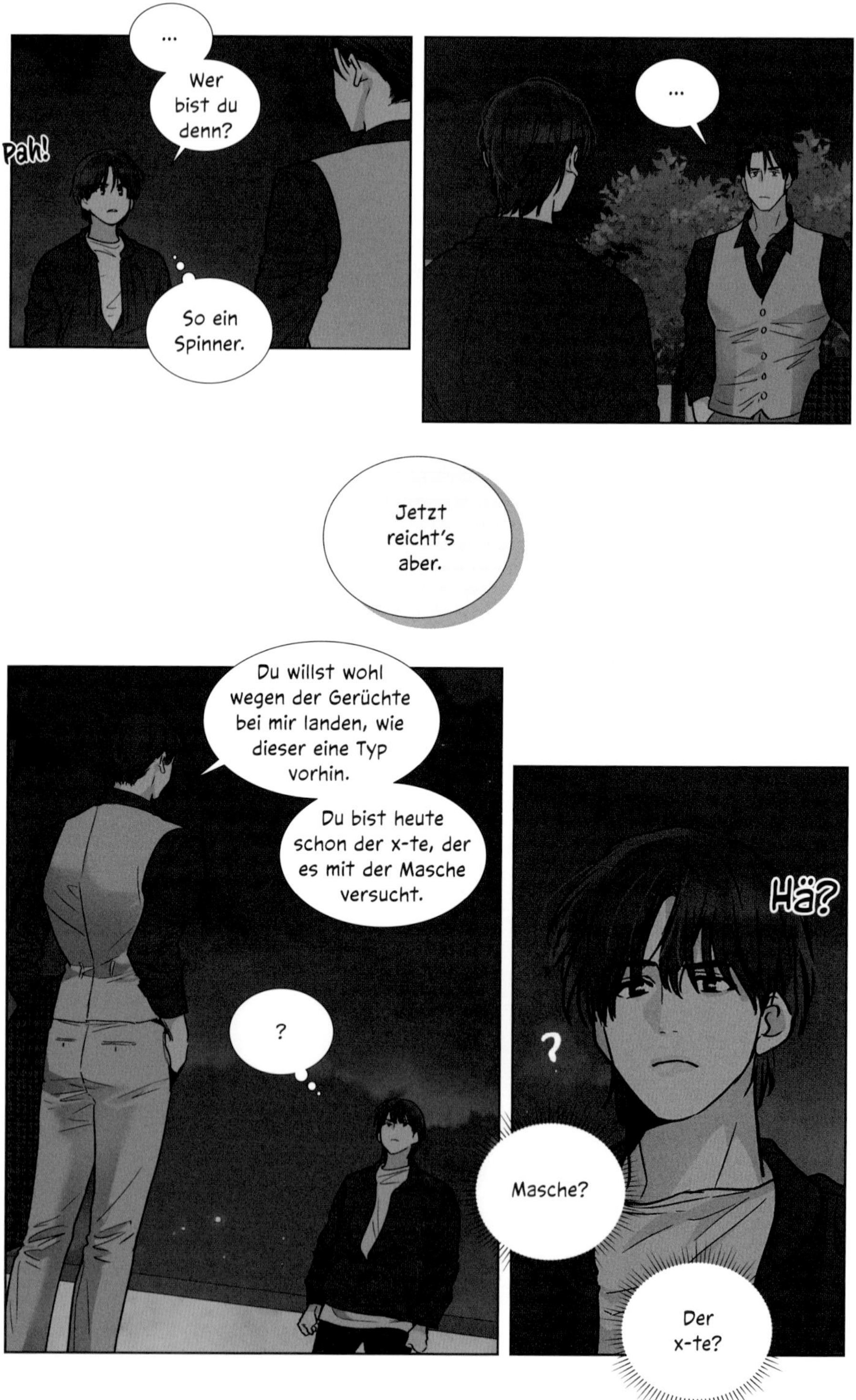
...
Wer bist du denn?
Pah!
So ein Spinner.
...
Jetzt reicht's aber.
Du willst wohl wegen der Gerüchte bei mir landen, wie dieser eine Typ vorhin.
Du bist heute schon der x-te, der es mit der Masche versucht.
?
Hä?
?
Masche?
Der x-te?

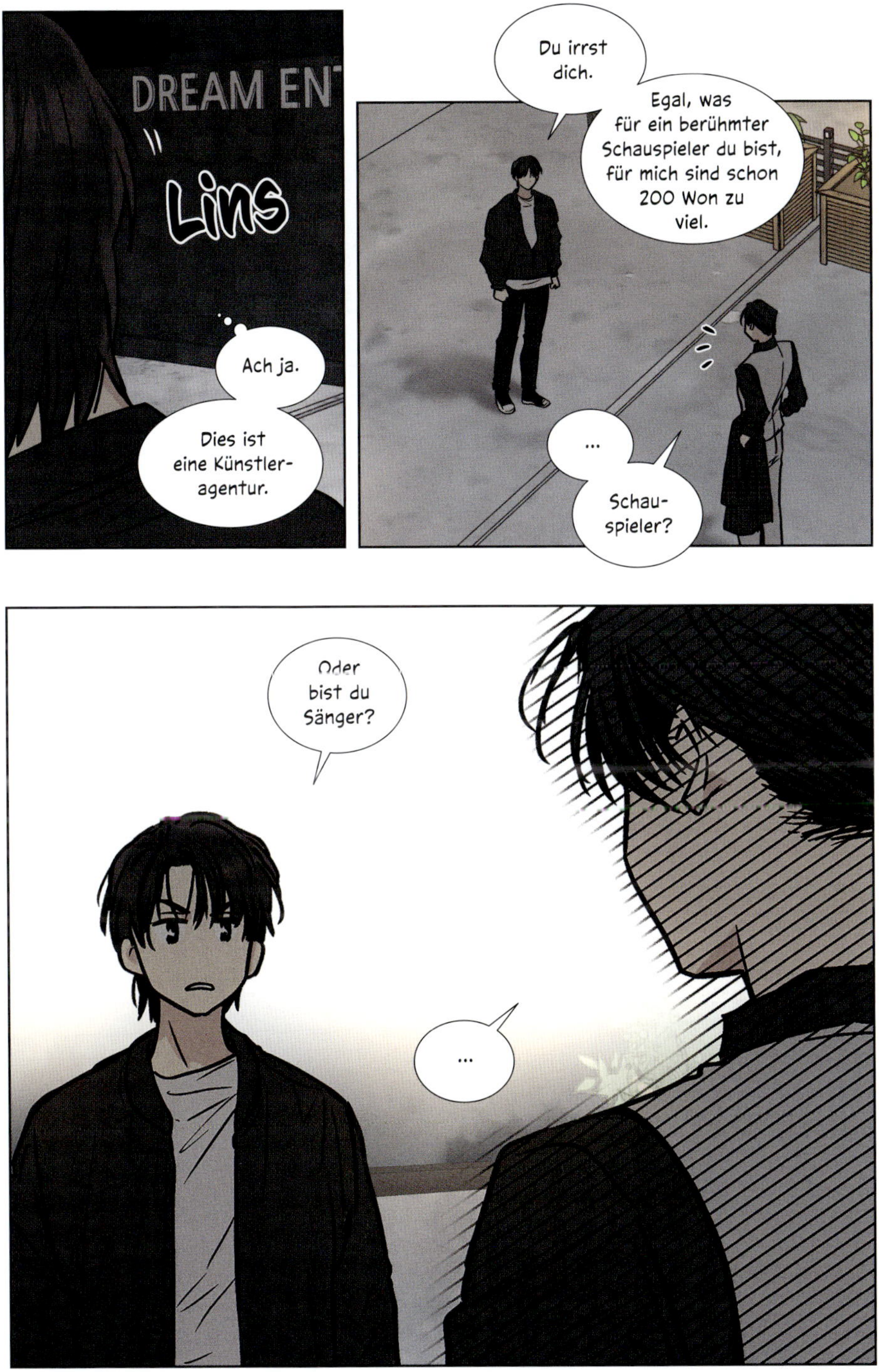
DREAM ENT
Lins
Ach ja.
Dies ist eine Künstleragentur.
Du irrst dich.
Egal, was für ein berühmter Schauspieler du bist, für mich sind schon 200 Won zu viel.
...
Schauspieler?
Oder bist du Sänger?
...

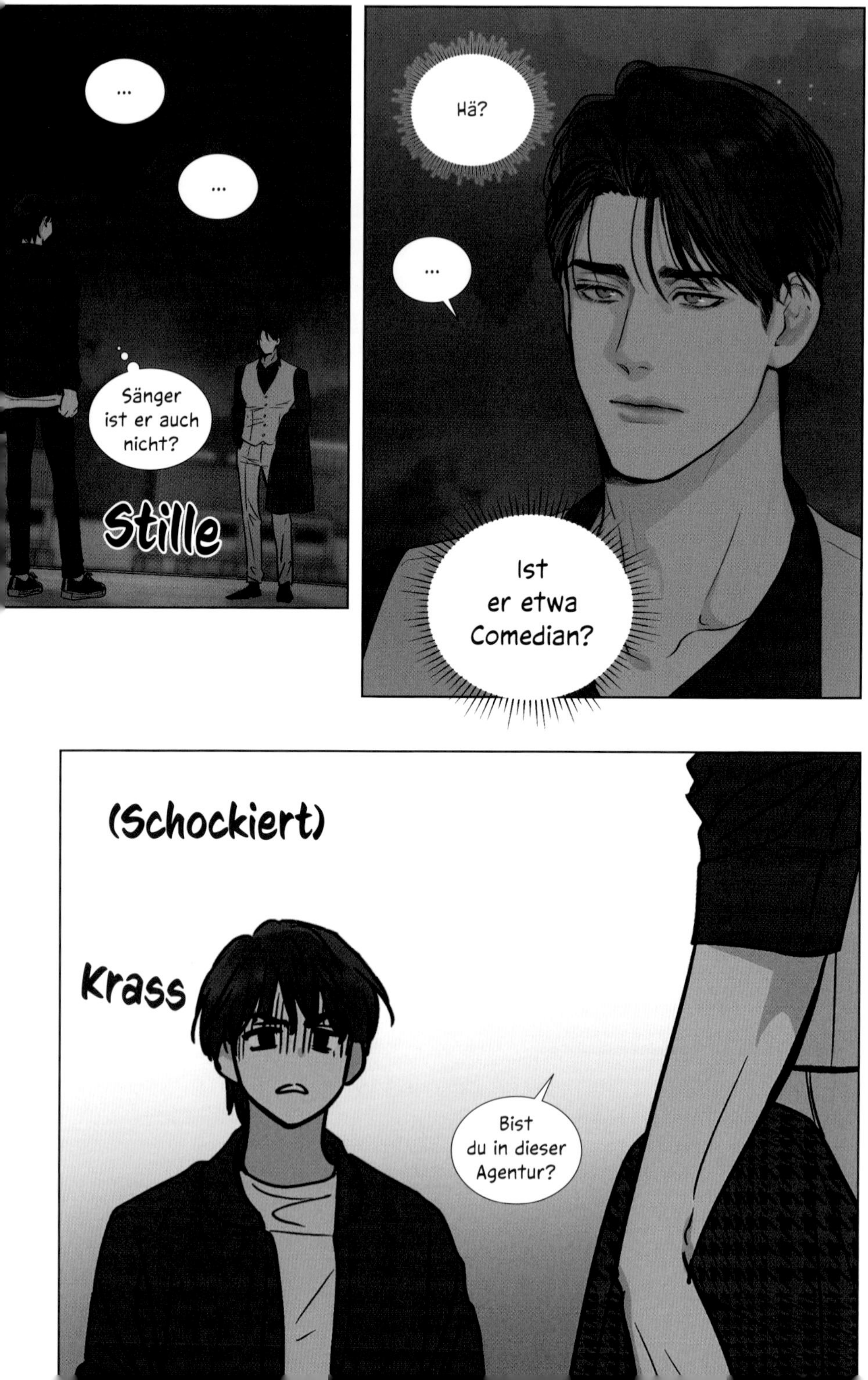
...
...
Sänger ist er auch nicht?
Stille
Hä?
...
Ist er etwa Comedian?
(Schockiert)
Krass
Bist du in dieser Agentur?

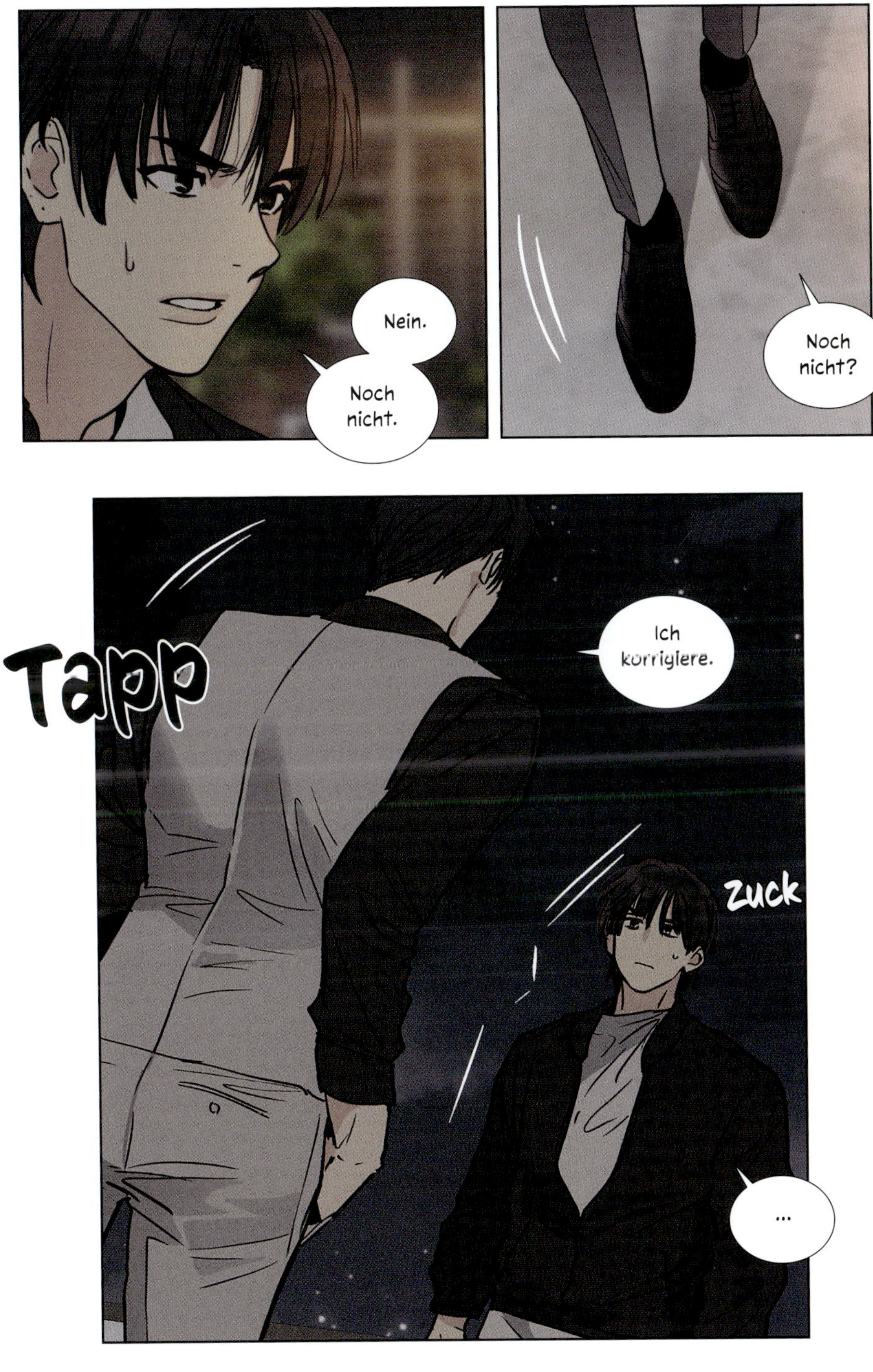
Nein.
Noch nicht.
Noch nicht?
Tapp
Ich korrigiere.
Zuck
...

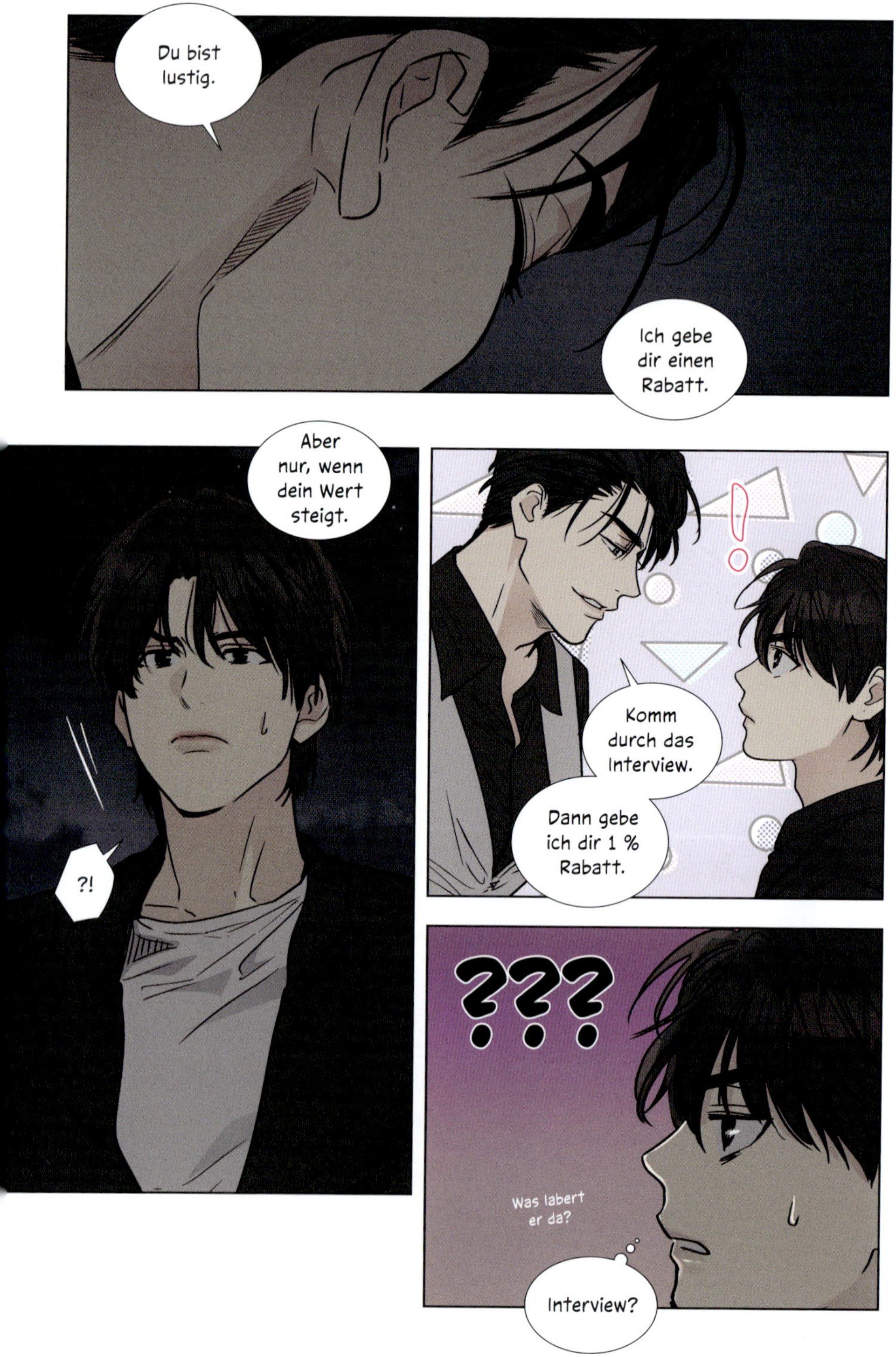
Du bist lustig.
Ich gebe dir einen Rabatt.
Aber nur, wenn dein Wert steigt.
?!
!
Komm durch das Interview.
Dann gebe ich dir 1 % Rabatt.
???
Was labert er da?
Interview?

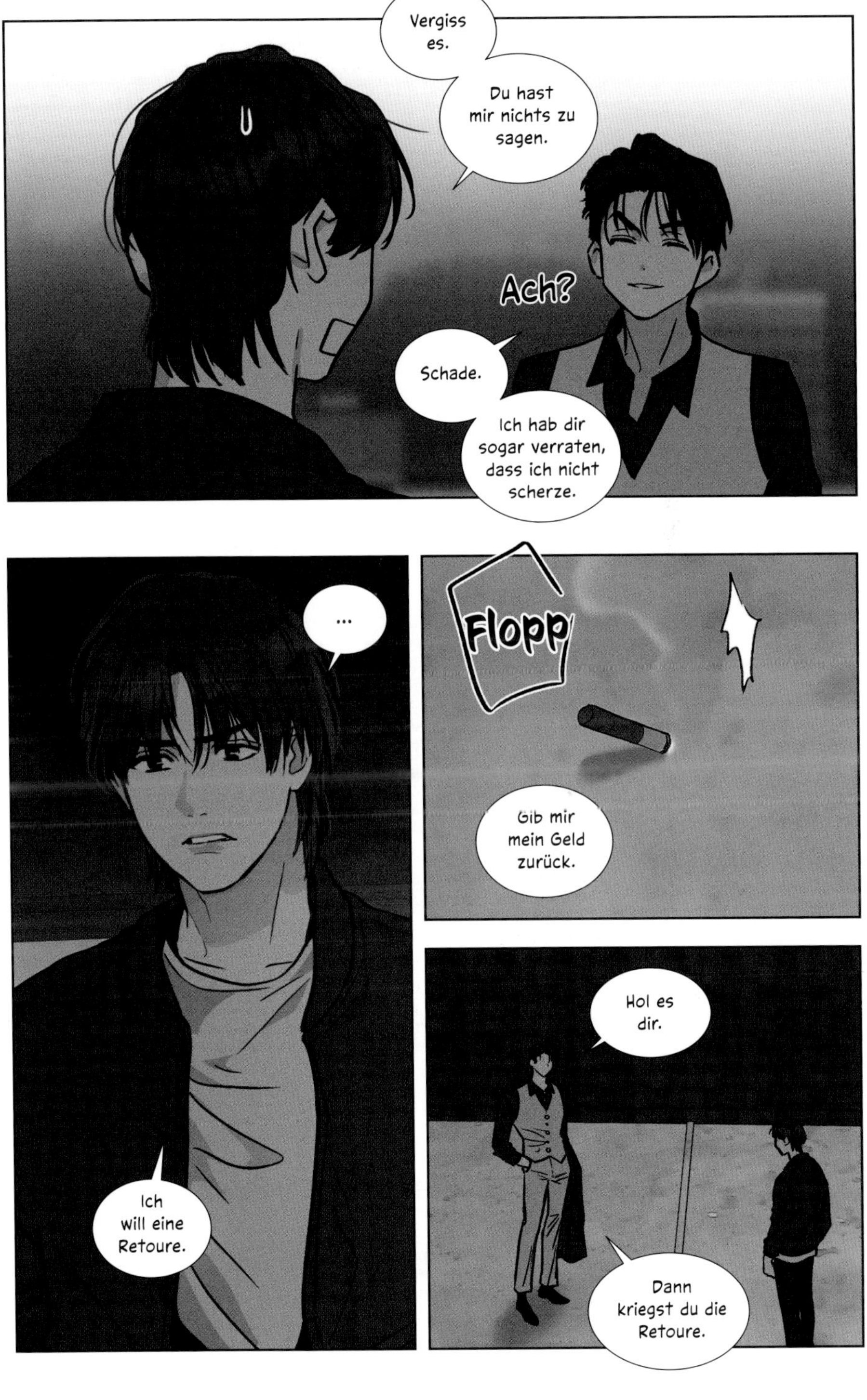
Vergiss es.
Du hast mir nichts zu sagen.
Ach?
Schade.
Ich hab dir sogar verraten, dass ich nicht scherze.
...
Ich will eine Retoure.
Flopp
Gib mir mein Geld zurück.
Hol es dir.
Dann kriegst du die Retoure.

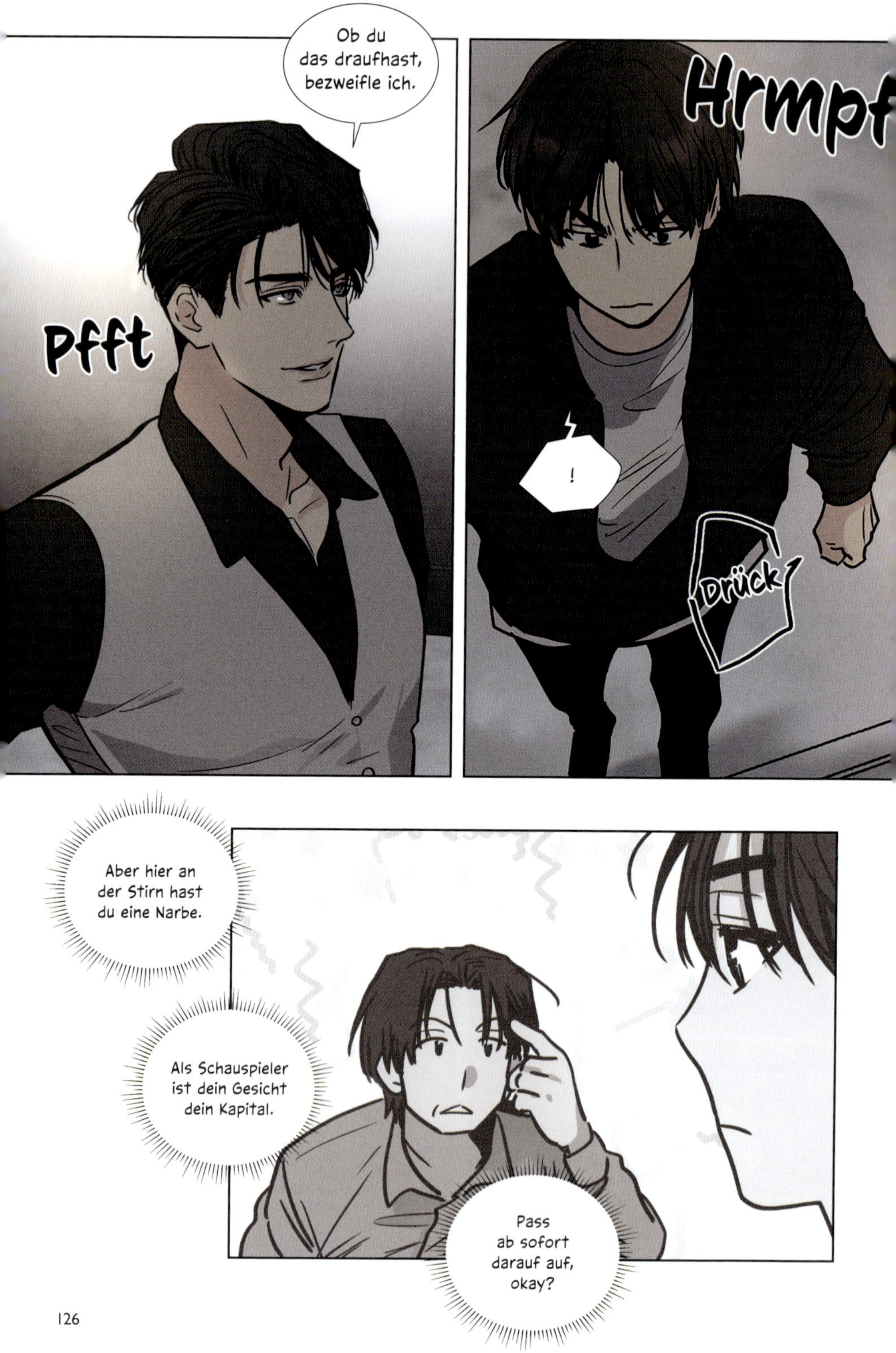
Ob du das draufhast, bezweifle ich.
Pfft
Hrmpf
!
Drück
Aber hier an der Stirn hast du eine Narbe.
Als Schauspieler ist dein Gesicht dein Kapital.
Pass ab sofort darauf auf, okay?

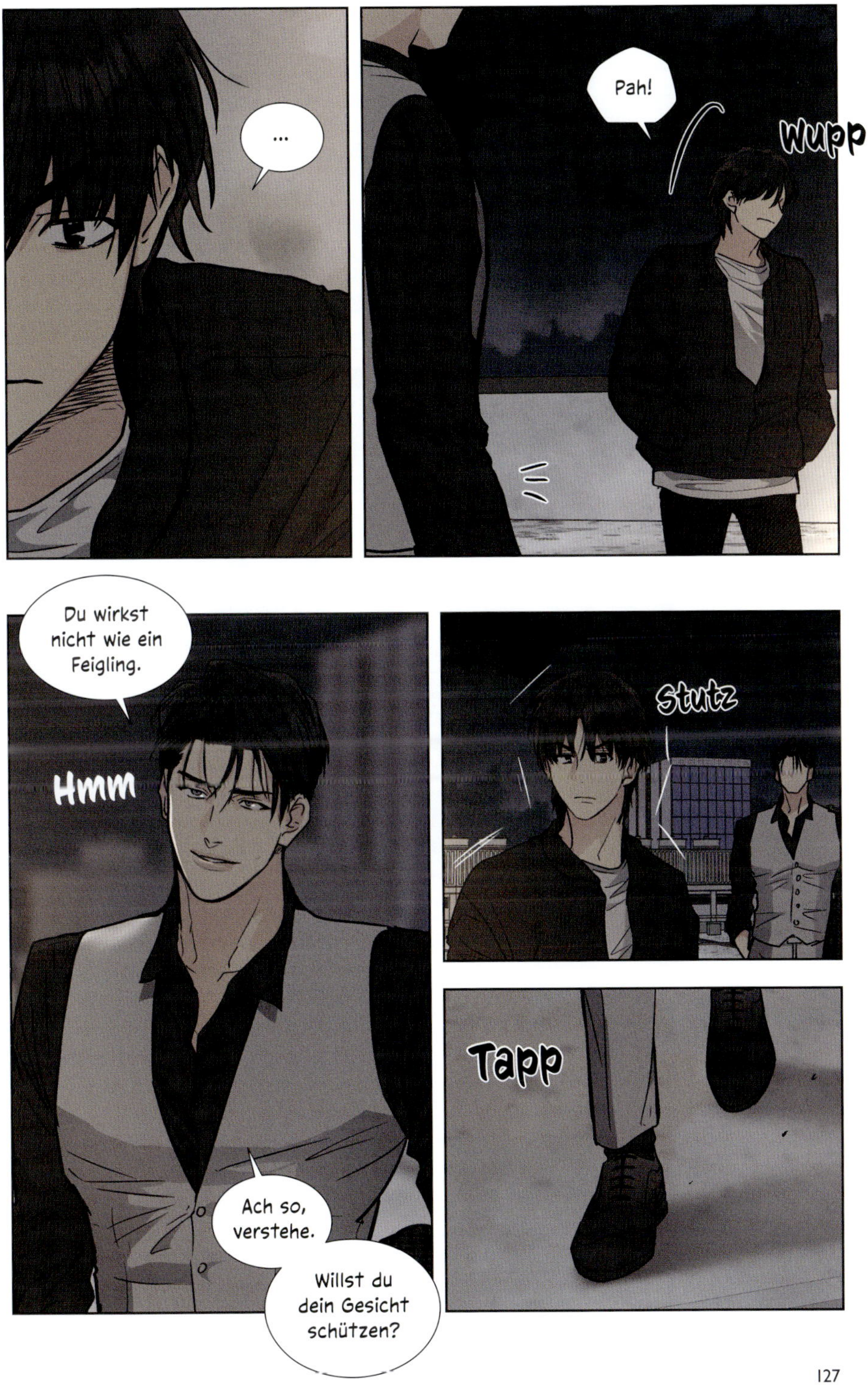
...
Pah!
Wupp
Du wirkst nicht wie ein Feigling.
Hmm
Ach so, verstehe.
Willst du dein Gesicht schützen?
Stutz
Tapp

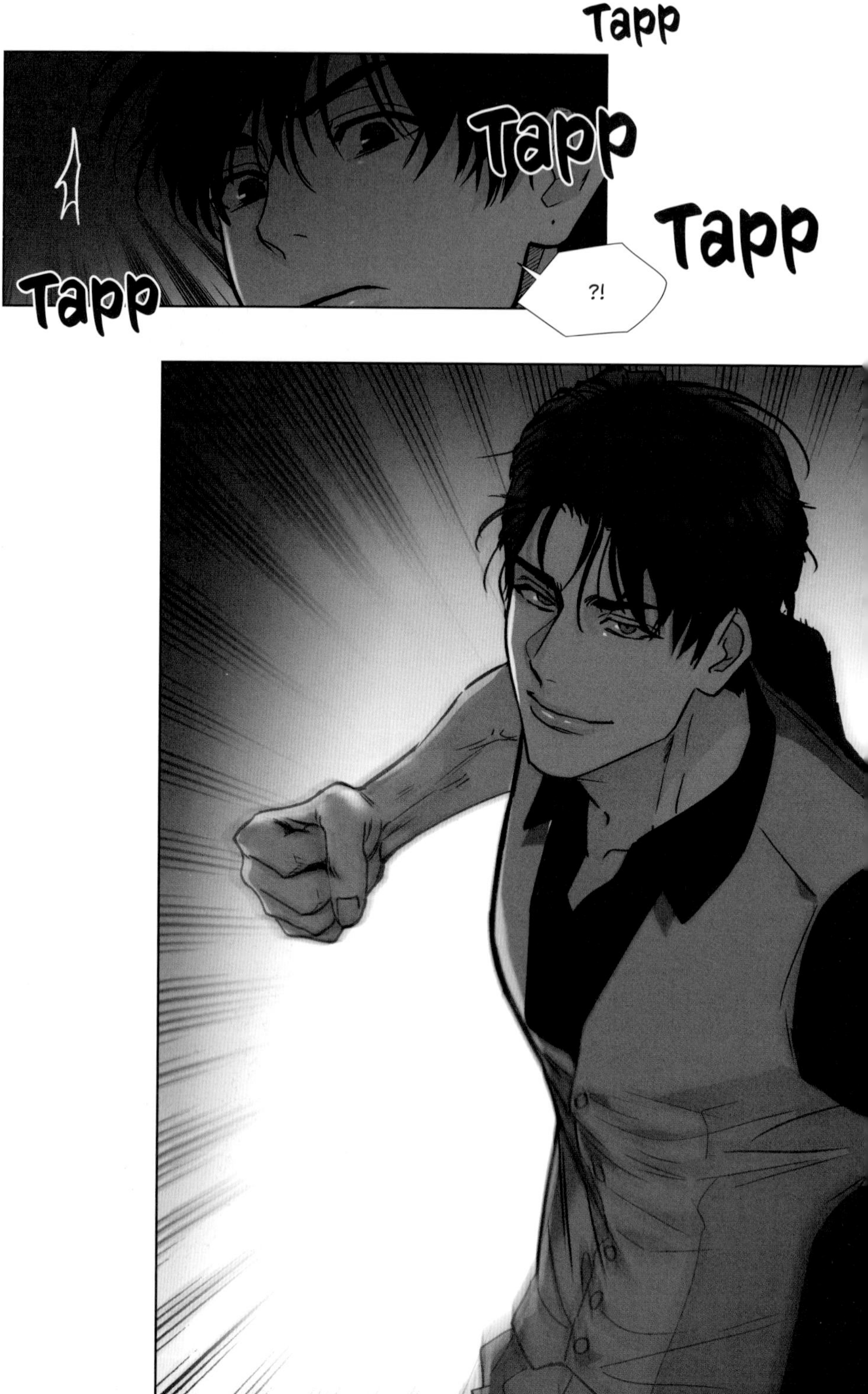
Tapp
Tapp
Tapp
?!
Tapp

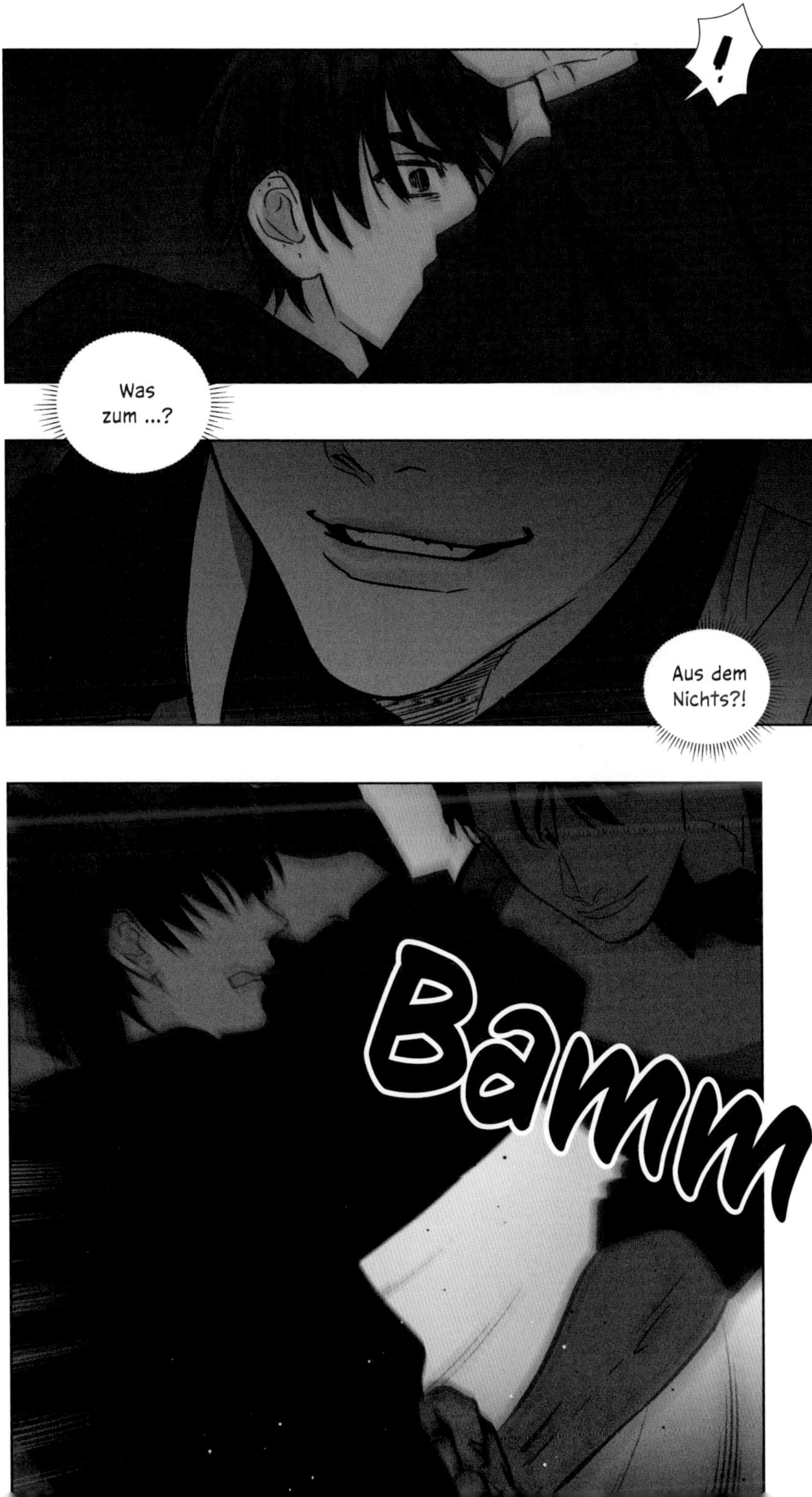
!
Was zum ...?
Aus dem Nichts?!
Bamm

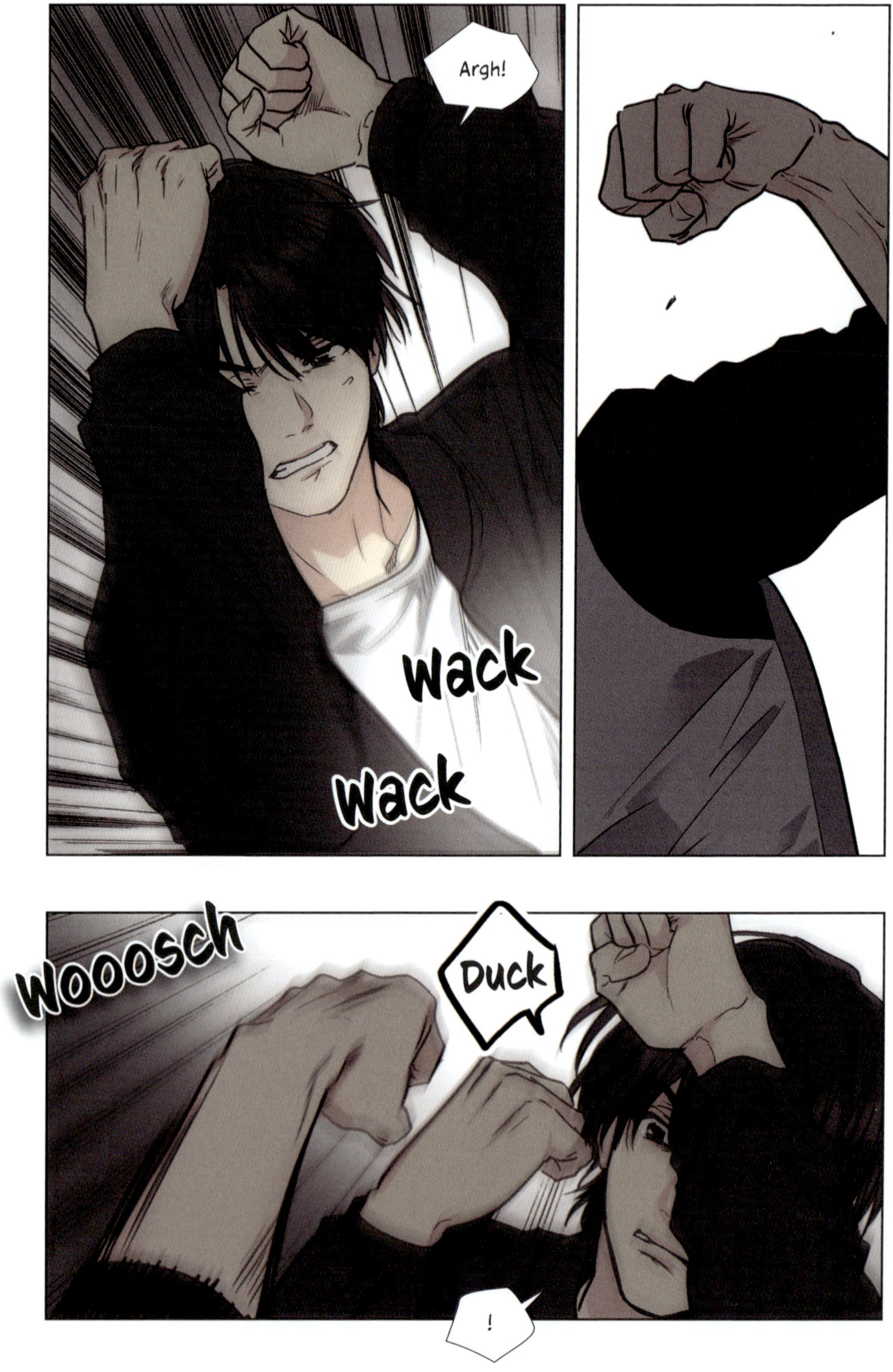
Argh!
wack
wack
Wooosch
Duck
!

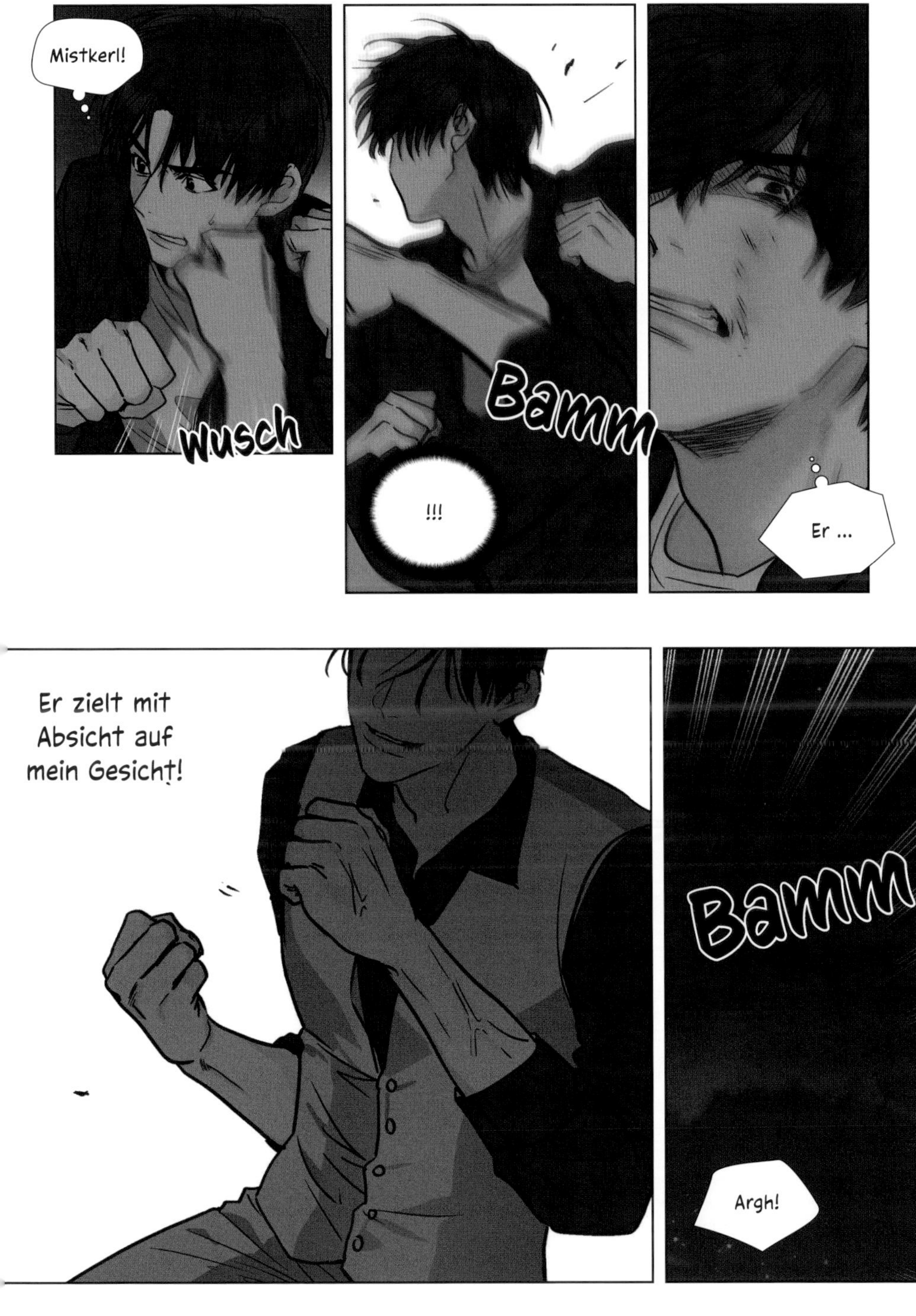
Mistkerl!
Wusch
Bamm
!!!
Er ...
Er zielt mit
Absicht auf
mein Gesicht!
Bamm
Argh!

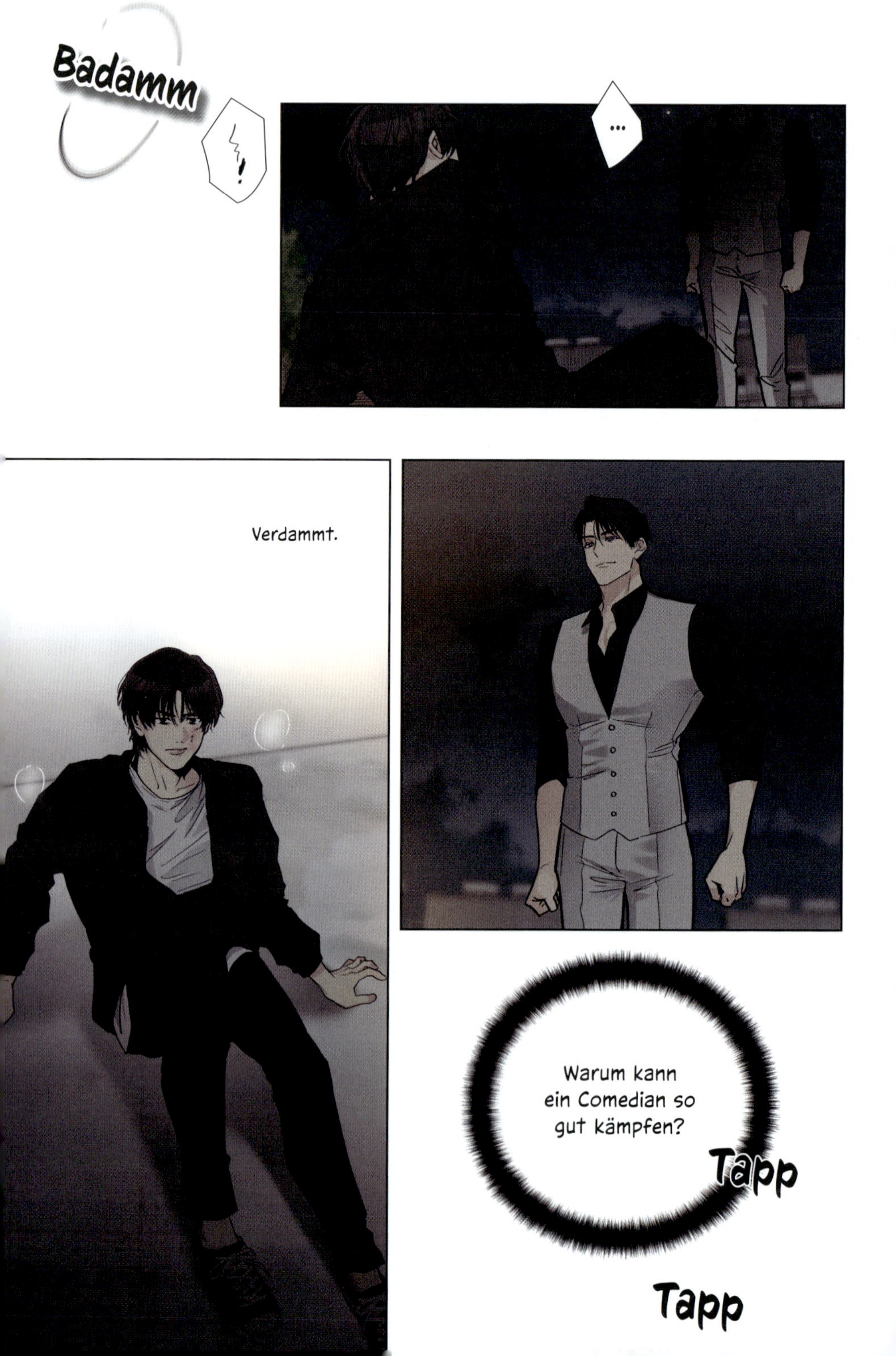
Badamm
!
...
Verdammt.
Warum kann ein Comedian so gut kämpfen?
Tapp
Tapp

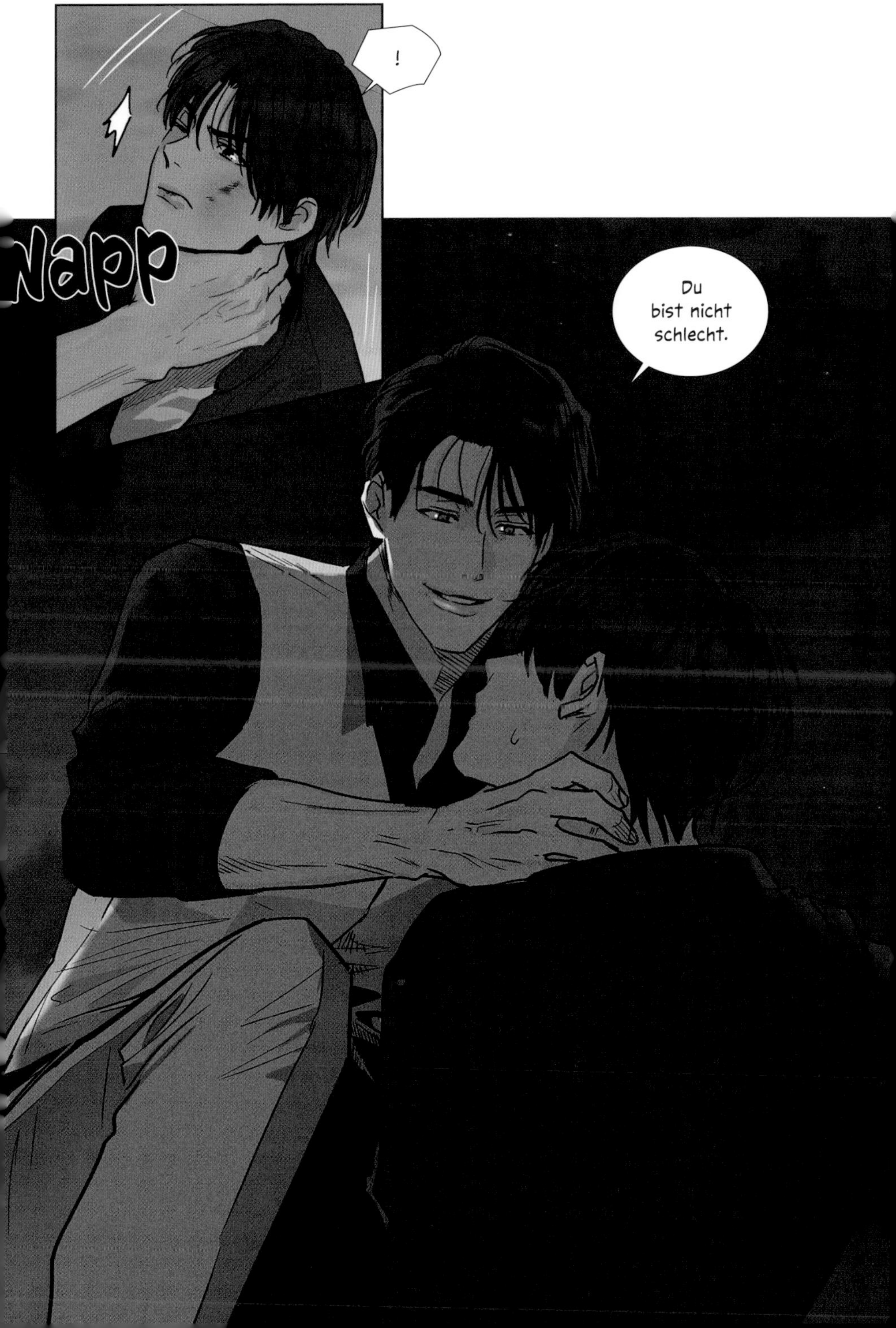
!
Napp
Du bist nicht schlecht.

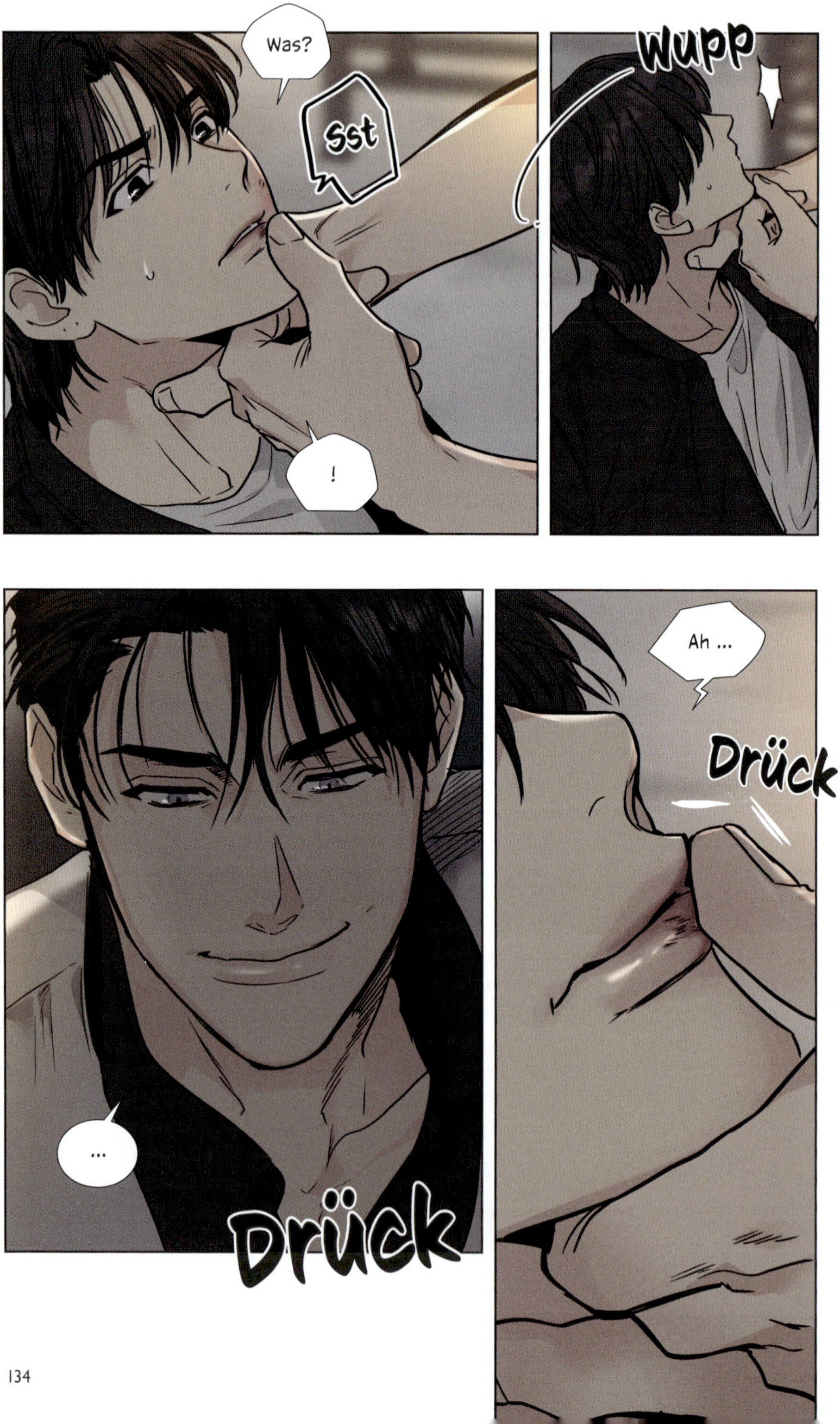
Was?
Sst
!
Wupp
...
Drück
Ah ...
Drück

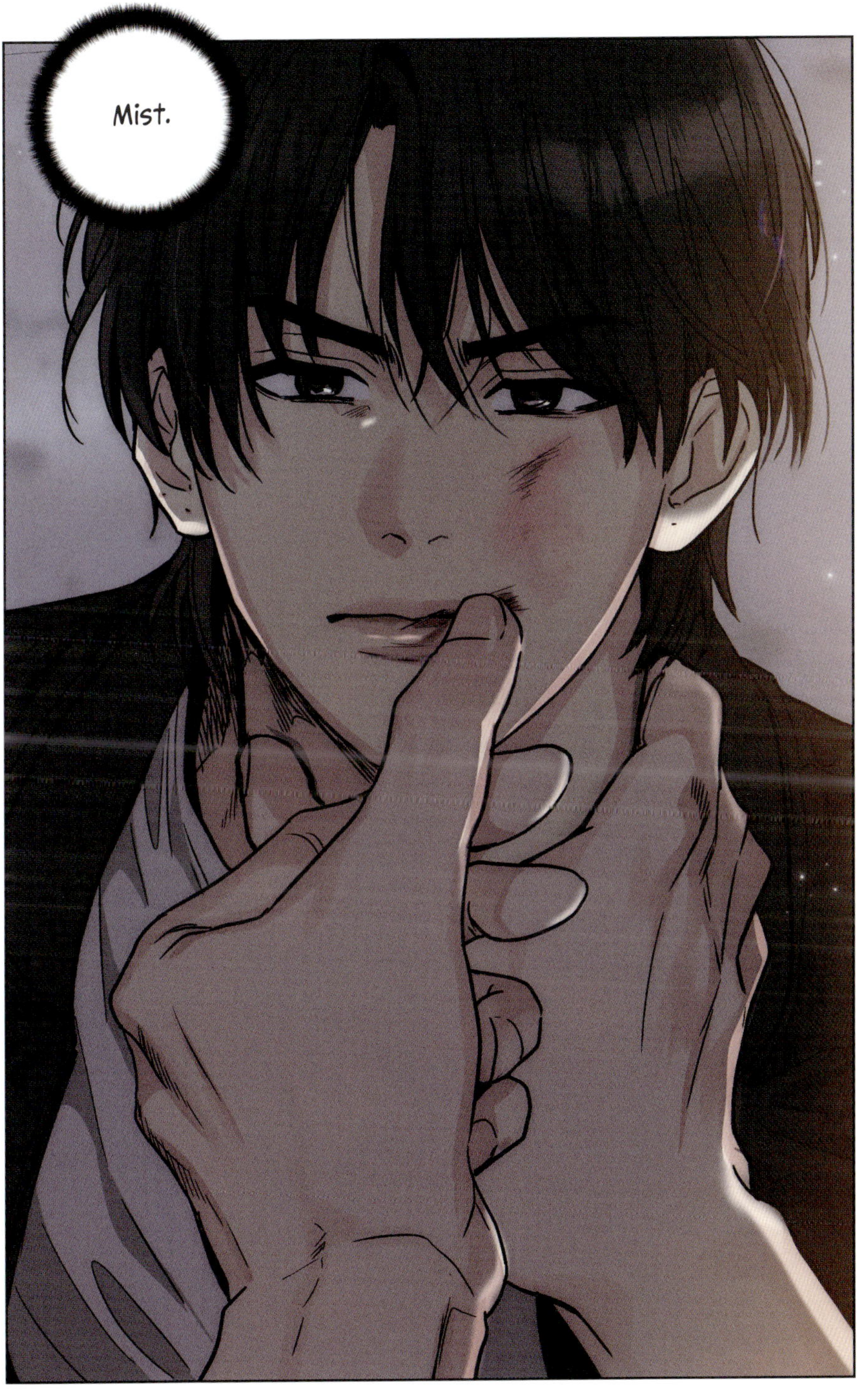
Mist.

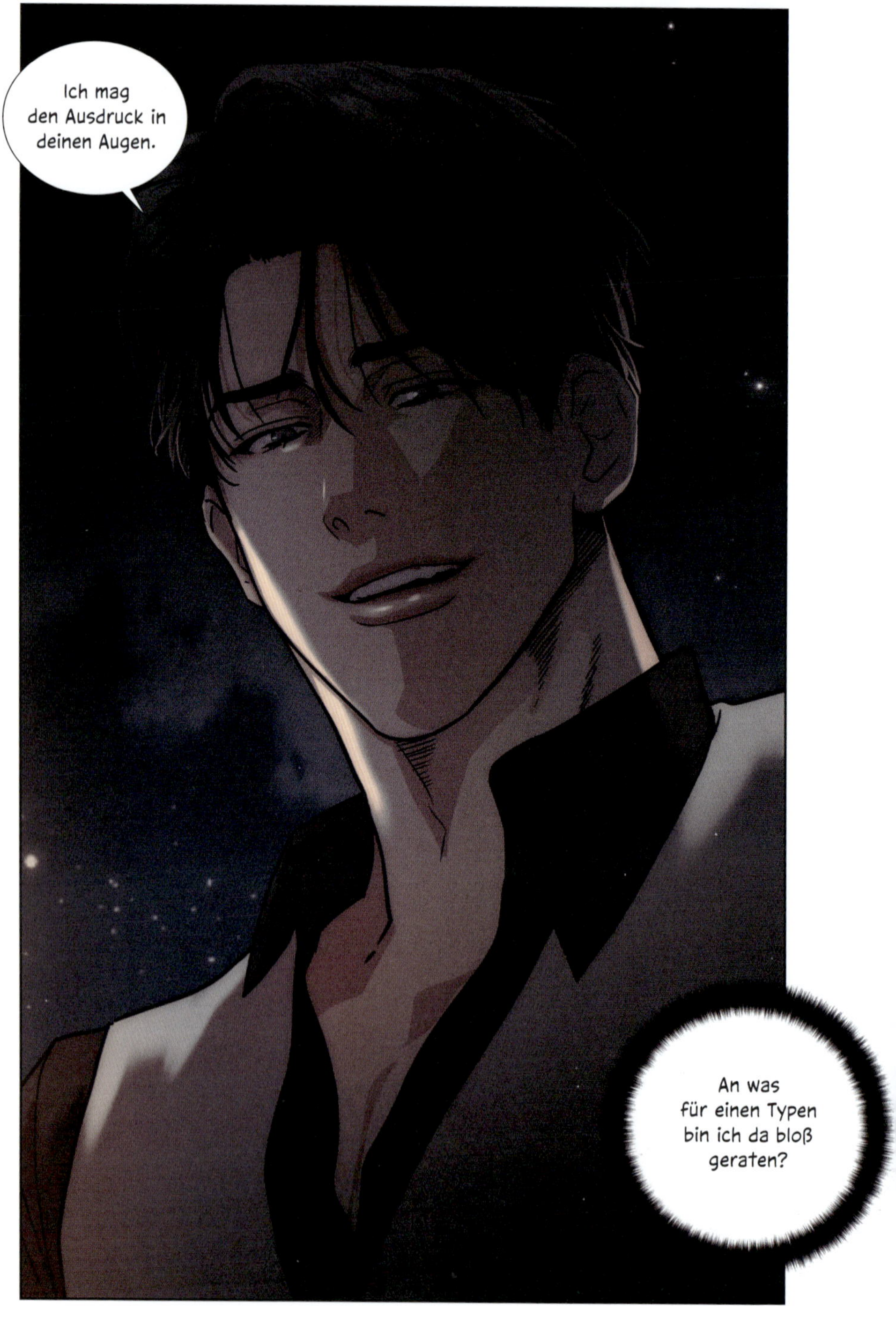
Ich mag
den Ausdruck in
deinen Augen.
An was
für einen Typen
bin ich da bloß
geraten?

KAPITEL 5

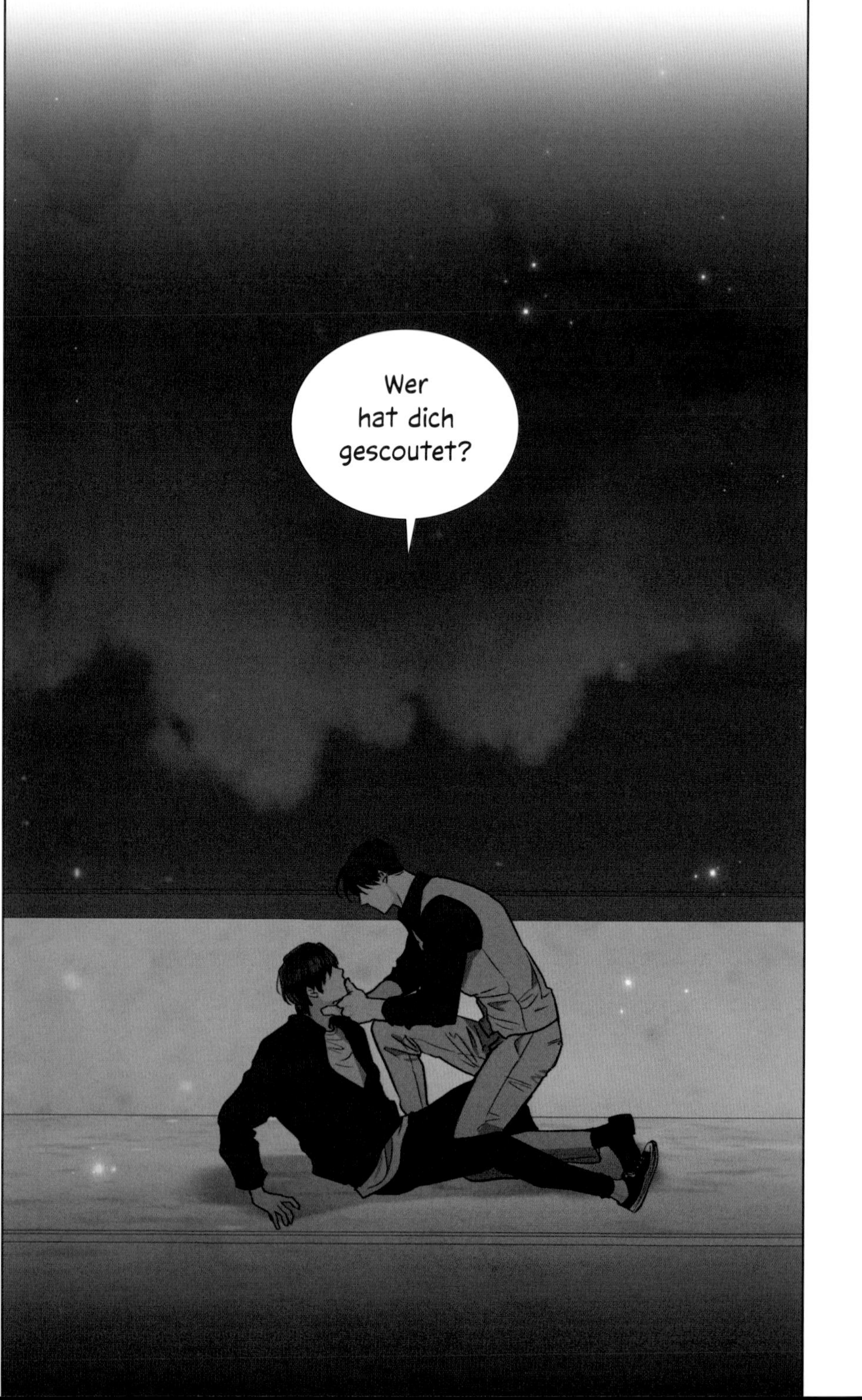
Wer hat dich gescoutet?

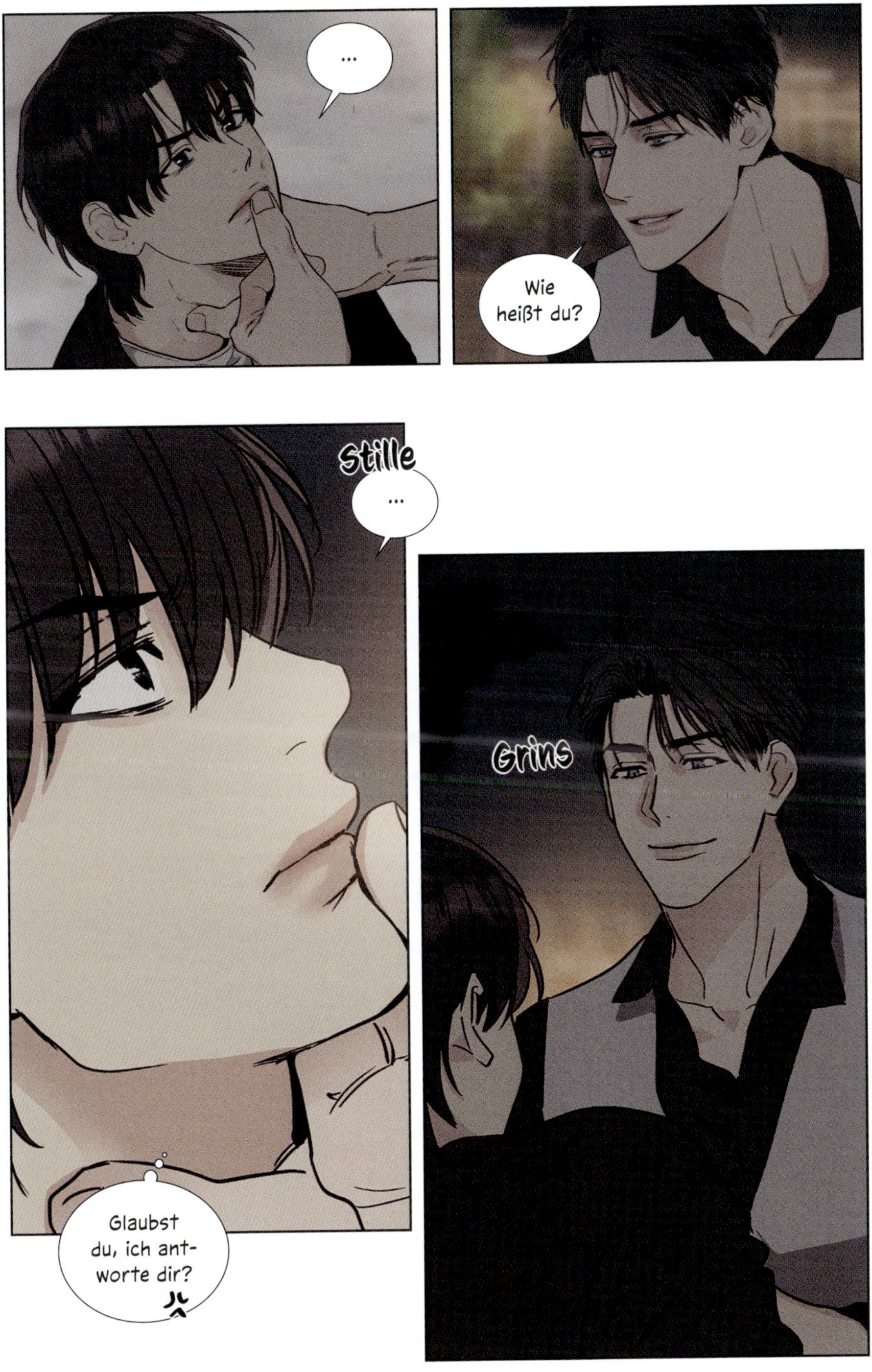
...
Wie heißt du?
Stille
...
Glaubst du, ich antworte dir?
Grins

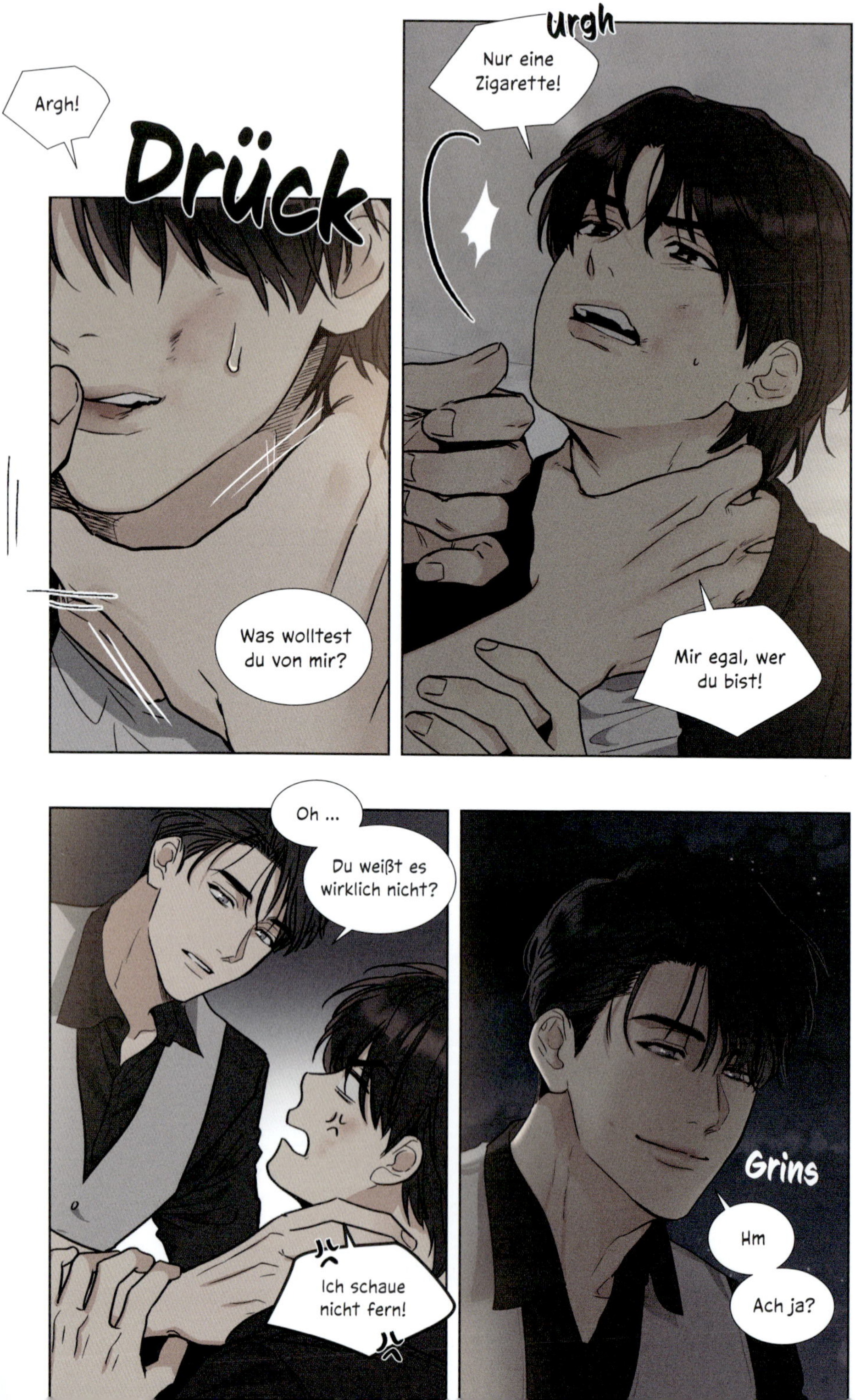
Argh!
Drück
Was wolltest du von mir?
Urgh
Nur eine Zigarette!
Mir egal, wer du bist!
Oh ...
Du weißt es wirklich nicht?
Ich schaue nicht fern!
Grins
Hm
Ach ja?

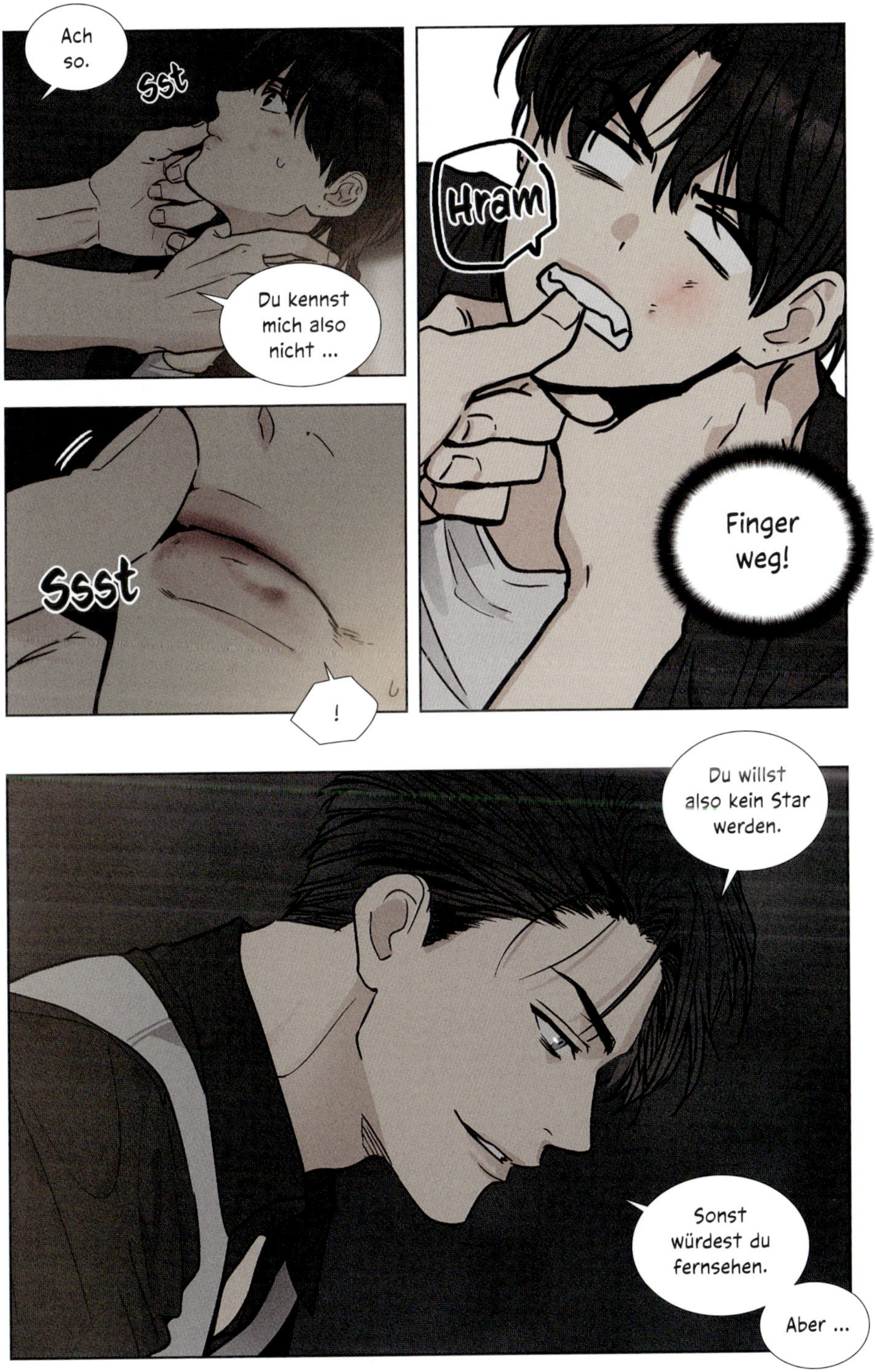
Ach so.
sst
Du kennst mich also nicht ...
Ssst
!
Hram
Finger weg!
Du willst also kein Star werden.
Sonst würdest du fernsehen.
Aber ...

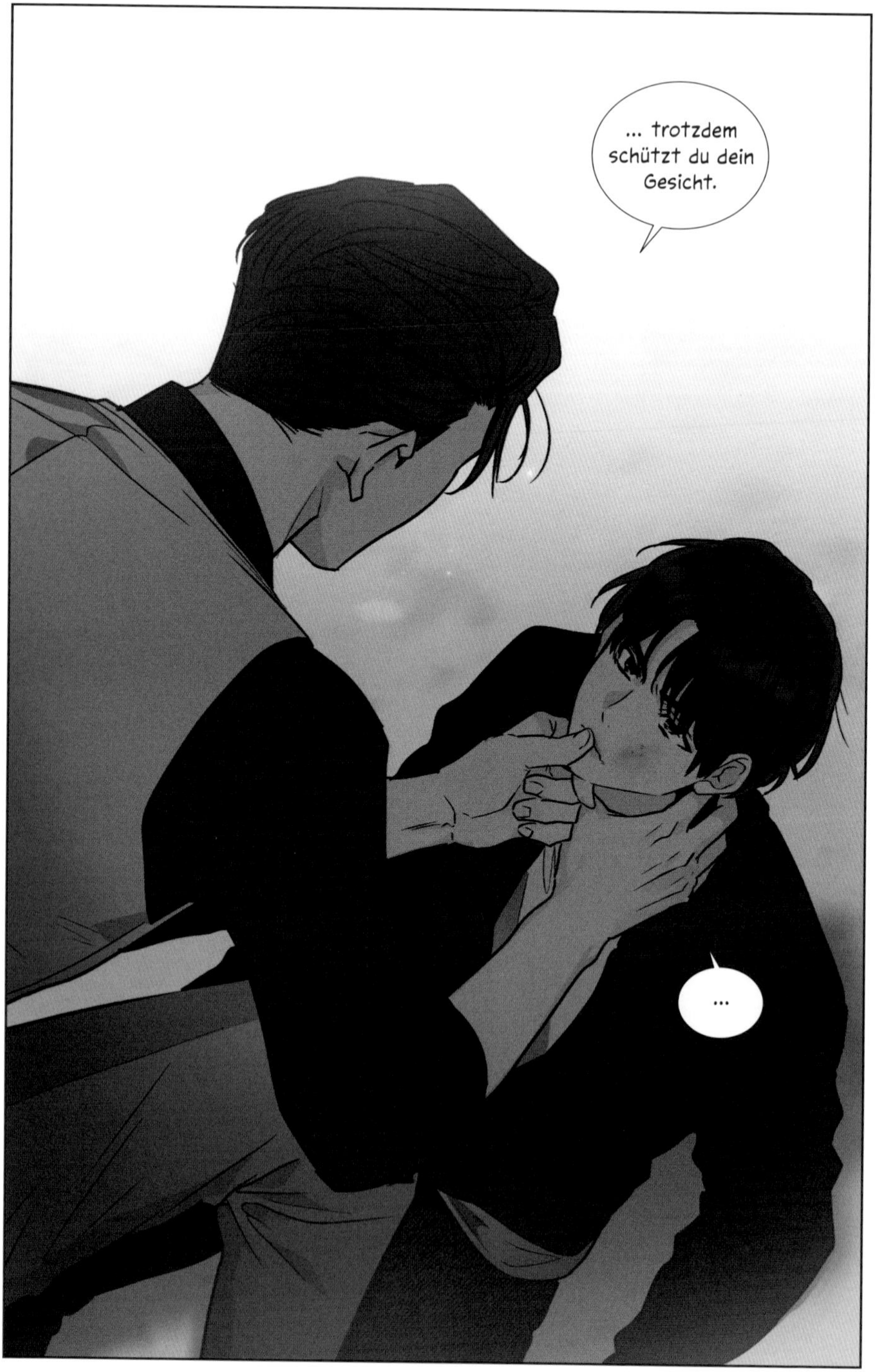
... trotzdem schützt du dein Gesicht.
...

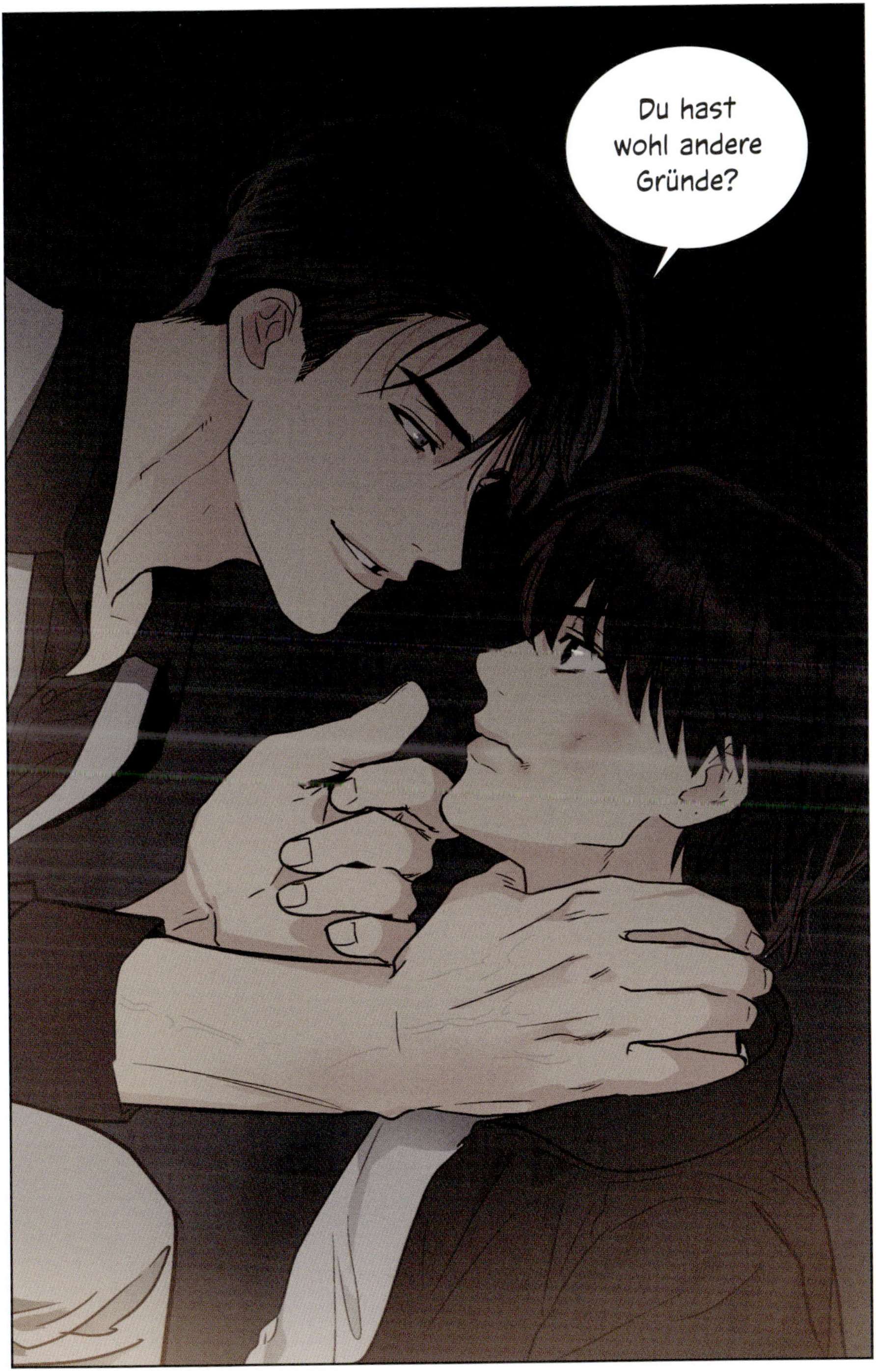
Du hast wohl andere Gründe?

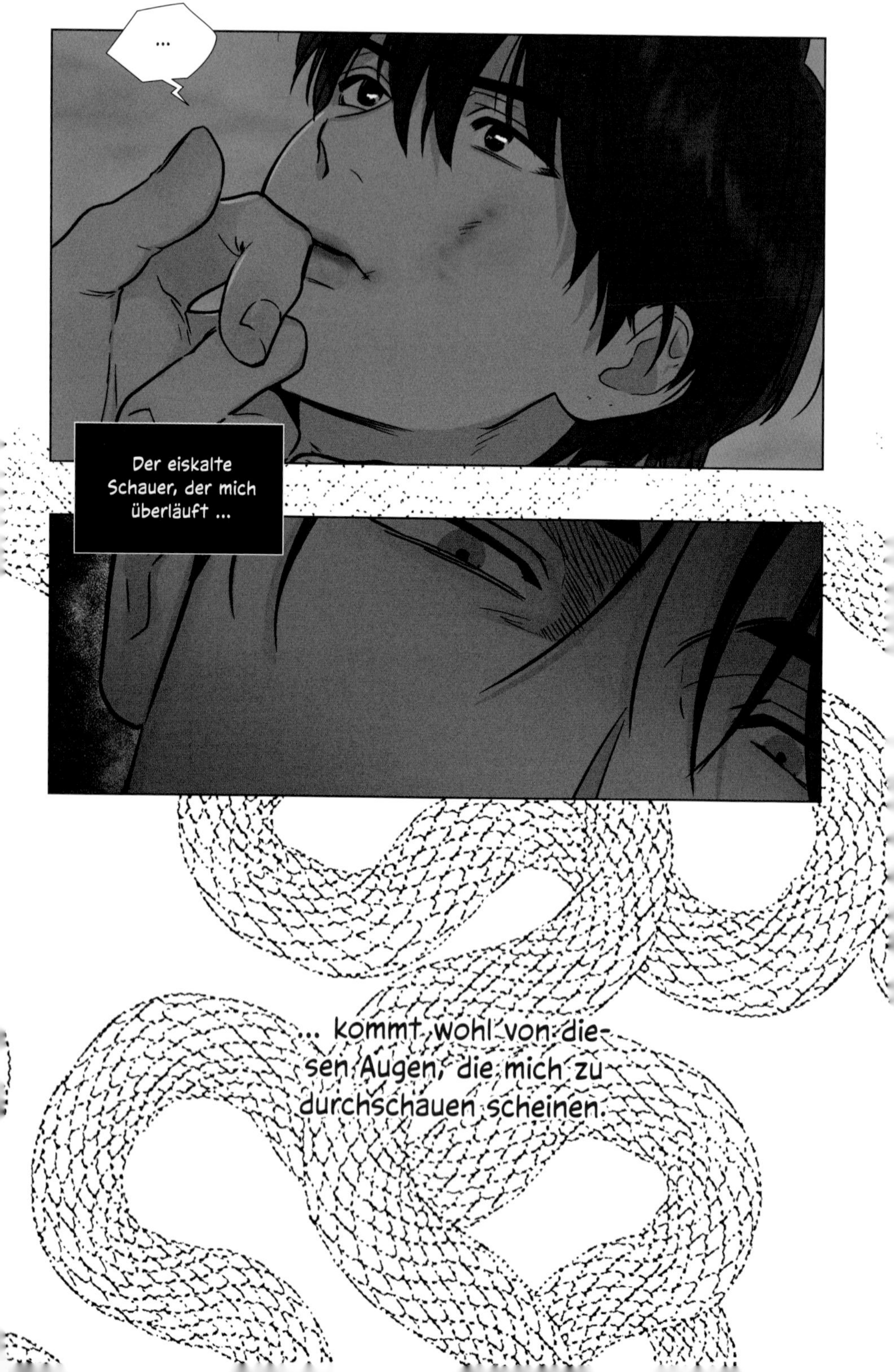
...
Der eiskalte Schauer, der mich überläuft ...
... kommt wohl von diesen Augen, die mich zu durchschauen scheinen.

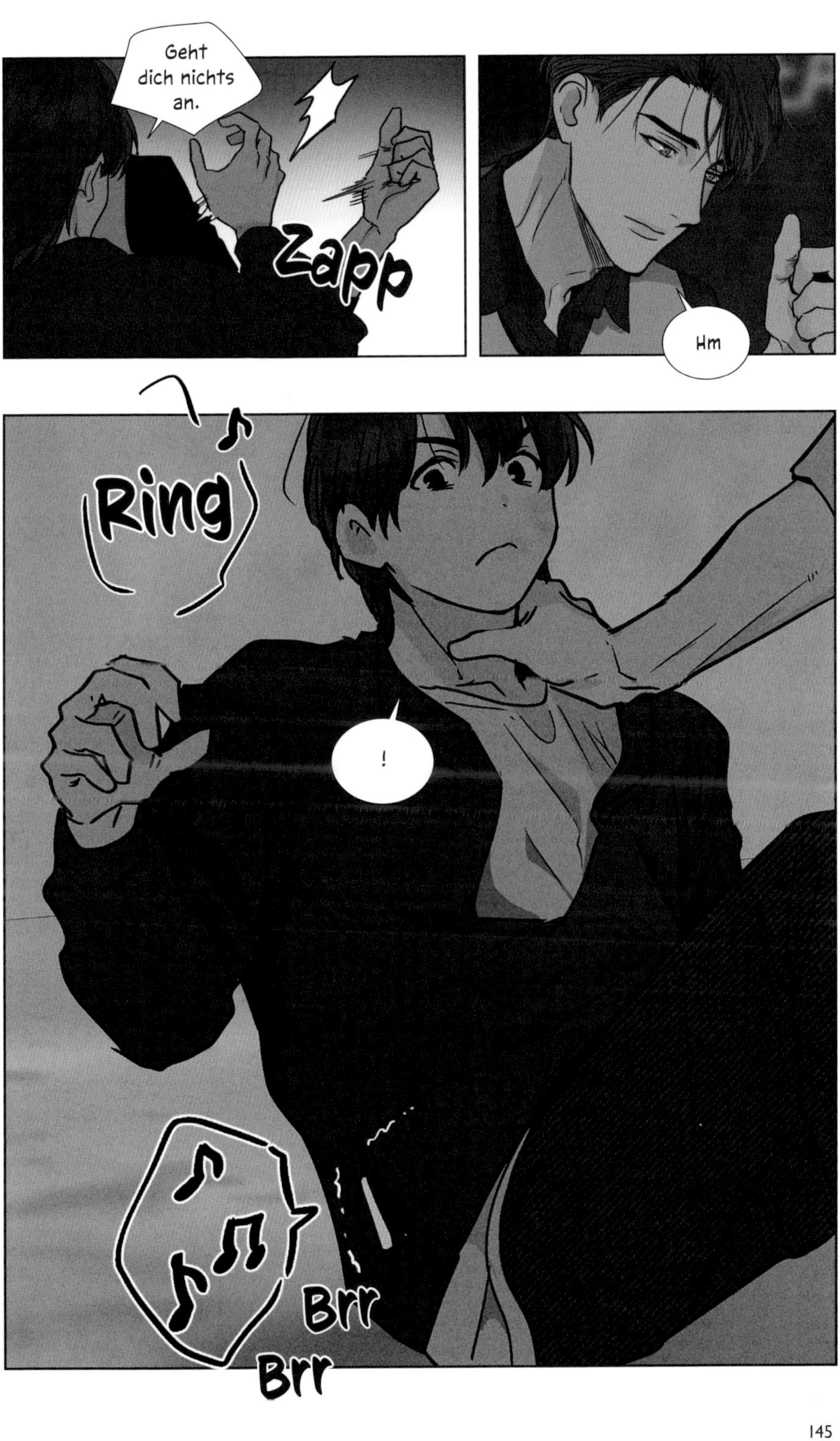
Geht dich nichts an.
Zapp
Hm
Ring
!
Brr
Brr

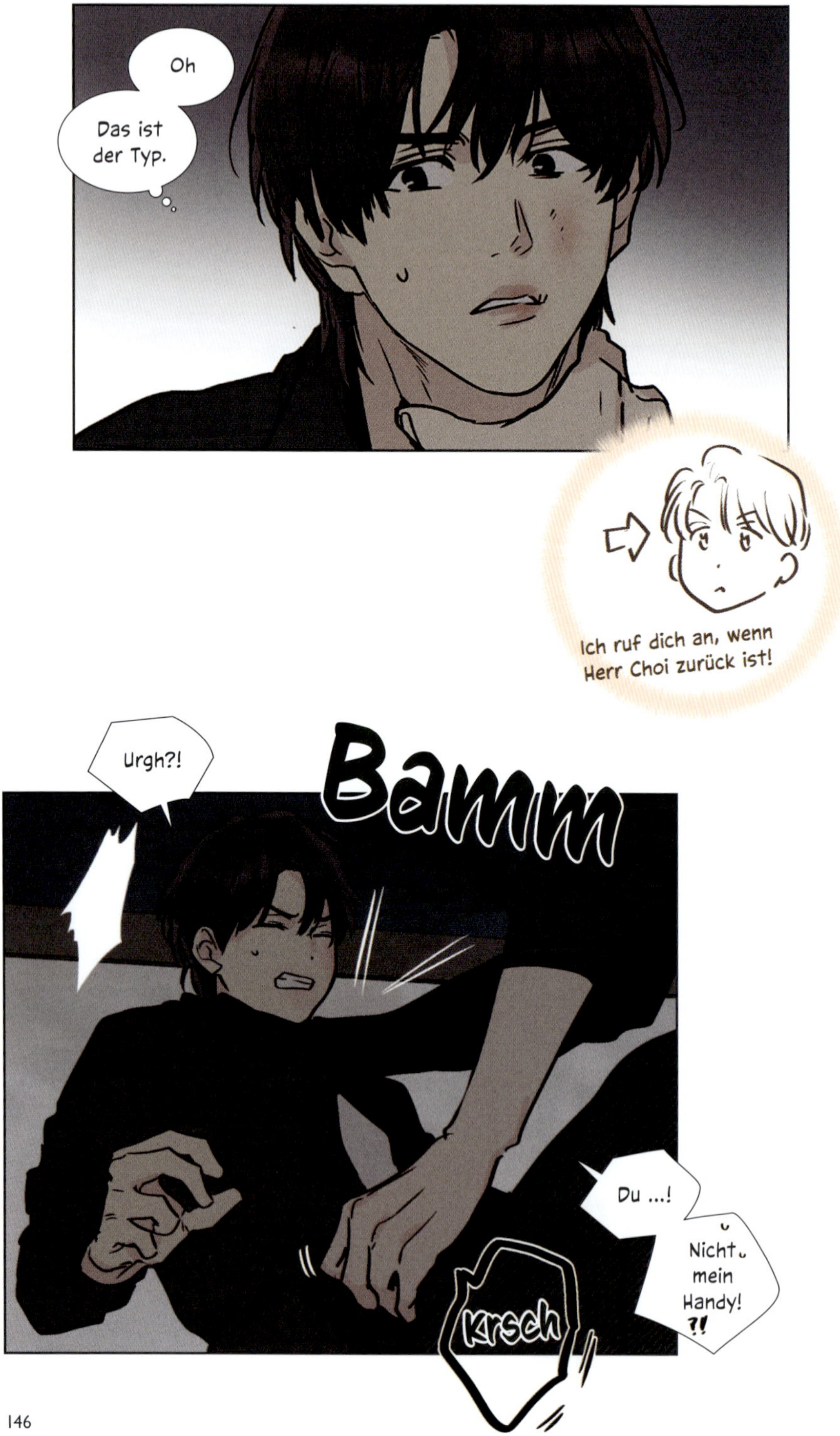
Oh
Das ist der Typ.
Ich ruf dich an, wenn Herr Choi zurück ist!
Urgh?!
Bamm
Du ...!
Nicht mein Handy!
?!
krsch

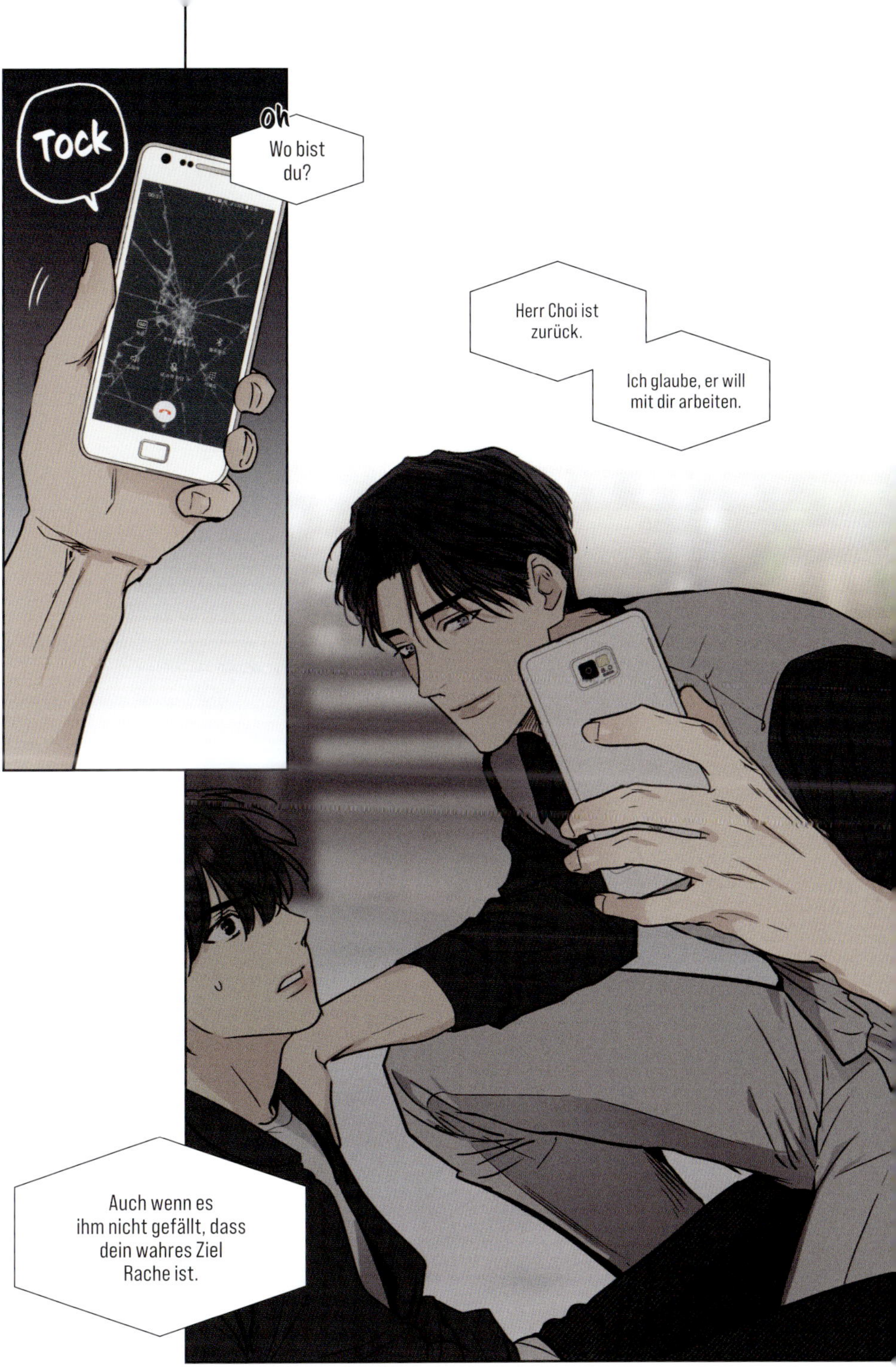

Tock
Oh
Wo bist du?
Herr Choi ist zurück.
Ich glaube, er will mit dir arbeiten.
Auch wenn es ihm nicht gefällt, dass dein wahres Ziel Rache ist.

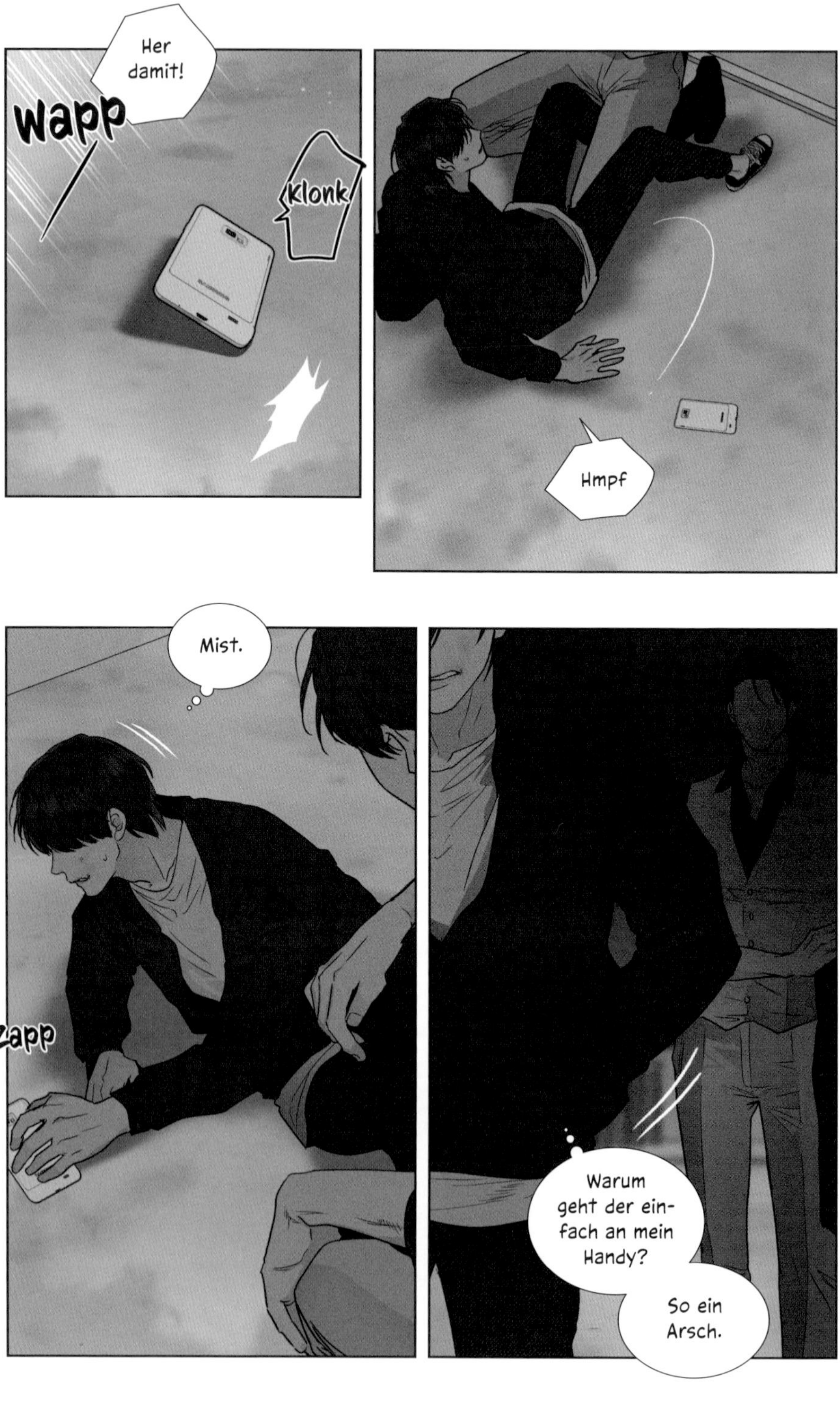
Her damit!
wapp
Klonk
Hmpf
Mist.
zapp
Warum geht der ein-fach an mein Handy?
So ein Arsch.

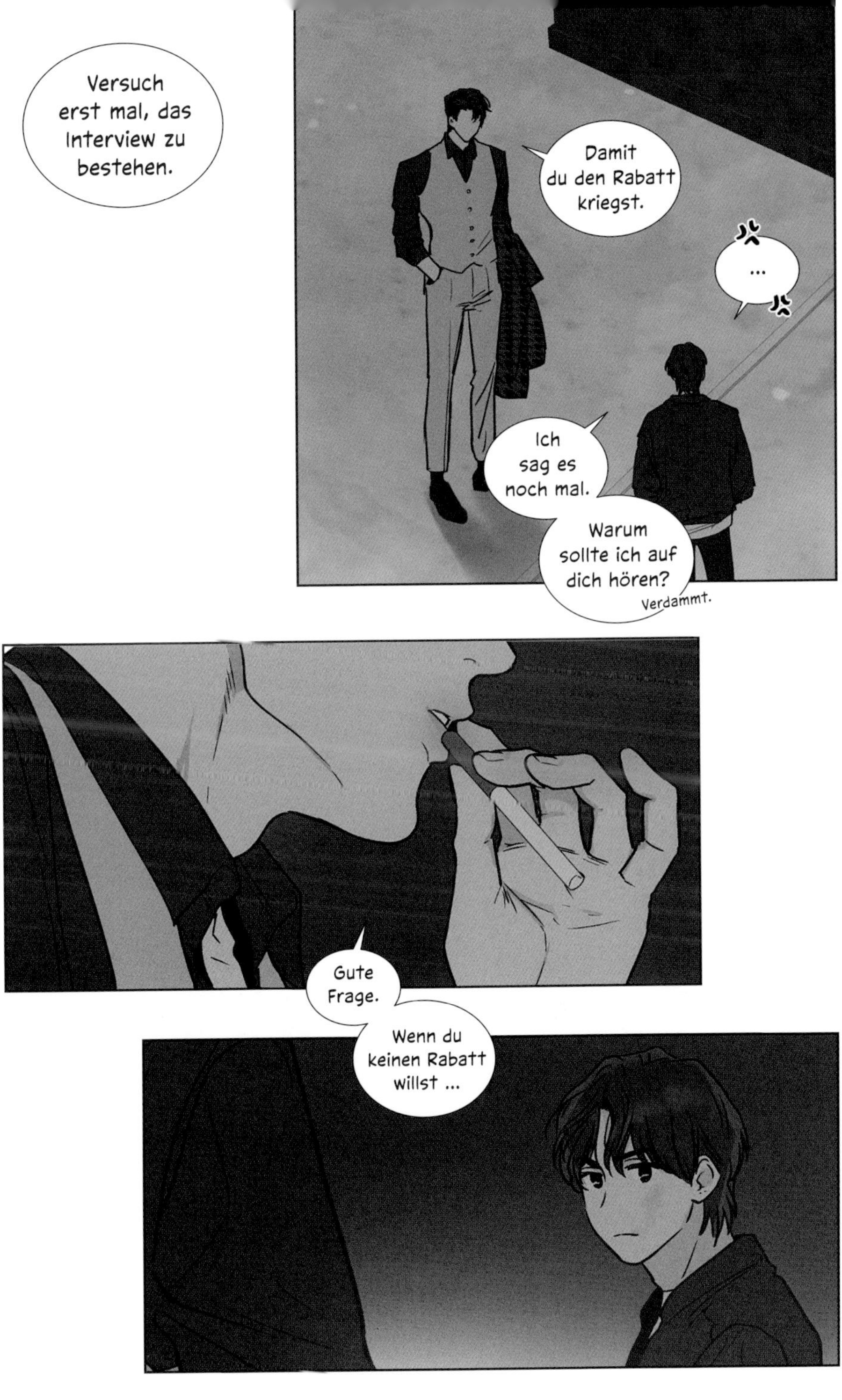
Versuch erst mal, das Interview zu bestehen.
Damit du den Rabatt kriegst.
...
Ich sag es noch mal.
Warum sollte ich auf dich hören?
Verdammt.
Gute Frage.
Wenn du keinen Rabatt willst ...

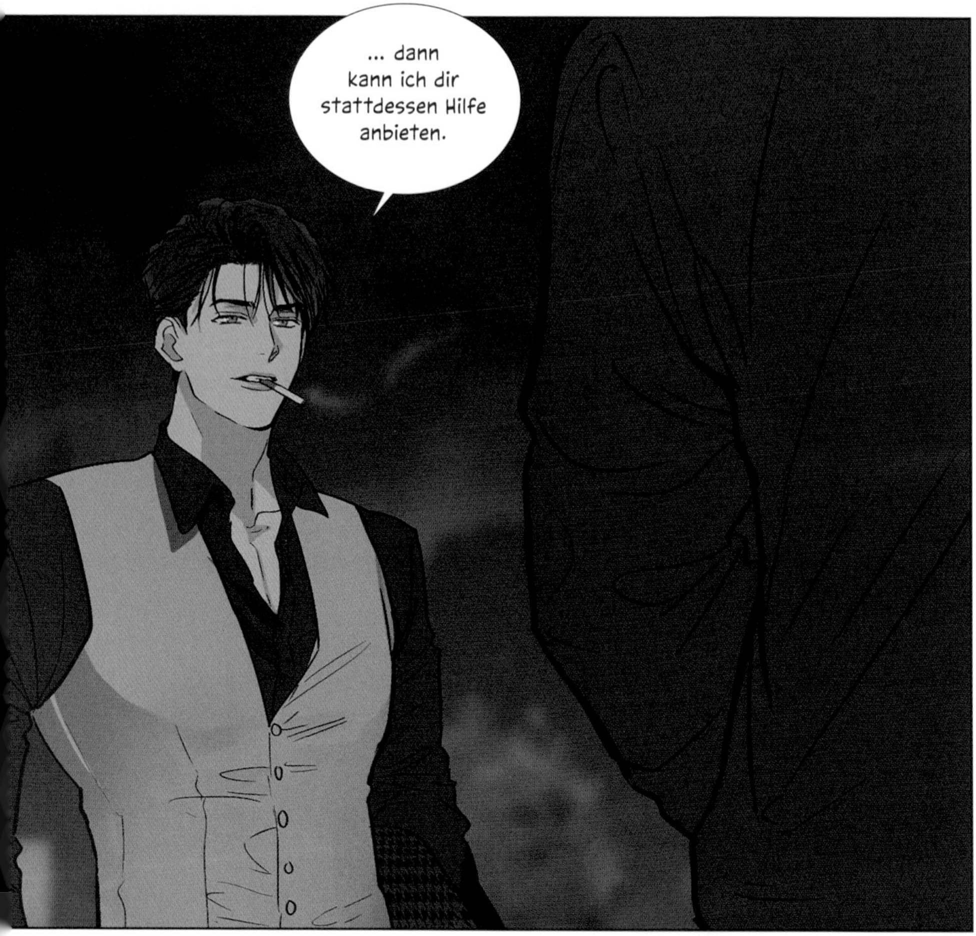
... dann kann ich dir stattdessen Hilfe anbieten.

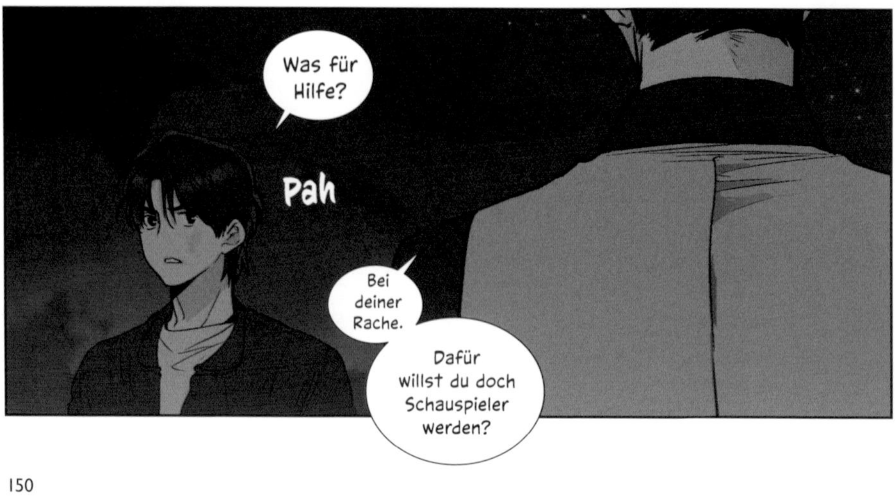
Was für Hilfe?
Pah
Bei deiner Rache.
Dafür willst du doch Schauspieler werden?

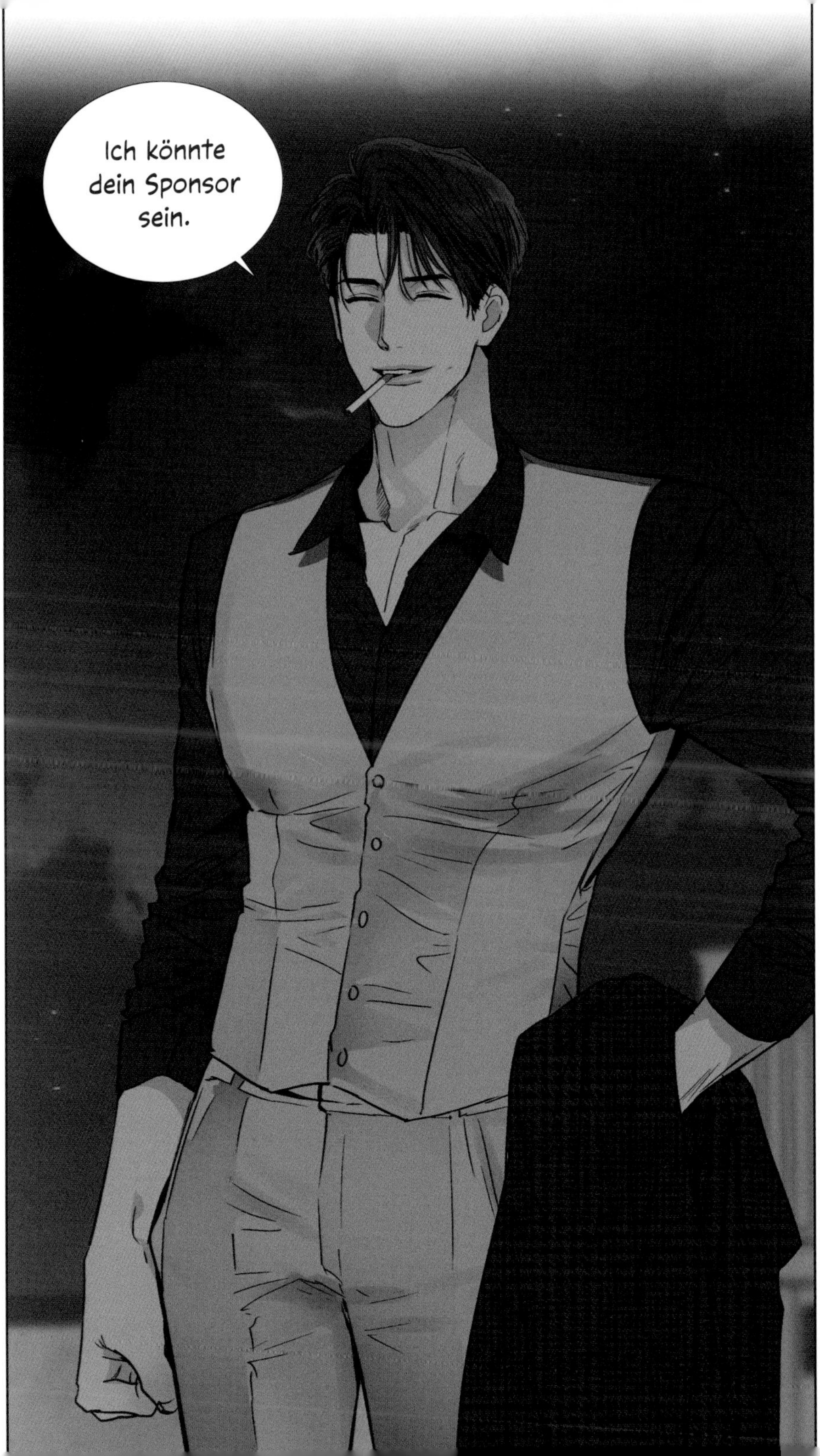
Ich könnte dein Sponsor sein.

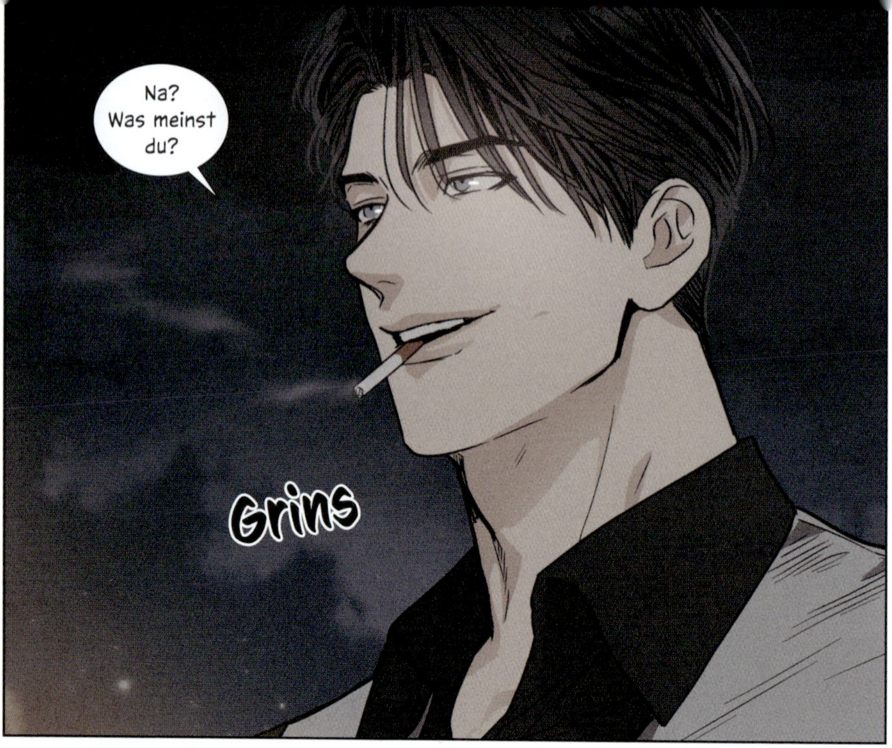
Na? Was meinst du?
Grins

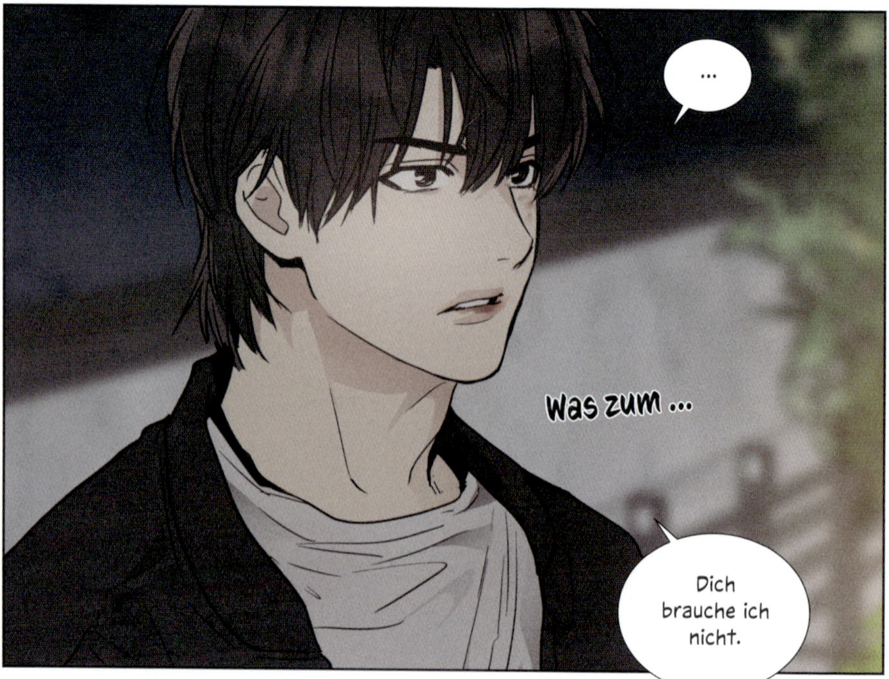
...
Was zum ...
Dich brauche ich nicht.

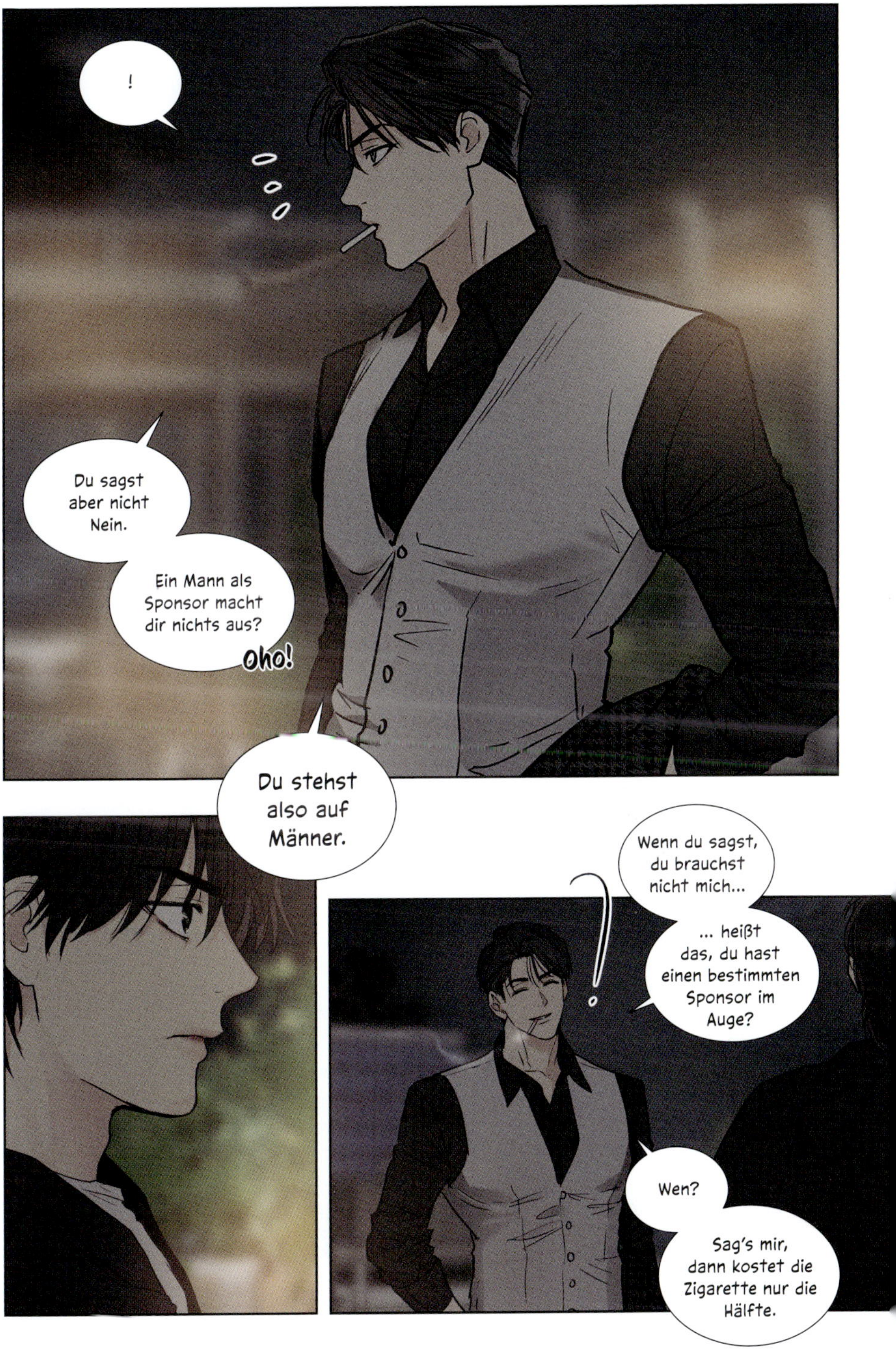

!
Du sagst aber nicht Nein.
Ein Mann als Sponsor macht dir nichts aus?
Oho!
Du stehst also auf Männer.
Wenn du sagst, du brauchst nicht mich...
... heißt das, du hast einen bestimmten Sponsor im Auge?
Wen?
Sag's mir, dann kostet die Zigarette nur die Hälfte.

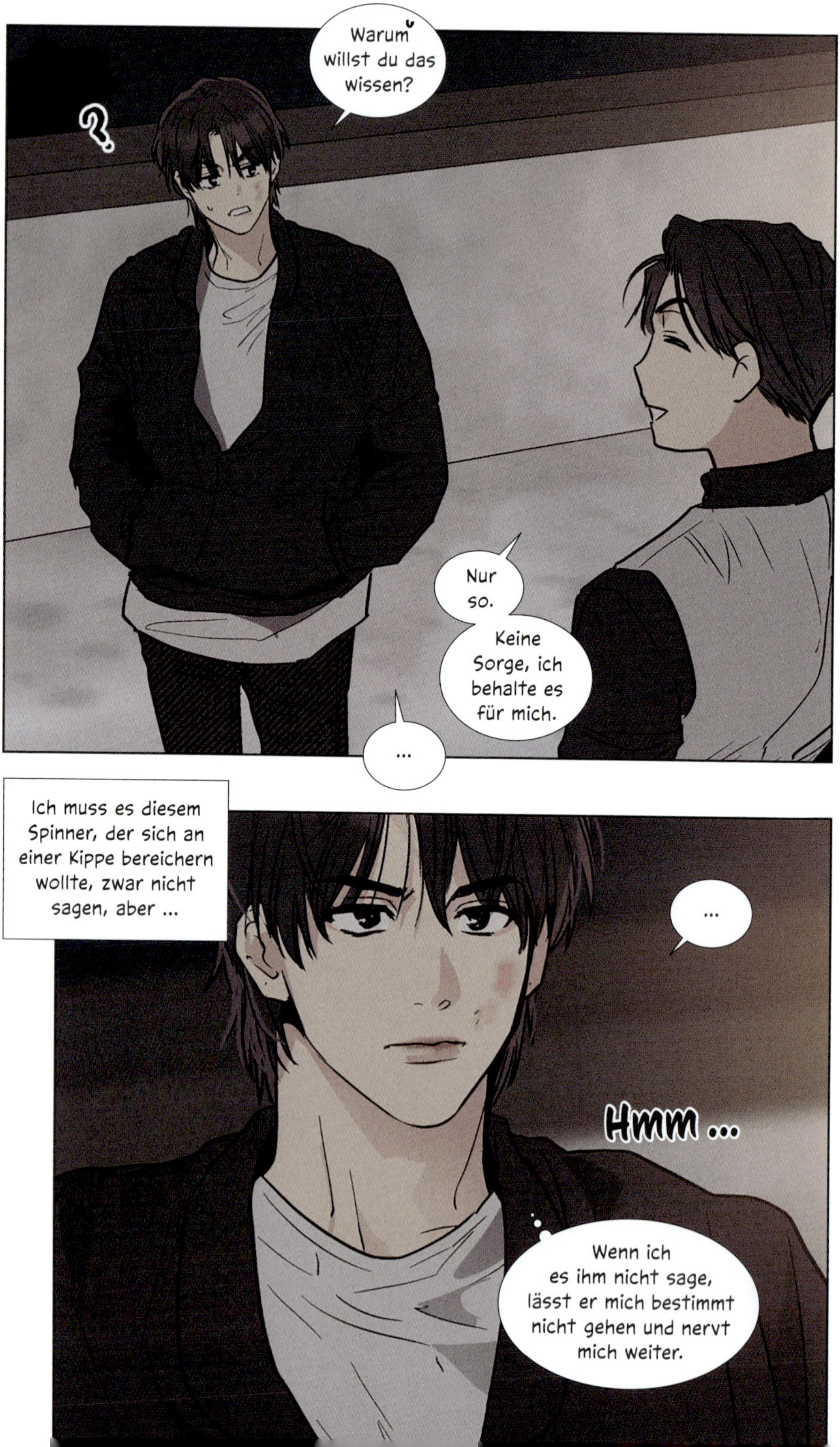
?
Warum willst du das wissen?
Nur so.
Keine Sorge, ich behalte es für mich.
...
Ich muss es diesem Spinner, der sich an einer Kippe bereichern wollte, zwar nicht sagen, aber ...
...
Hmm ...
Wenn ich es ihm nicht sage, lässt er mich bestimmt nicht gehen und nervt mich weiter.

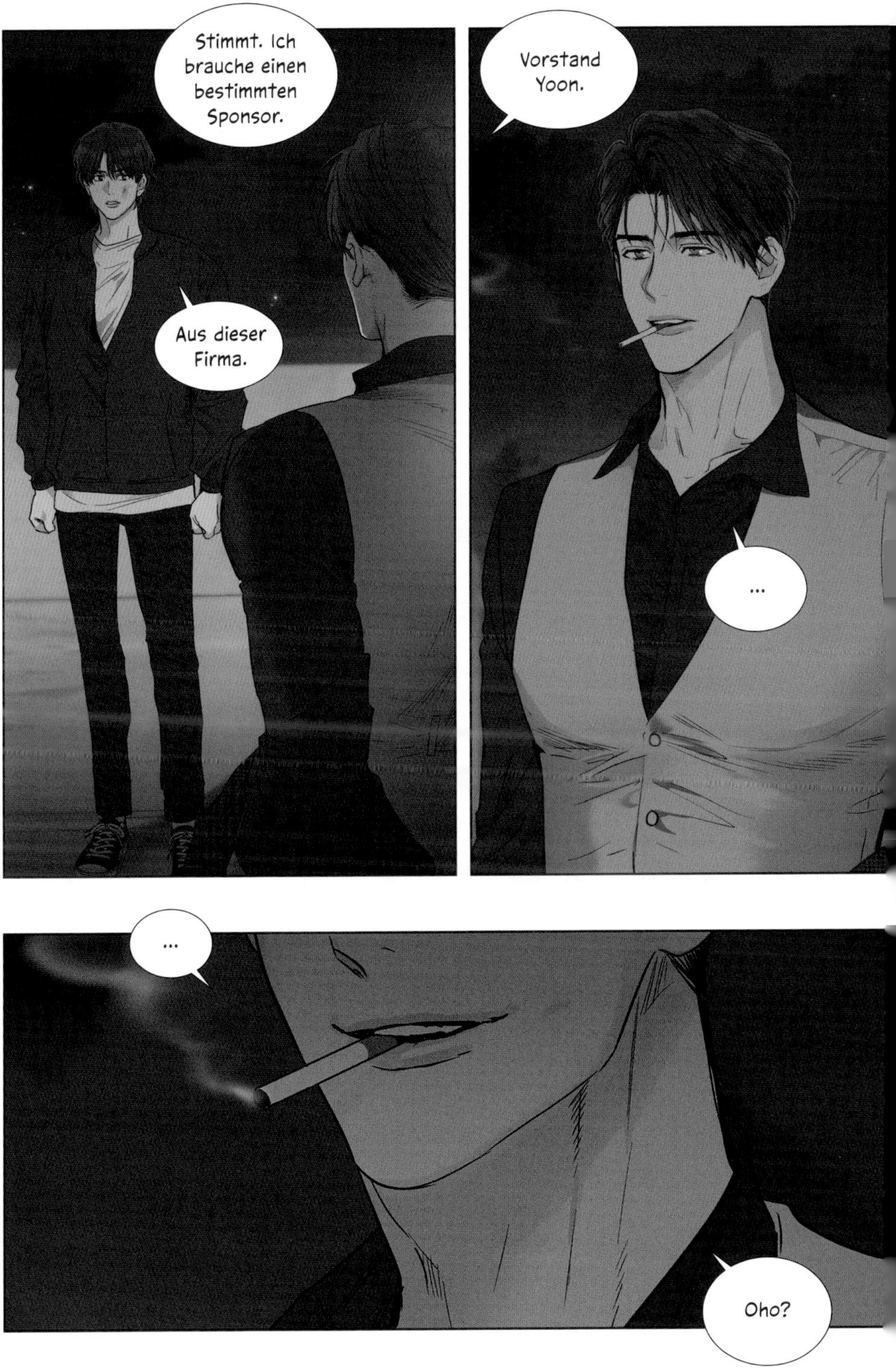
Stimmt. Ich brauche einen bestimmten Sponsor.
Aus dieser Firma.
Vorstand Yoon.
...
...
Oho?

Sein Versprechen war vielleicht nicht viel wert, aber ...

... meine Intuition sagte mir, dass er mein Geheimnis für sich behalten würde.

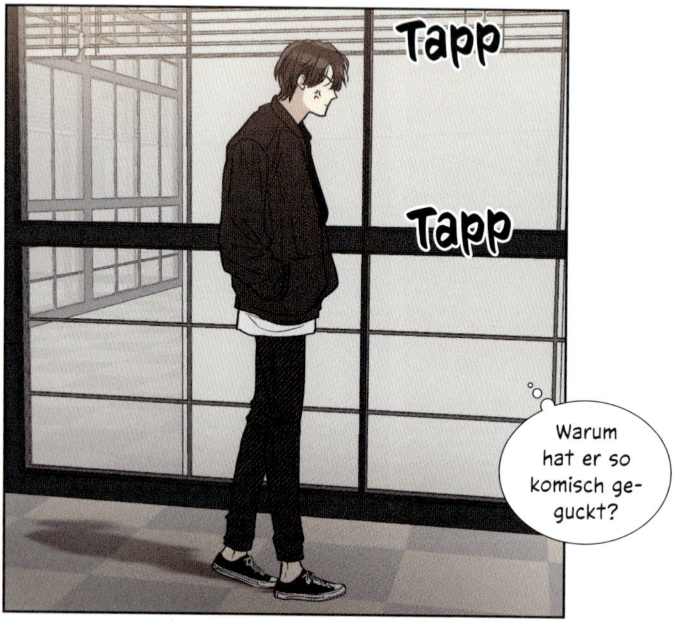

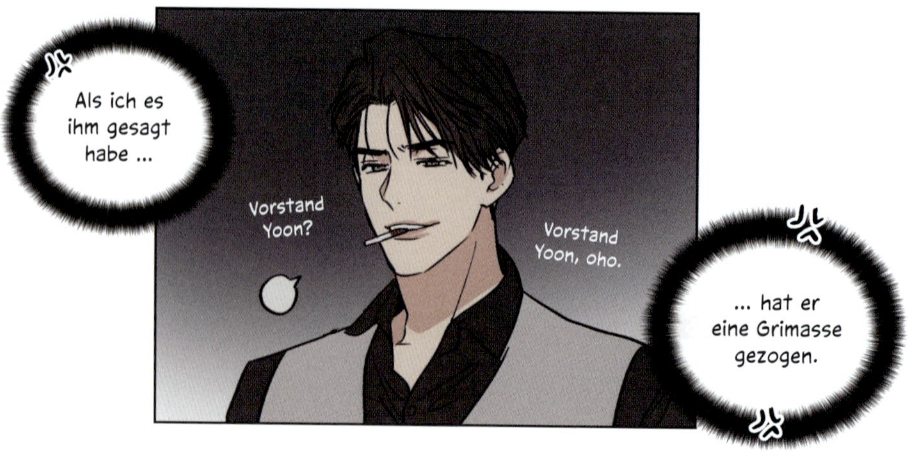

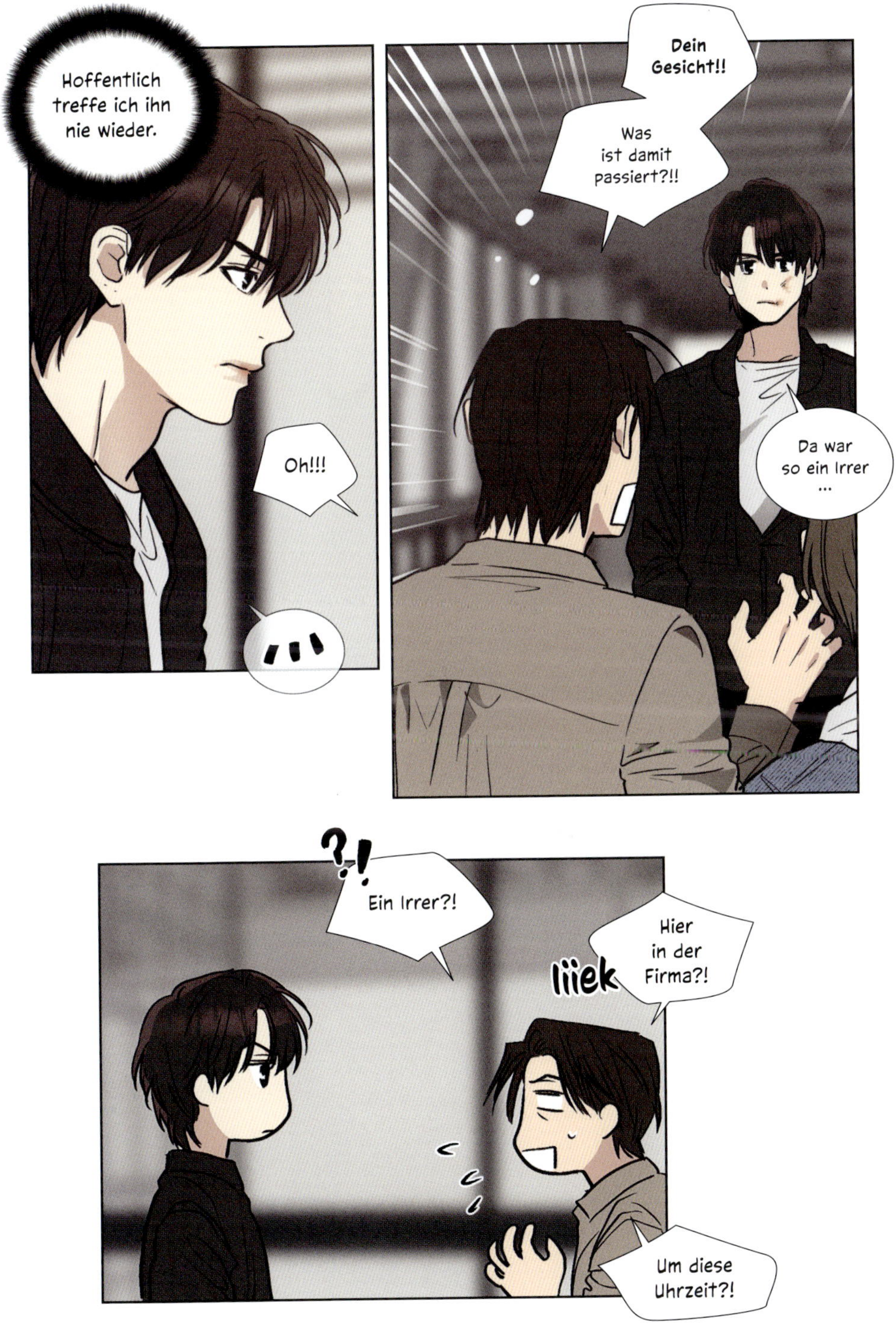
Hoffentlich treffe ich ihn nie wieder.
Oh!!!
…
Dein Gesicht!!
Was ist damit passiert?!!
Da war so ein Irrer …
?!
Ein Irrer?!
Iiiek
Hier in der Firma?!
Um diese Uhrzeit?!

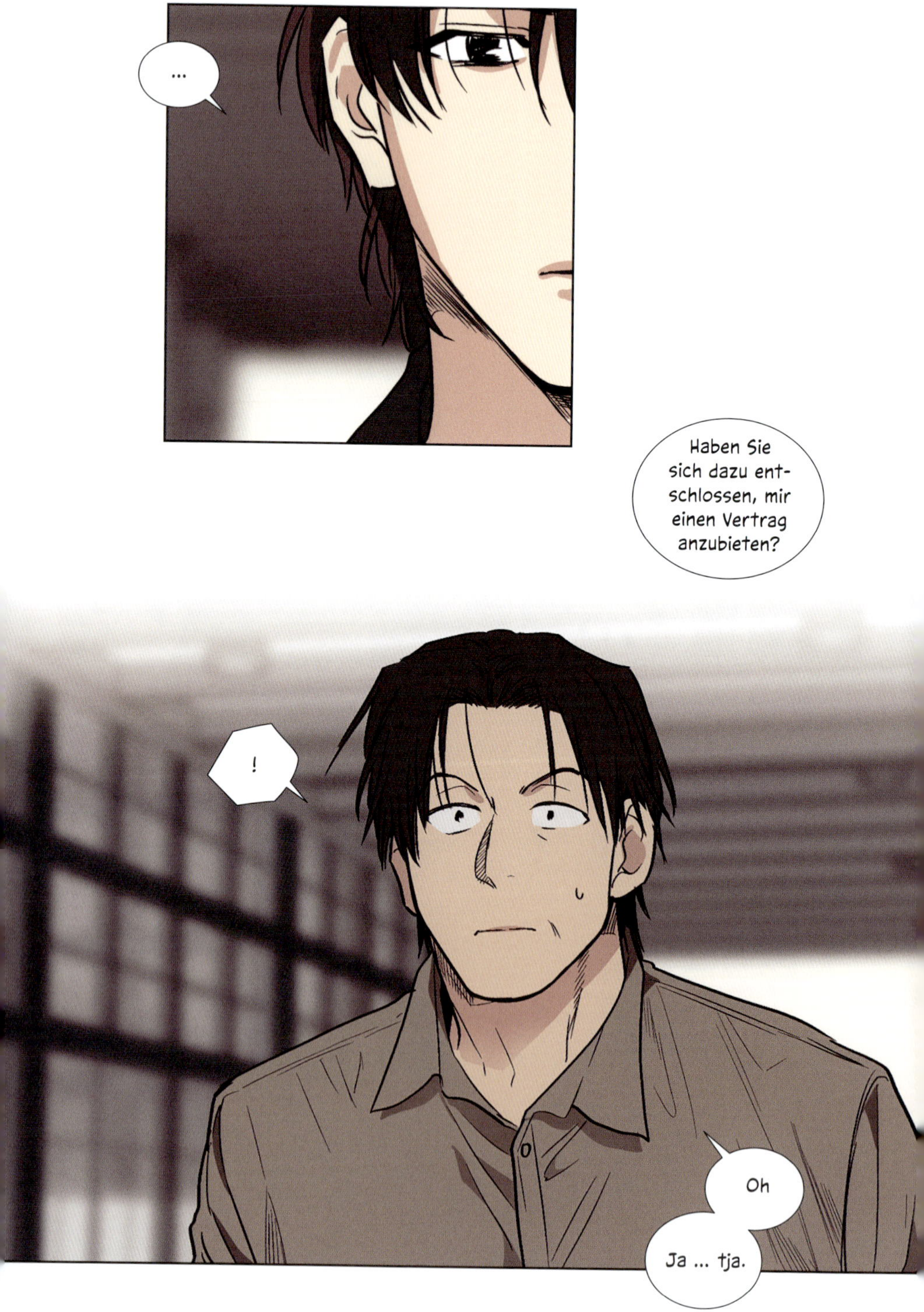
...
Haben Sie sich dazu entschlossen, mir einen Vertrag anzubieten?
!
Oh
Ja ... tja.

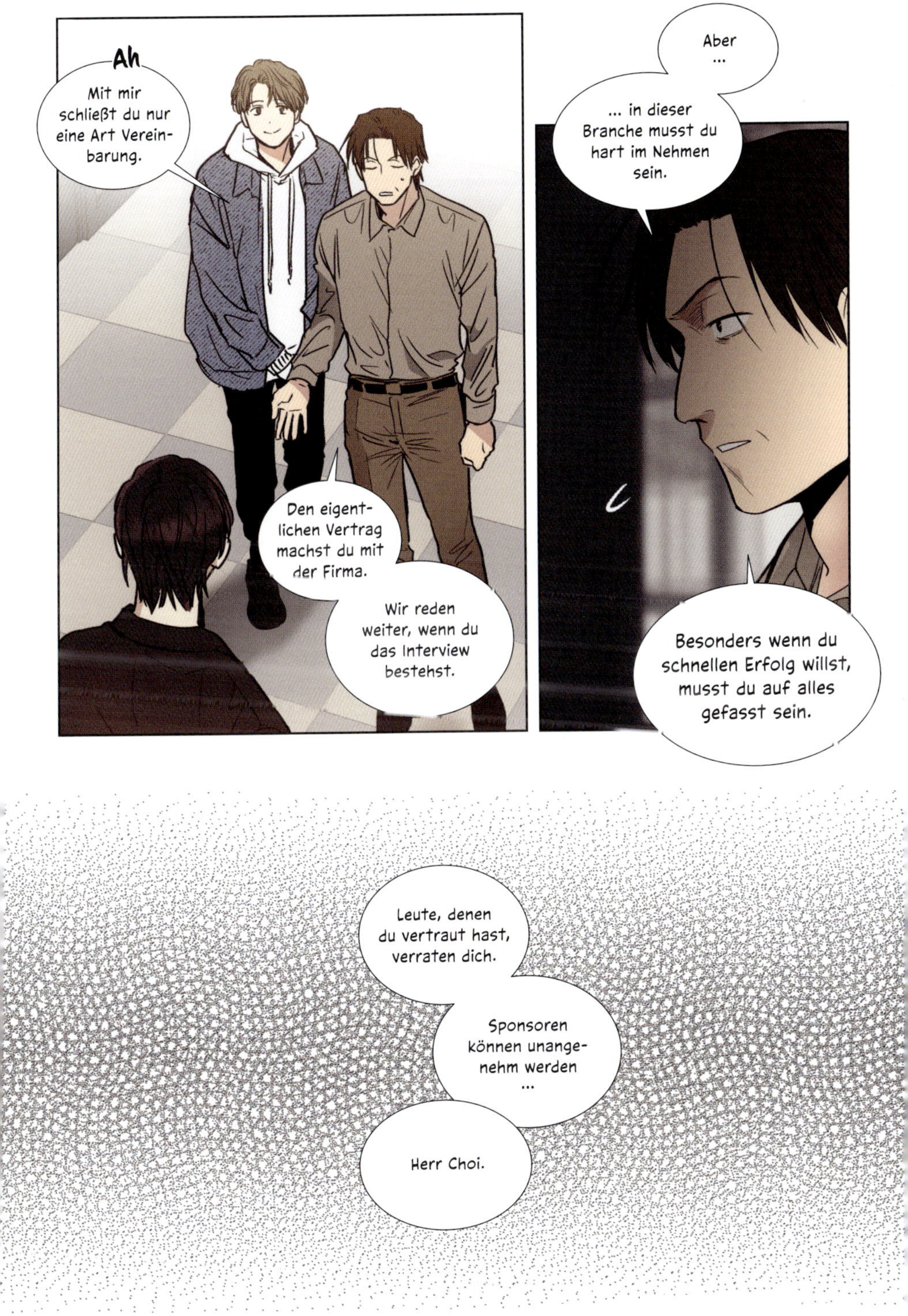
Ah
Mit mir schließt du nur eine Art Vereinbarung.
Den eigentlichen Vertrag machst du mit der Firma.
Wir reden weiter, wenn du das Interview bestehst.
Aber ...
... in dieser Branche musst du hart im Nehmen sein.
Besonders wenn du schnellen Erfolg willst, musst du auf alles gefasst sein.
Leute, denen du vertraut hast, verraten dich.
Sponsoren können unangenehm werden ...
Herr Choi.

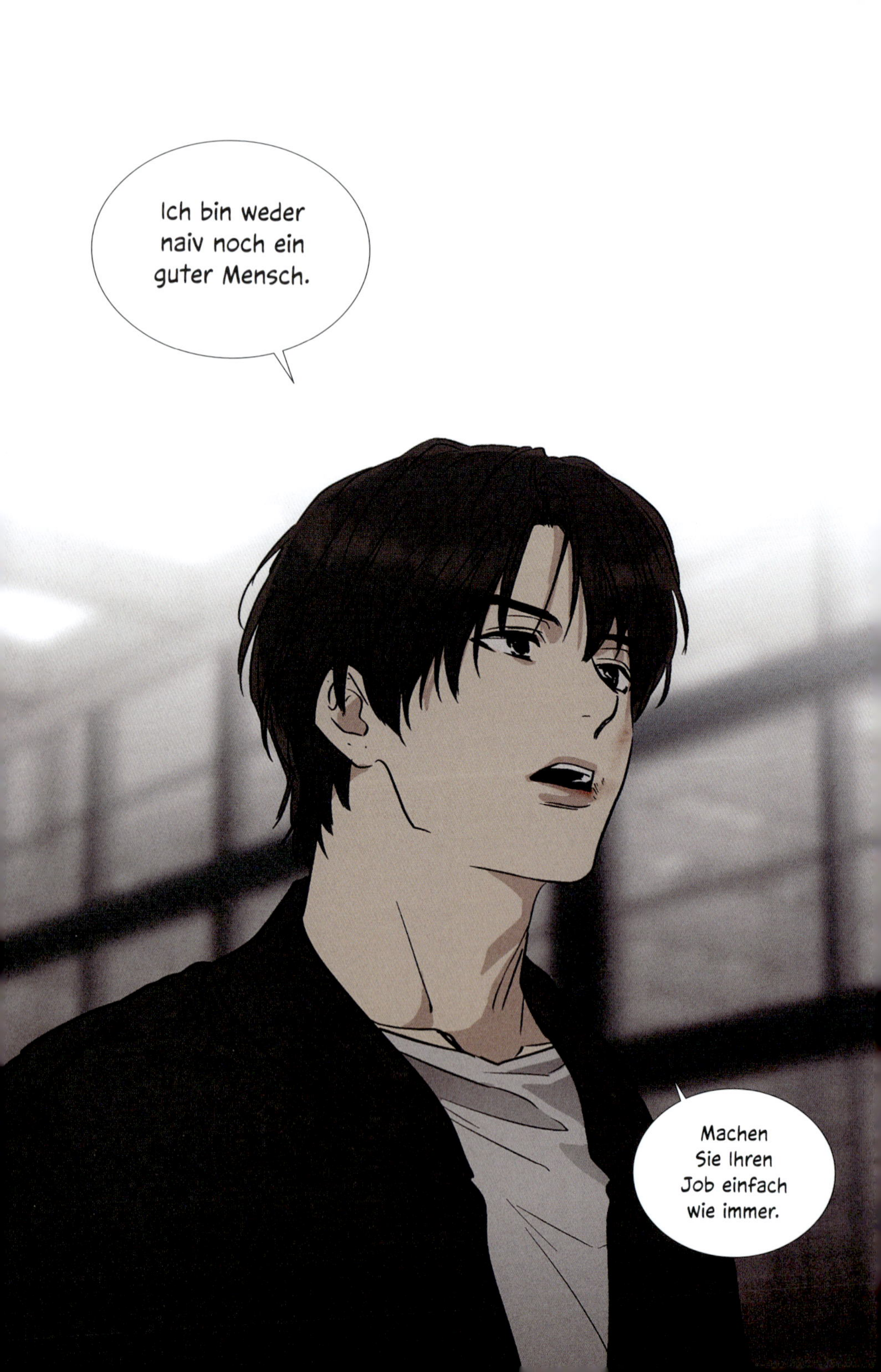
Ich bin weder naiv noch ein guter Mensch.
Machen Sie Ihren Job einfach wie immer.

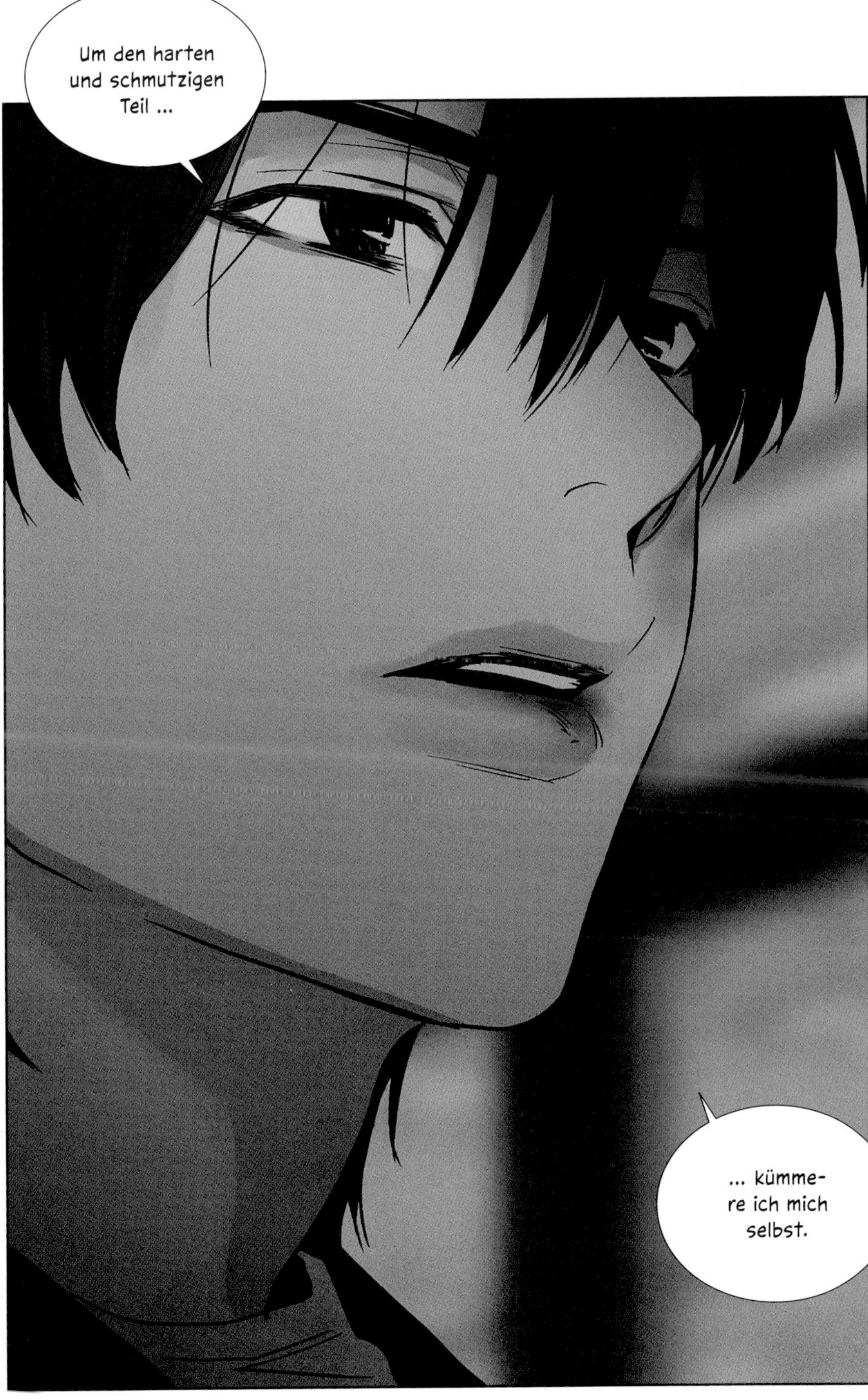
Um den harten und schmutzigen Teil ...
... kümmere ich mich selbst.

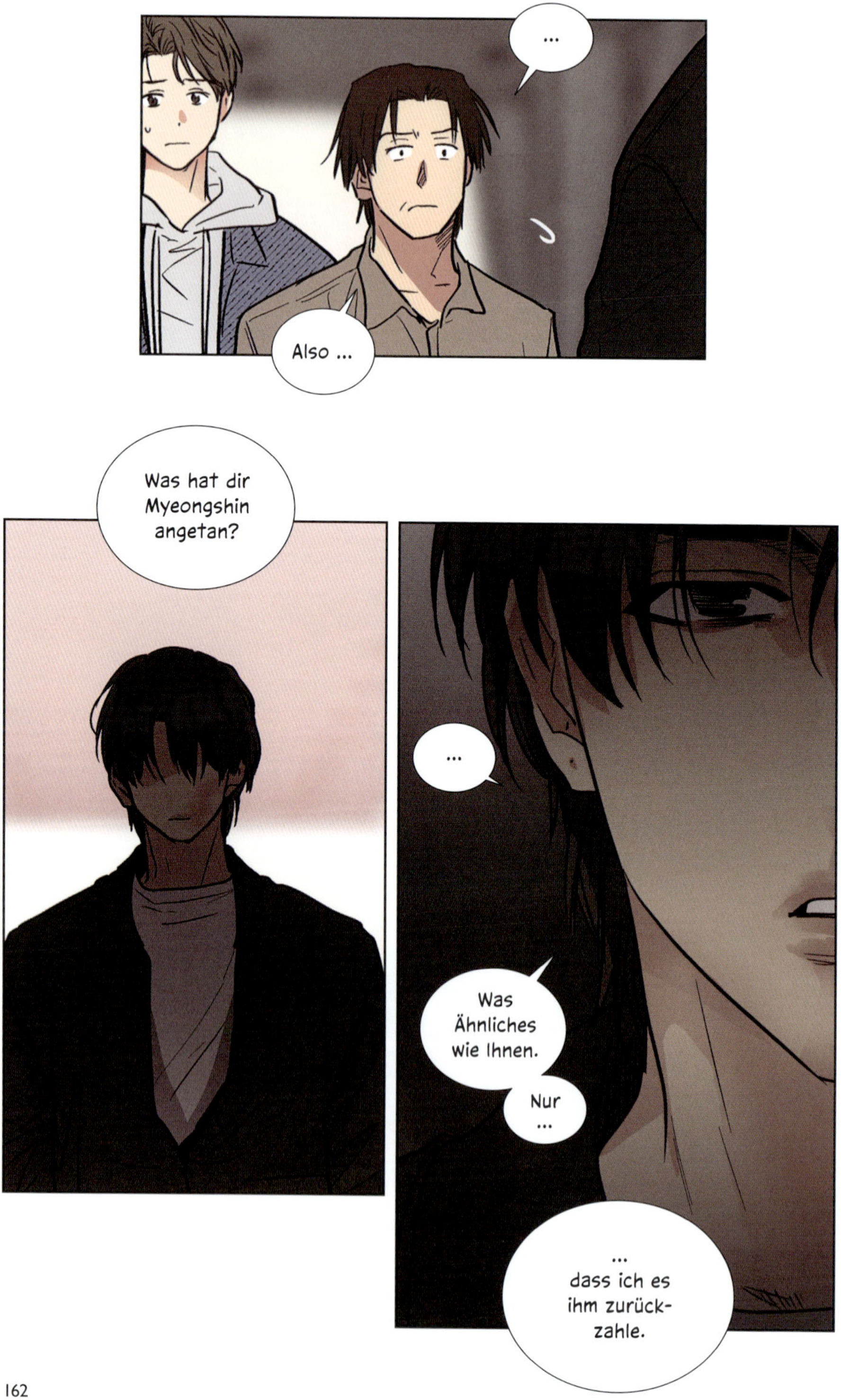

...
Also ...
Was hat dir Myeongshin angetan?
...
Was Ähnliches wie Ihnen.
Nur ...
... dass ich es ihm zurück-zahle.

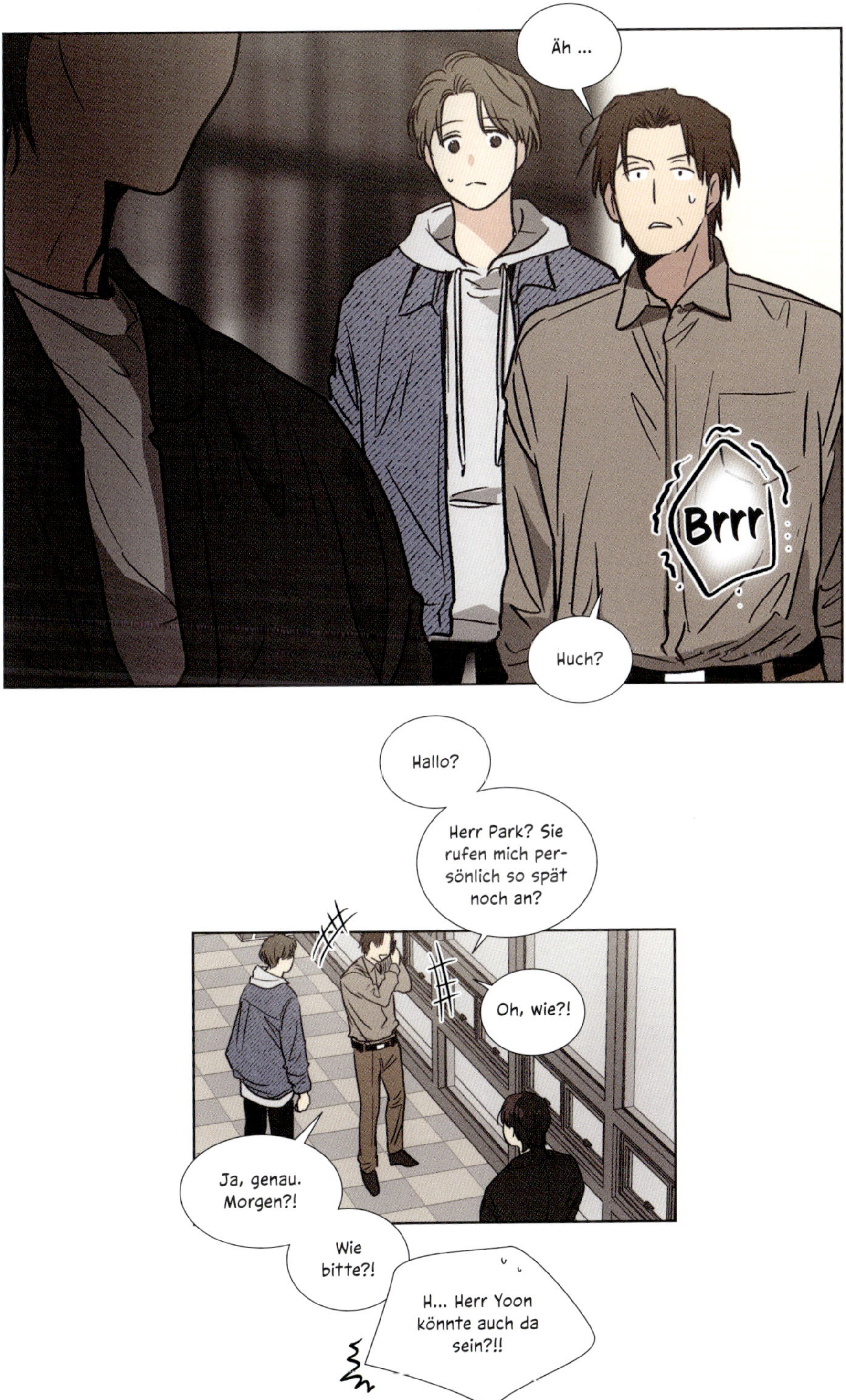
Äh ...
Brrr
Huch?
Hallo?
Herr Park? Sie rufen mich persönlich so spät noch an?
Oh, wie?!
Ja, genau. Morgen?!
Wie bitte?!
H... Herr Yoon könnte auch da sein?!!

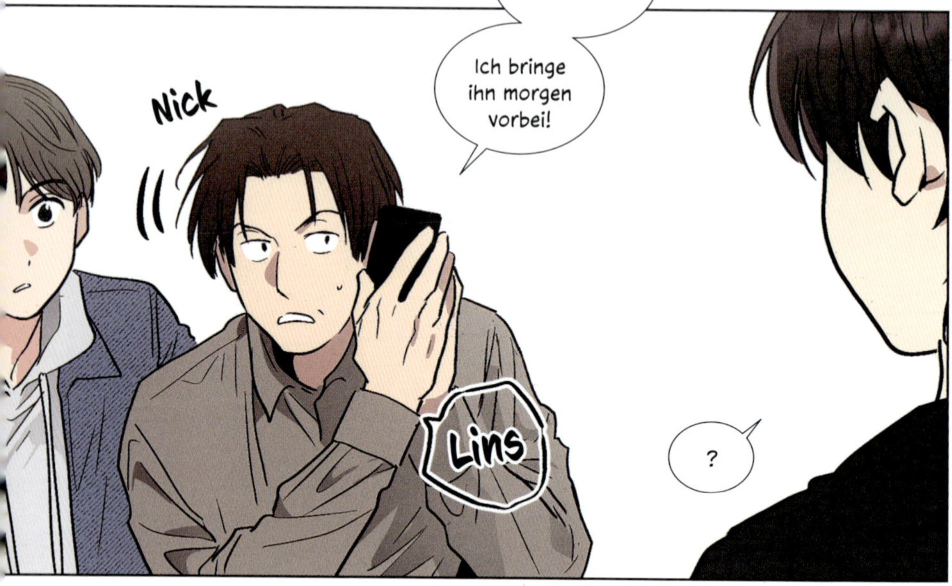

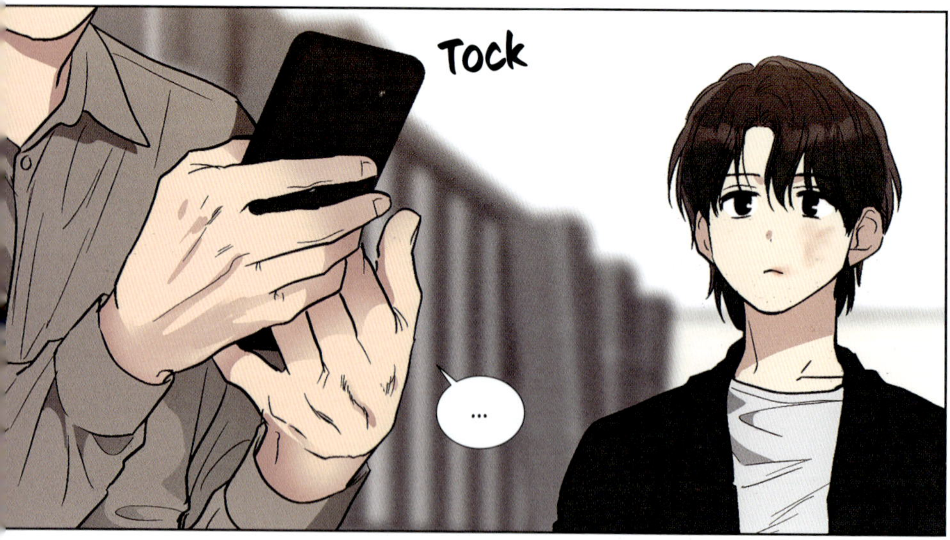

Herrje.

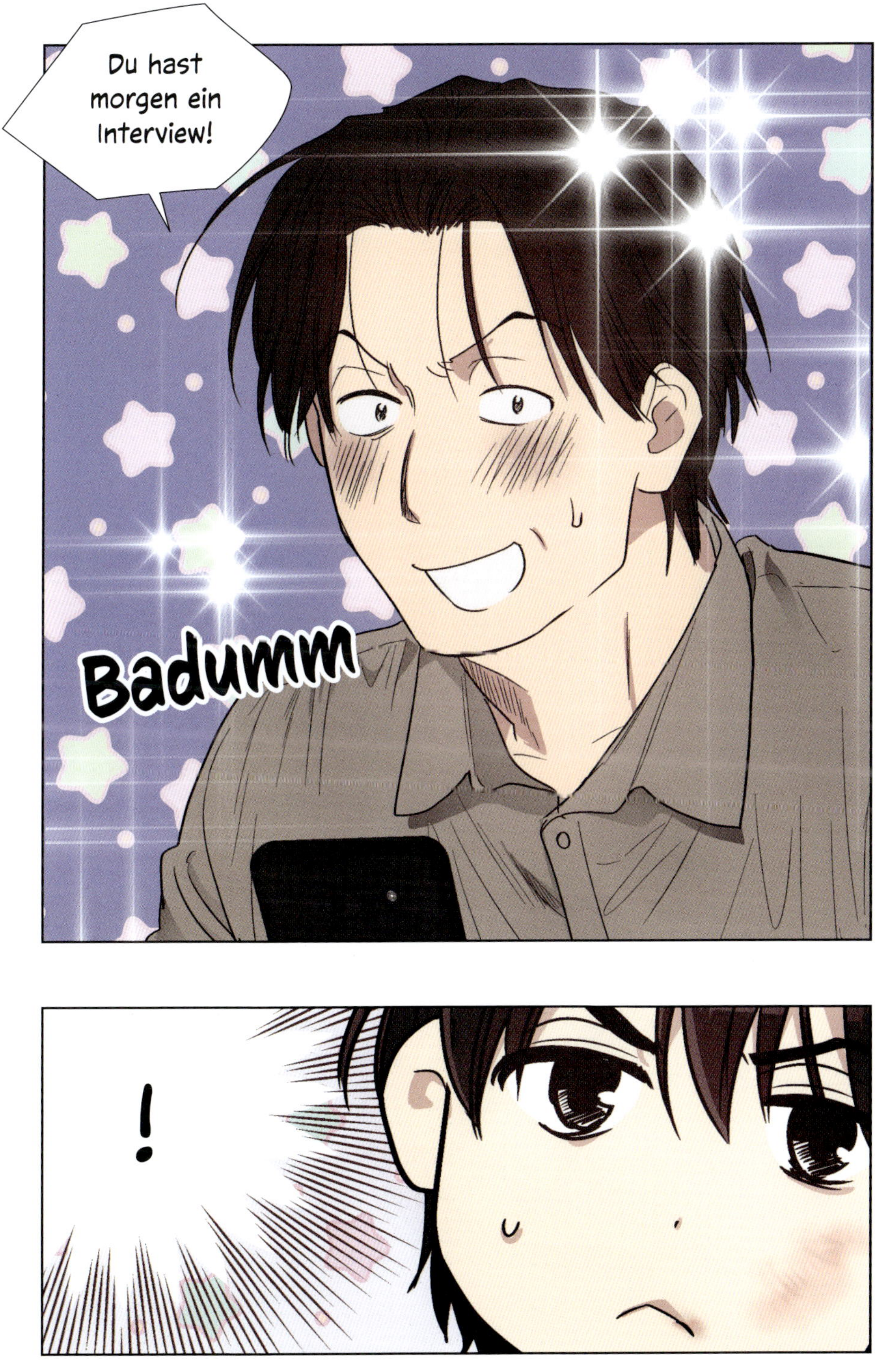
Du hast morgen ein Interview!
Badumm
!

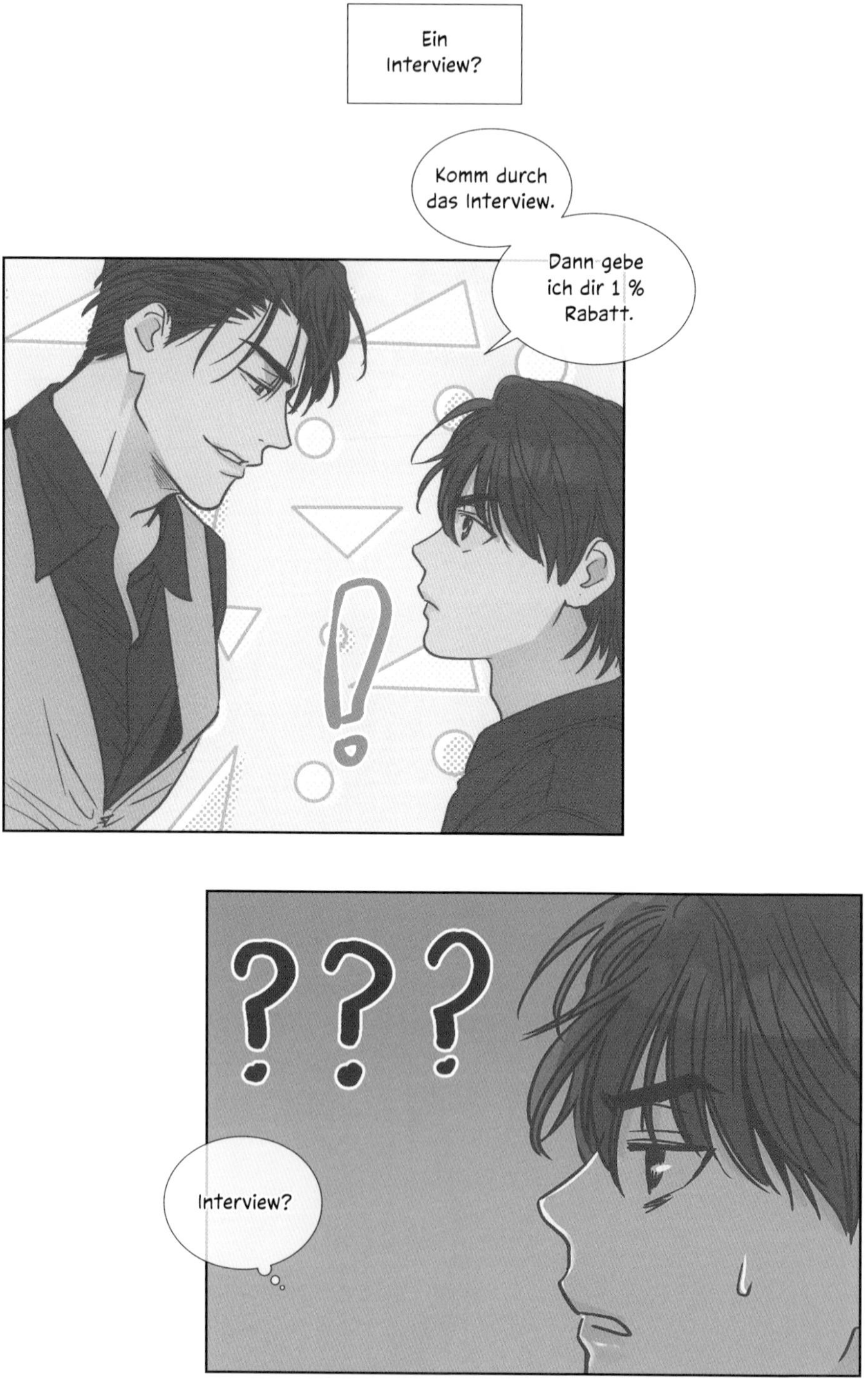
Ein Interview?
Komm durch das Interview.
Dann gebe ich dir 1 % Rabatt.
???
Interview?

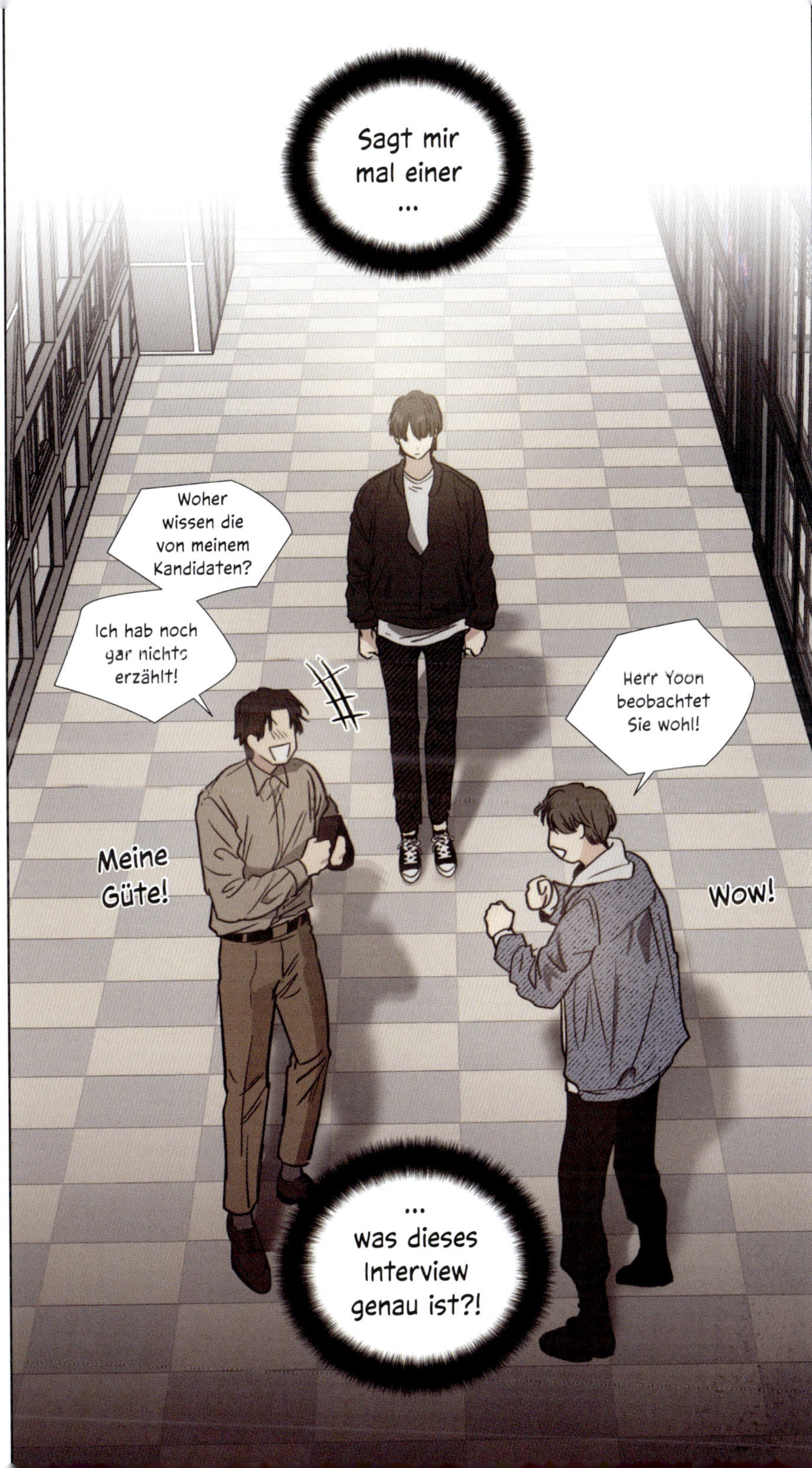
Sagt mir mal einer ...
Woher wissen die von meinem Kandidaten?
Ich hab noch gar nichts erzählt!
Herr Yoon beobachtet Sie wohl!
Meine Güte!
Wow!
... was dieses Interview genau ist?!

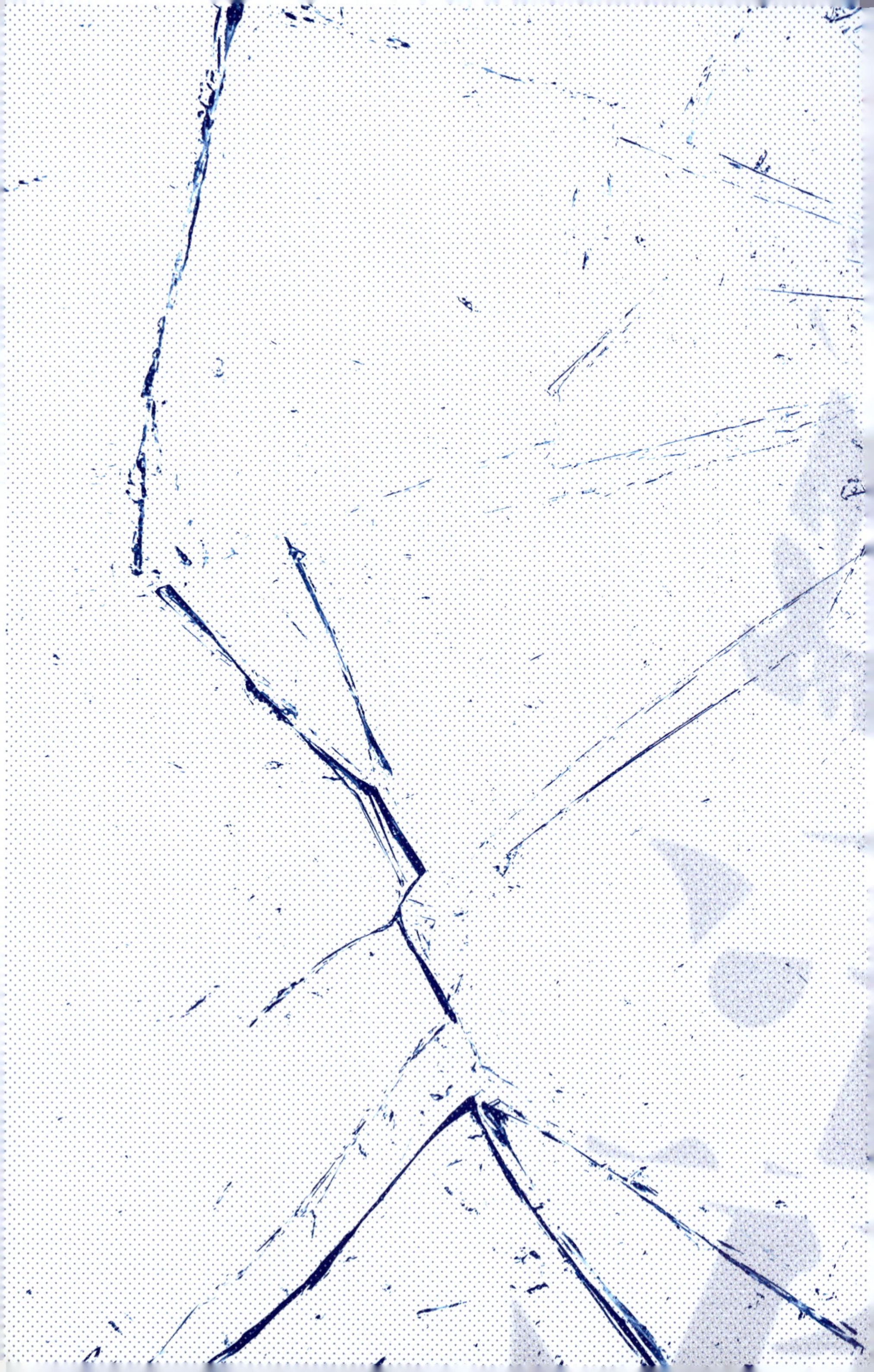

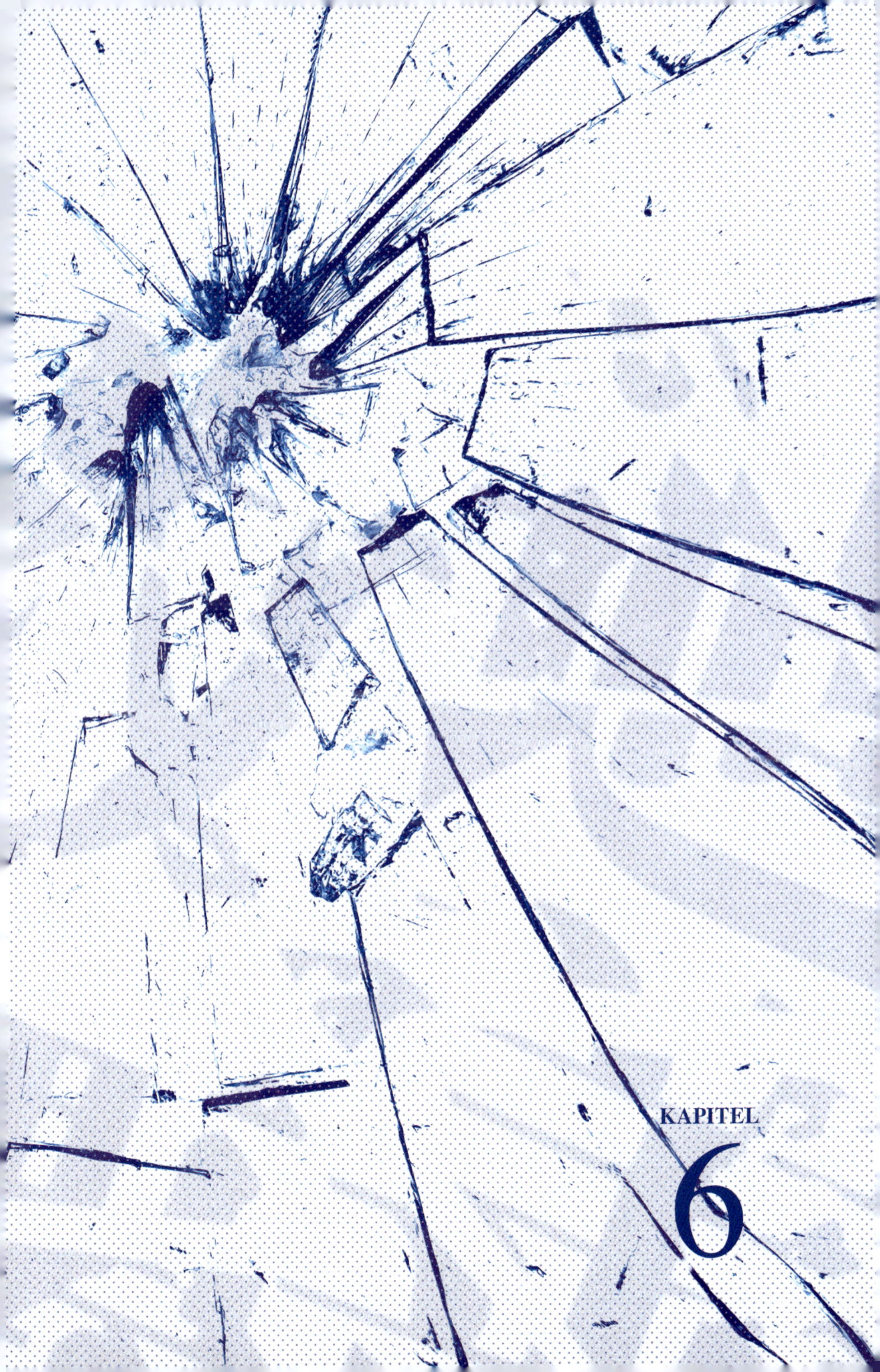

KAPITEL 6

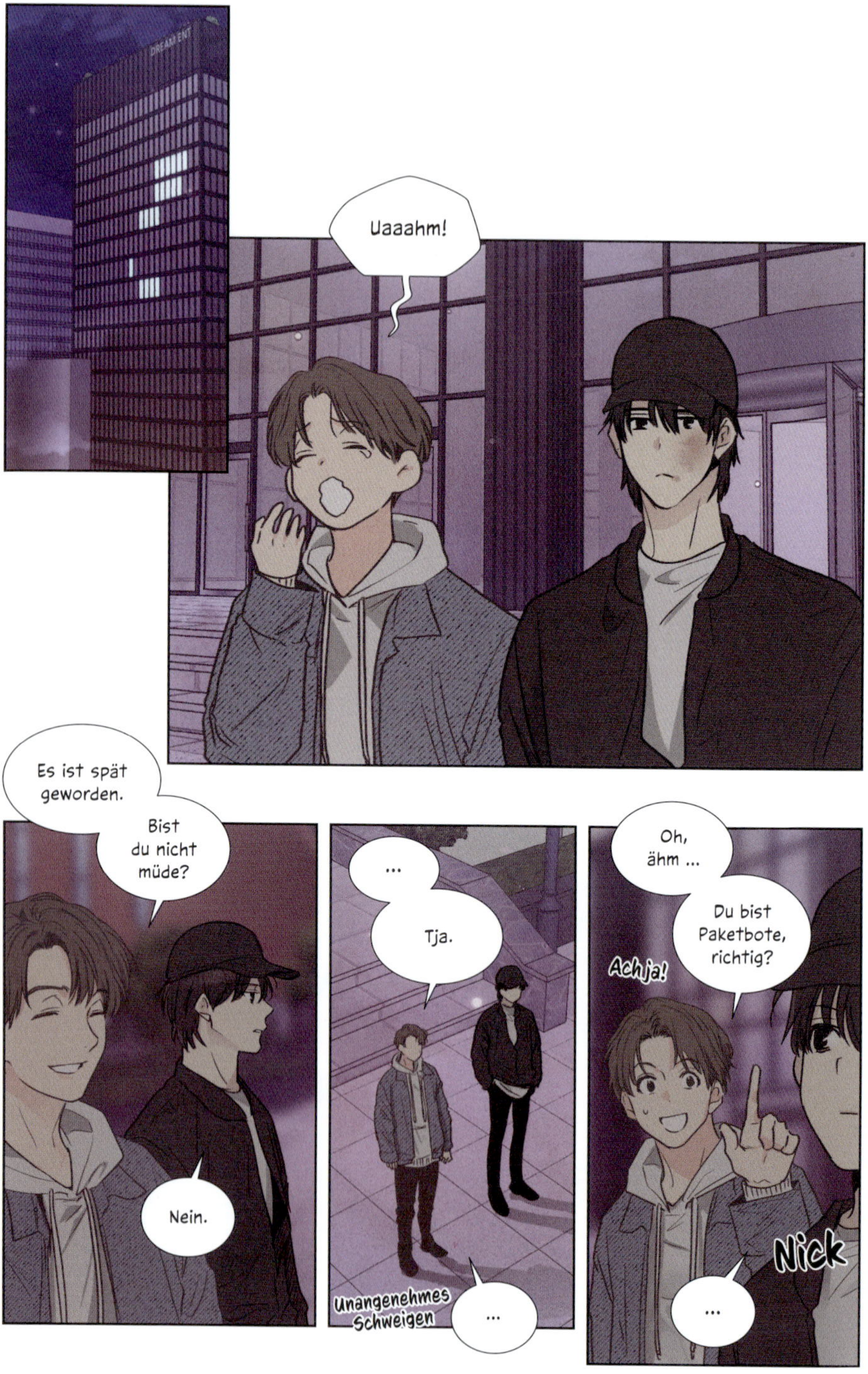
DREAM ENT
Uaaahm!
Es ist spät geworden.
Bist du nicht müde?
Nein.
...
Tja.
Unangenehmes Schweigen
...
Oh, ähm ...
Du bist Paketbote, richtig?
Achja!
Nick
...

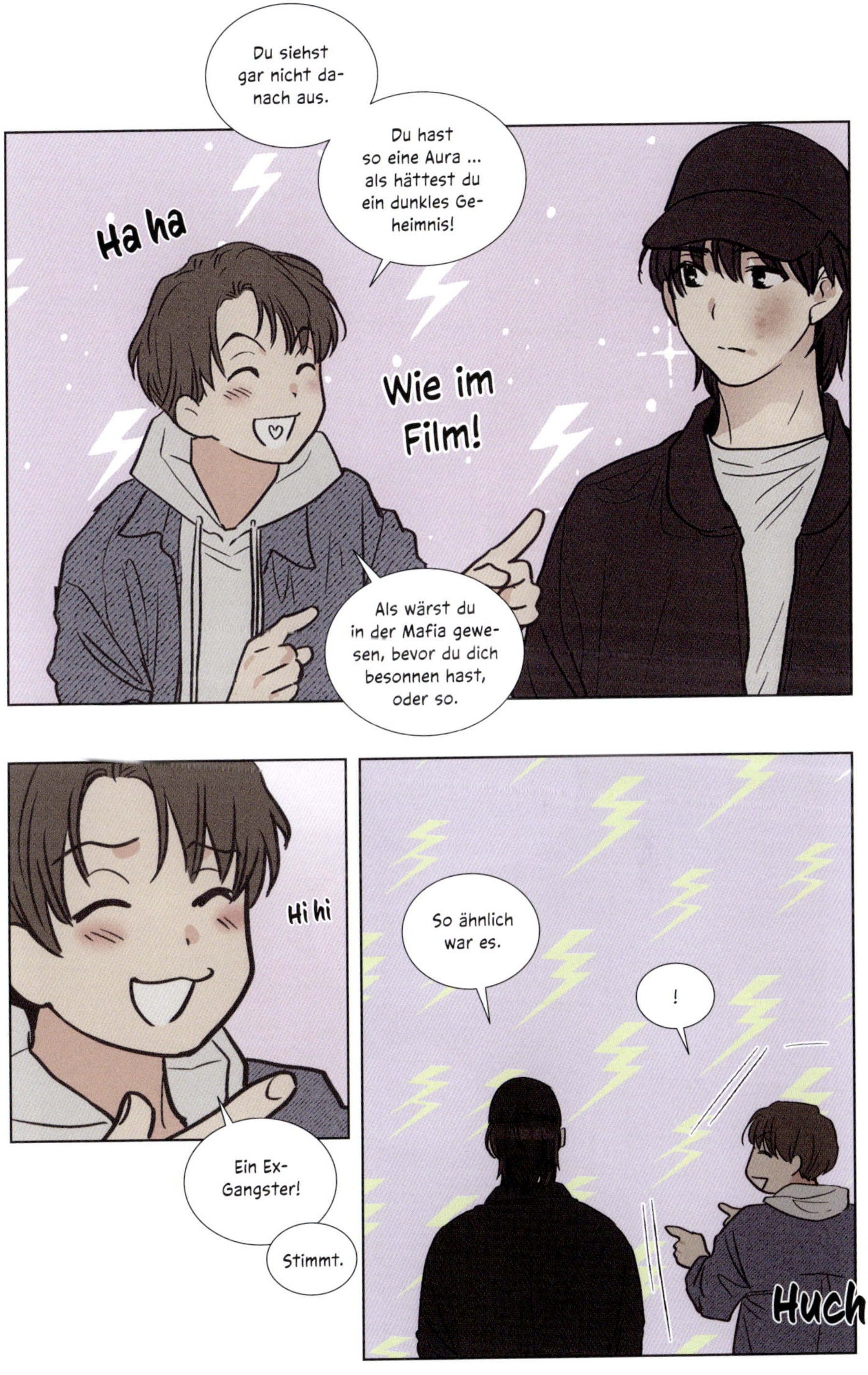

Du siehst gar nicht danach aus.
Du hast so eine Aura ... als hättest du ein dunkles Geheimnis!
Ha ha
Wie im Film!
Als wärst du in der Mafia gewesen, bevor du dich besonnen hast, oder so.
Hi hi
Ein Ex-Gangster!
Stimmt.
So ähnlich war es.
!
Huch

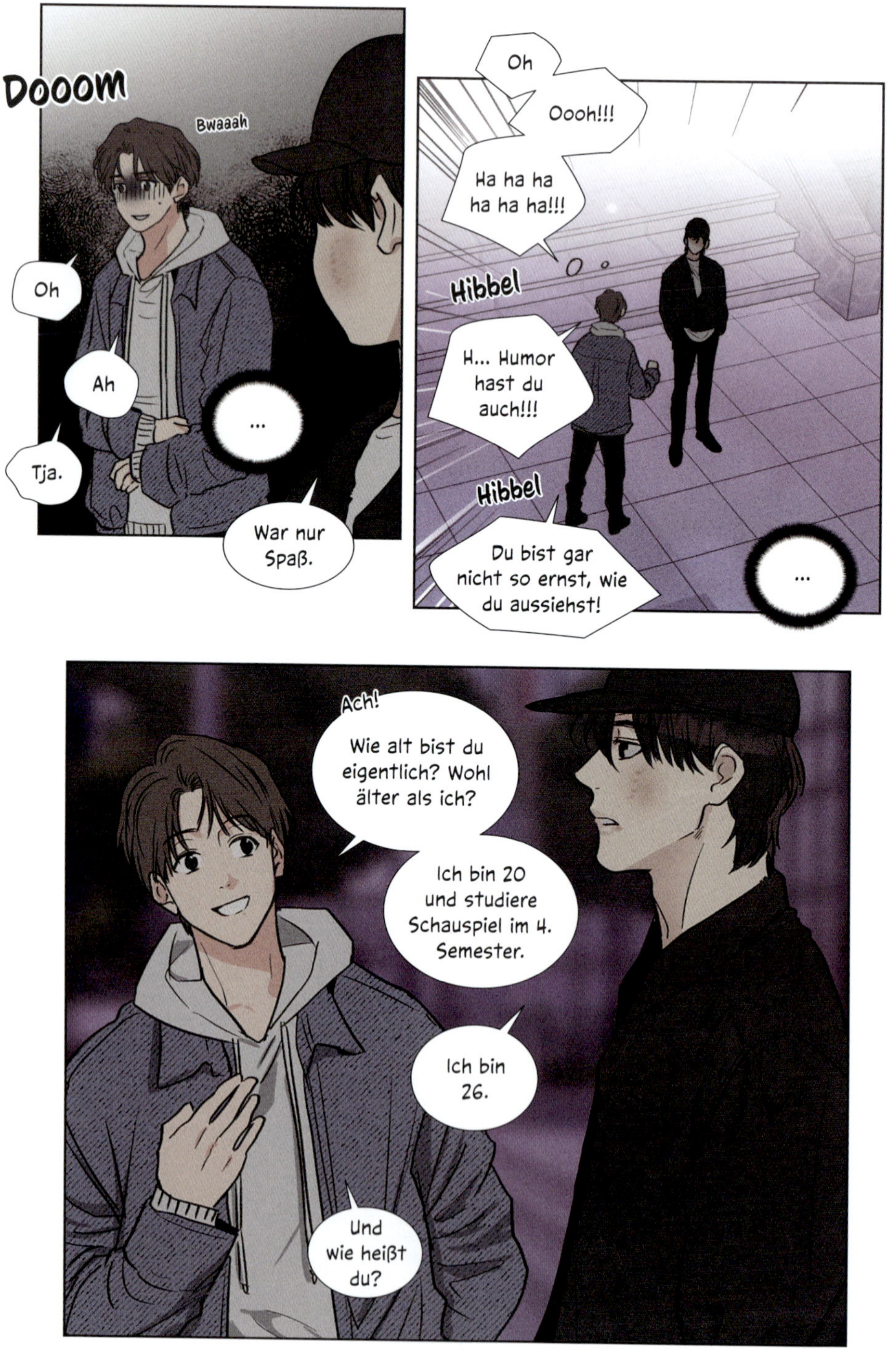
Dooom
Bwaaah
Oh
Ah
Tja.
...
War nur Spaß.
Oh
Oooh!!!
Ha ha ha ha ha ha!!!
Hibbel
H... Humor hast du auch!!!
Hibbel
Du bist gar nicht so ernst, wie du aussiehst!
...
Ach!
Wie alt bist du eigentlich? Wohl älter als ich?
Ich bin 20 und studiere Schauspiel im 4. Semester.
Ich bin 26.
Und wie heißt du?

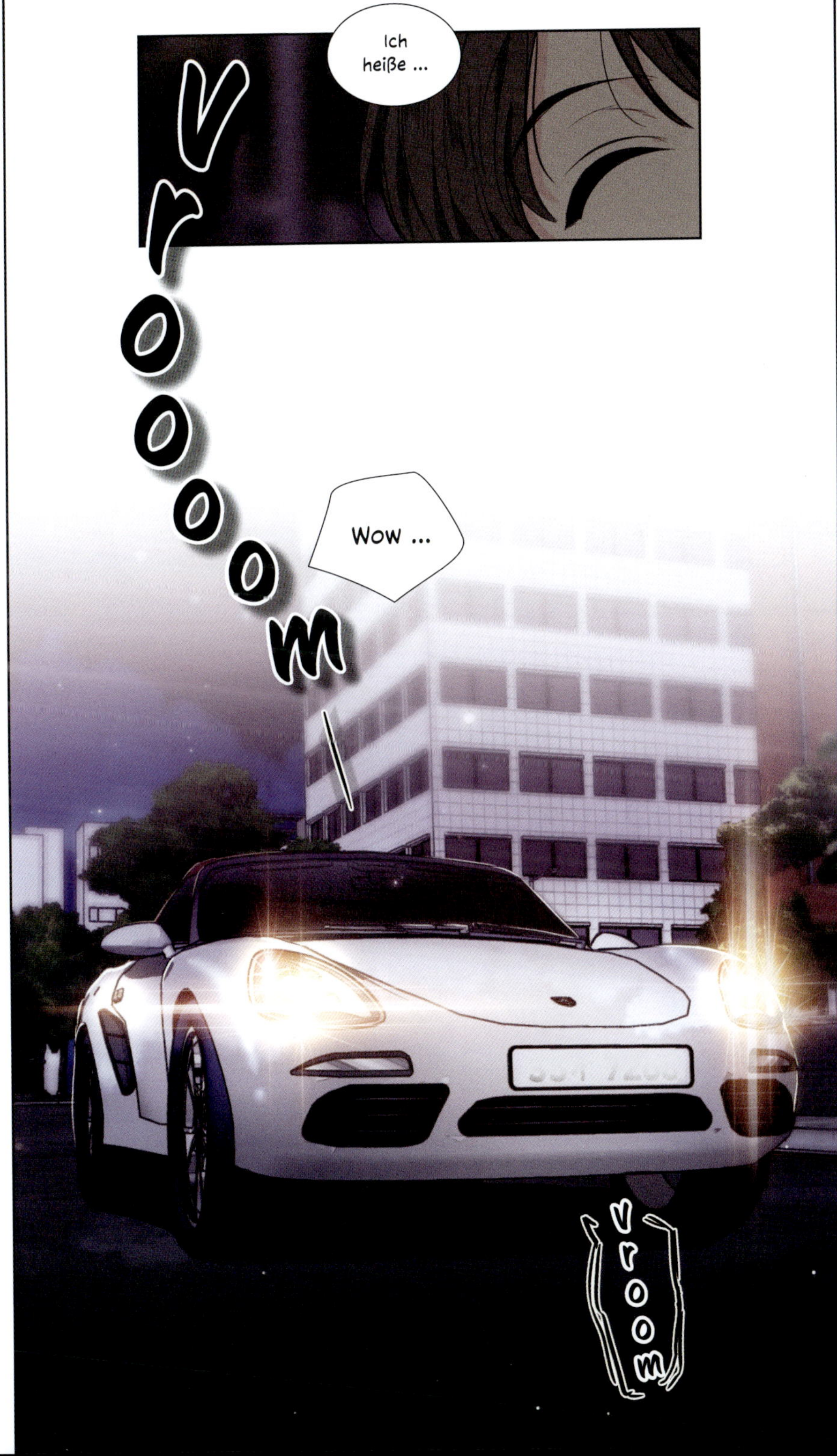
Ich heiße ...
Vrooooom–
Wow ...
vroom

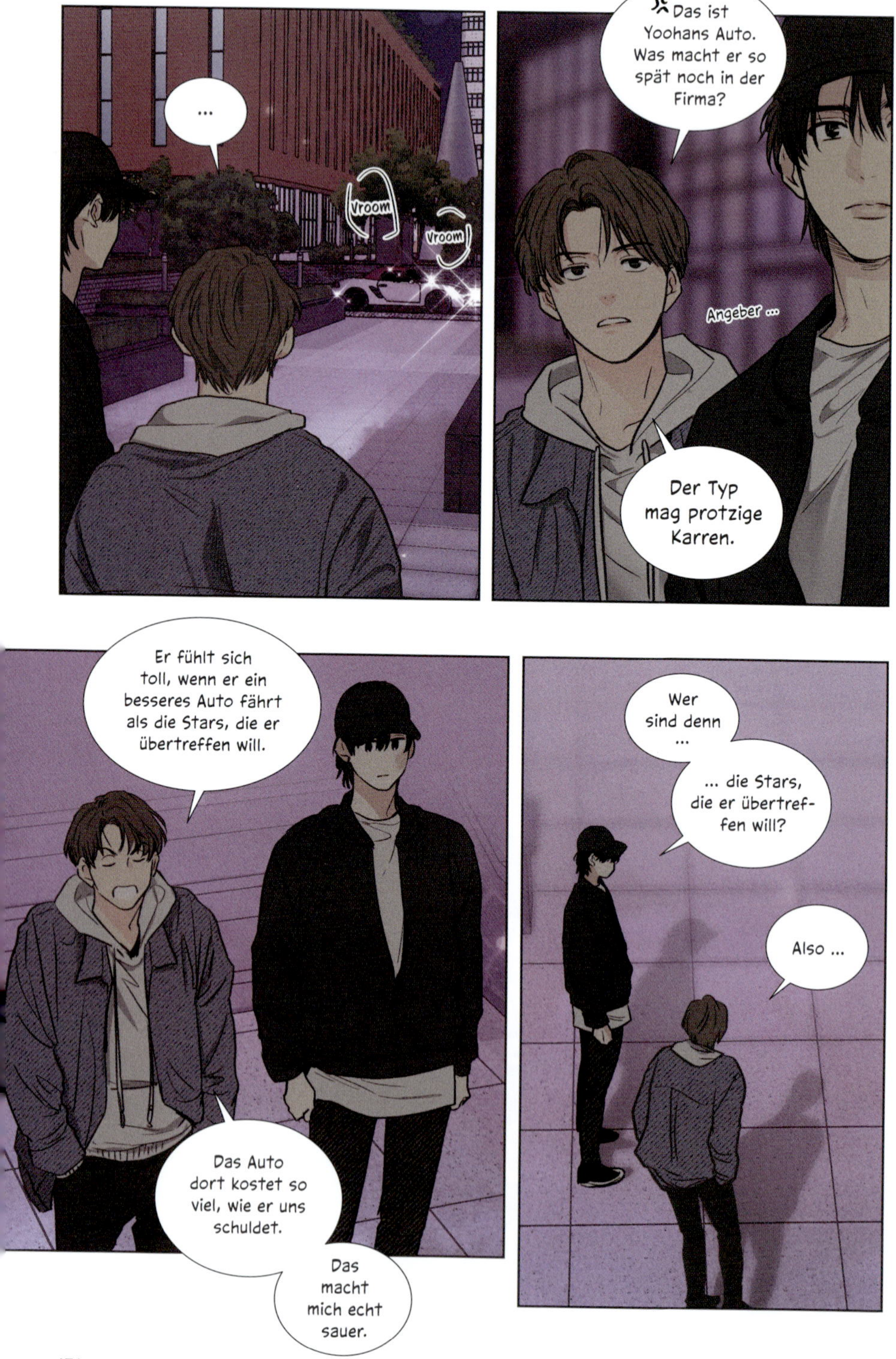
...
Vroom
Vroom
Das ist Yoohans Auto. Was macht er so spät noch in der Firma?
Angeber ...
Der Typ mag protzige Karren.
Er fühlt sich toll, wenn er ein besseres Auto fährt als die Stars, die er übertreffen will.
Das Auto dort kostet so viel, wie er uns schuldet.
Das macht mich echt sauer.
Wer sind denn ...
... die Stars, die er übertref-fen will?
Also ...

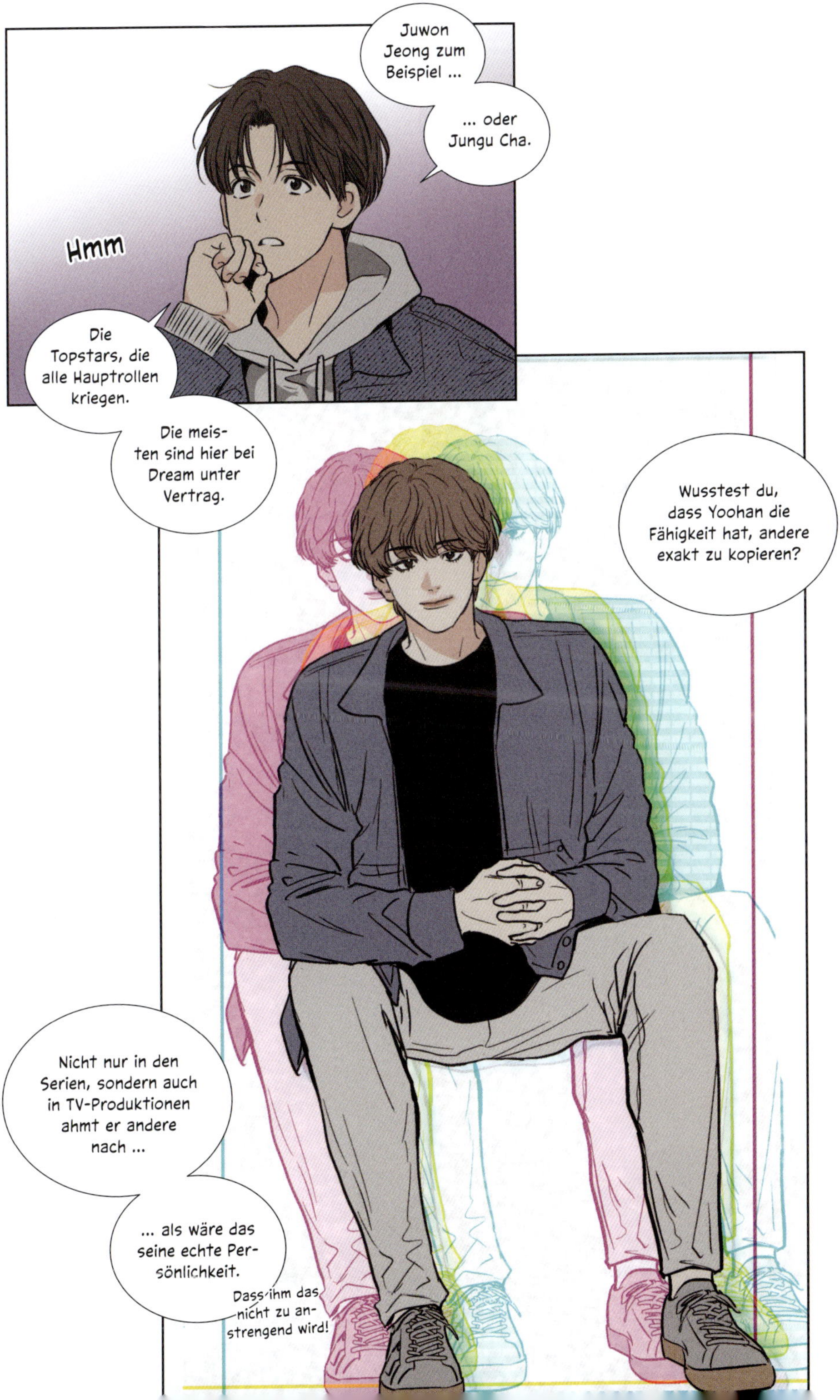
Juwon Jeong zum Beispiel ...
... oder Jungu Cha.
Hmm
Die Topstars, die alle Hauptrollen kriegen.
Die meisten sind hier bei Dream unter Vertrag.
Wusstest du, dass Yoohan die Fähigkeit hat, andere exakt zu kopieren?
Nicht nur in den Serien, sondern auch in TV-Produktionen ahmt er andere nach ...
... als wäre das seine echte Persönlichkeit.
Dass ihm das nicht zu anstrengend wird!

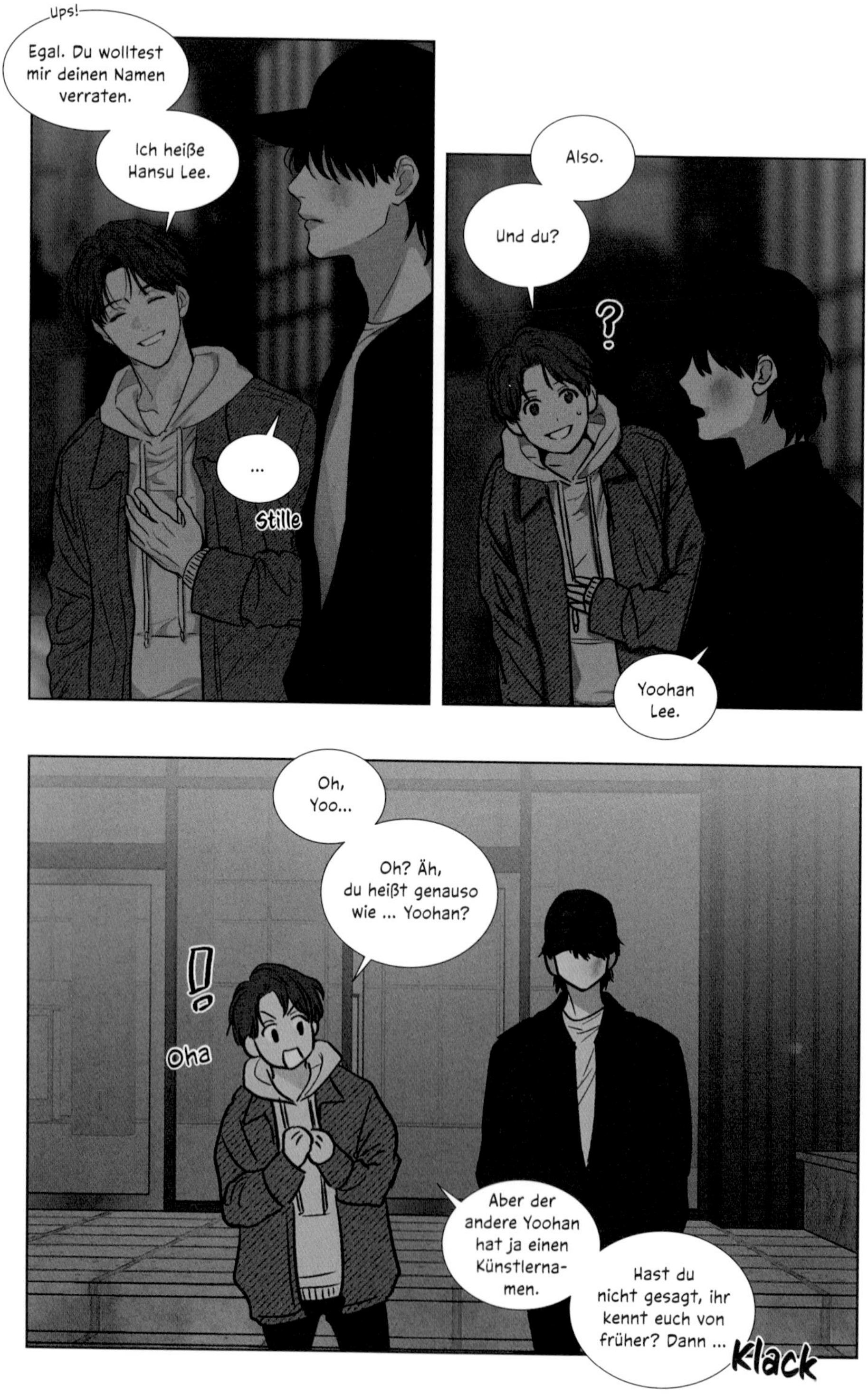

Ups!
Egal. Du wolltest mir deinen Namen verraten.
Ich heiße Hansu Lee.
...
Stille
Also.
Und du?
?
Yoohan Lee.
Oh, Yoo...
Oh? Äh, du heißt genauso wie ... Yoohan?
!
Oha
Aber der andere Yoohan hat ja einen Künstlerna-men.
Hast du nicht gesagt, ihr kennt euch von früher? Dann ...
Klack

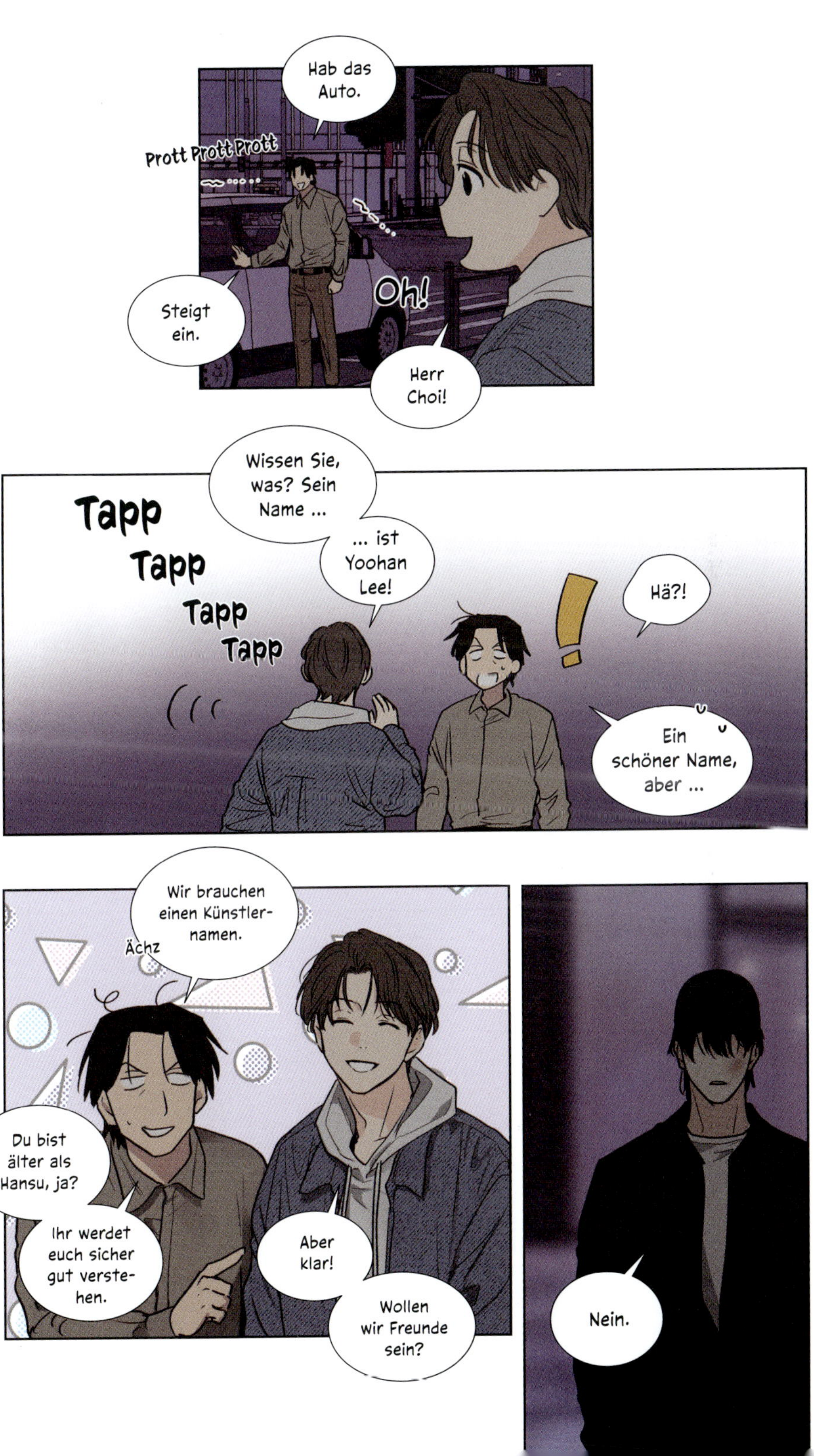
Hab das Auto.
Prott Prott Prott
Steigt ein.
Oh!
Herr Choi!
Tapp Tapp Tapp Tapp
Wissen Sie, was? Sein Name ...
... ist Yoohan Lee!
Hä?!
Ein schöner Name, aber ...
Wir brauchen einen Künstlernamen.
Ächz
Du bist älter als Hansu, ja?
Ihr werdet euch sicher gut verstehen.
Aber klar!
Wollen wir Freunde sein?
Nein.

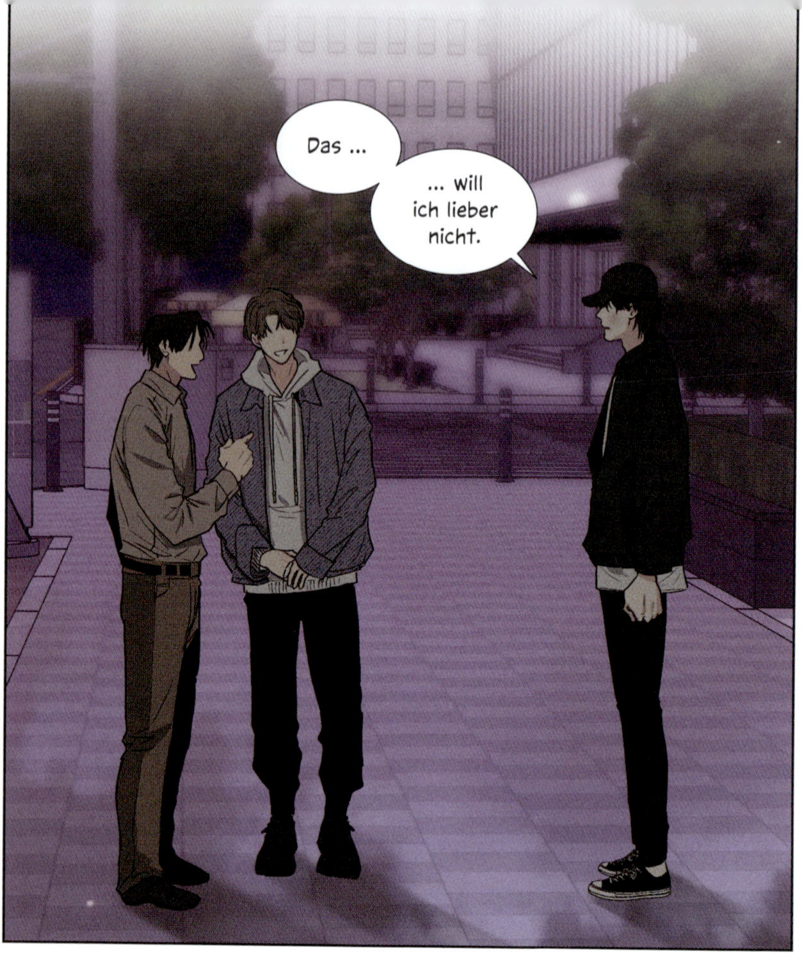
Das ...
... will ich lieber nicht.

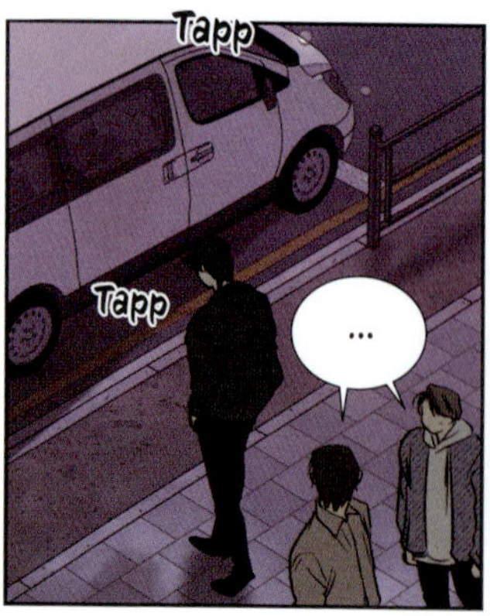
Tapp
Tapp
...

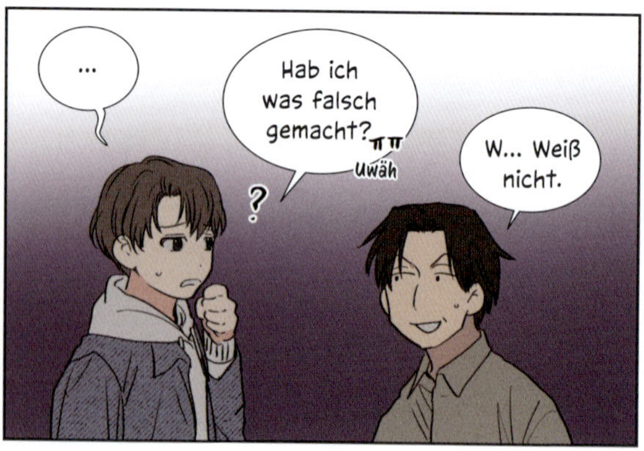
...
Hab ich was falsch gemacht?ㅠㅠ
Uwäh
?
W... Weiß nicht.

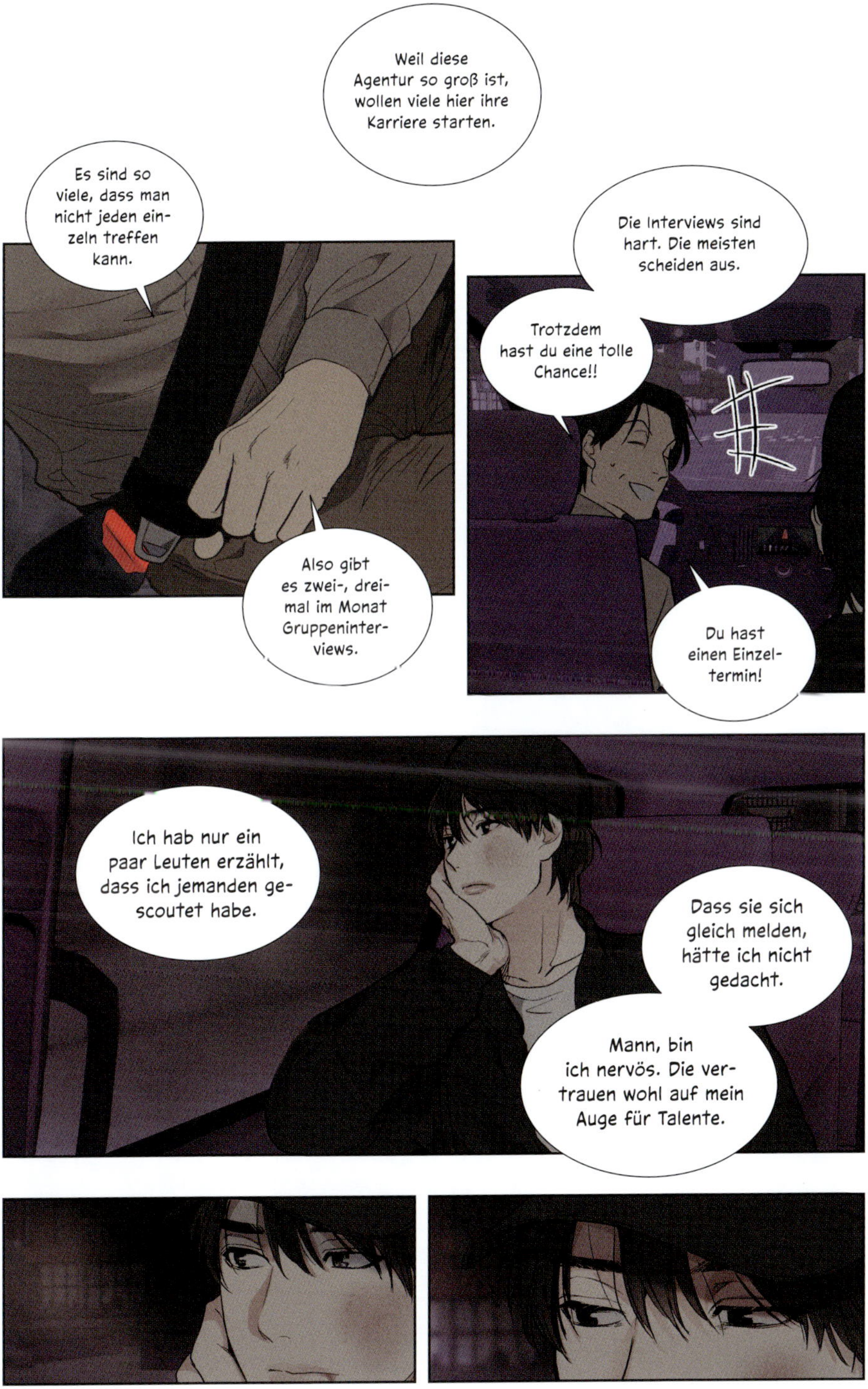
Weil diese Agentur so groß ist, wollen viele hier ihre Karriere starten.
Es sind so viele, dass man nicht jeden einzeln treffen kann.
Also gibt es zwei-, dreimal im Monat Gruppeninterviews.
Die Interviews sind hart. Die meisten scheiden aus.
Trotzdem hast du eine tolle Chance!!
Du hast einen Einzeltermin!
Ich hab nur ein paar Leuten erzählt, dass ich jemanden gescoutet habe.
Dass sie sich gleich melden, hätte ich nicht gedacht.
Mann, bin ich nervös. Die vertrauen wohl auf mein Auge für Talente.

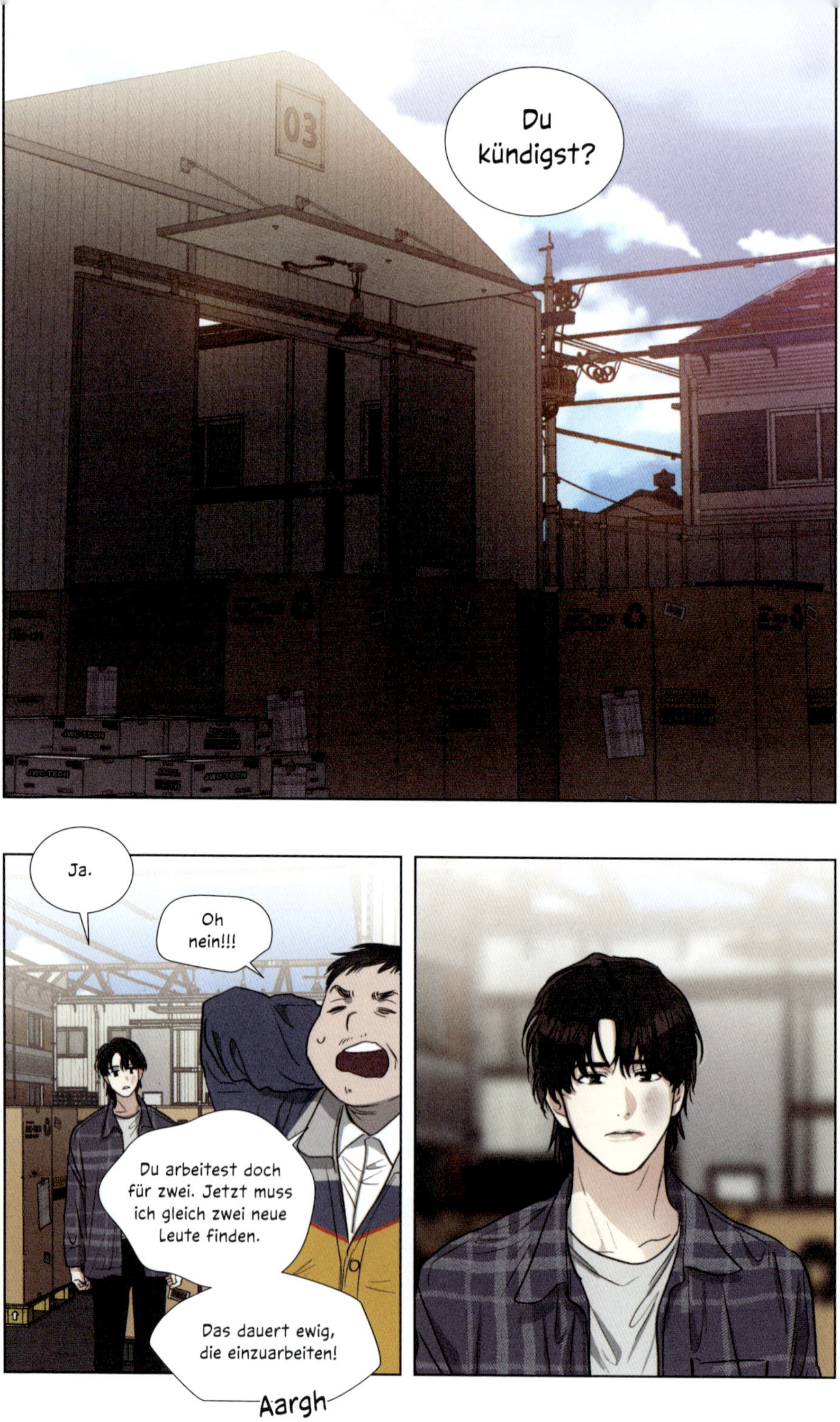
Du kündigst?
Ja.
Oh nein!!!
Du arbeitest doch für zwei. Jetzt muss ich gleich zwei neue Leute finden.
Das dauert ewig, die einzuarbeiten!
Aargh

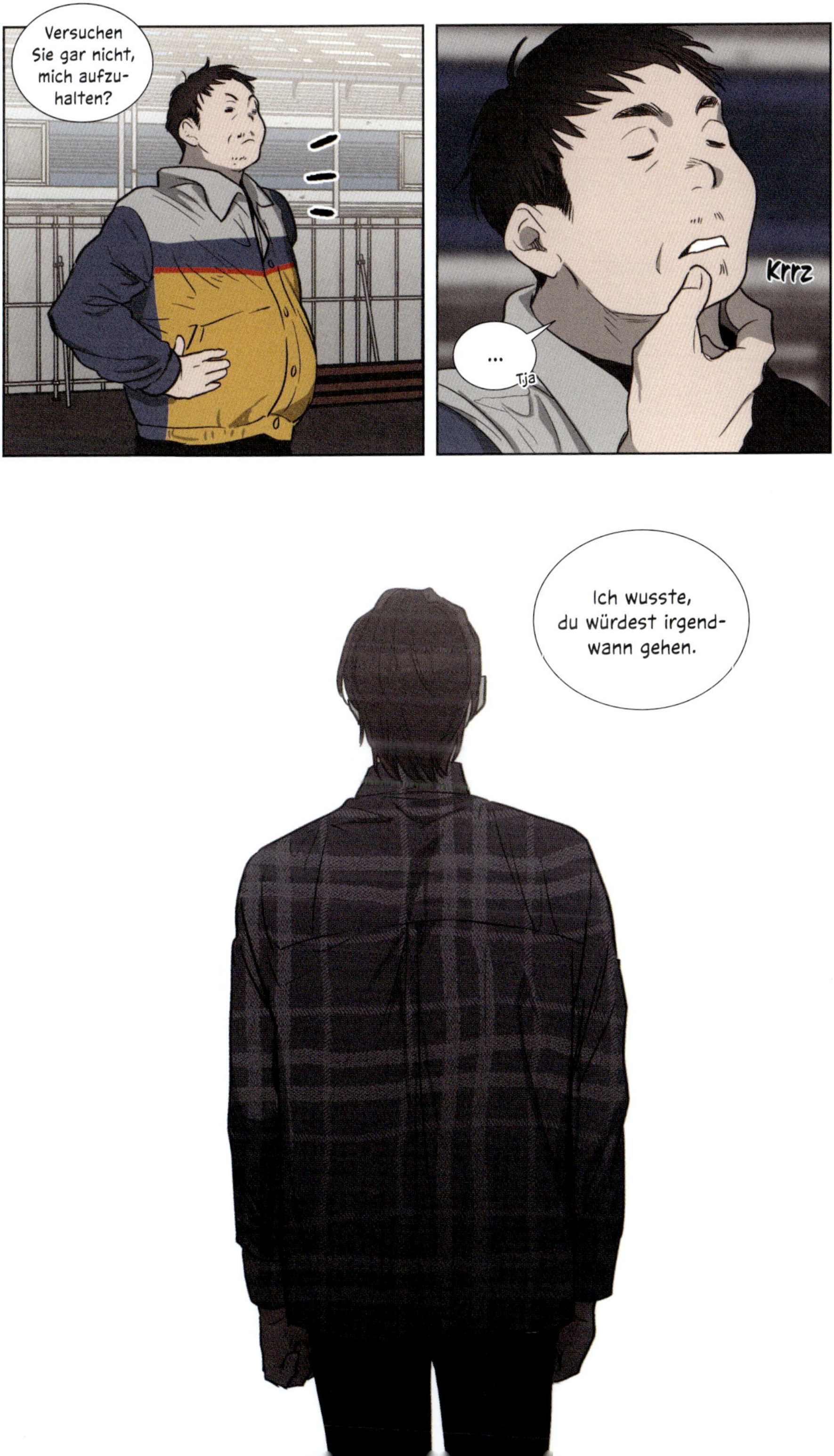
Versuchen Sie gar nicht, mich aufzuhalten?
Krrz
...
Tja
Ich wusste, du würdest irgend-wann gehen.

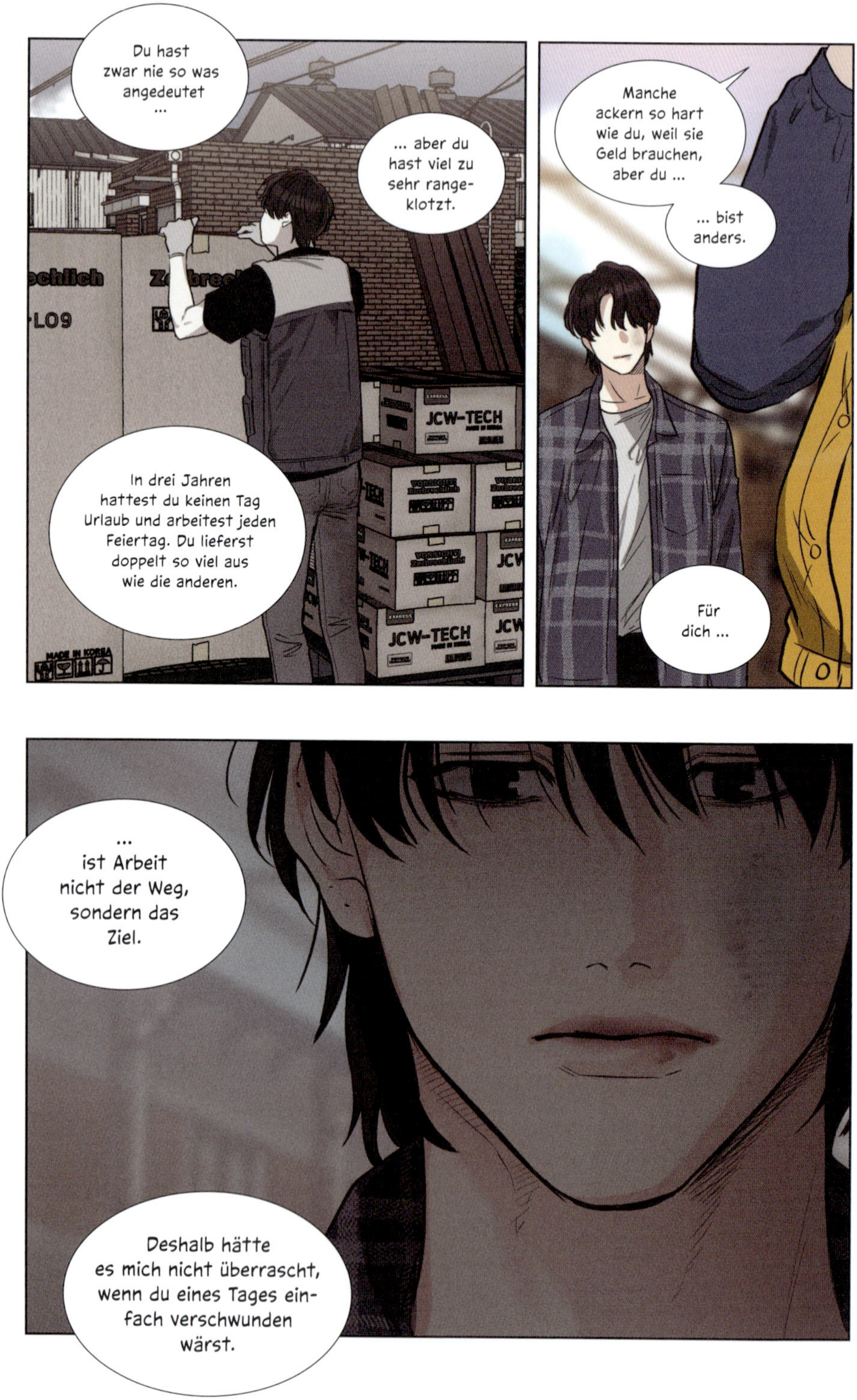
Du hast zwar nie so was angedeutet ...
... aber du hast viel zu sehr rangeklotzt.
In drei Jahren hattest du keinen Tag Urlaub und arbeitest jeden Feiertag. Du lieferst doppelt so viel aus wie die anderen.
JCW-TECH
Manche ackern so hart wie du, weil sie Geld brauchen, aber du ...
... bist anders.
Für dich ...
... ist Arbeit nicht der Weg, sondern das Ziel.
Deshalb hätte es mich nicht überrascht, wenn du eines Tages einfach verschwunden wärst.

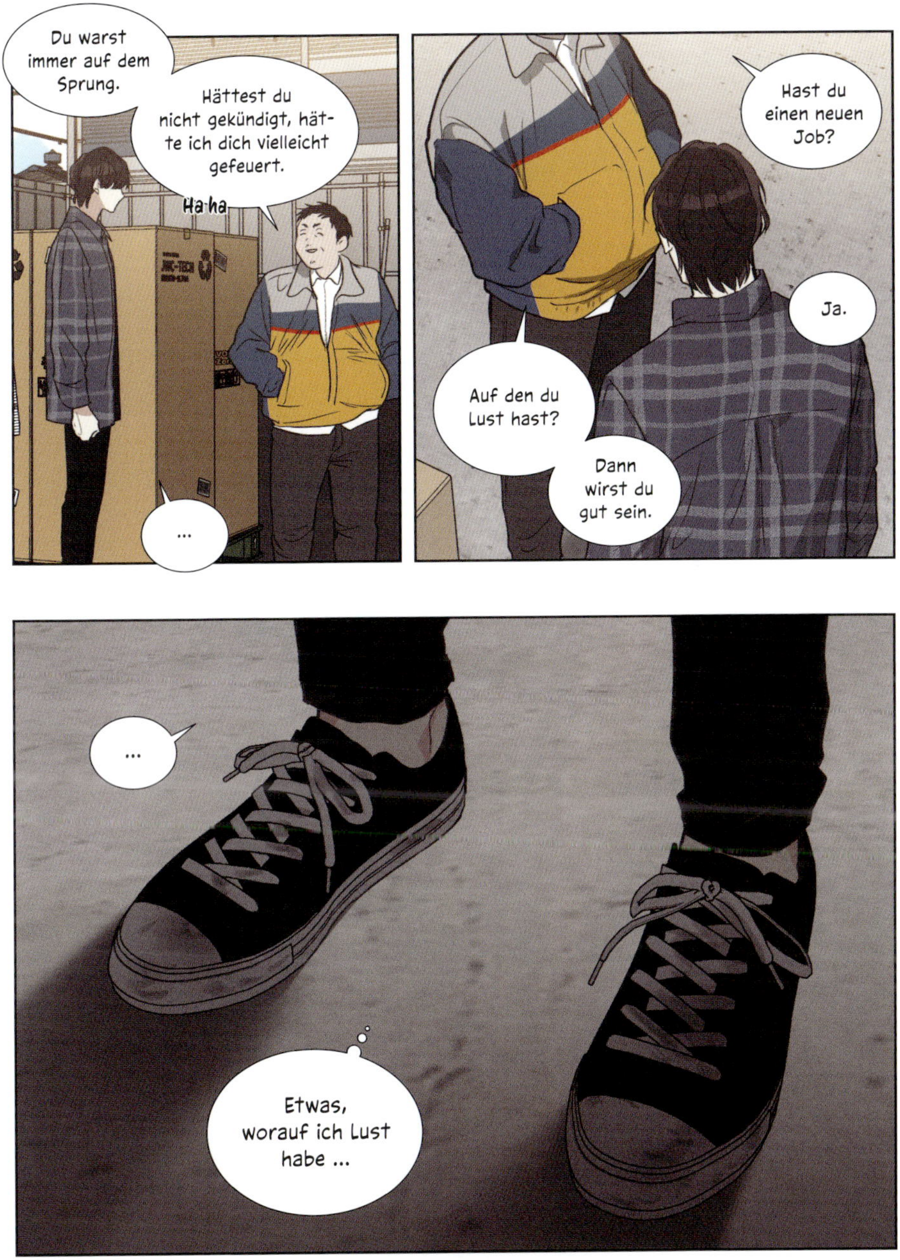

So etwas war für mich unvorstellbar.

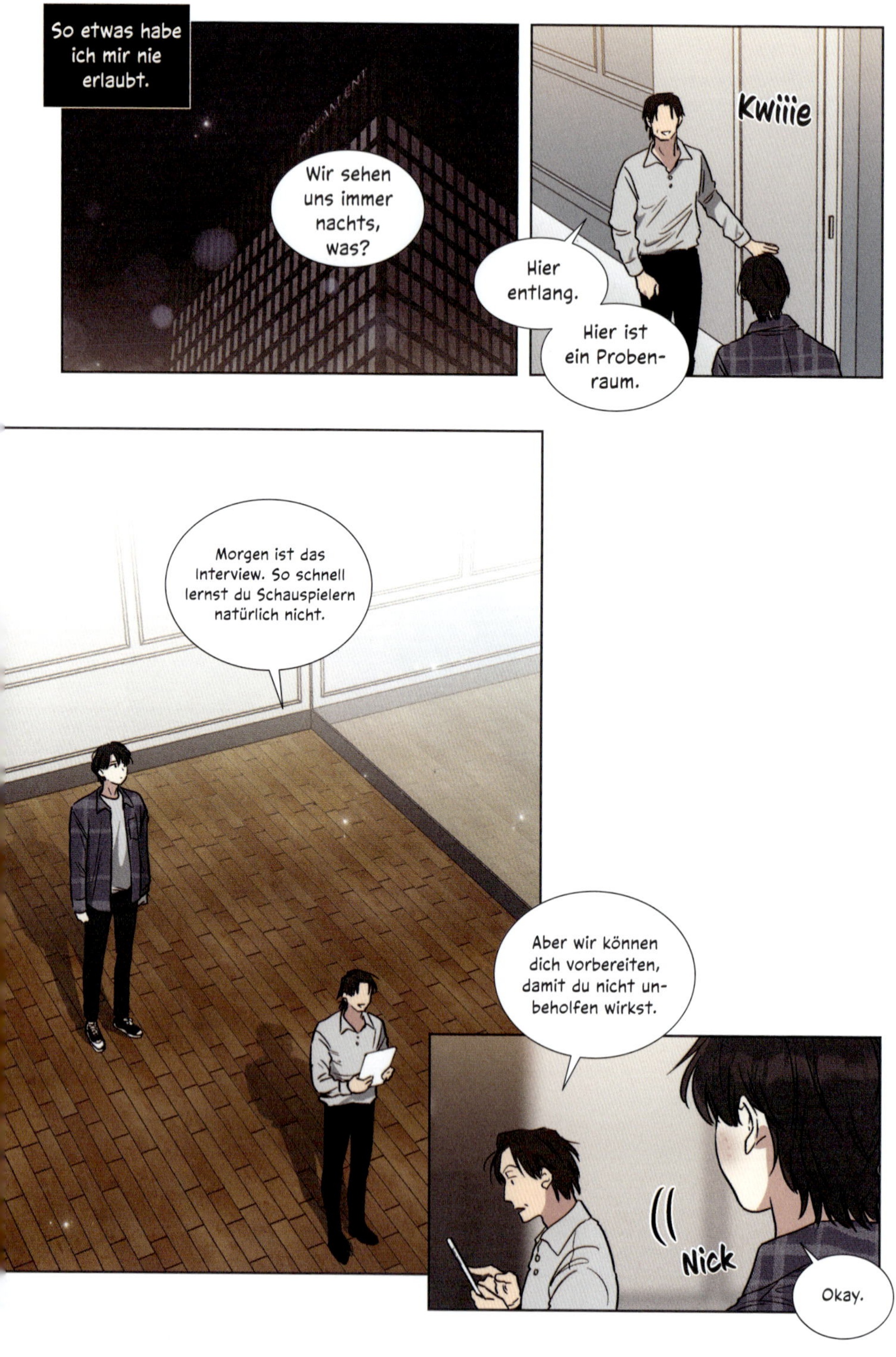
So etwas habe ich mir nie erlaubt.
Wir sehen uns immer nachts, was?
Kwiiie
Hier entlang.
Hier ist ein Probenraum.
Morgen ist das Interview. So schnell lernst du Schauspielern natürlich nicht.
Aber wir können dich vorbereiten, damit du nicht unbeholfen wirkst.
Nick
Okay.

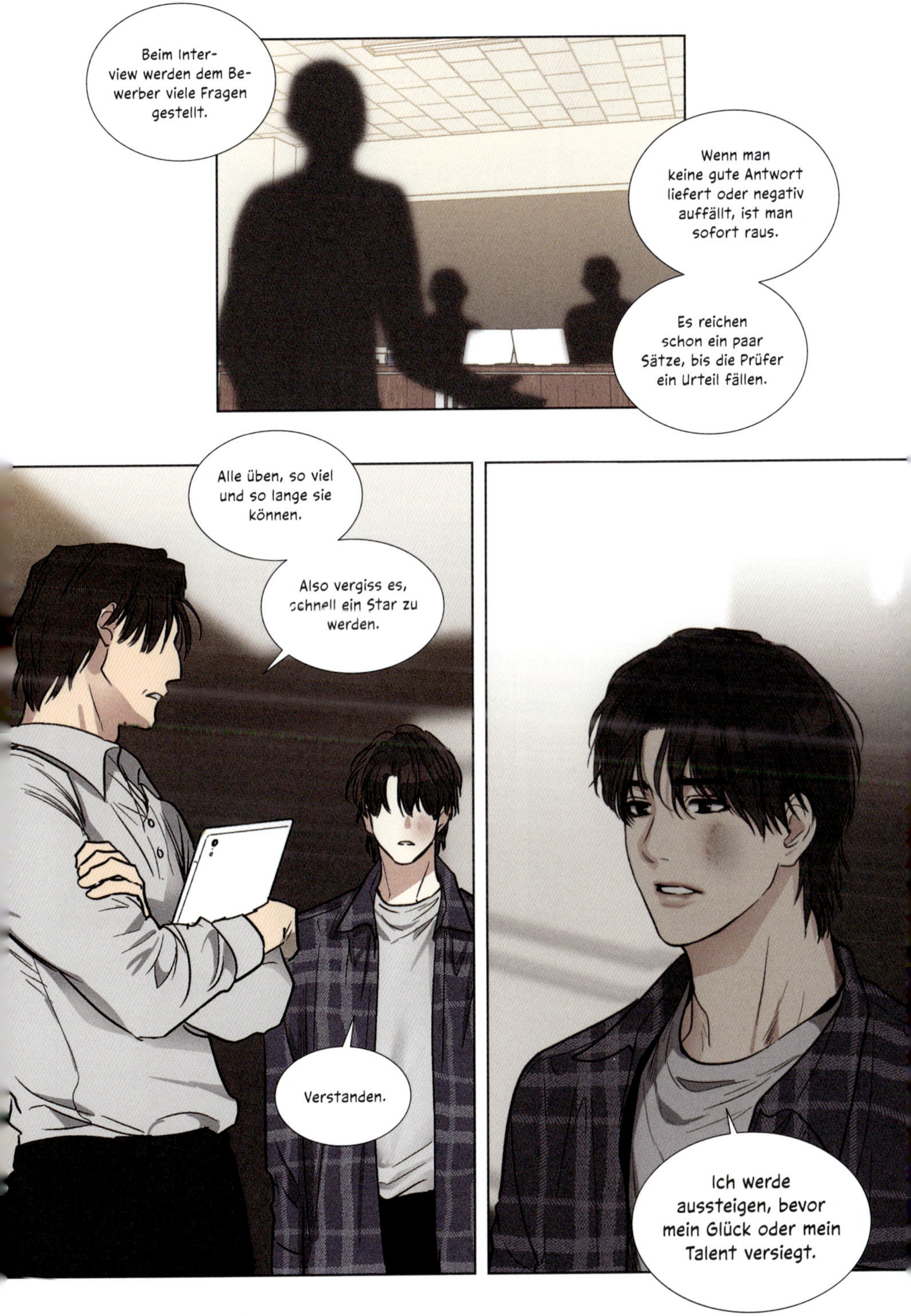
Beim Interview werden dem Bewerber viele Fragen gestellt.
Wenn man keine gute Antwort liefert oder negativ auffällt, ist man sofort raus.
Es reichen schon ein paar Sätze, bis die Prüfer ein Urteil fällen.
Alle üben, so viel und so lange sie können.
Also vergiss es, schnell ein Star zu werden.
Verstanden.
Ich werde aussteigen, bevor mein Glück oder mein Talent versiegt.

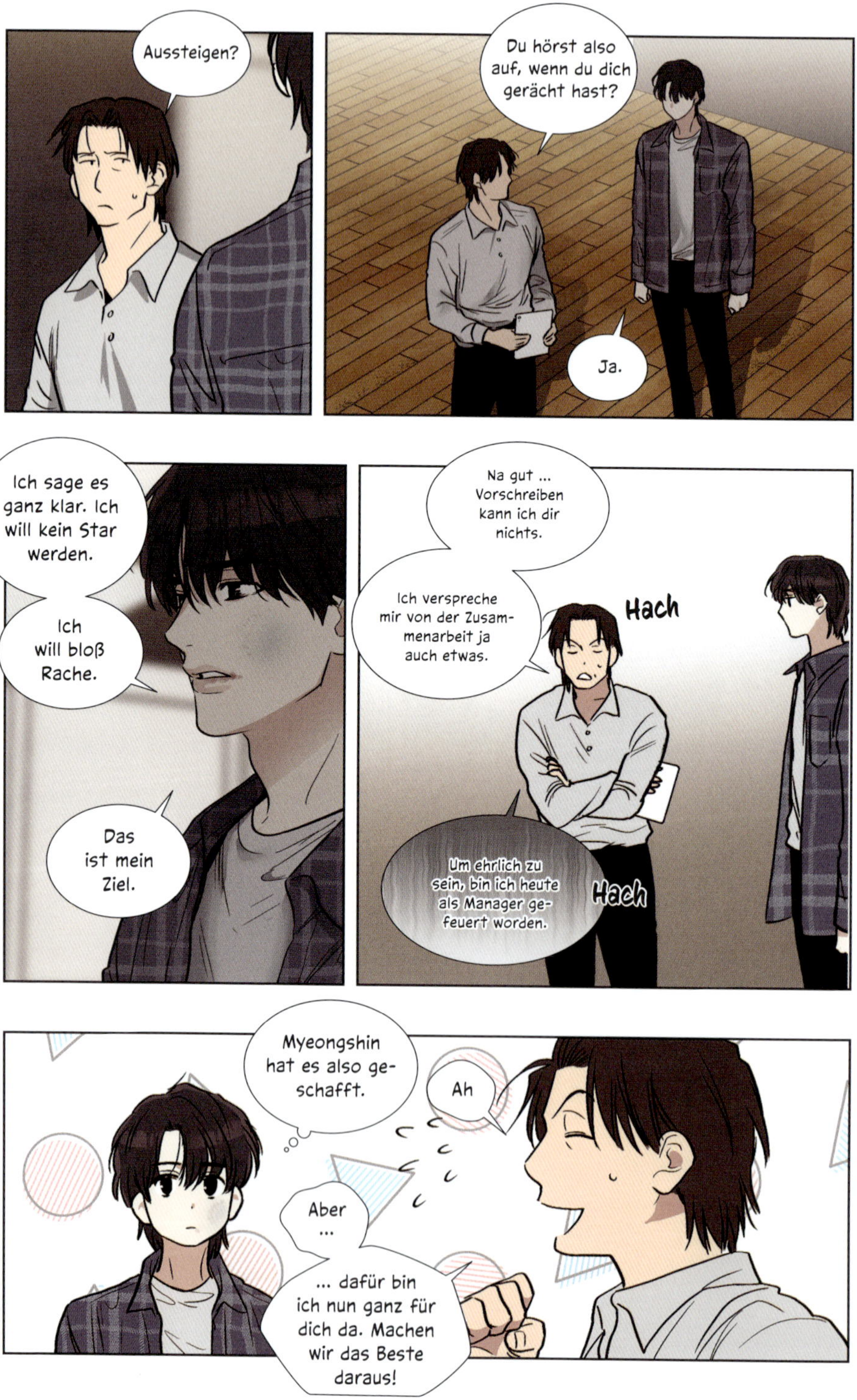
Aussteigen?
Du hörst also auf, wenn du dich gerächt hast?
Ja.
Ich sage es ganz klar. Ich will kein Star werden.
Ich will bloß Rache.
Das ist mein Ziel.
Na gut ... Vorschreiben kann ich dir nichts.
Ich verspreche mir von der Zusammenarbeit ja auch etwas.
Hach
Um ehrlich zu sein, bin ich heute als Manager gefeuert worden.
Hach
Myeongshin hat es also geschafft.
Ah
Aber ...
... dafür bin ich nun ganz für dich da. Machen wir das Beste daraus!

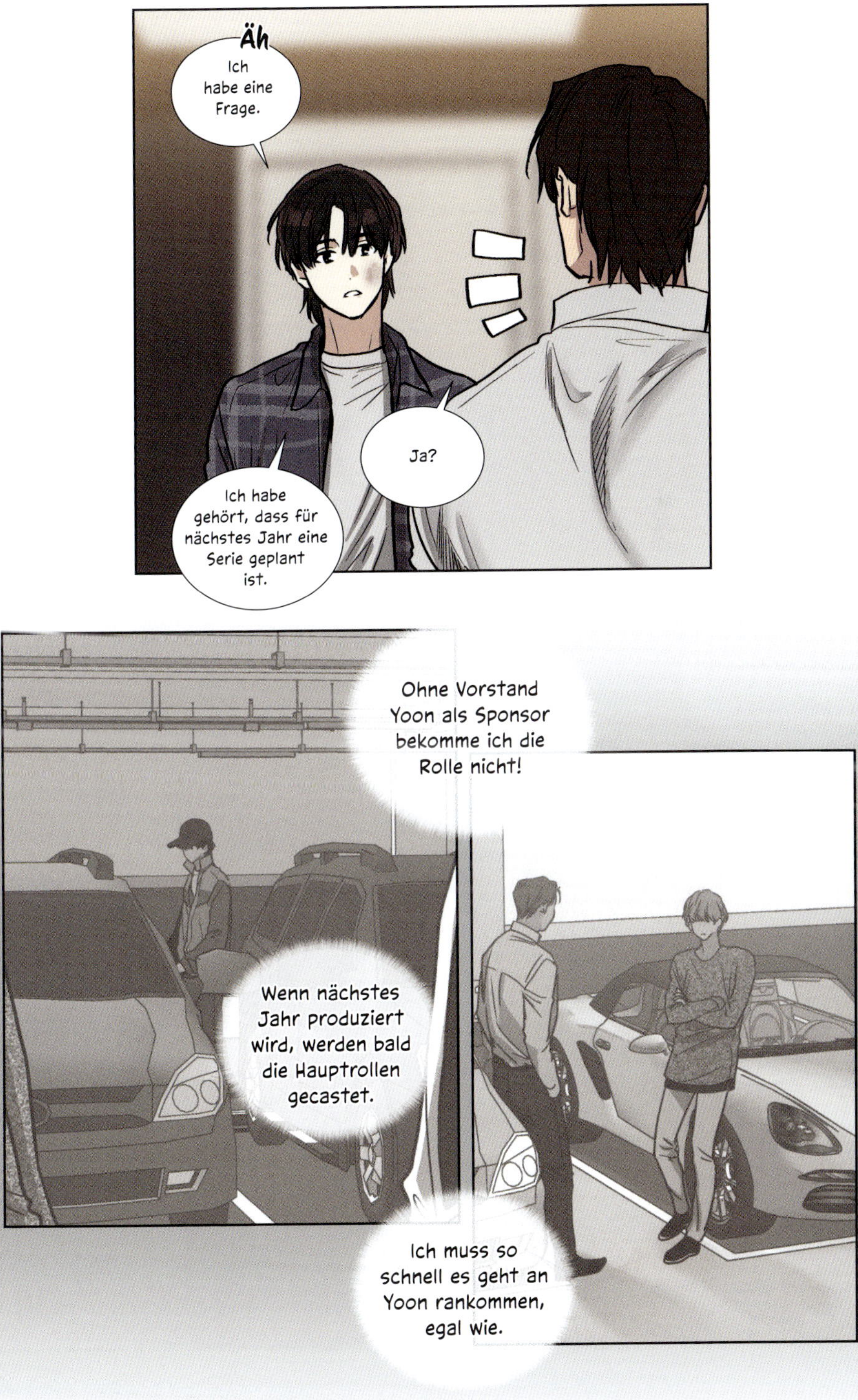
Äh
Ich habe eine Frage.
Ja?
Ich habe gehört, dass für nächstes Jahr eine Serie geplant ist.
Ohne Vorstand Yoon als Sponsor bekomme ich die Rolle nicht!
Wenn nächstes Jahr produziert wird, werden bald die Hauptrollen gecastet.
Ich muss so schnell es geht an Yoon rankommen, egal wie.

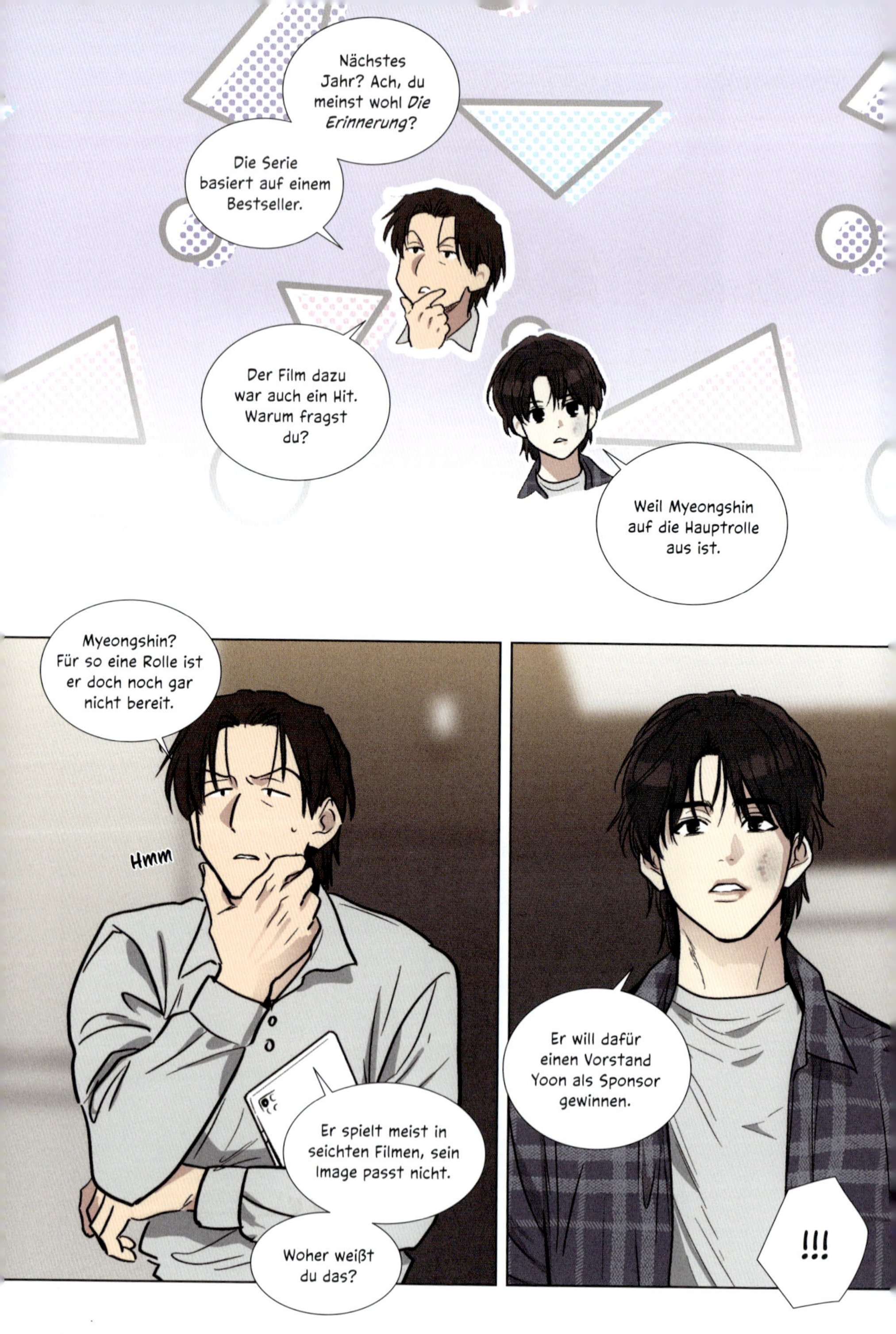
Nächstes Jahr? Ach, du meinst wohl *Die Erinnerung*?
Die Serie basiert auf einem Bestseller.
Der Film dazu war auch ein Hit. Warum fragst du?
Weil Myeongshin auf die Hauptrolle aus ist.
Myeongshin? Für so eine Rolle ist er doch noch gar nicht bereit.
Hmm
Er spielt meist in seichten Filmen, sein Image passt nicht.
Woher weißt du das?
Er will dafür einen Vorstand Yoon als Sponsor gewinnen.
!!!

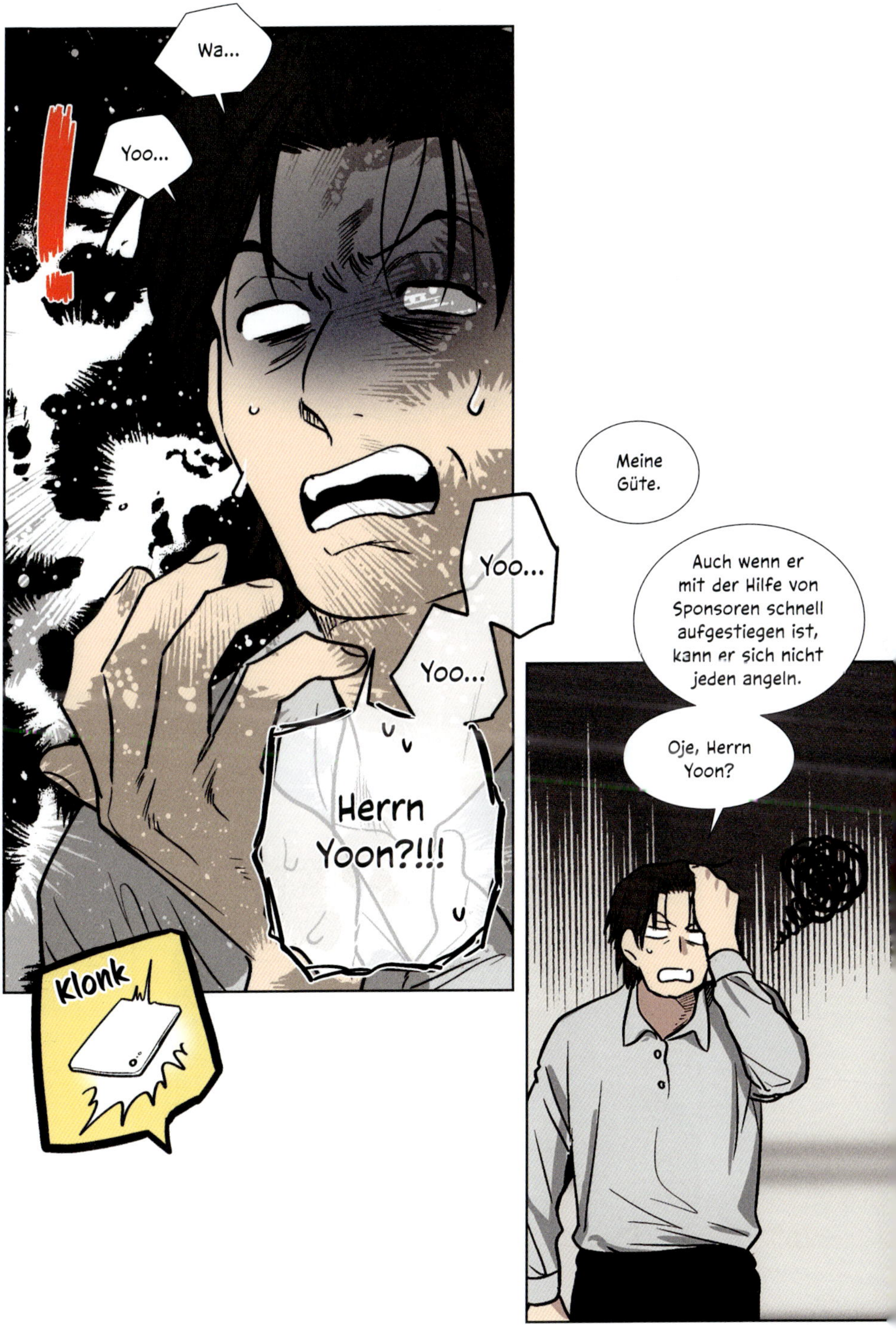
Wa...
Yoo...
Yoo...
Yoo...
Herrn Yoon?!!!
Klonk
Meine Güte.
Auch wenn er mit der Hilfe von Sponsoren schnell aufgestiegen ist, kann er sich nicht jeden angeln.
Oje, Herrn Yoon?

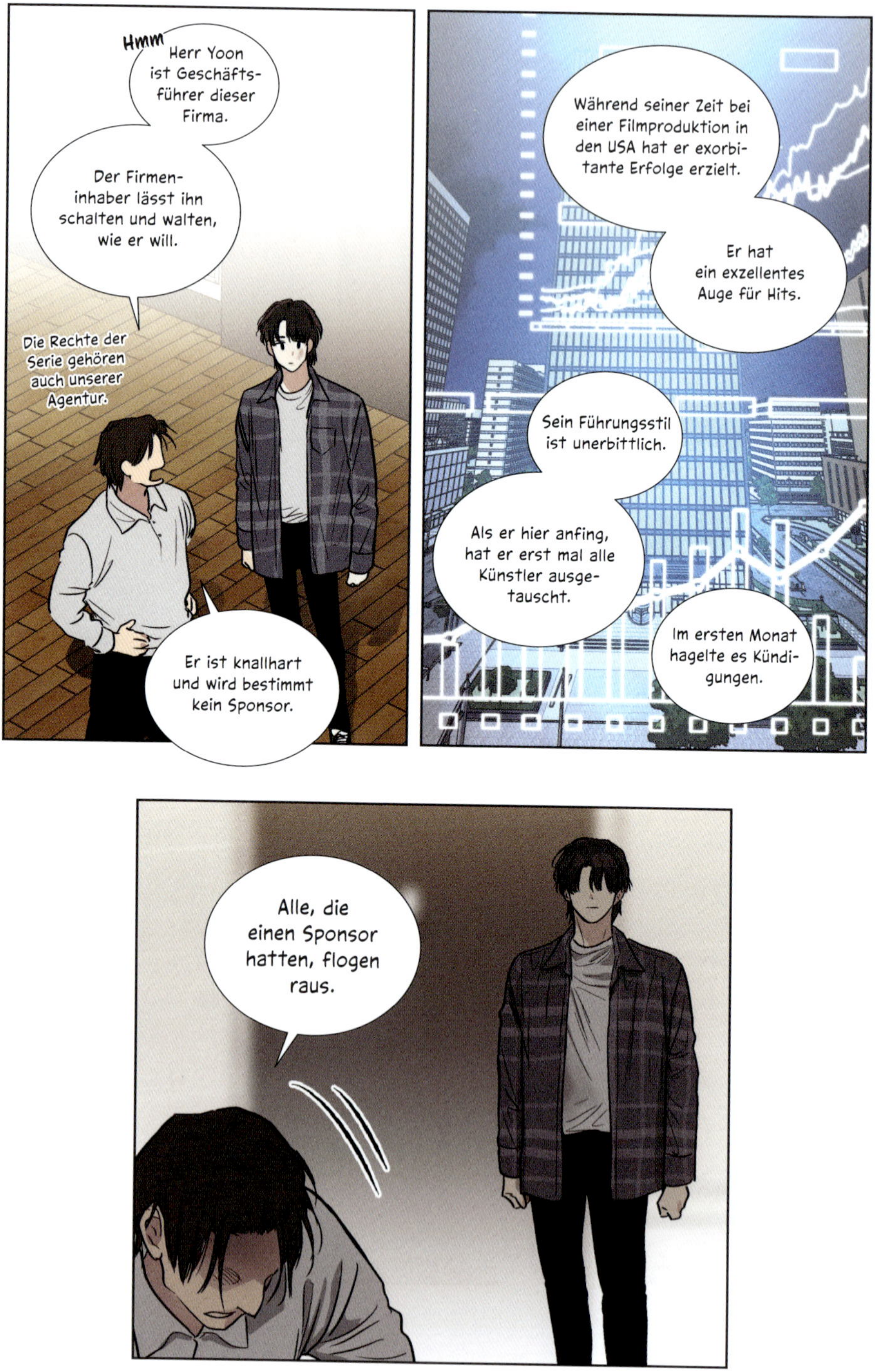
Hmm
Herr Yoon ist Geschäftsführer dieser Firma.
Der Firmeninhaber lässt ihn schalten und walten, wie er will.
Die Rechte der Serie gehören auch unserer Agentur.
Er ist knallhart und wird bestimmt kein Sponsor.
Während seiner Zeit bei einer Filmproduktion in den USA hat er exorbitante Erfolge erzielt.
Er hat ein exzellentes Auge für Hits.
Sein Führungsstil ist unerbittlich.
Als er hier anfing, hat er erst mal alle Künstler ausgetauscht.
Im ersten Monat hagelte es Kündigungen.
Alle, die einen Sponsor hatten, flogen raus.

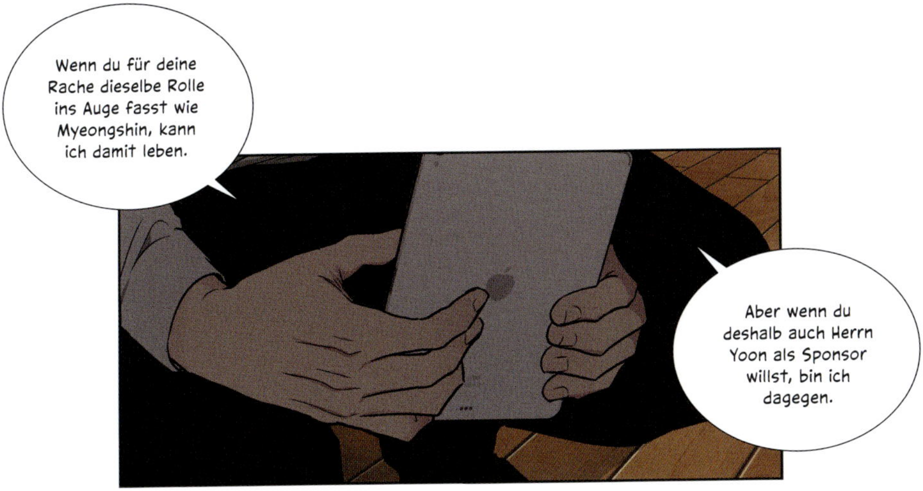
Wenn du für deine Rache dieselbe Rolle ins Auge fasst wie Myeongshin, kann ich damit leben.
Aber wenn du deshalb auch Herrn Yoon als Sponsor willst, bin ich dagegen.

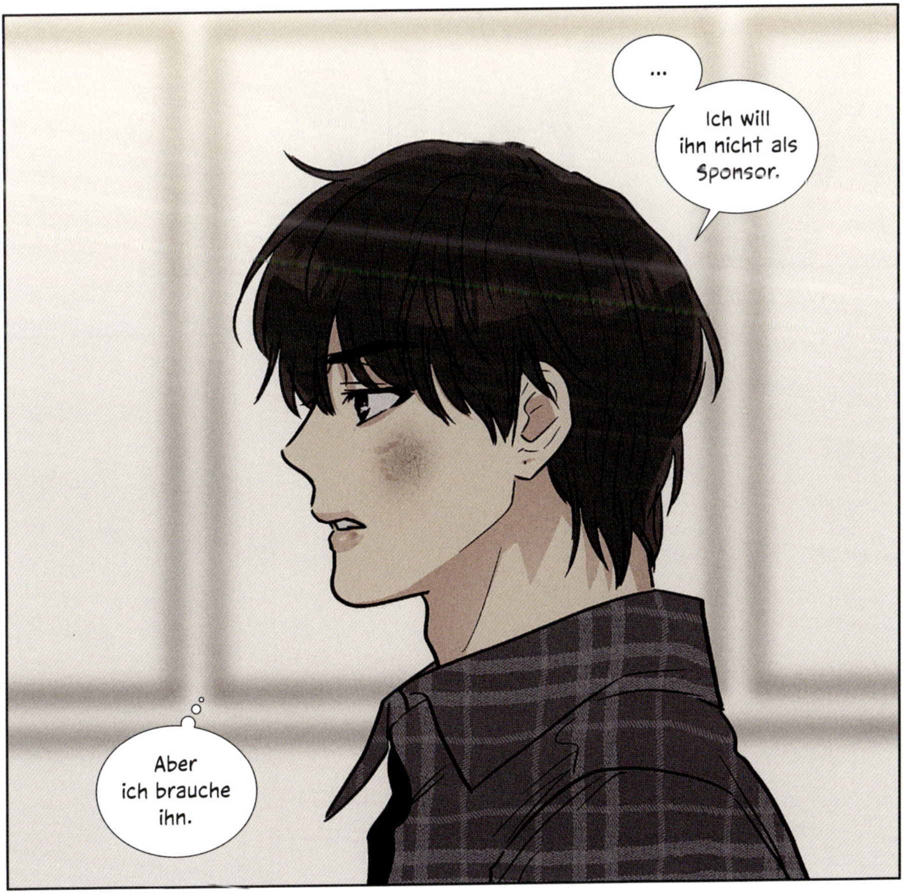
...
Ich will ihn nicht als Sponsor.
Aber ich brauche ihn.

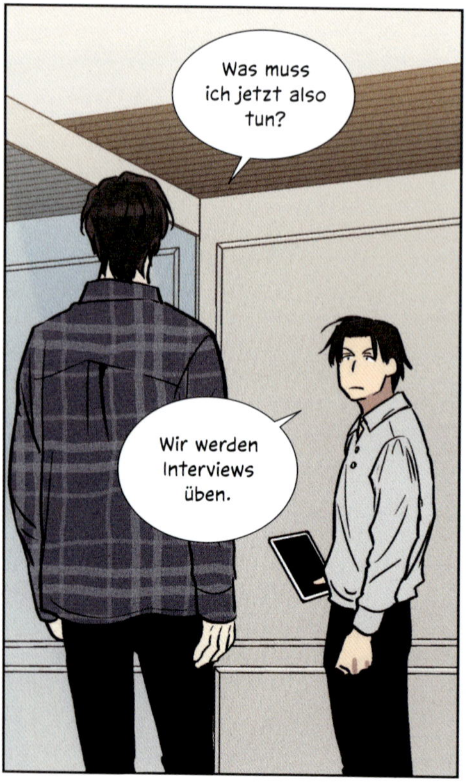
Was muss ich jetzt also tun?
Wir werden Interviews üben.

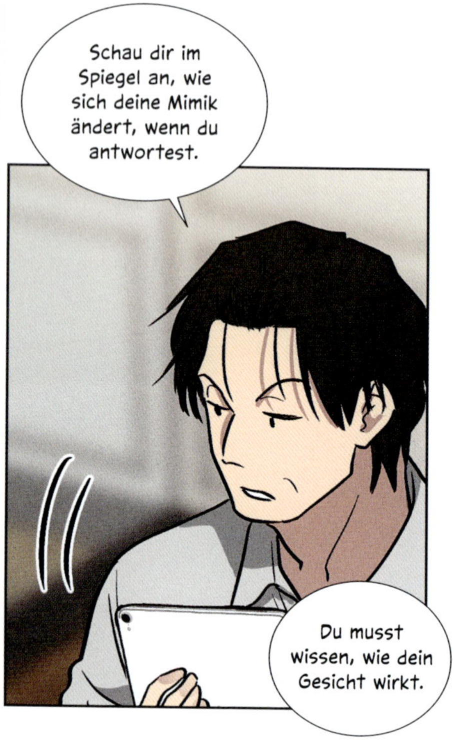
Schau dir im Spiegel an, wie sich deine Mimik ändert, wenn du antwortest.
Du musst wissen, wie dein Gesicht wirkt.

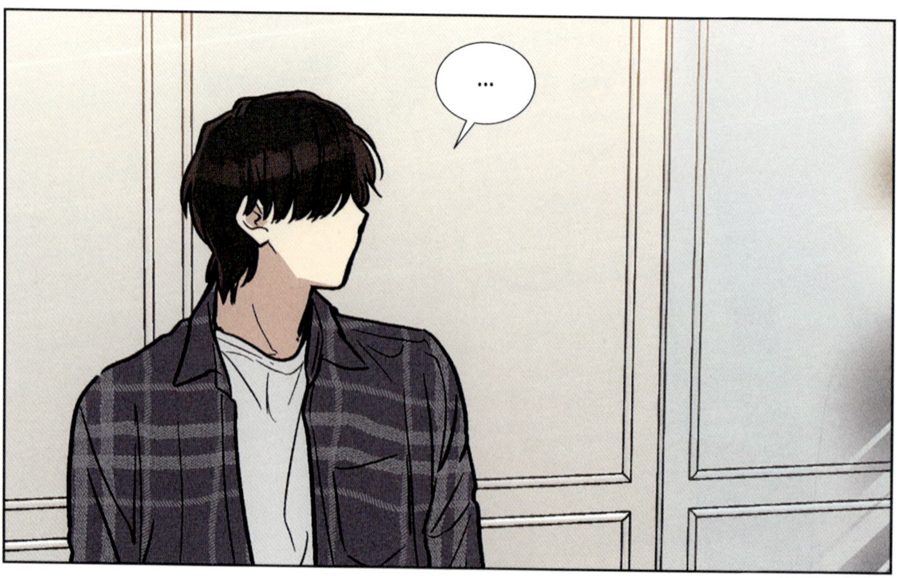
...

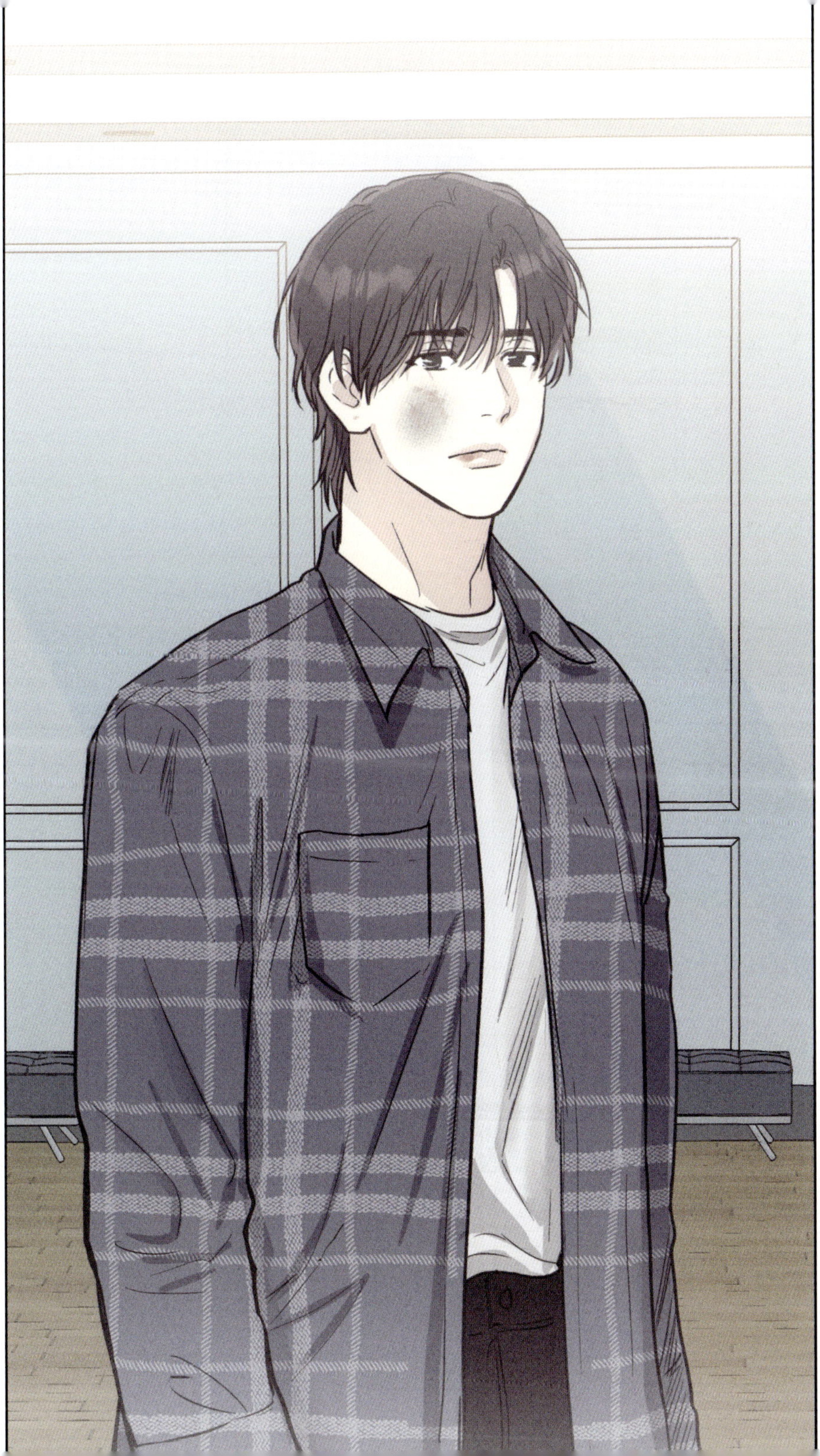

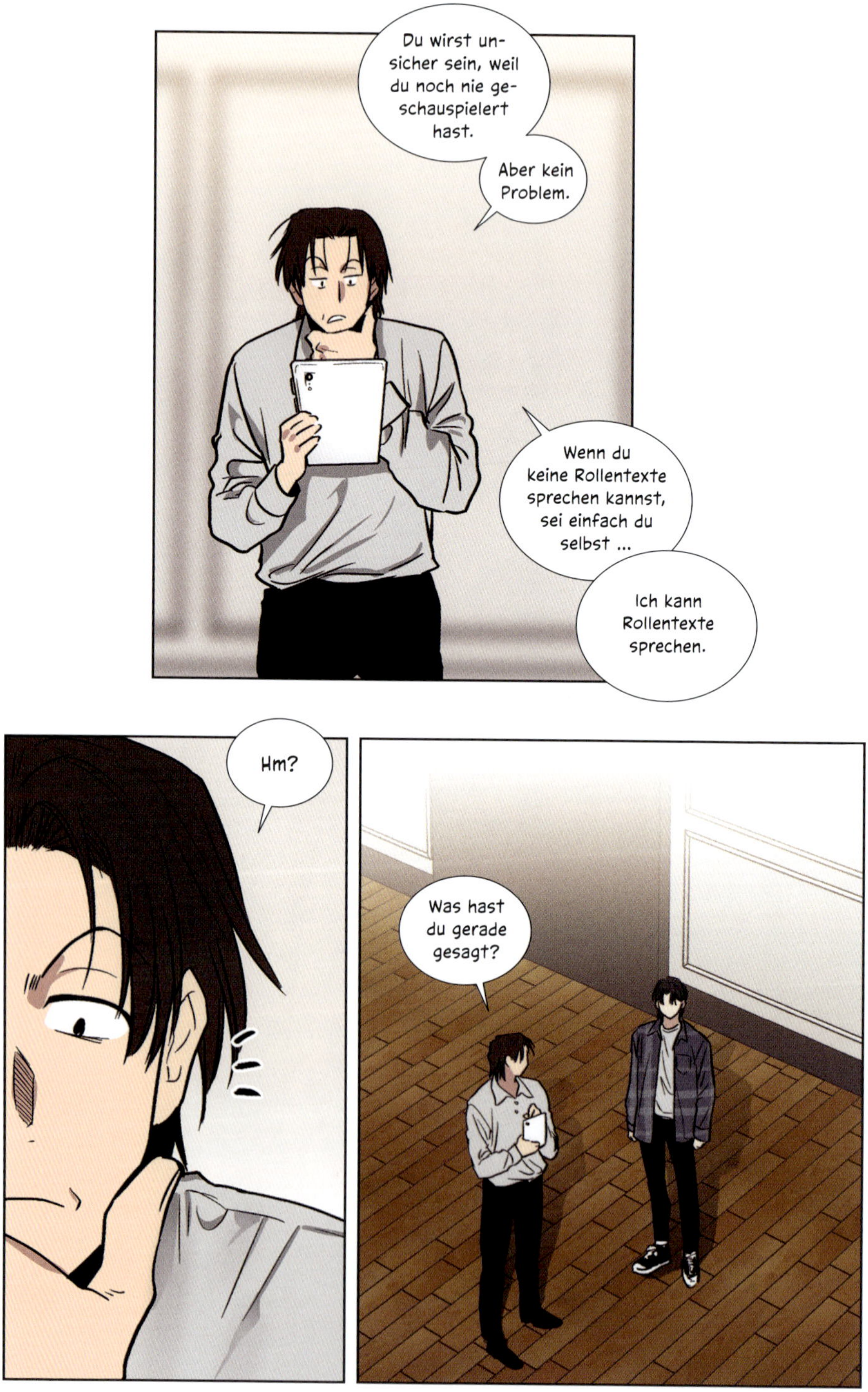
Du wirst un-
sicher sein, weil
du noch nie ge-
schauspielert
hast.
Aber kein
Problem.
Wenn du
keine Rollentexte
sprechen kannst,
sei einfach du
selbst ...
Ich kann
Rollentexte
sprechen.
Hm?
Was hast
du gerade
gesagt?

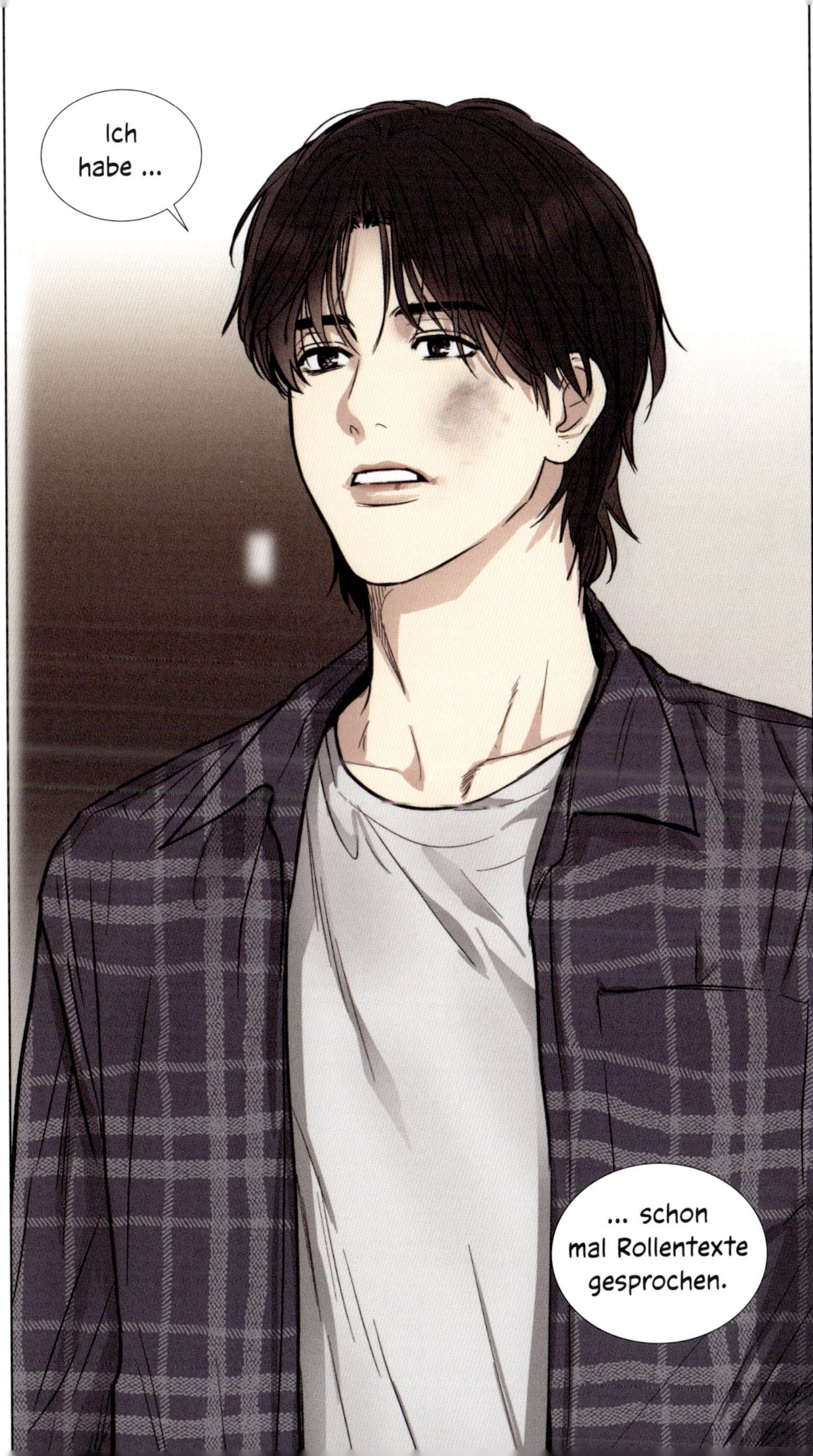
Ich habe ...
... schon mal Rollentexte gesprochen.

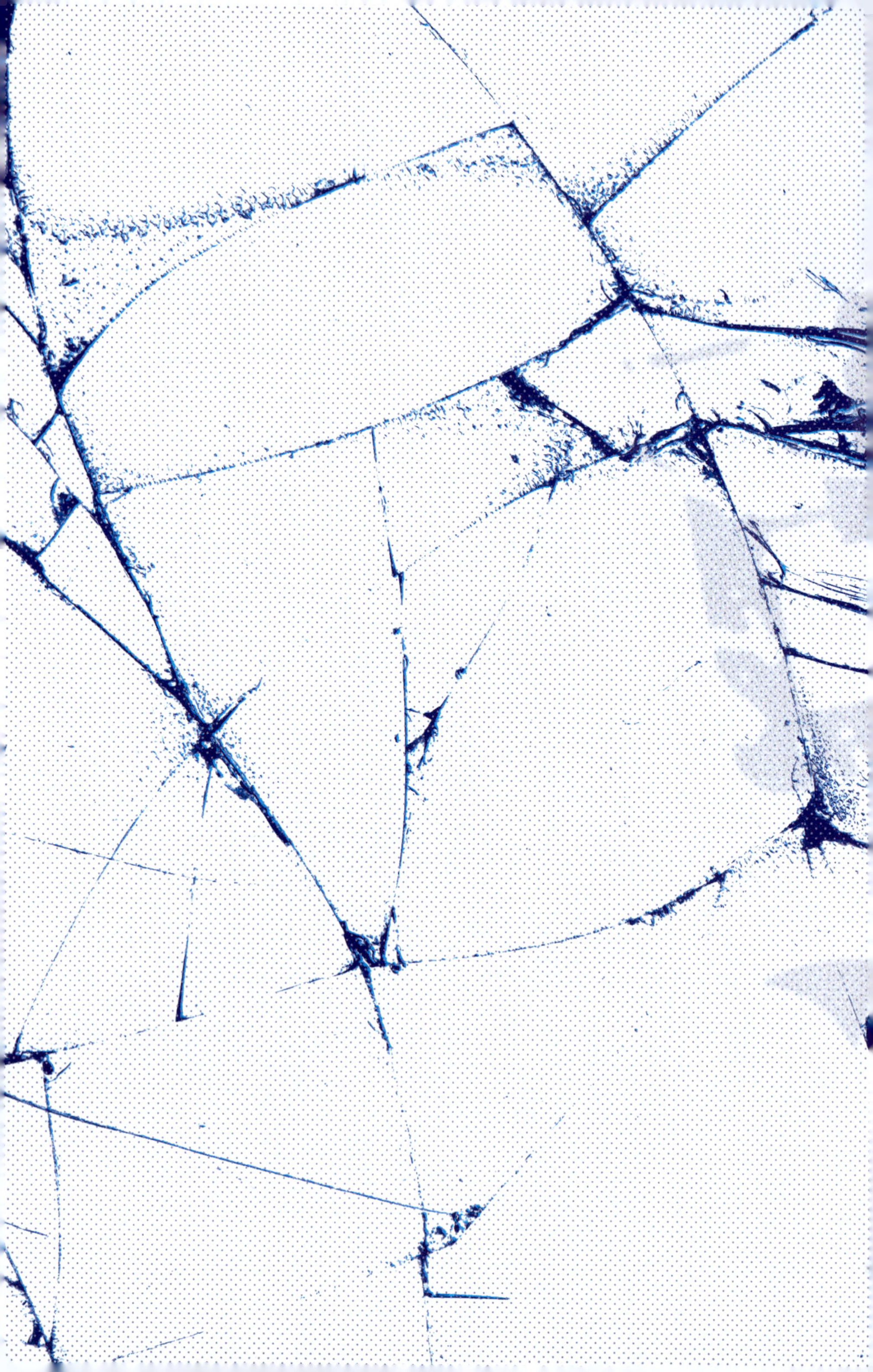

KAPITEL 7

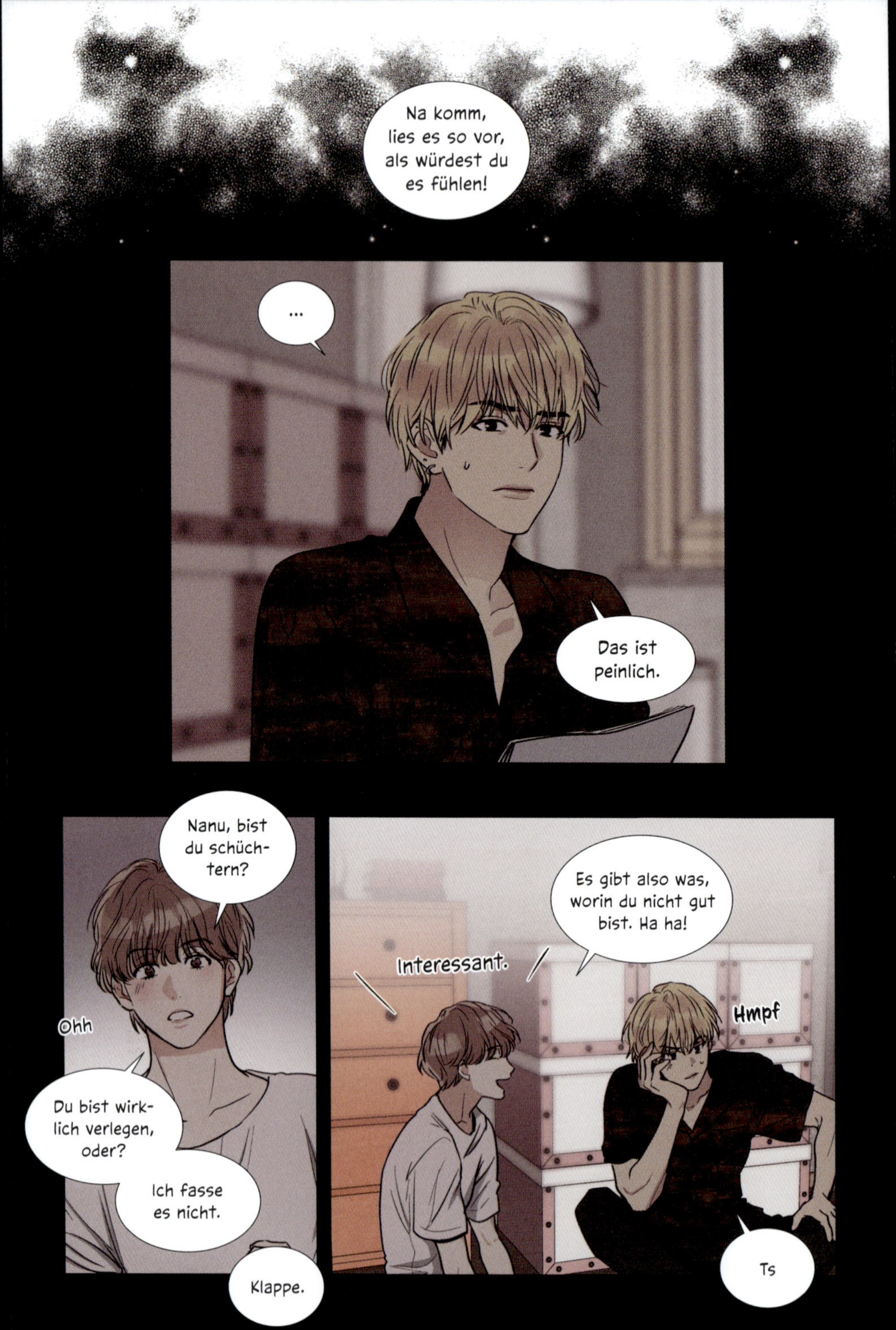
Na komm, lies es so vor, als würdest du es fühlen!
...
Das ist peinlich.
Nanu, bist du schüch-tern?
Ohh
Du bist wirk-lich verlegen, oder?
Ich fasse es nicht.
Klappe.
Interessant.
Es gibt also was, worin du nicht gut bist. Ha ha!
Hmpf
Ts

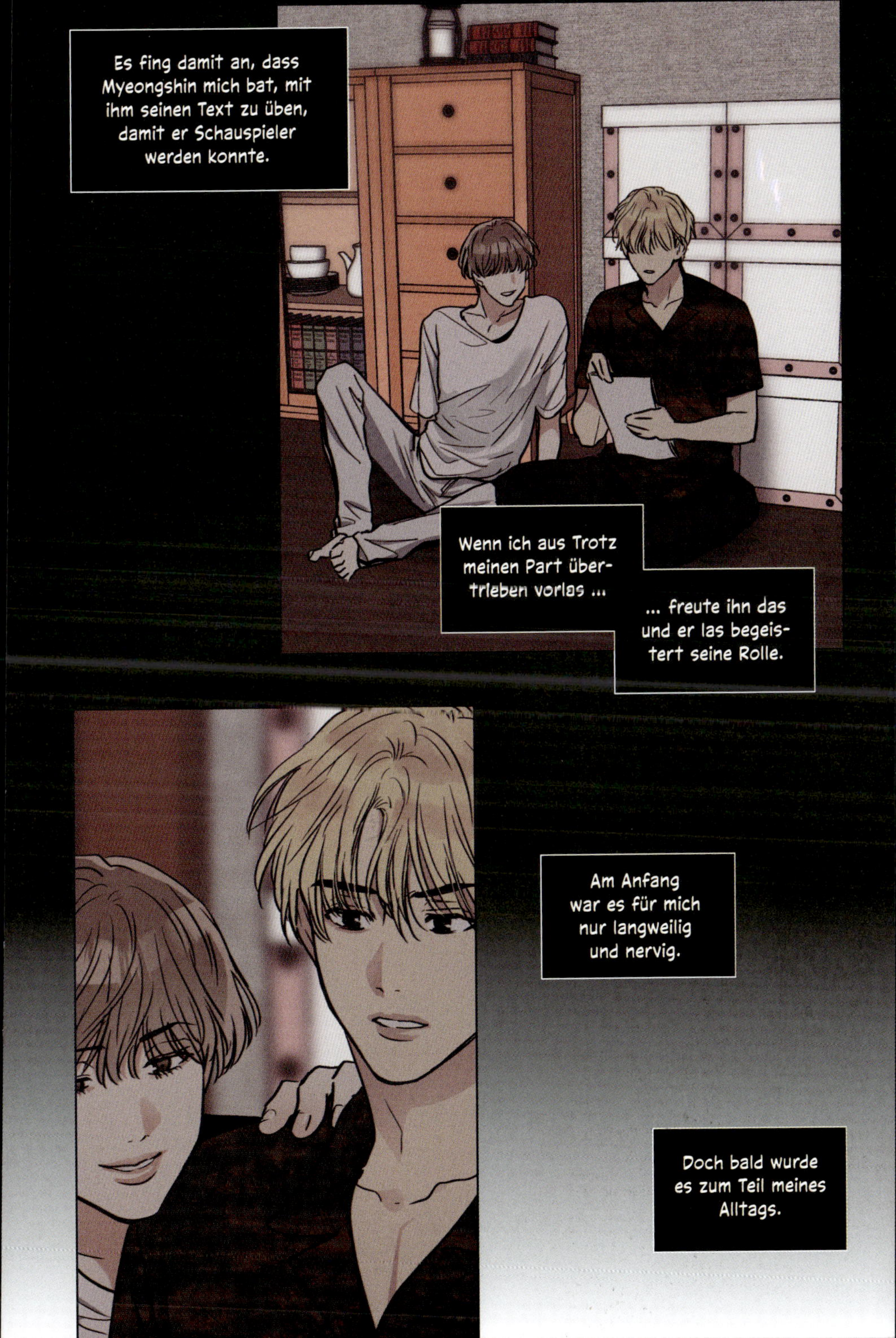
Es fing damit an, dass Myeongshin mich bat, mit ihm seinen Text zu üben, damit er Schauspieler werden konnte.
Wenn ich aus Trotz meinen Part übertrieben vorlas ...
... freute ihn das und er las begeistert seine Rolle.
Am Anfang war es für mich nur langweilig und nervig.
Doch bald wurde es zum Teil meines Alltags.

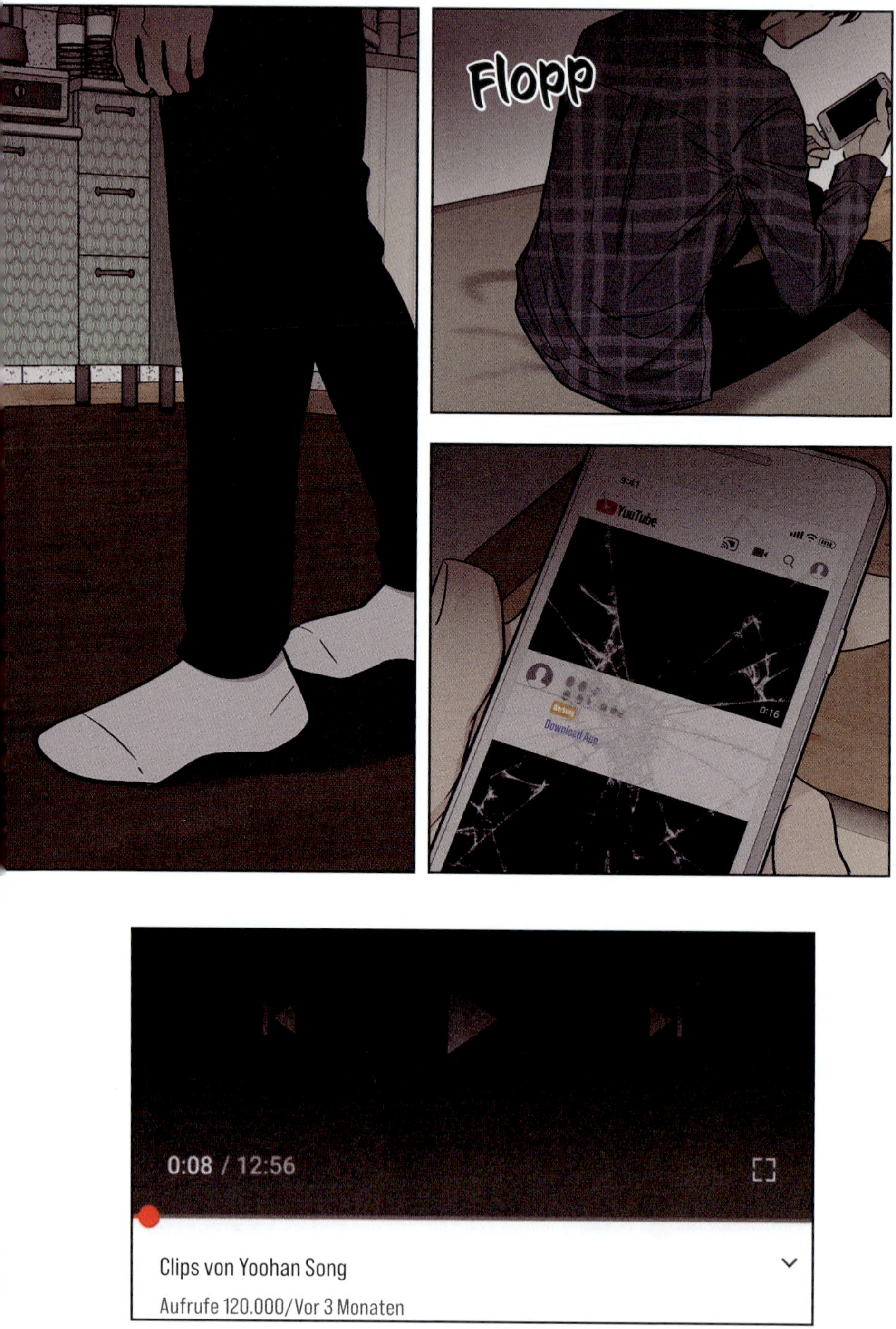
Flopp
9:41
YouTube
0:16
Download App
0:08 / 12:56
Clips von Yoohan Song
Aufrufe 120.000/Vor 3 Monaten

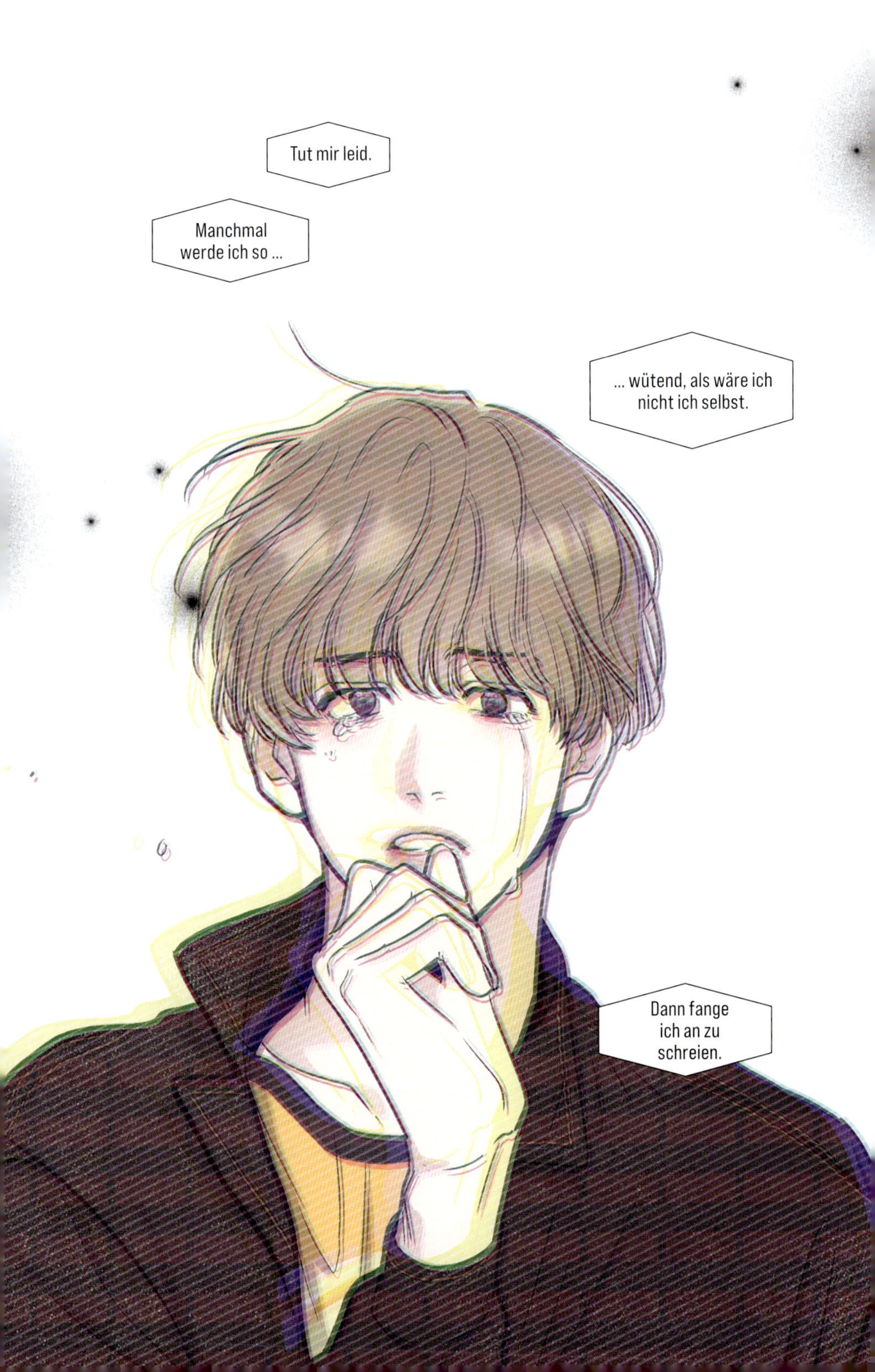
Tut mir leid.
Manchmal werde ich so ...
... wütend, als wäre ich nicht ich selbst.
Dann fange ich an zu schreien.

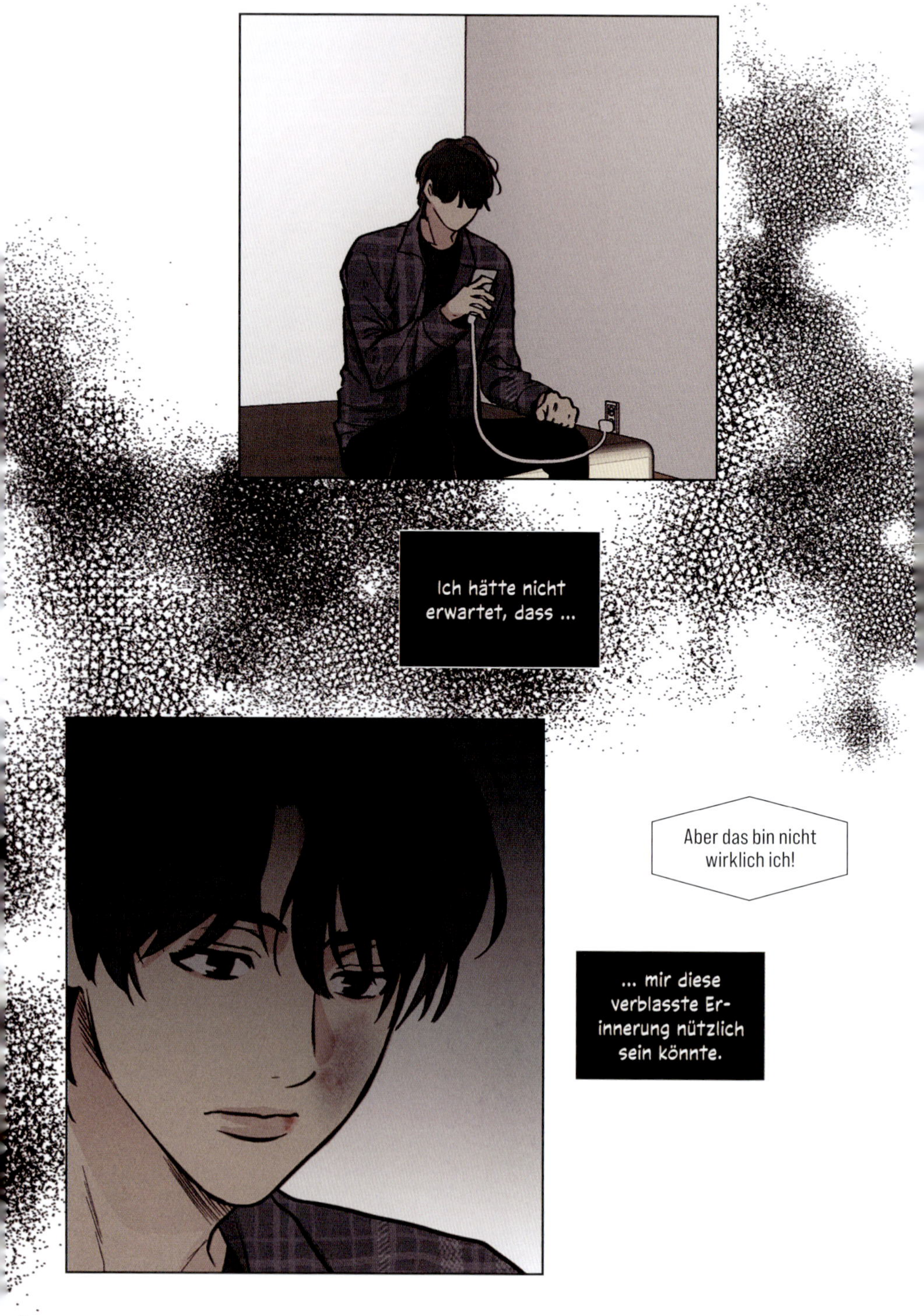
Ich hätte nicht erwartet, dass ...
Aber das bin nicht wirklich ich!
... mir diese verblasste Erinnerung nützlich sein könnte.

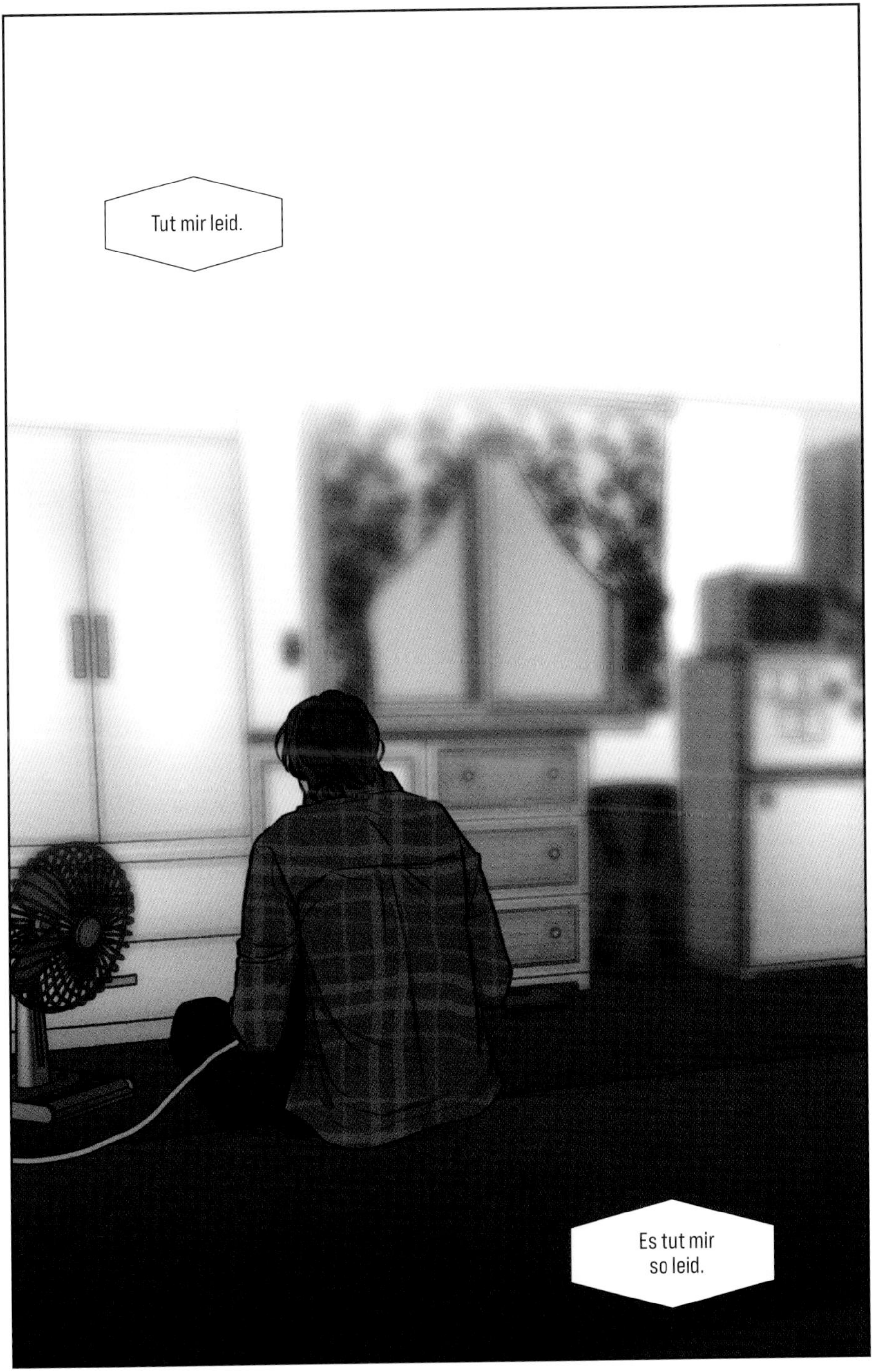
Tut mir leid.
Es tut mir so leid.

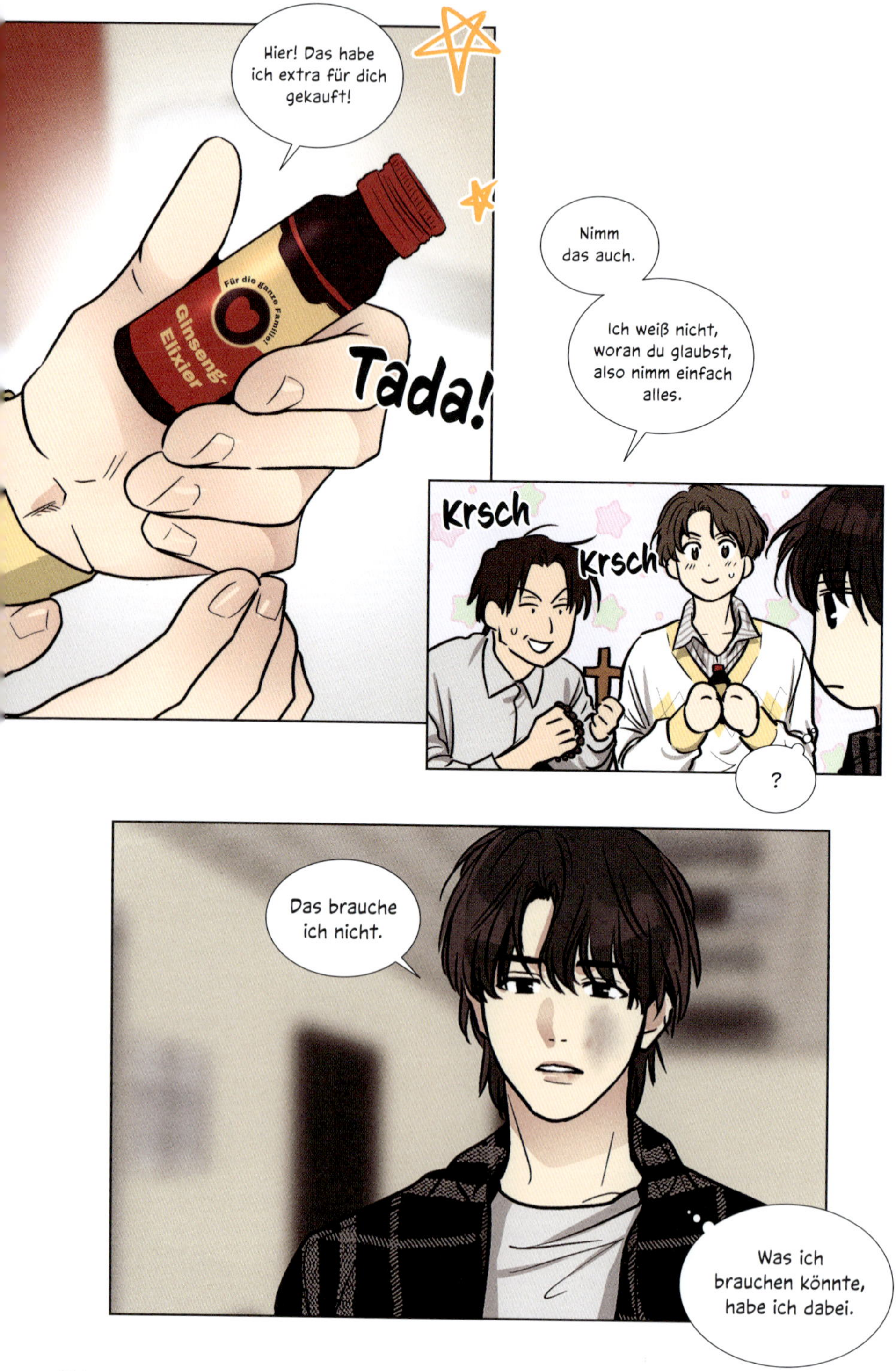
Hier! Das habe ich extra für dich gekauft!
Für die ganze Familie!
Ginseng-Elixier
Tada!
Nimm das auch.
Ich weiß nicht, woran du glaubst, also nimm einfach alles.
Krsch
Krsch
?
Das brauche ich nicht.
Was ich brauchen könnte, habe ich dabei.

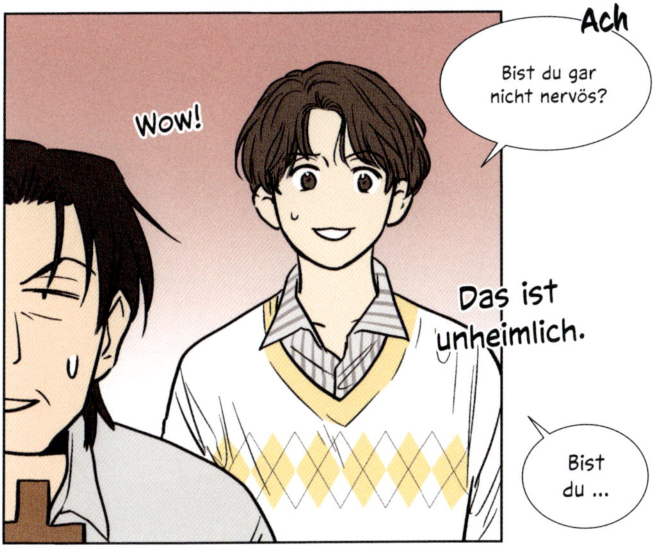
Ach
Bist du gar nicht nervös?
Wow!
Das ist unheimlich.
Bist du ...

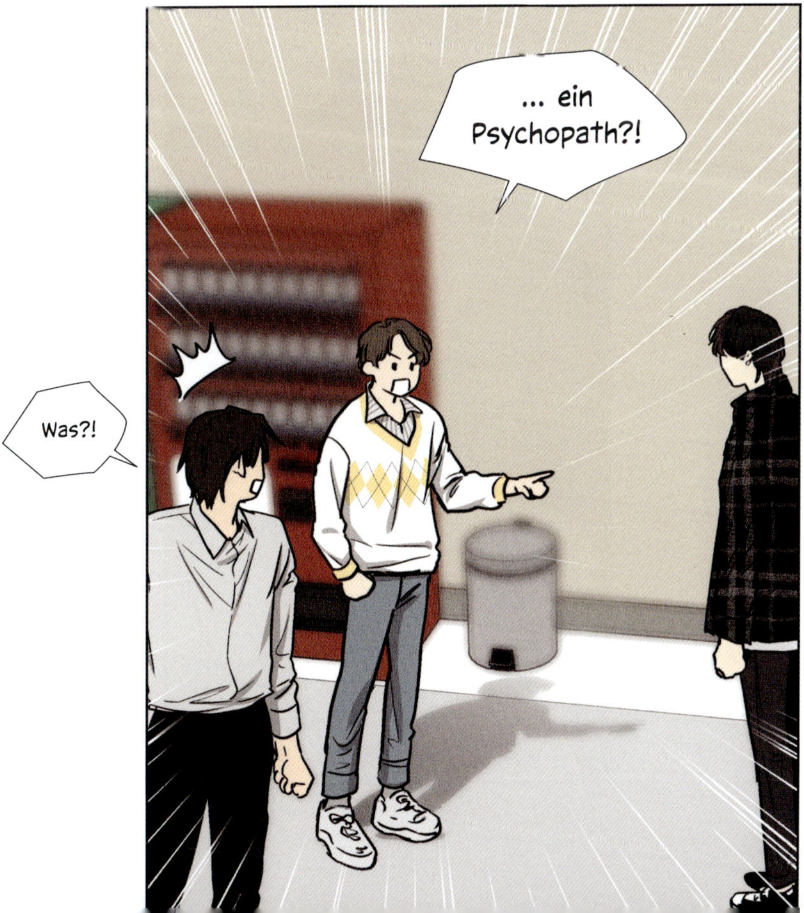
... ein Psychopath?!
Was?!

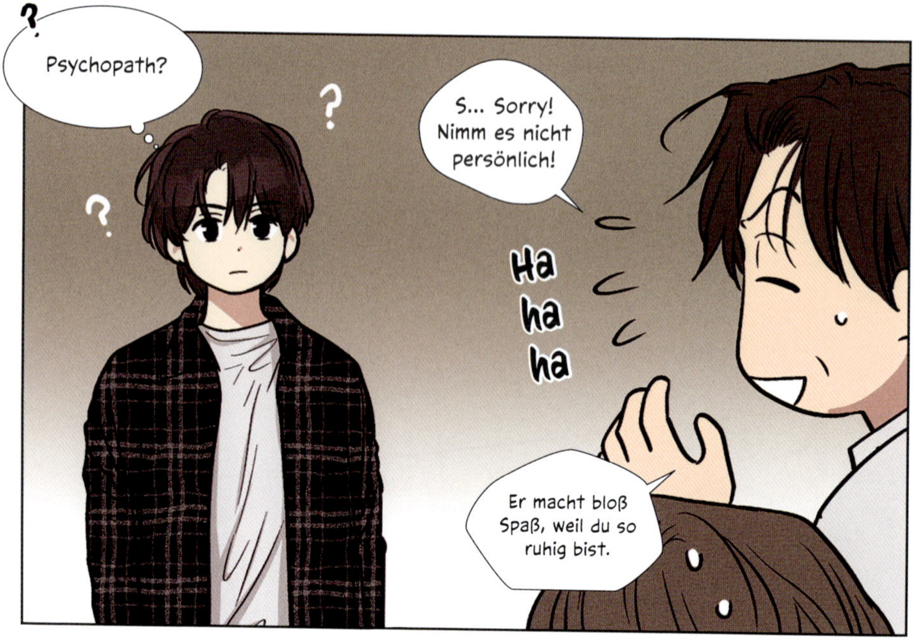
Psychopath?
S... Sorry! Nimm es nicht persönlich!
Ha ha ha
Er macht bloß Spaß, weil du so ruhig bist.

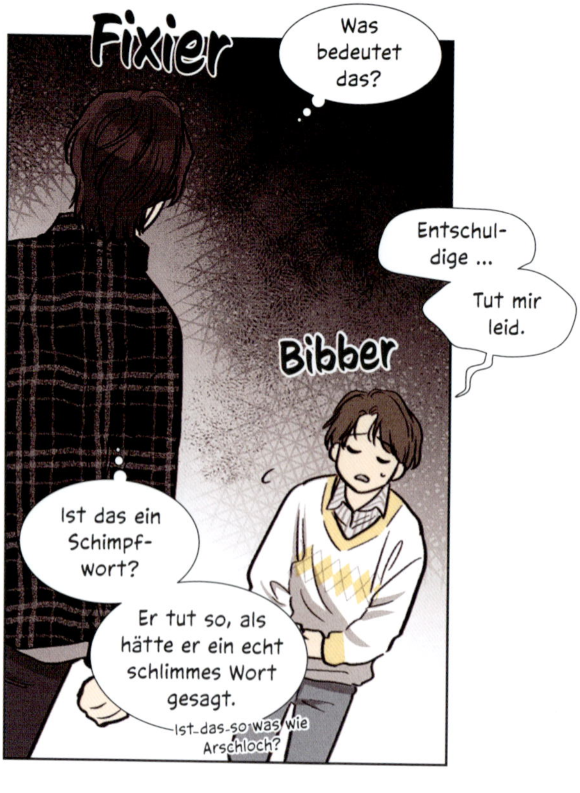
Fixier
Was bedeutet das?
Entschul-dige ...
Tut mir leid.
Bibber
Ist das ein Schimpf-wort?
Er tut so, als hätte er ein echt schlimmes Wort gesagt.
Ist das so was wie Arschloch?

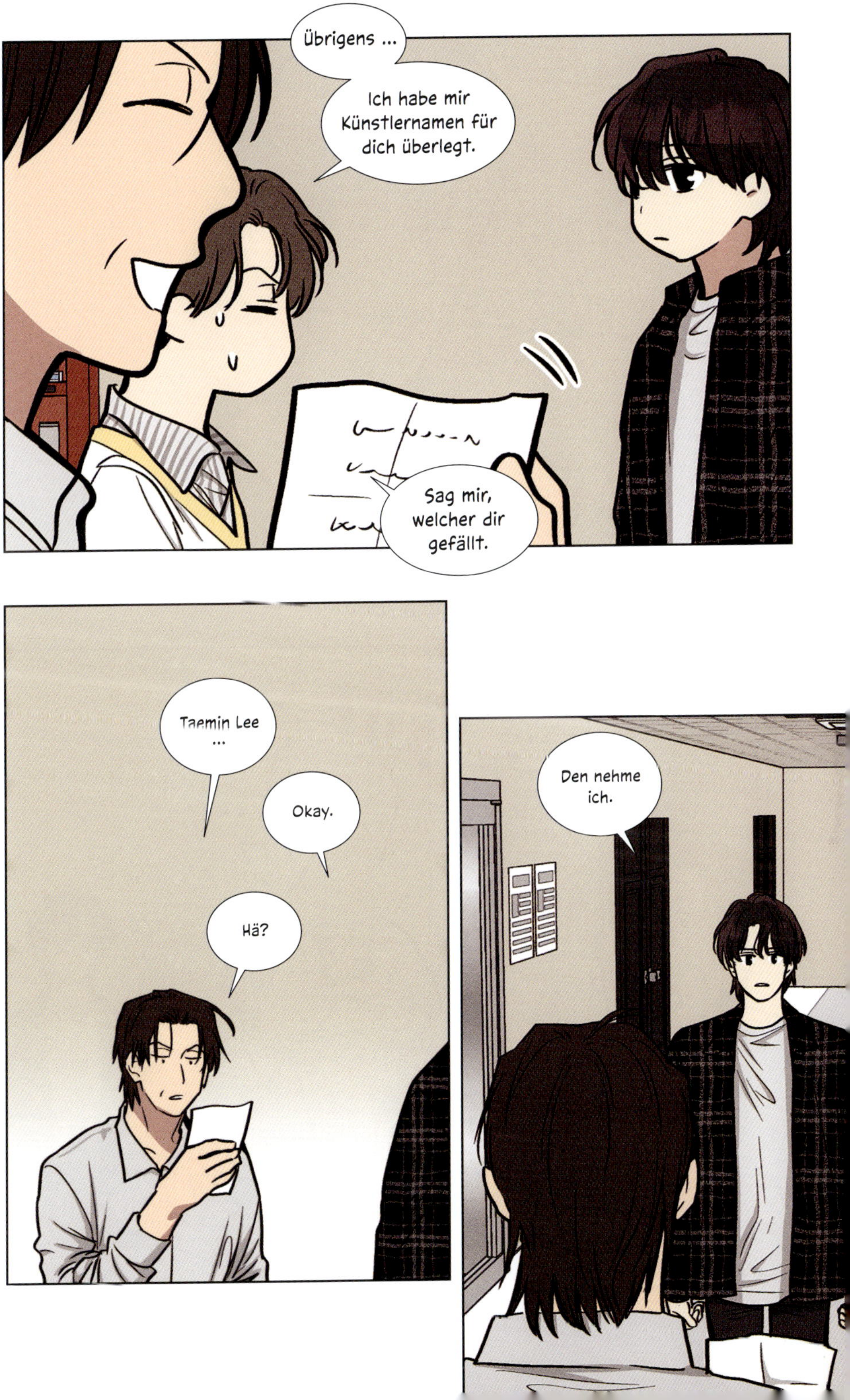
Übrigens ...
Ich habe mir Künstlernamen für dich überlegt.
Sag mir, welcher dir gefällt.
Taemin Lee ...
Okay.
Hä?
Den nehme ich.

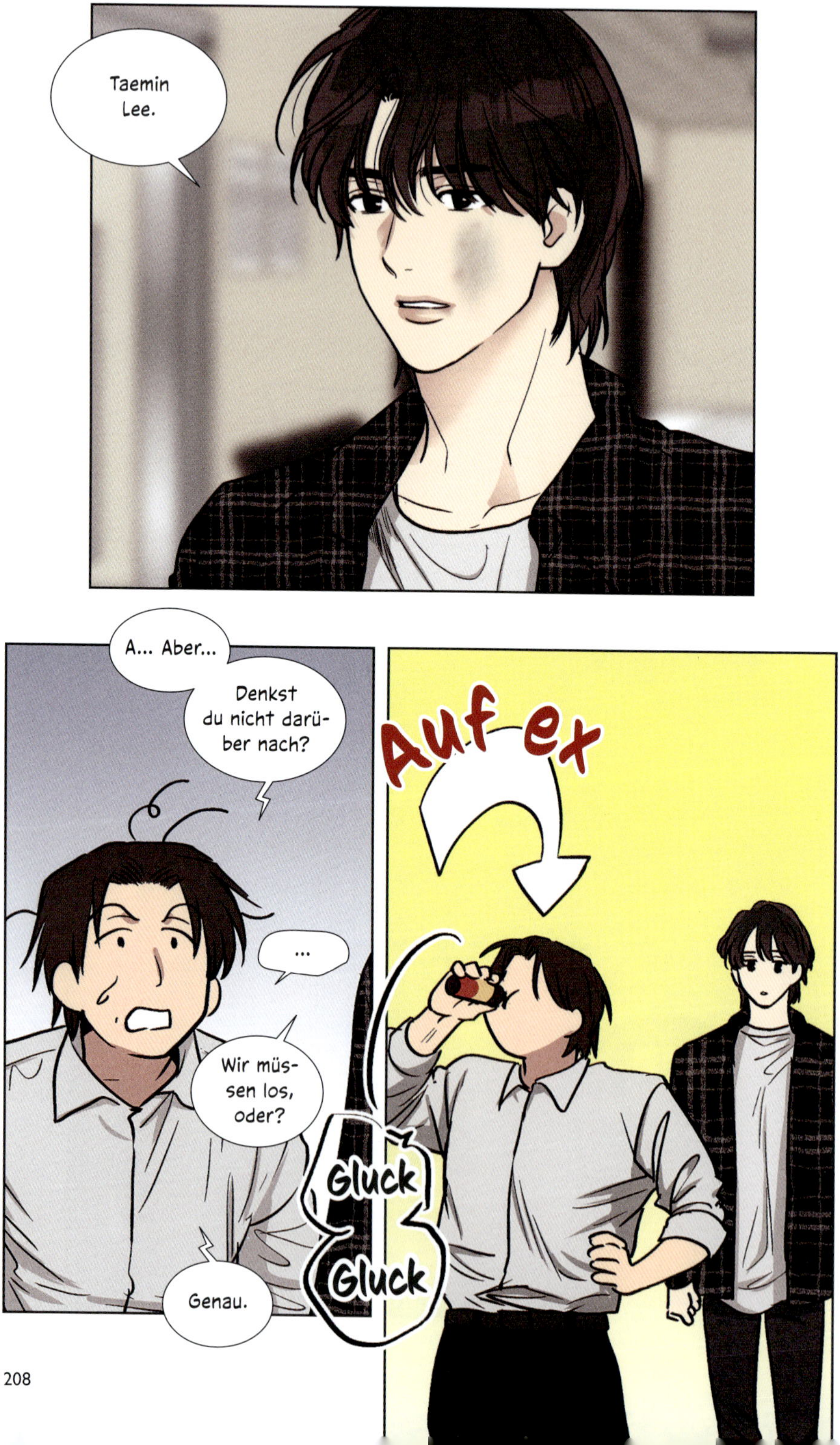
Taemin Lee.
A... Aber...
Denkst du nicht darüber nach?
...
Wir müssen los, oder?
Genau.
Auf ex
Gluck
Gluck

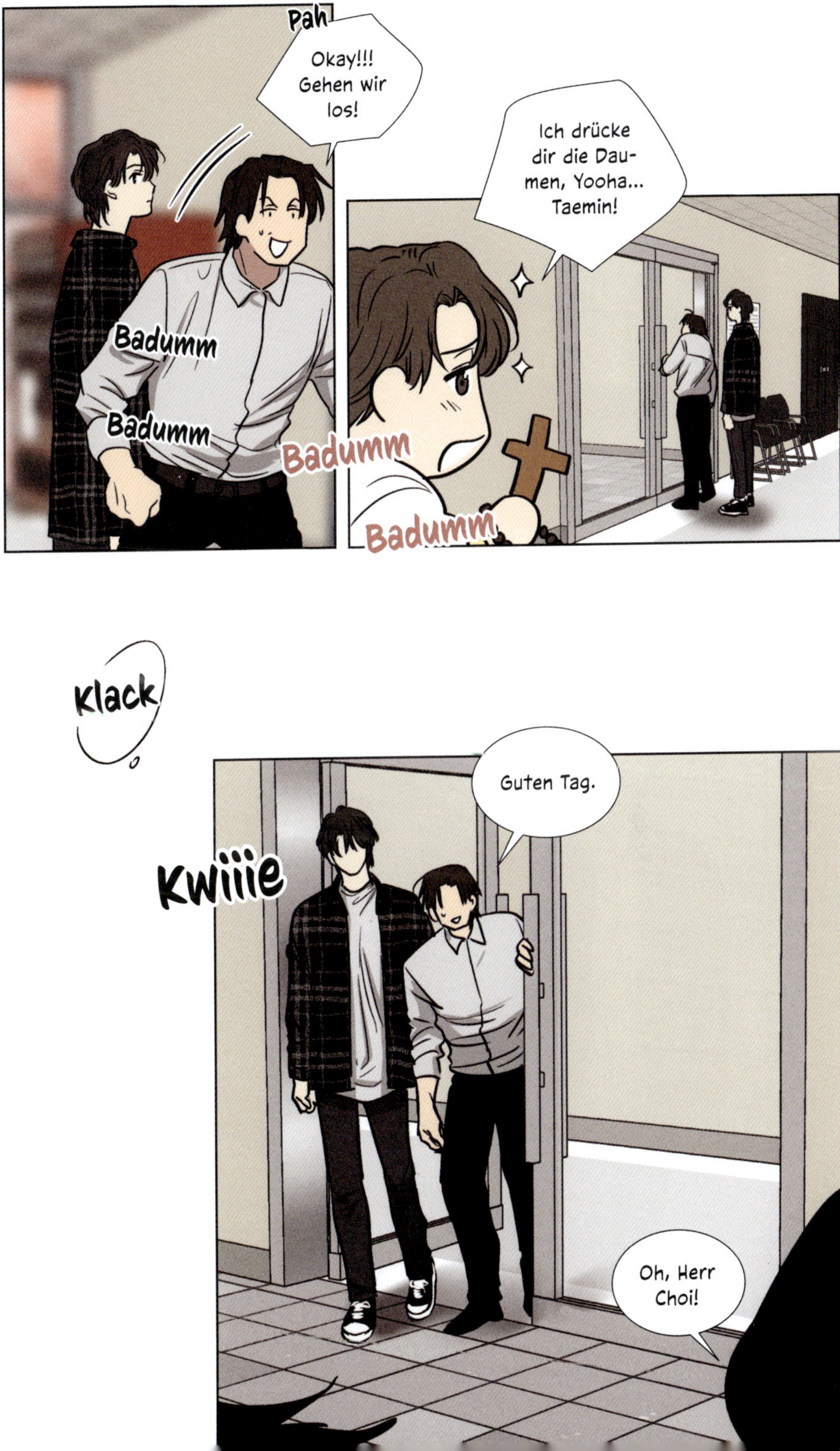
Pah
Okay!!! Gehen wir los!
Badumm
Badumm
Badumm
Badumm
Ich drücke dir die Daumen, Yooha... Taemin!
Klack
Kwiiie
Guten Tag.
Oh, Herr Choi!

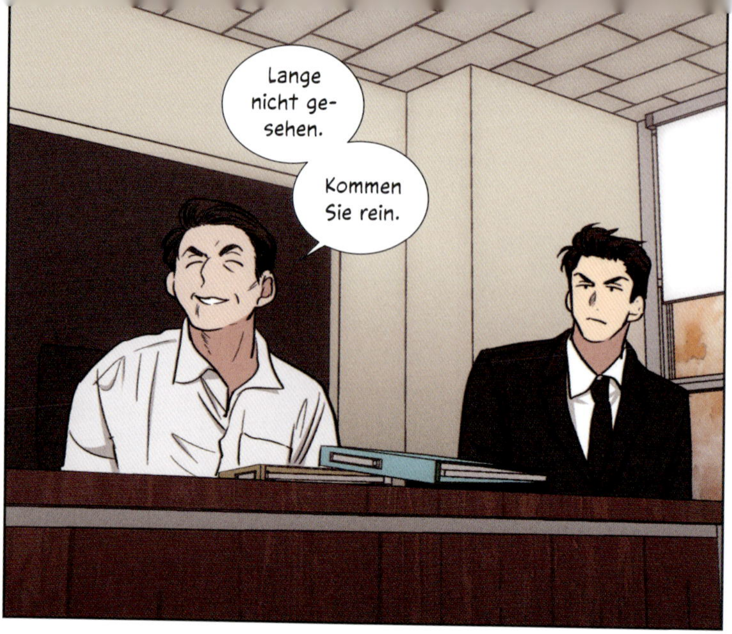
Lange nicht gesehen.
Kommen Sie rein.

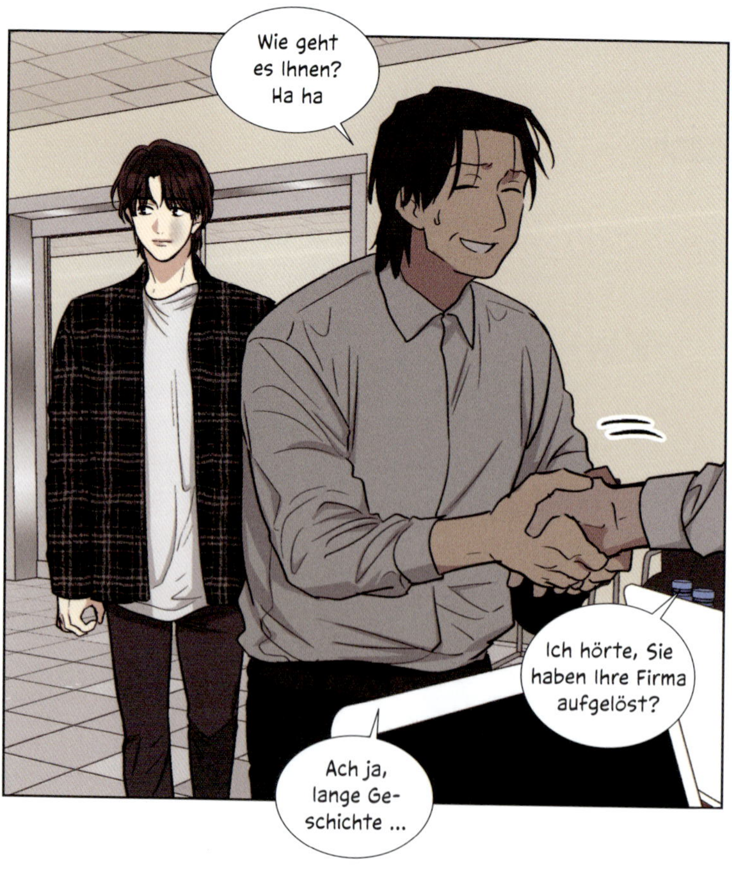
Wie geht es Ihnen? Ha ha
Ich hörte, Sie haben Ihre Firma aufgelöst?
Ach ja, lange Geschichte ...

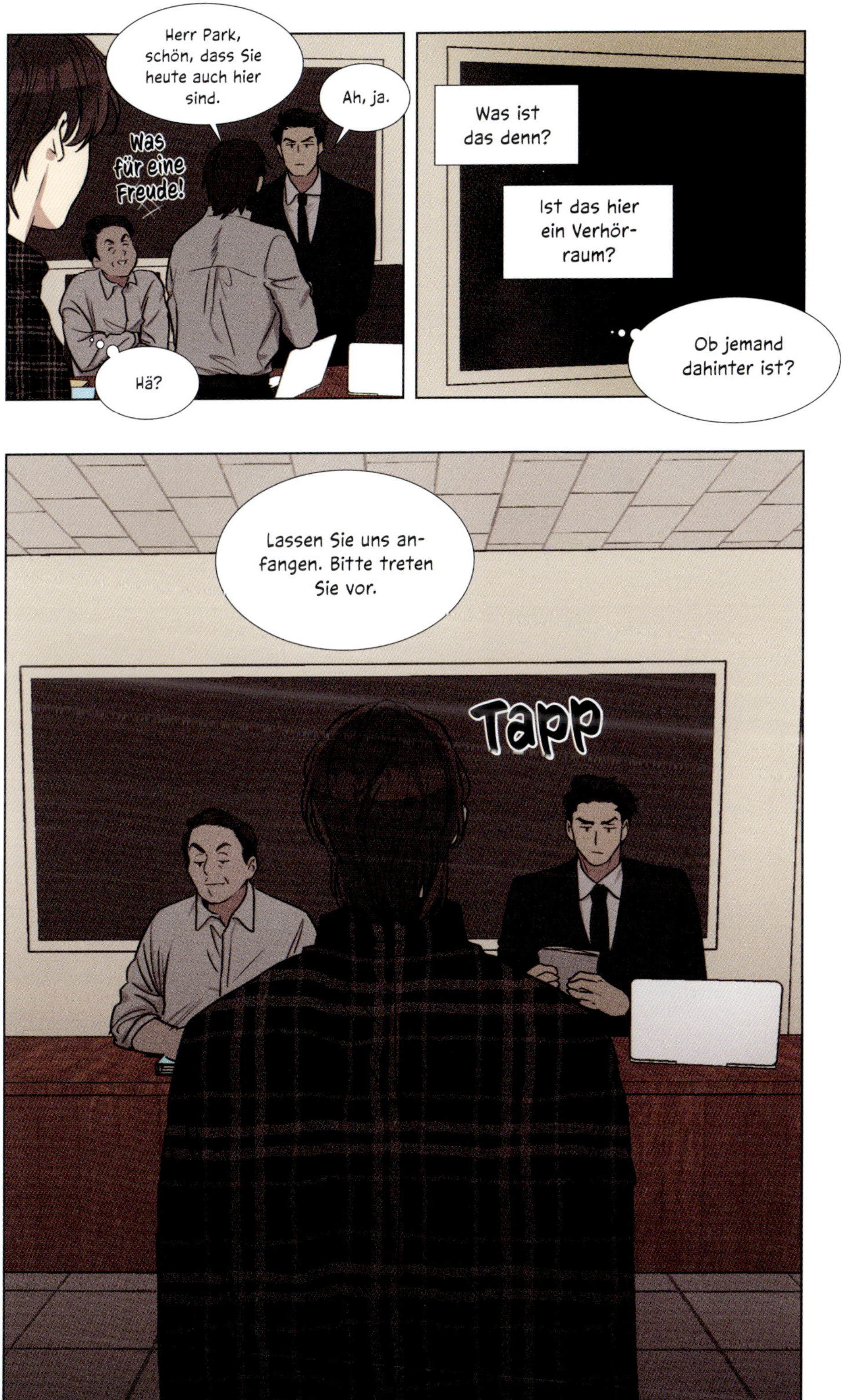

Herr Park, schön, dass Sie heute auch hier sind.
Ah, ja.
Was für eine Freude!
Hä?
Was ist das denn?
Ist das hier ein Verhör-raum?
Ob jemand dahinter ist?
Lassen Sie uns an-fangen. Bitte treten Sie vor.
Tapp

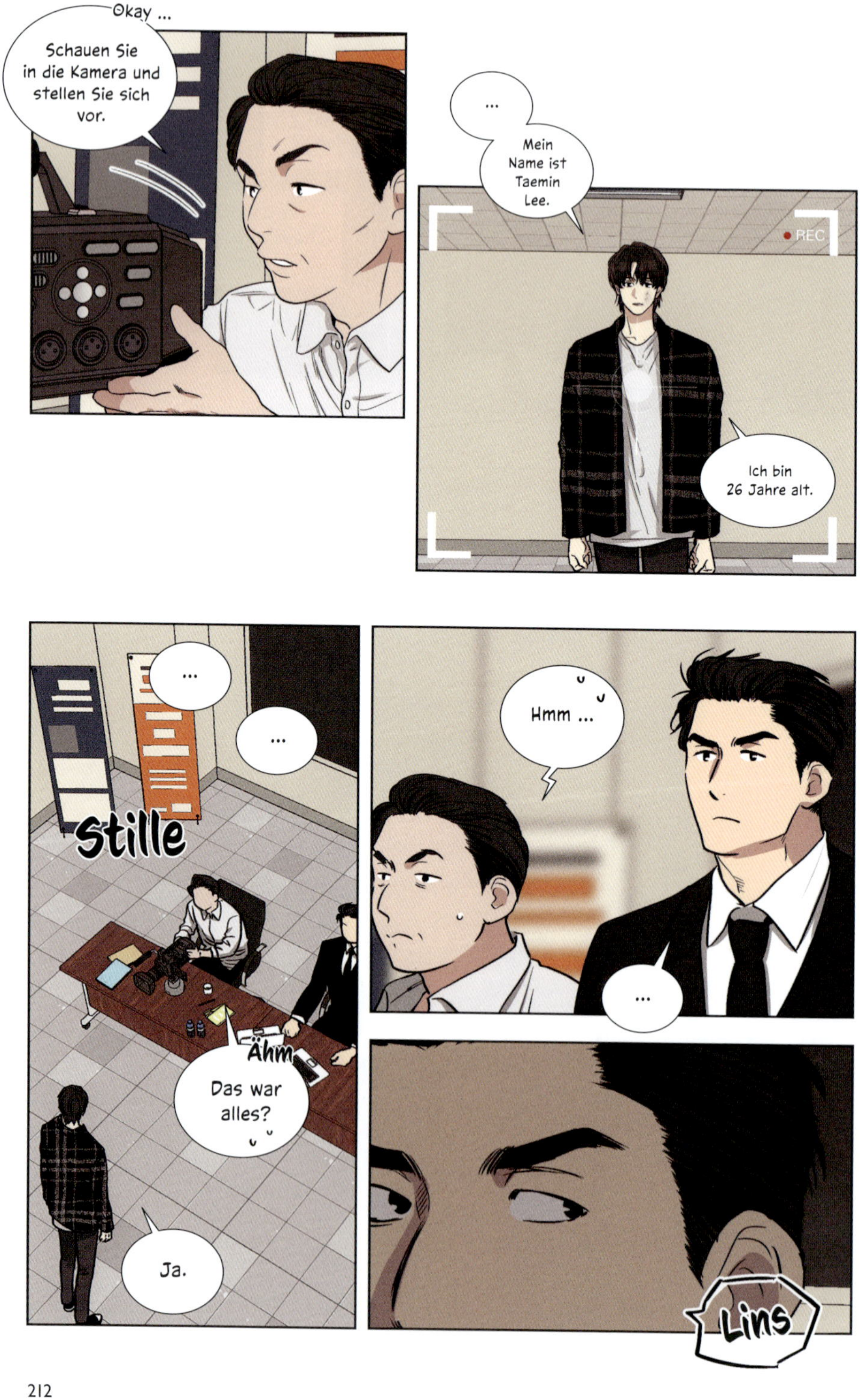
Okay ...
Schauen Sie in die Kamera und stellen Sie sich vor.
...
Mein Name ist Taemin Lee.
REC
Ich bin 26 Jahre alt.
...
...
Stille
Hmm ...
...
Ähm
Das war alles?
Ja.
Lins

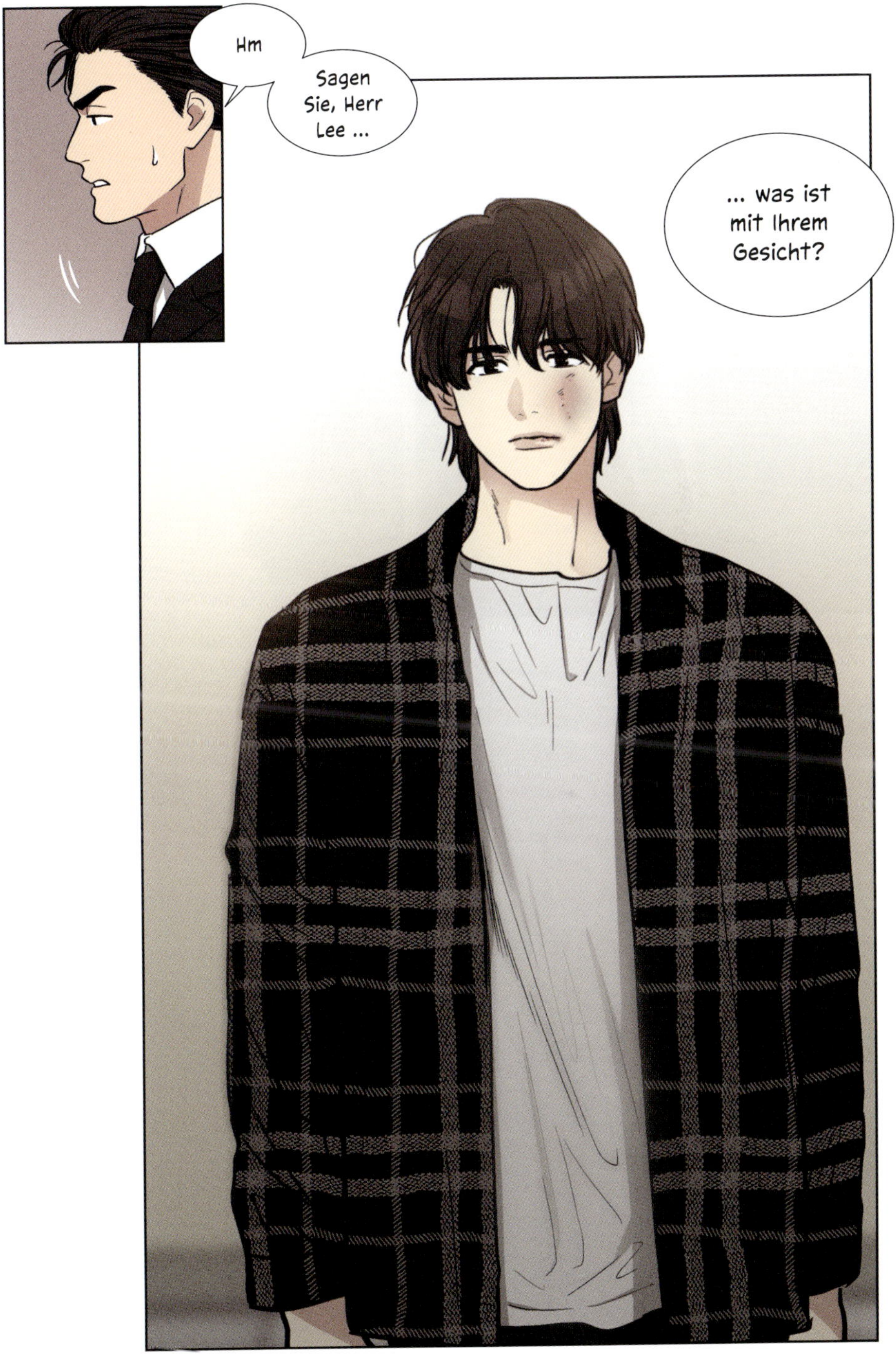
Hm
Sagen Sie, Herr Lee ...
... was ist mit Ihrem Gesicht?

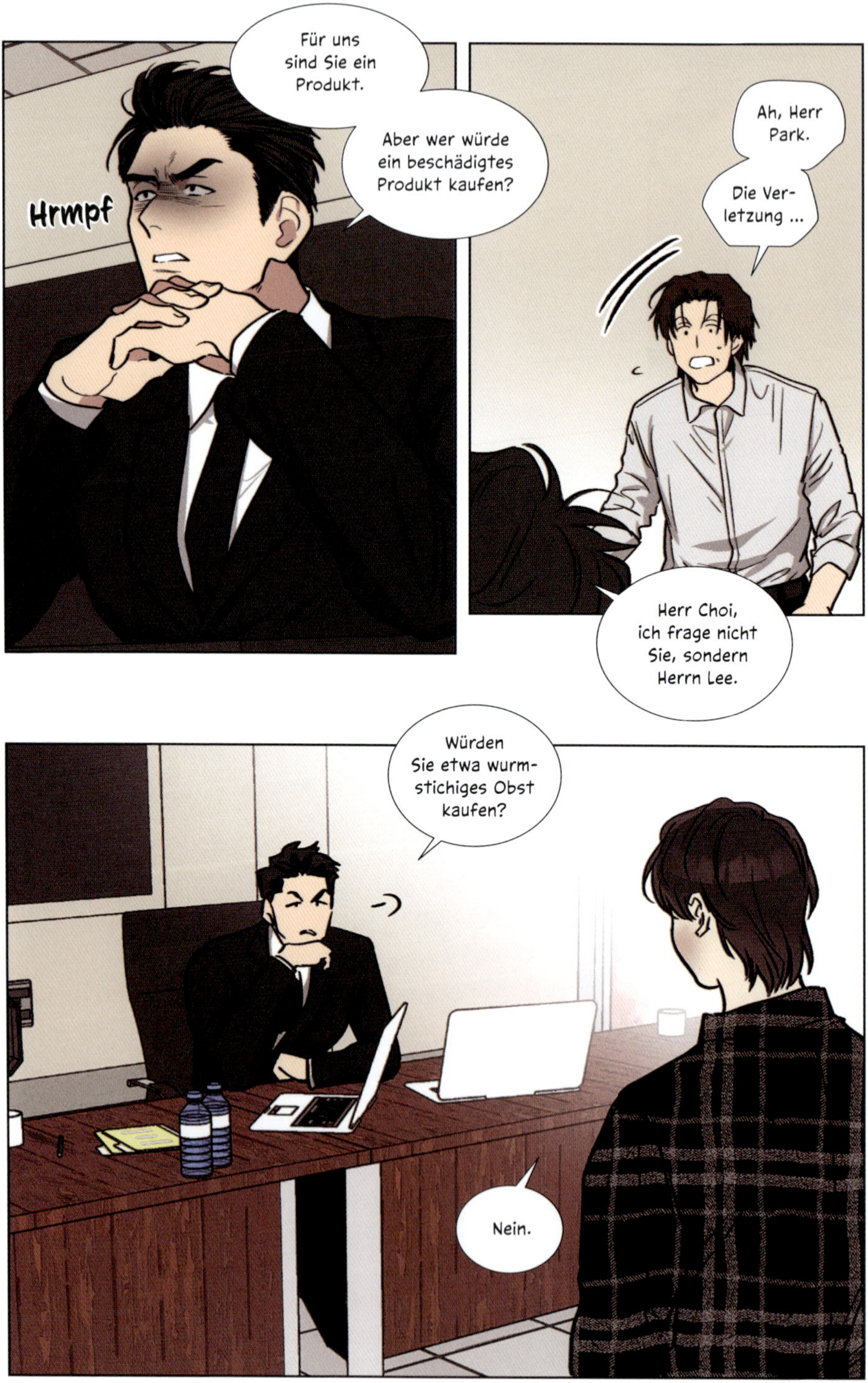

Für uns sind Sie ein Produkt.
Aber wer würde ein beschädigtes Produkt kaufen?
Hrmpf
Ah, Herr Park.
Die Verletzung ...
Herr Choi, ich frage nicht Sie, sondern Herrn Lee.
Würden Sie etwa wurmstichiges Obst kaufen?
Nein.

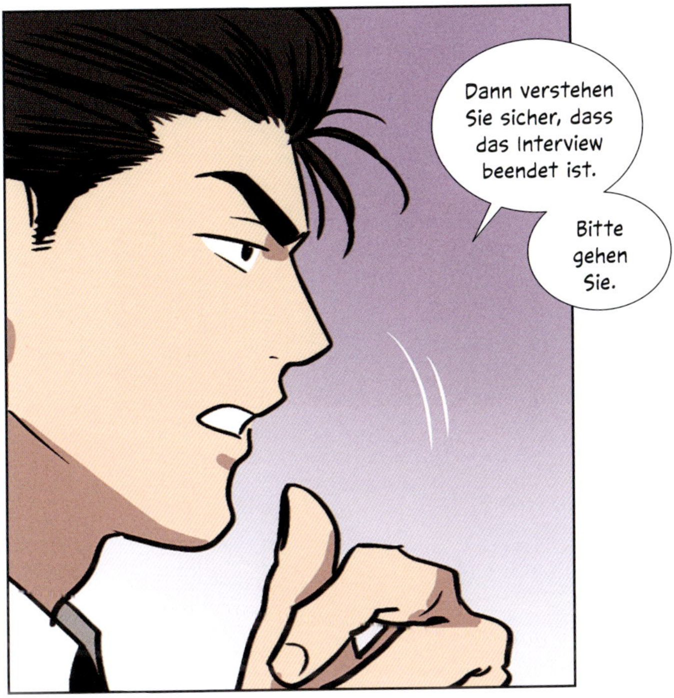
Dann verstehen Sie sicher, dass das Interview beendet ist.
Bitte gehen Sie.

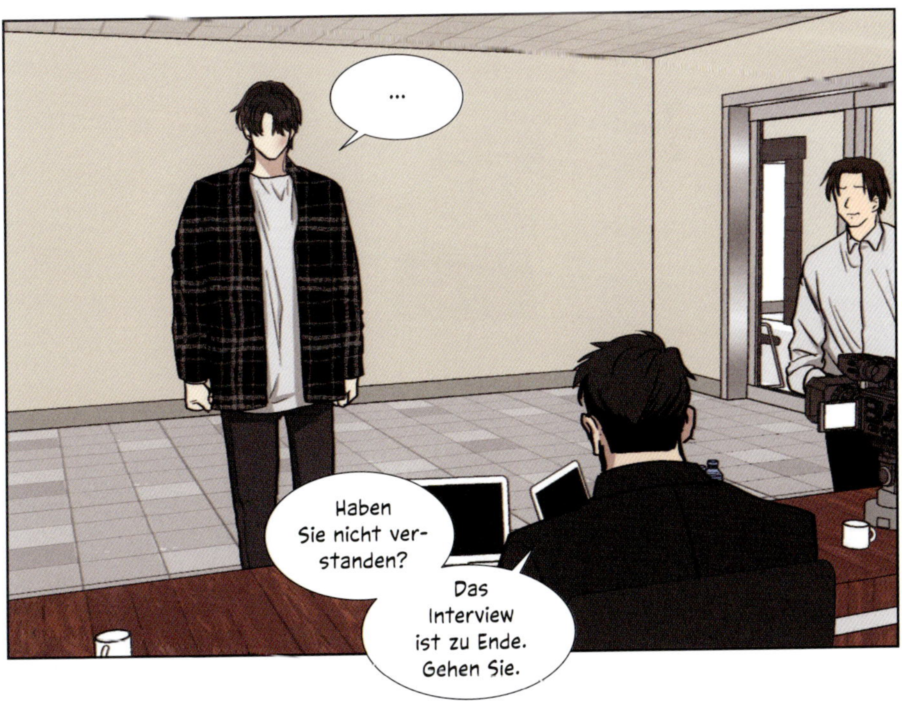
...
Haben Sie nicht verstanden?
Das Interview ist zu Ende. Gehen Sie.

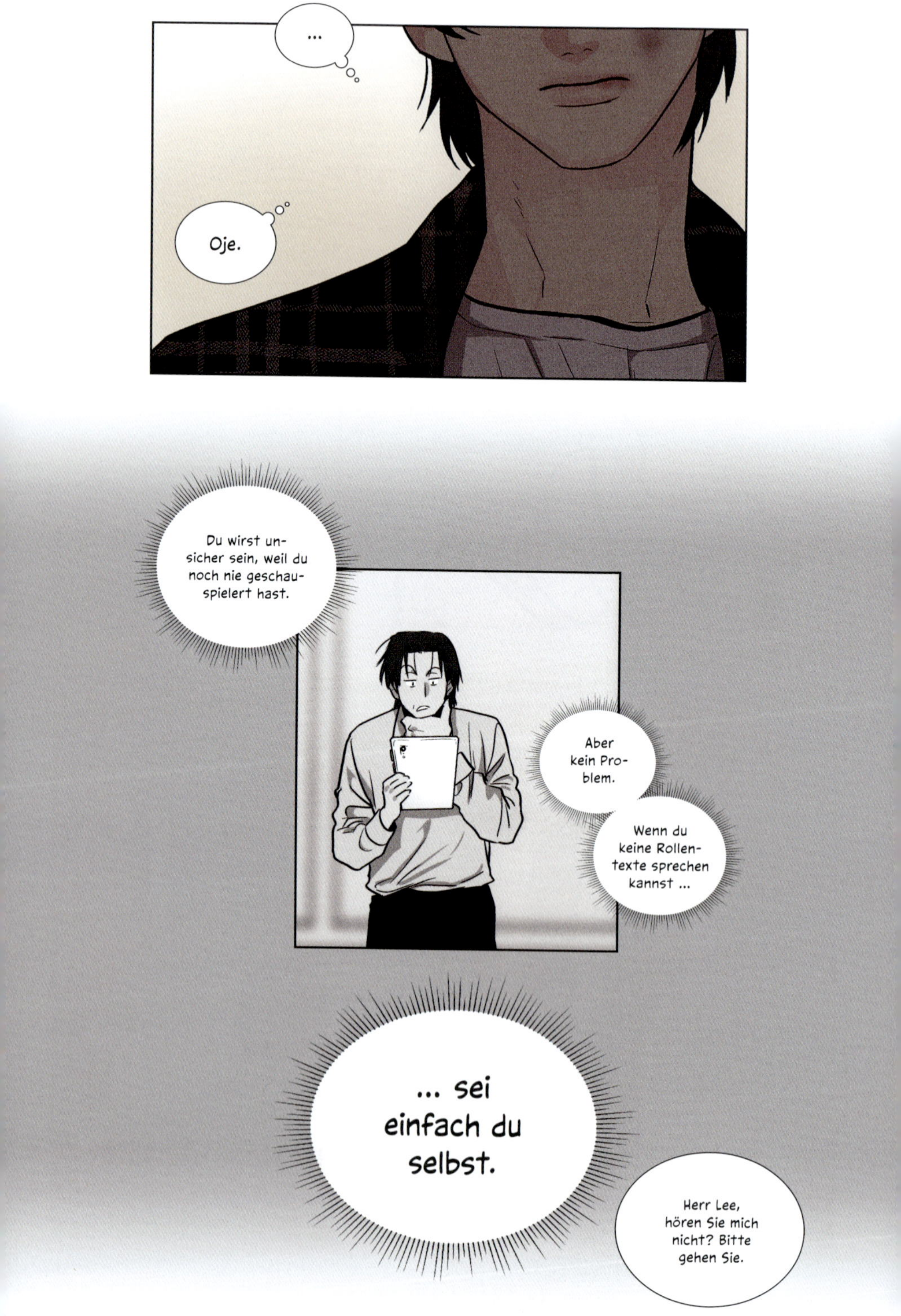
...
Oje.
Du wirst unsicher sein, weil du noch nie geschauspielert hast.
Aber kein Problem.
Wenn du keine Rollentexte sprechen kannst ...
... sei einfach du selbst.
Herr Lee, hören Sie mich nicht? Bitte gehen Sie.

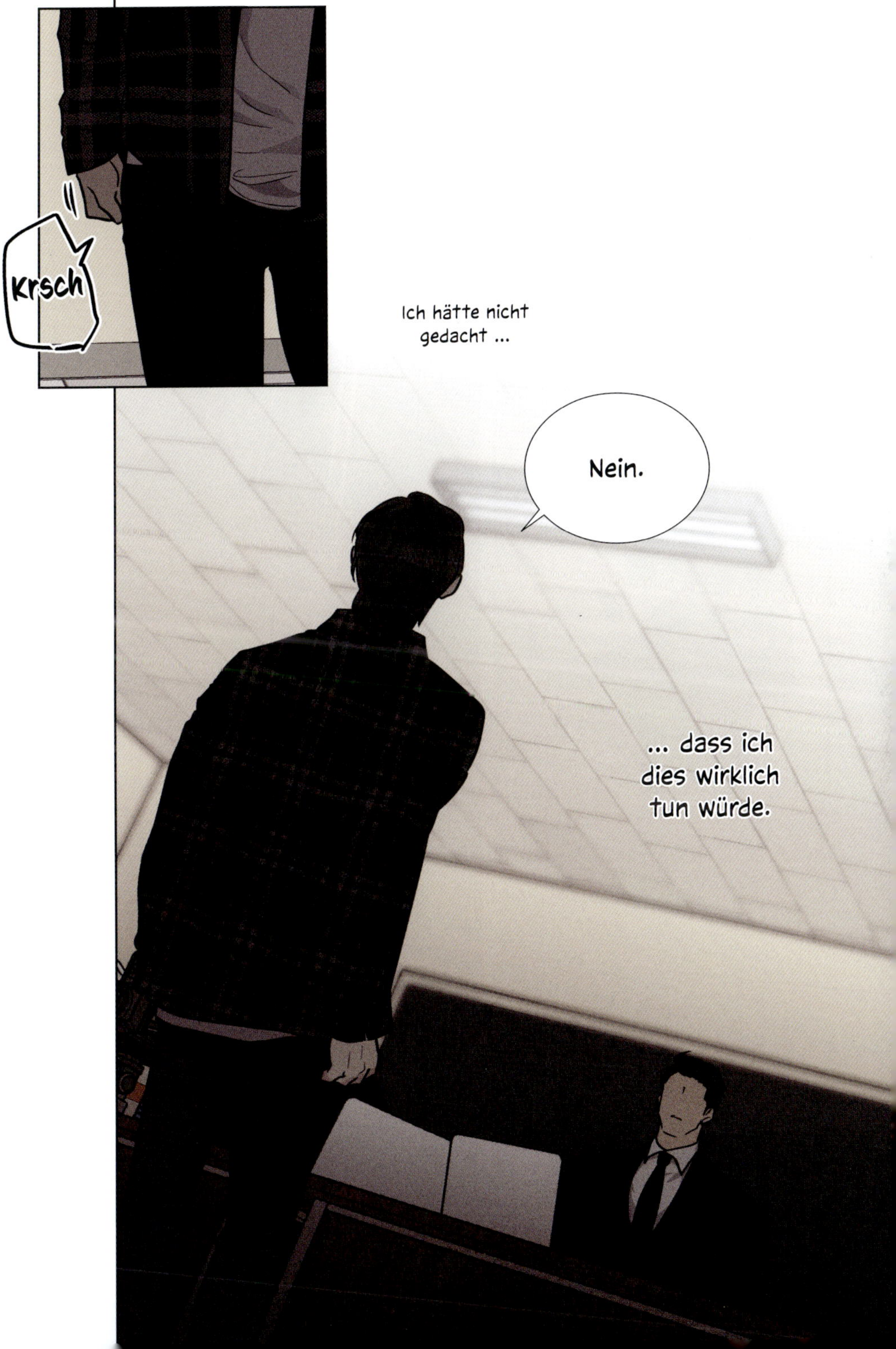
Krsch
Ich hätte nicht gedacht ...
Nein.
... dass ich dies wirklich tun würde.

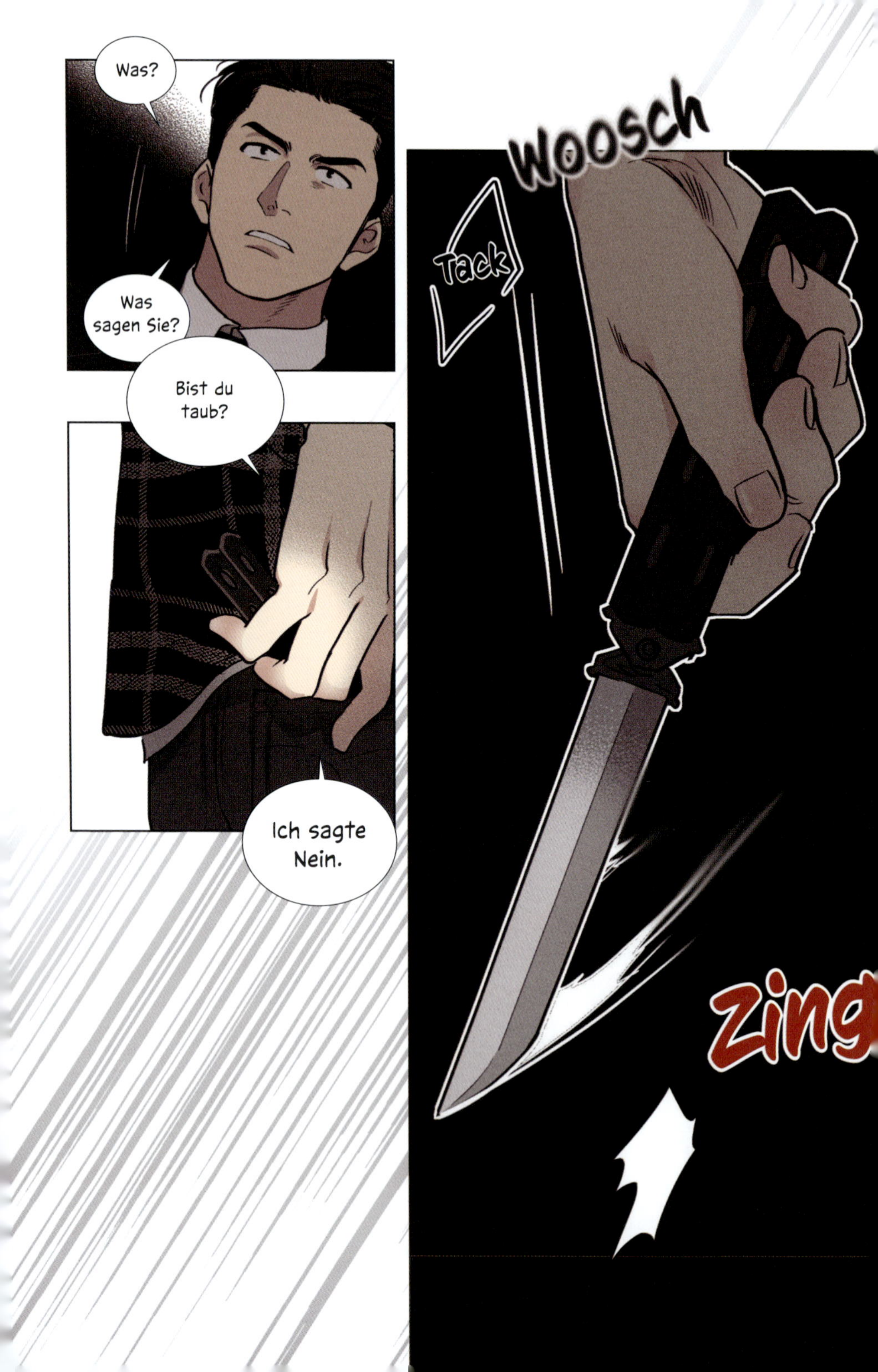
Was?
Was sagen Sie?
Bist du taub?
Ich sagte Nein.
Woosch
Tack
Zing

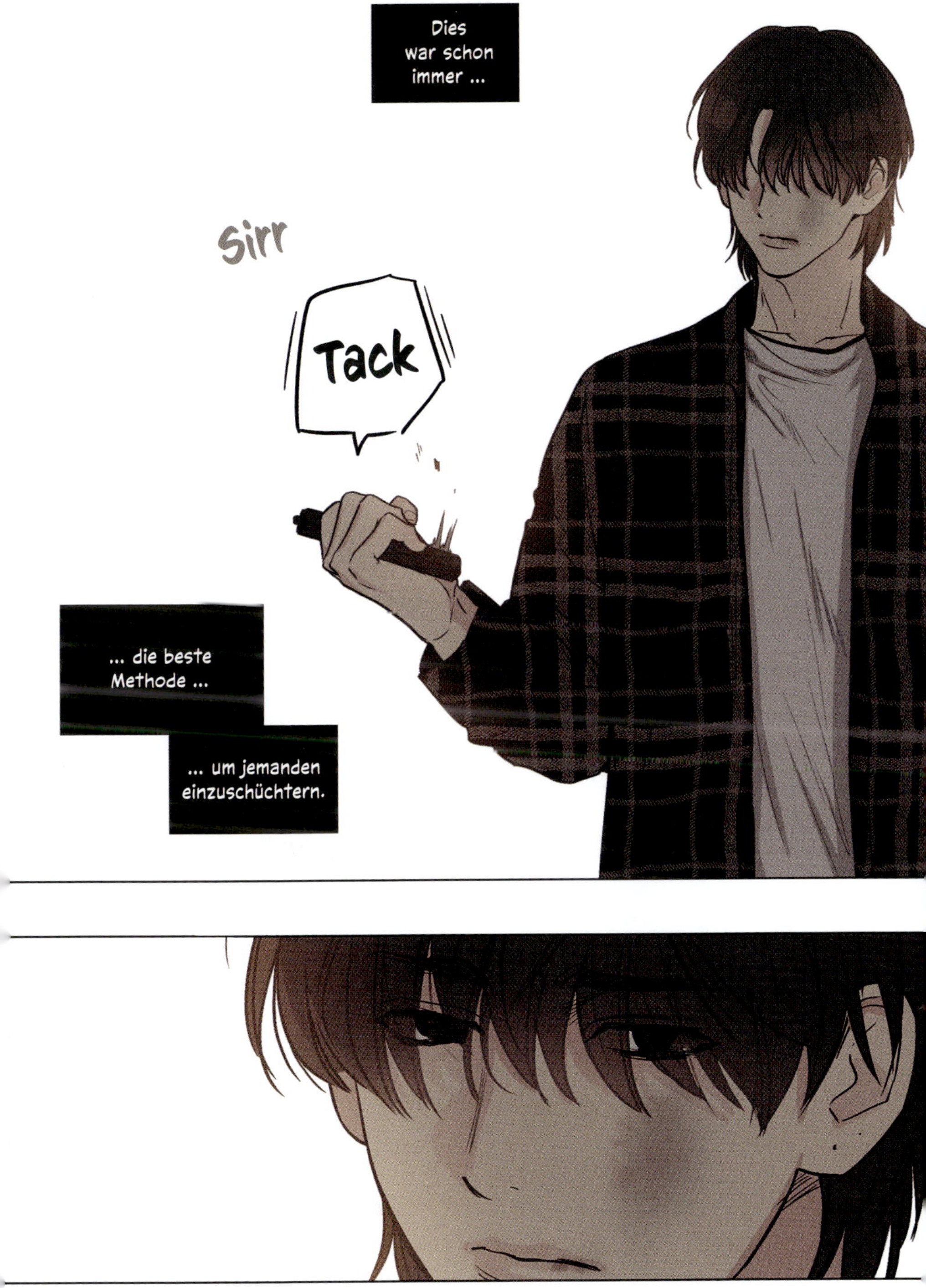
Dies war schon immer ...
Sirr
Tack
... die beste Methode ...
... um jemanden einzuschüchtern.

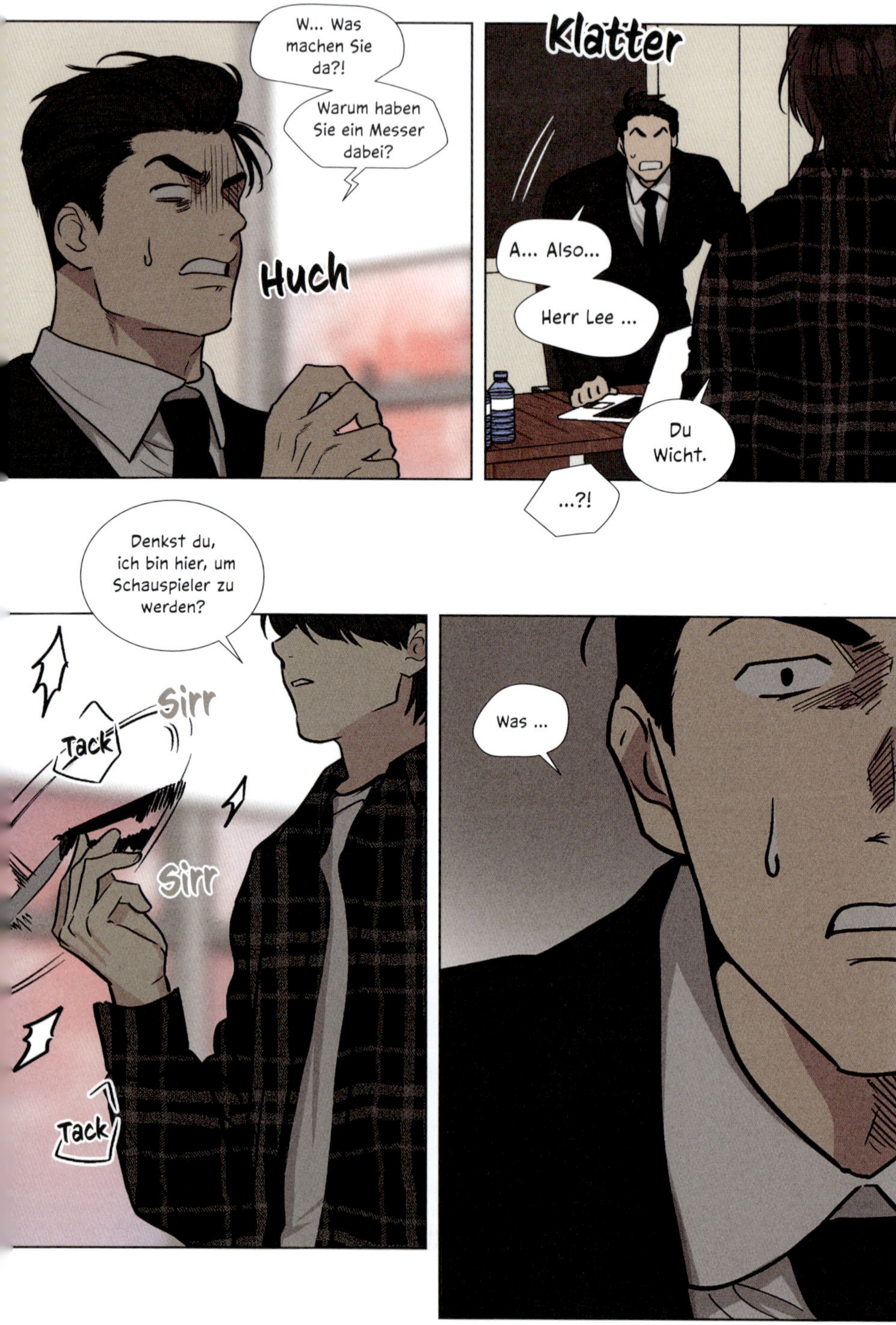
W... Was machen Sie da?!
Warum haben Sie ein Messer dabei?
Huch
Klatter
A... Also...
Herr Lee ...
Du Wicht.
...?!
Denkst du, ich bin hier, um Schauspieler zu werden?
Sirr
Tack
Sirr
Tack
Was ...

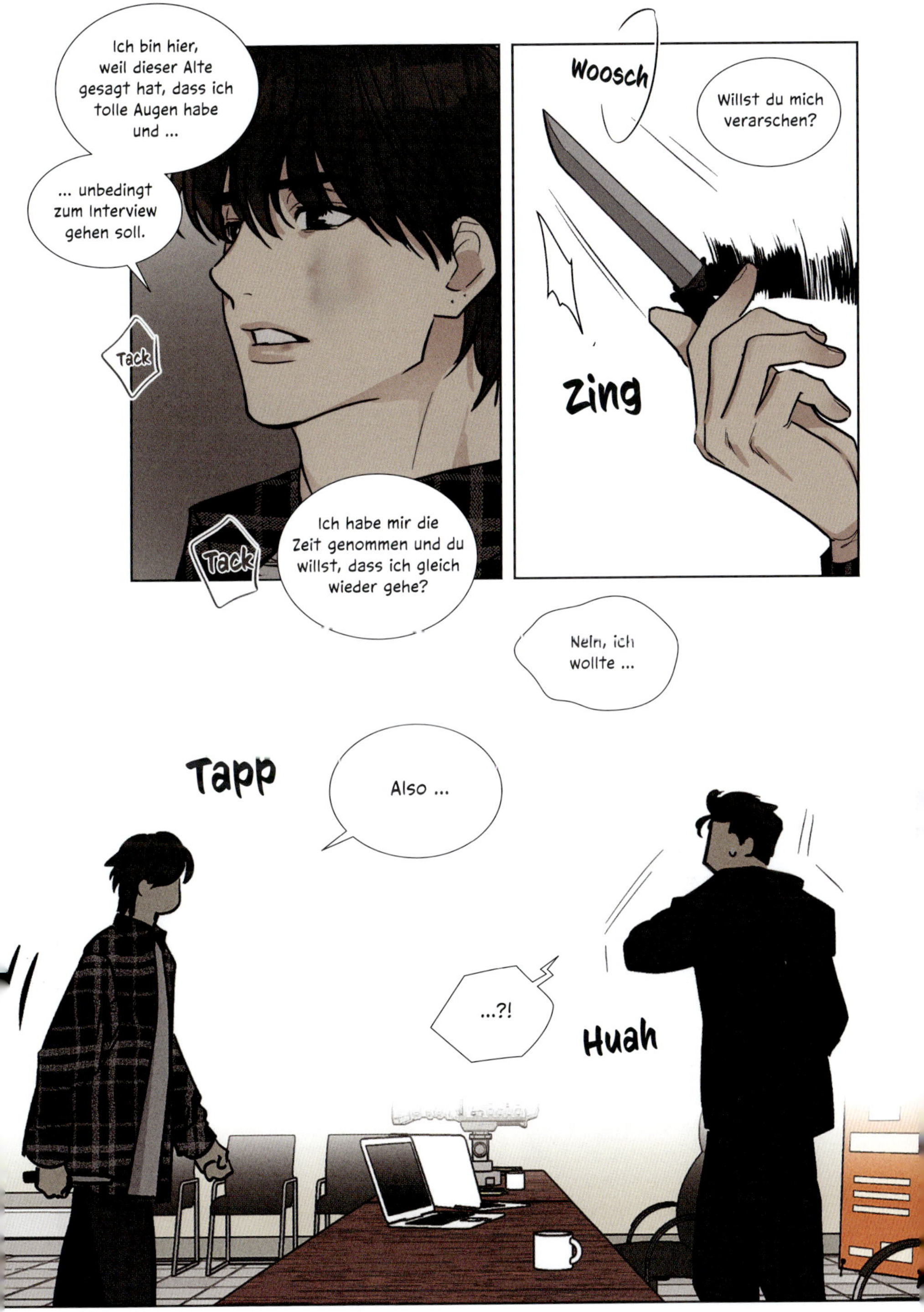
Ich bin hier, weil dieser Alte gesagt hat, dass ich tolle Augen habe und ...
... unbedingt zum Interview gehen soll.
Tack
Tack
Ich habe mir die Zeit genommen und du willst, dass ich gleich wieder gehe?
Woosch
Willst du mich verarschen?
Zing
Nein, ich wollte ...
Tapp
Also ...
...?!
Huah

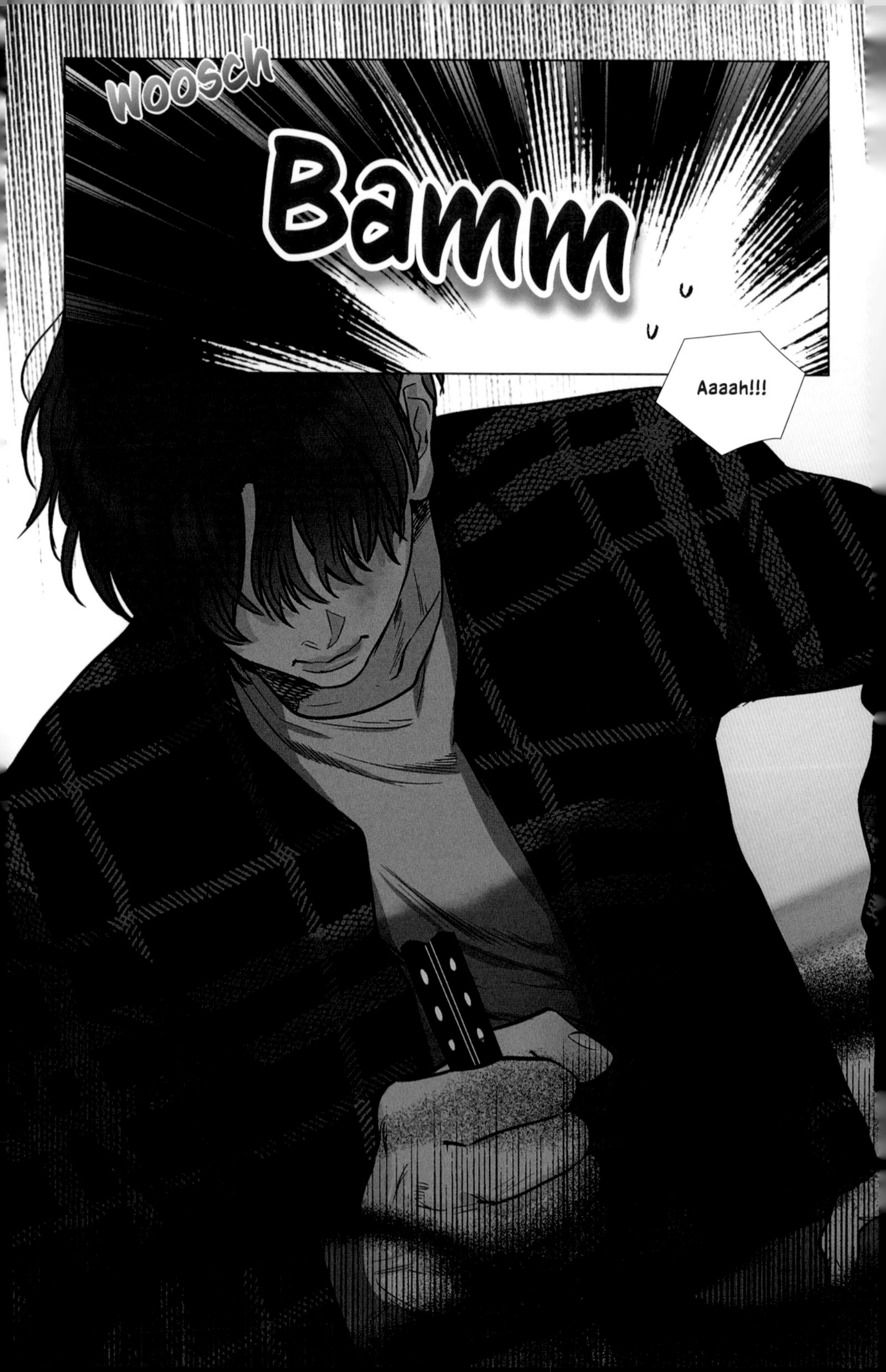
woosch
Bamm
Aaaah!!!

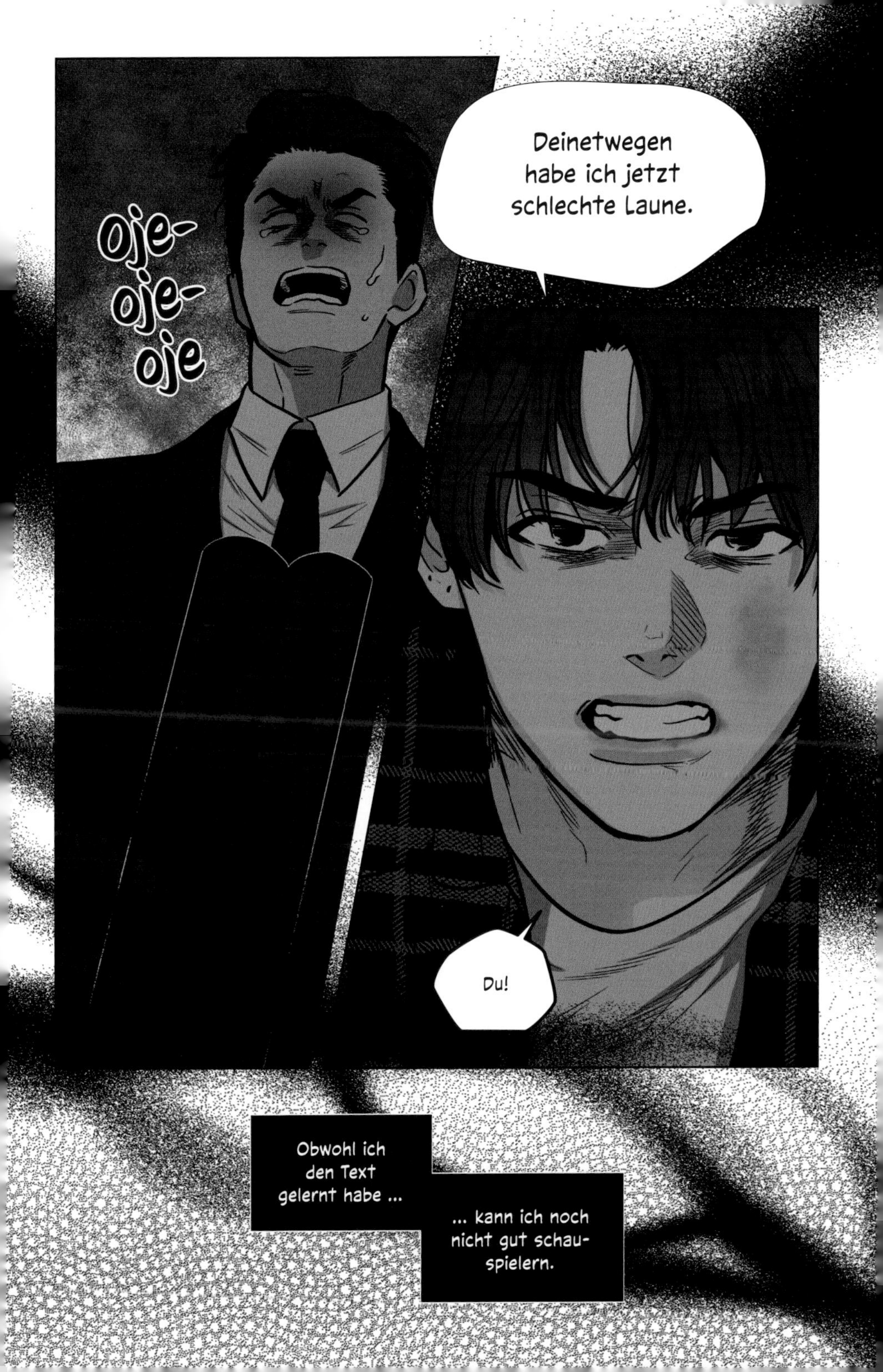
Oje-oje-oje
Deinetwegen habe ich jetzt schlechte Laune.
Du!
Obwohl ich den Text gelernt habe ...
... kann ich noch nicht gut schau-spielern.

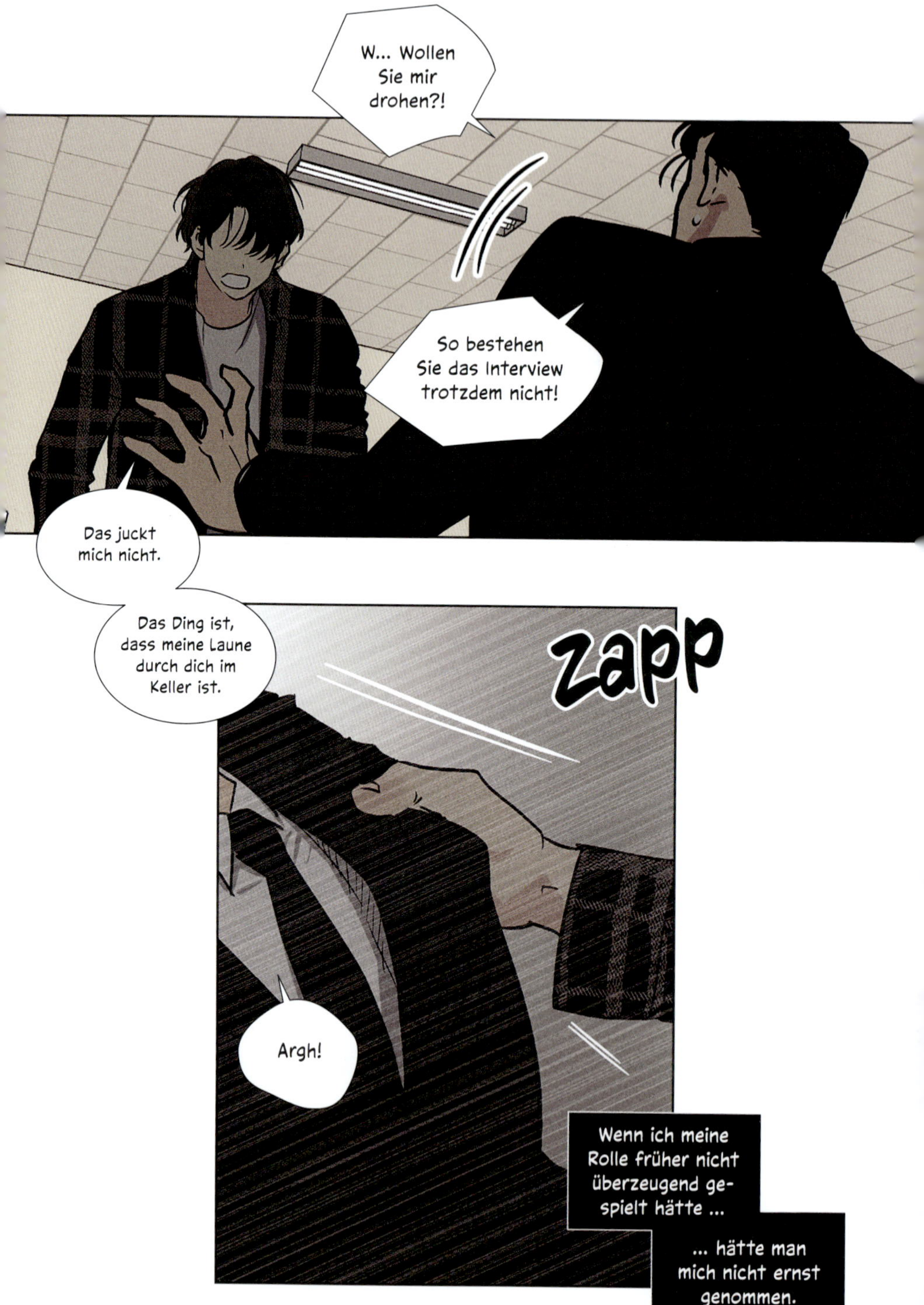
W... Wollen Sie mir drohen?!
So bestehen Sie das Interview trotzdem nicht!
Das juckt mich nicht.
Das Ding ist, dass meine Laune durch dich im Keller ist.
zapp
Argh!
Wenn ich meine Rolle früher nicht überzeugend gespielt hätte ...
... hätte man mich nicht ernst genommen.

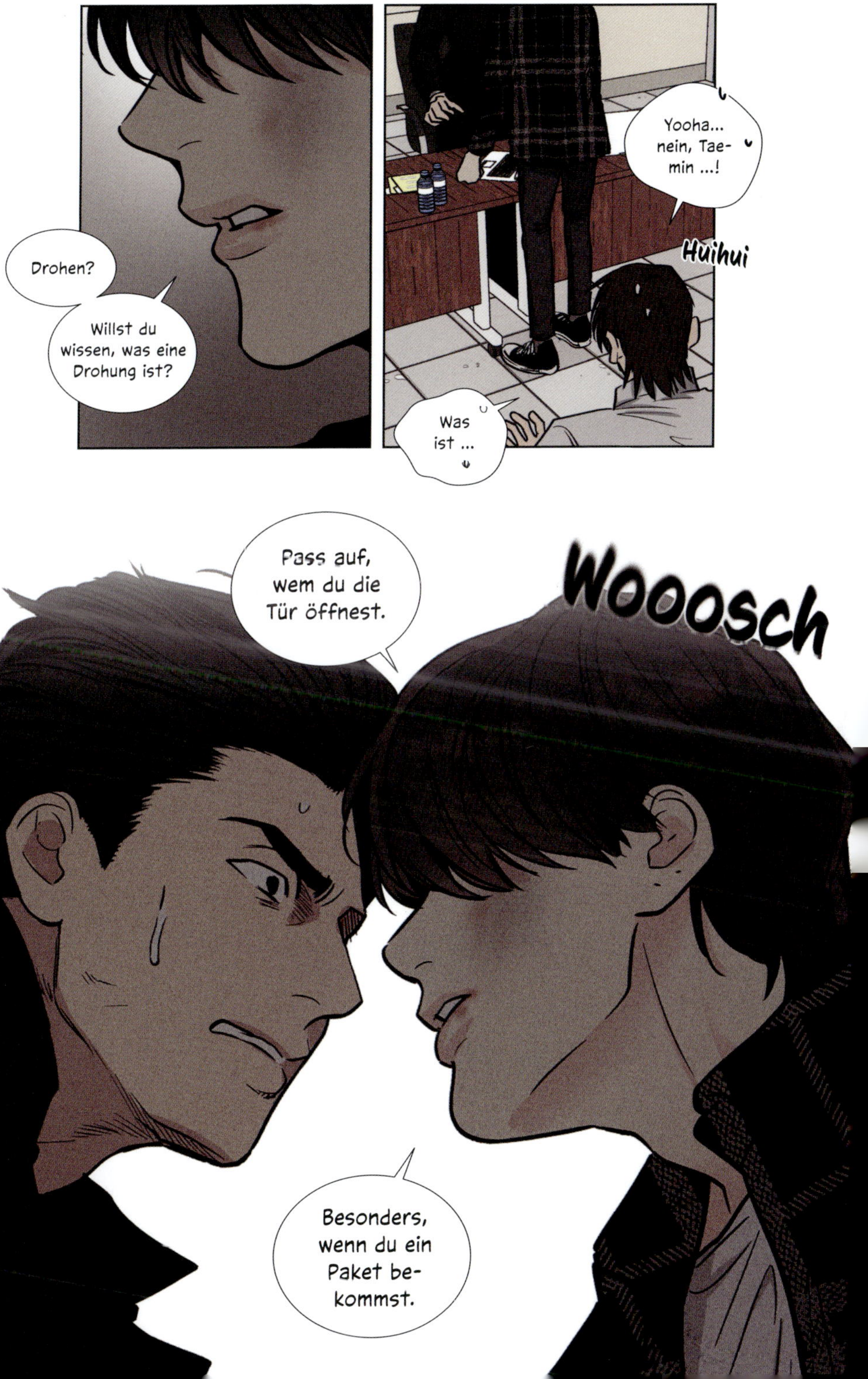
Drohen?
Willst du wissen, was eine Drohung ist?
Yooha... nein, Tae-min ...!
Huihui
Was ist ...
Pass auf, wem du die Tür öffnest.
WOOOSCH
Besonders, wenn du ein Paket be-kommst.

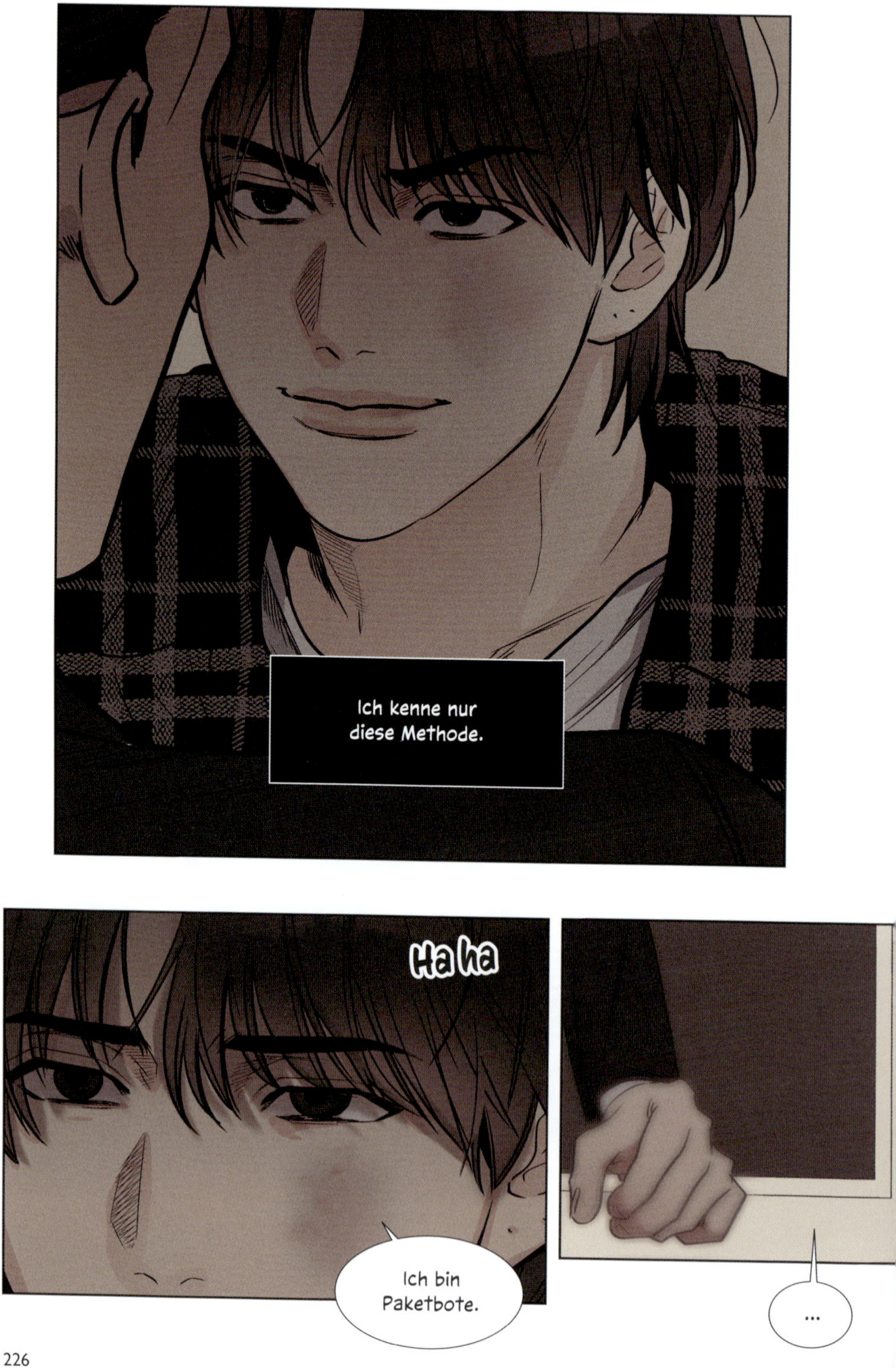

Ich kenne nur diese Methode.
Ha ha
Ich bin Paketbote.
...

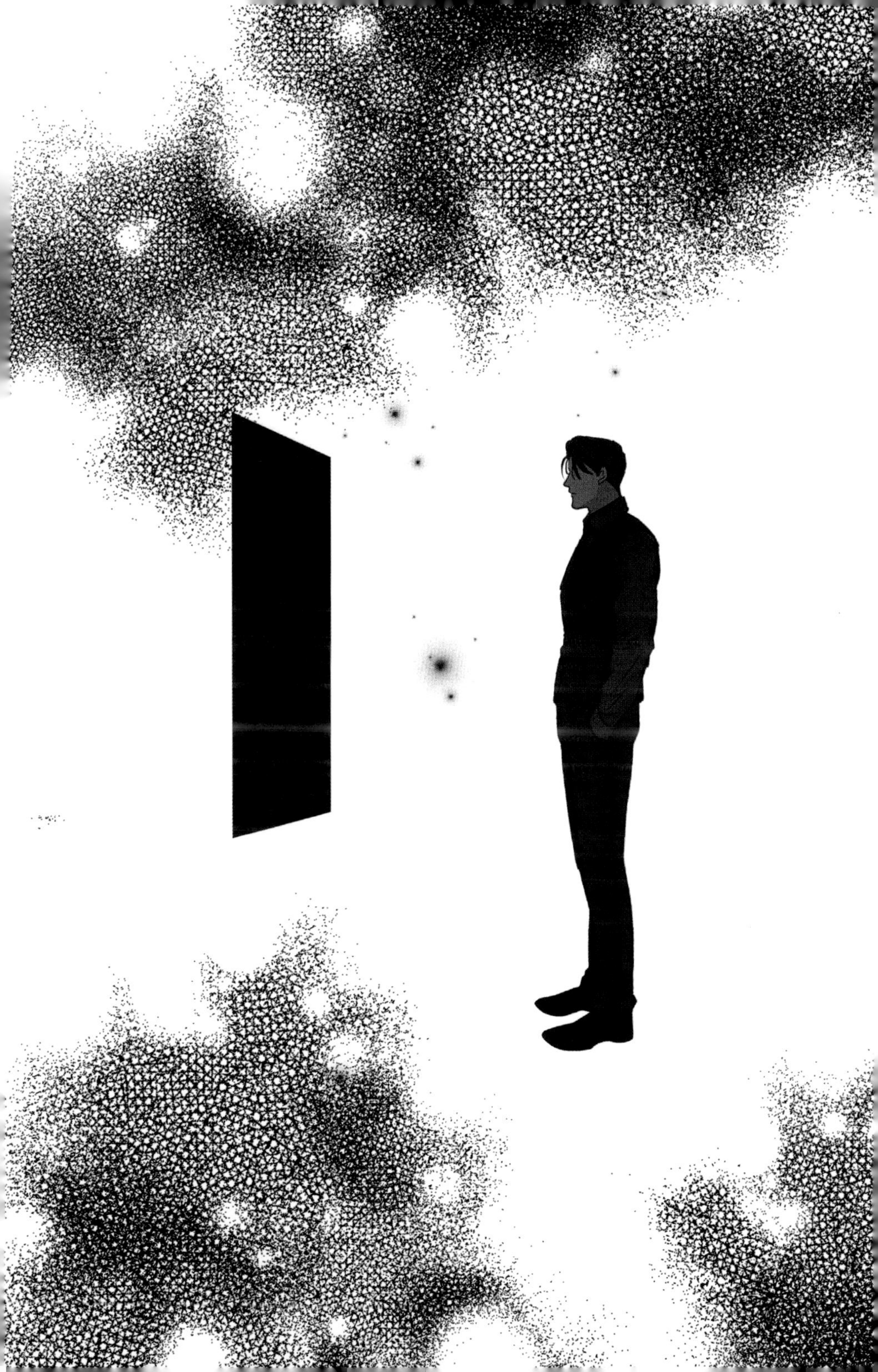

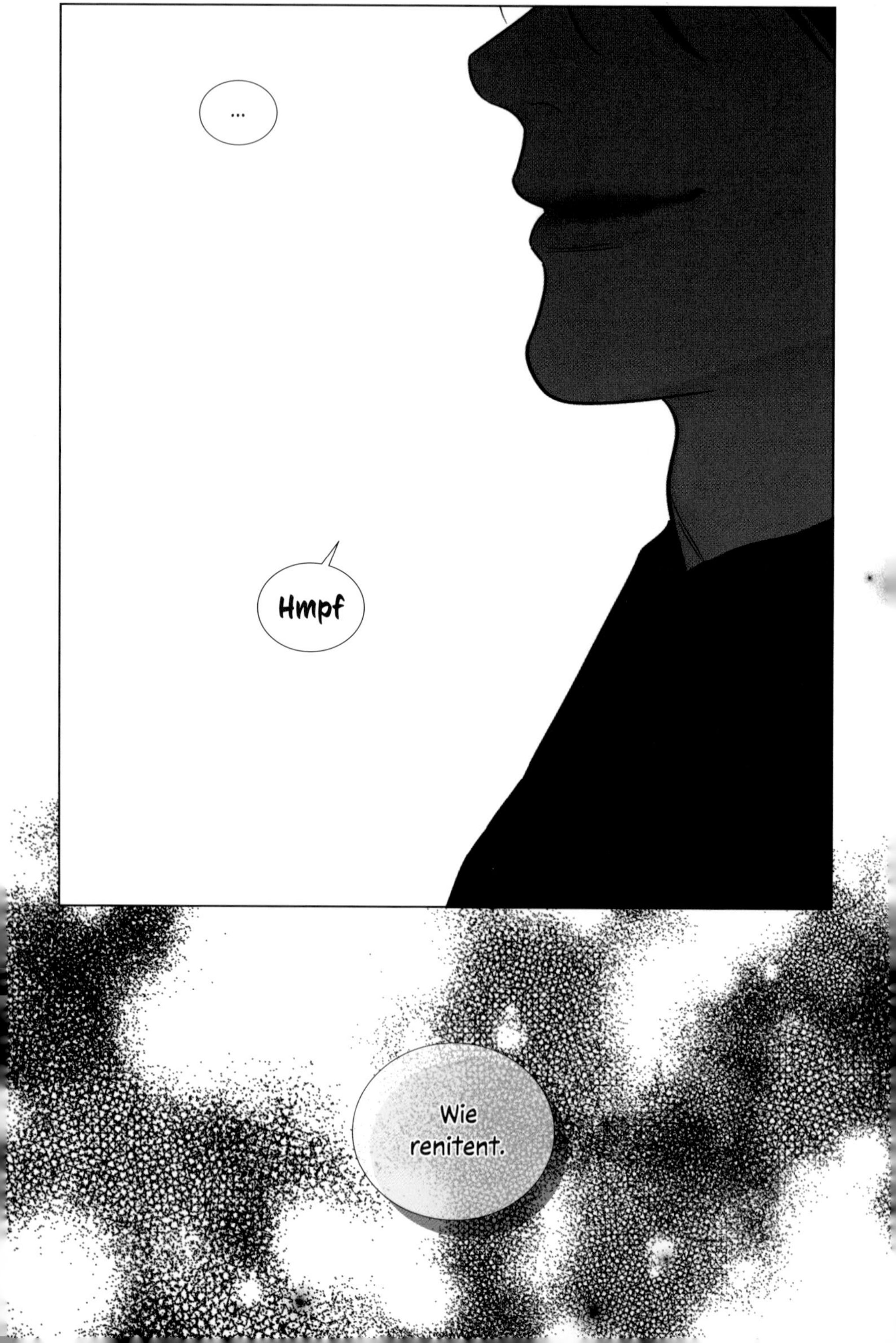
...
Hmpf
Wie renitent.

KAPITEL 8

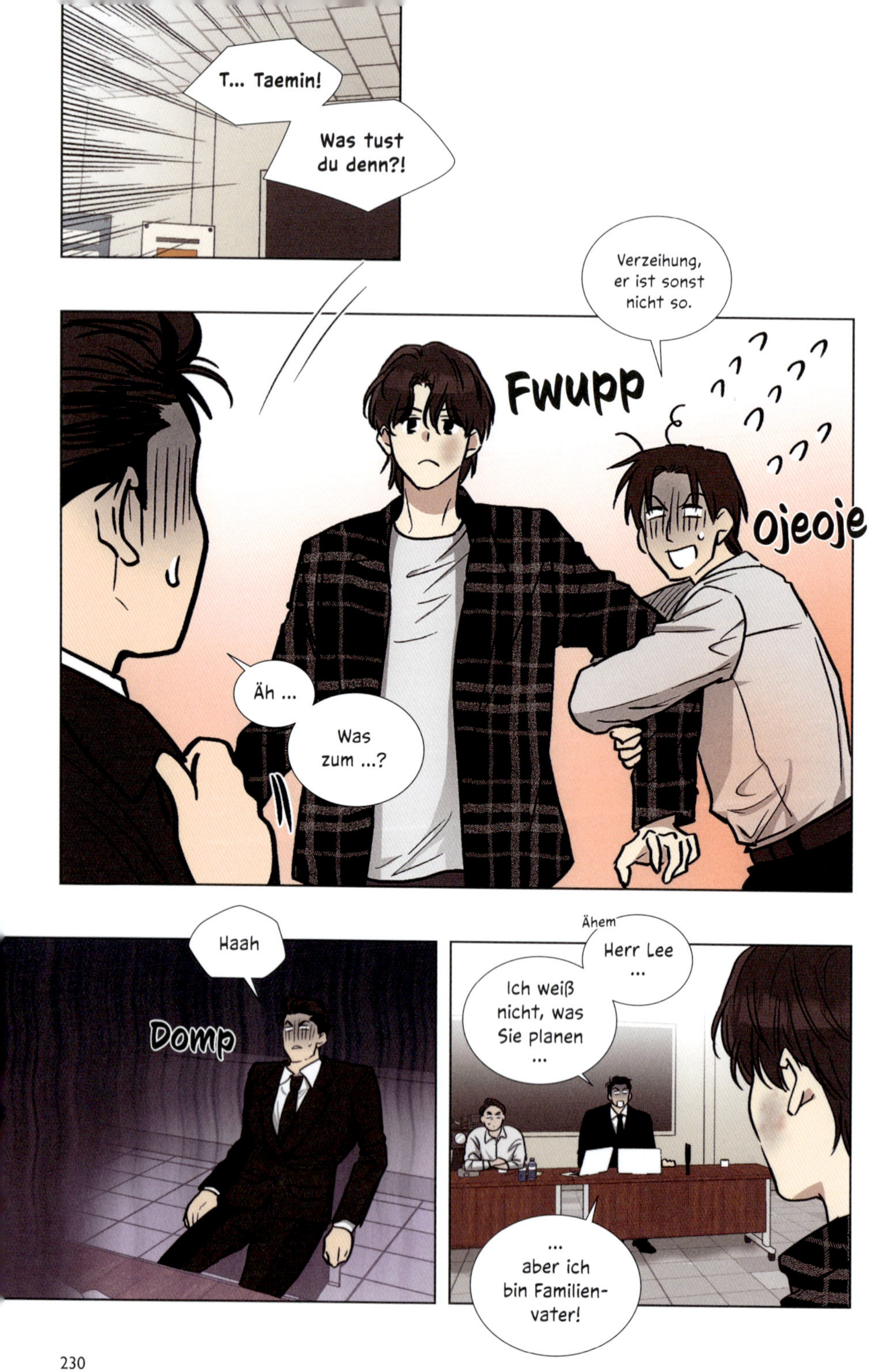
T... Taemin!
Was tust du denn?!
Verzeihung, er ist sonst nicht so.
Fwupp
Ojeoje
Äh ...
Was zum ...?
Haah
Domp
Ähem
Herr Lee ...
Ich weiß nicht, was Sie planen ...
... aber ich bin Familienvater!

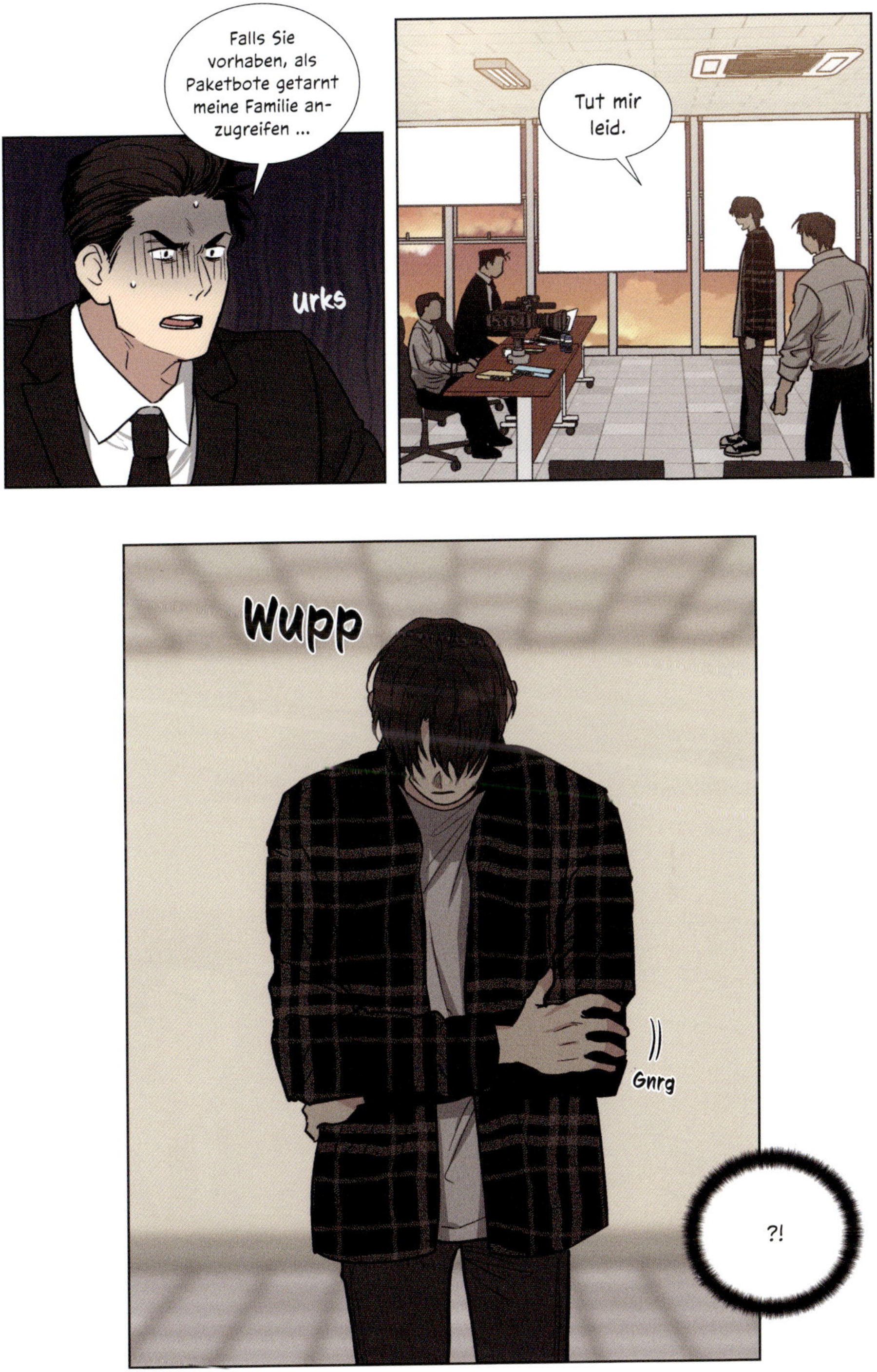
Falls Sie vorhaben, als Paketbote getarnt meine Familie anzugreifen ...
Urks
Tut mir leid.
Wupp
Gnrg
?!

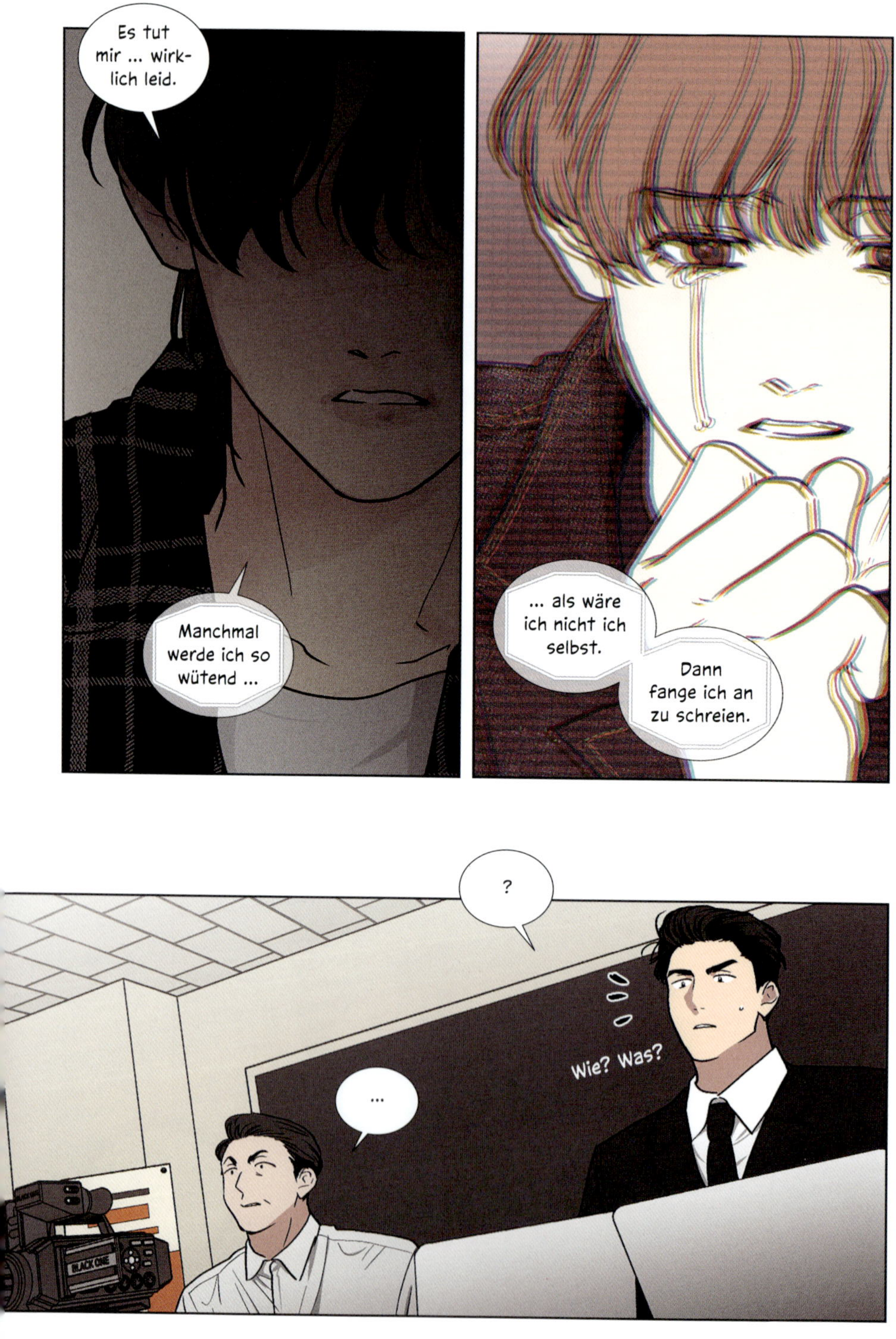
Es tut mir ... wirk-lich leid.
Manchmal werde ich so wütend ...
... als wäre ich nicht ich selbst.
Dann fange ich an zu schreien.
?
Wie? Was?
...
BLACK ONE

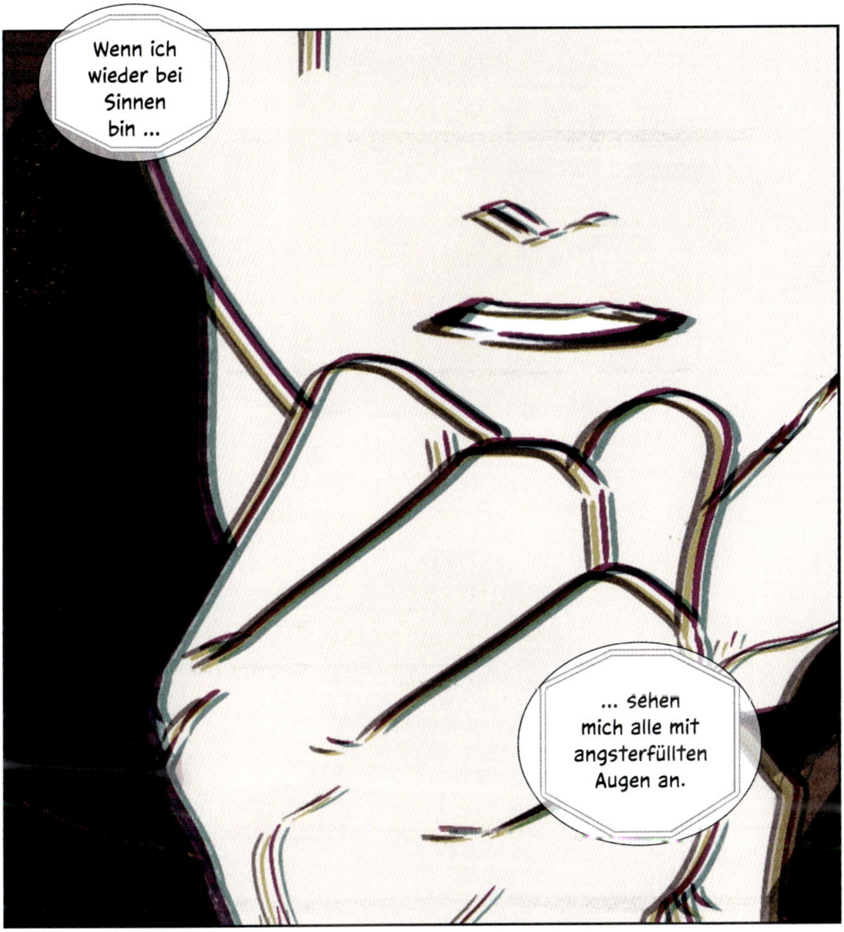
Wenn ich wieder bei Sinnen bin ...
... sehen mich alle mit angsterfüllten Augen an.

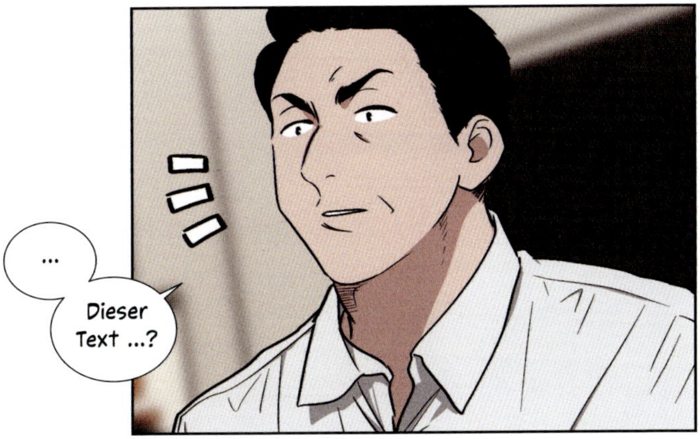
...
Dieser Text ...?

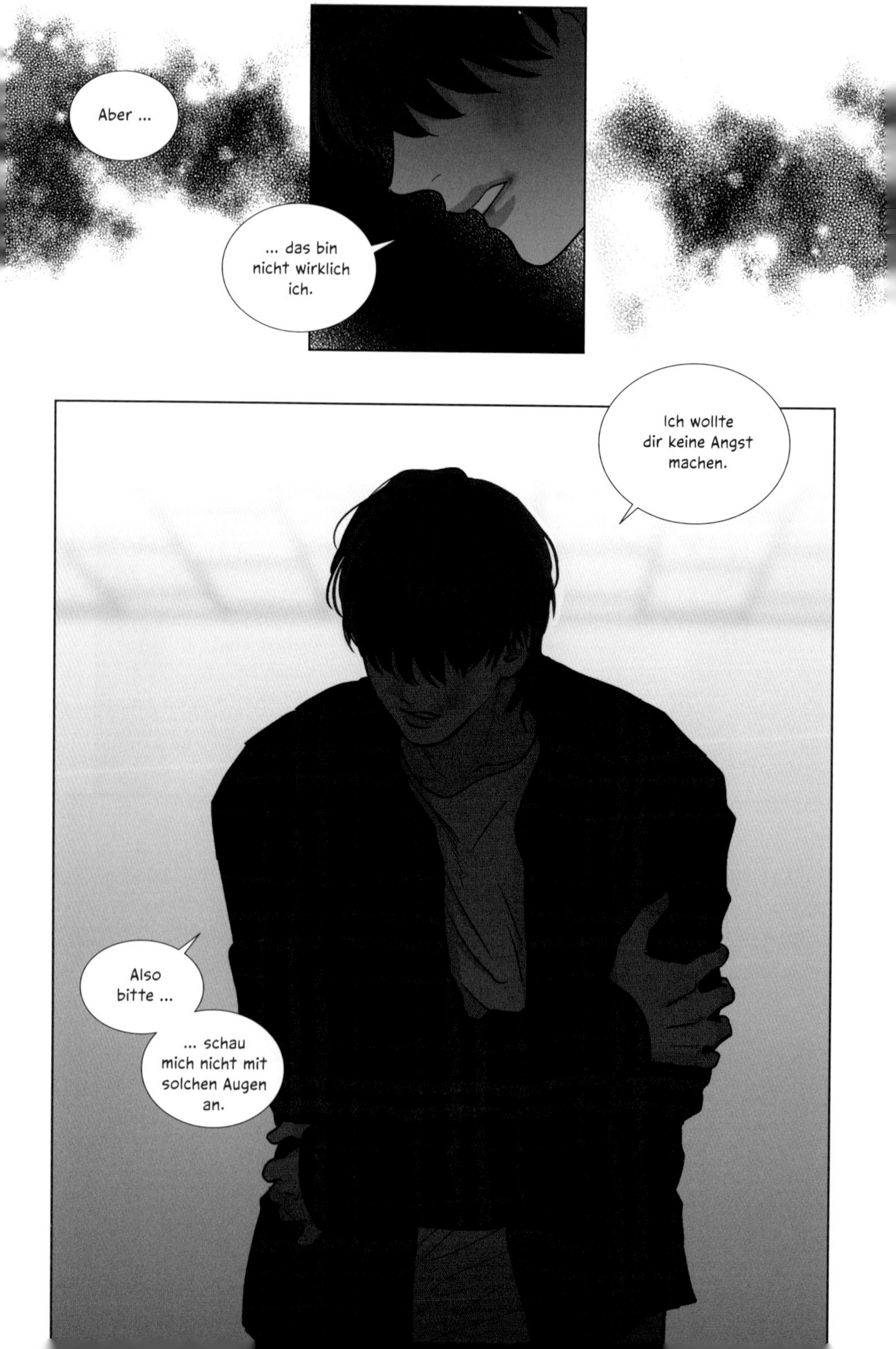
Aber ...
... das bin nicht wirklich ich.
Ich wollte dir keine Angst machen.
Also bitte ...
... schau mich nicht mit solchen Augen an.

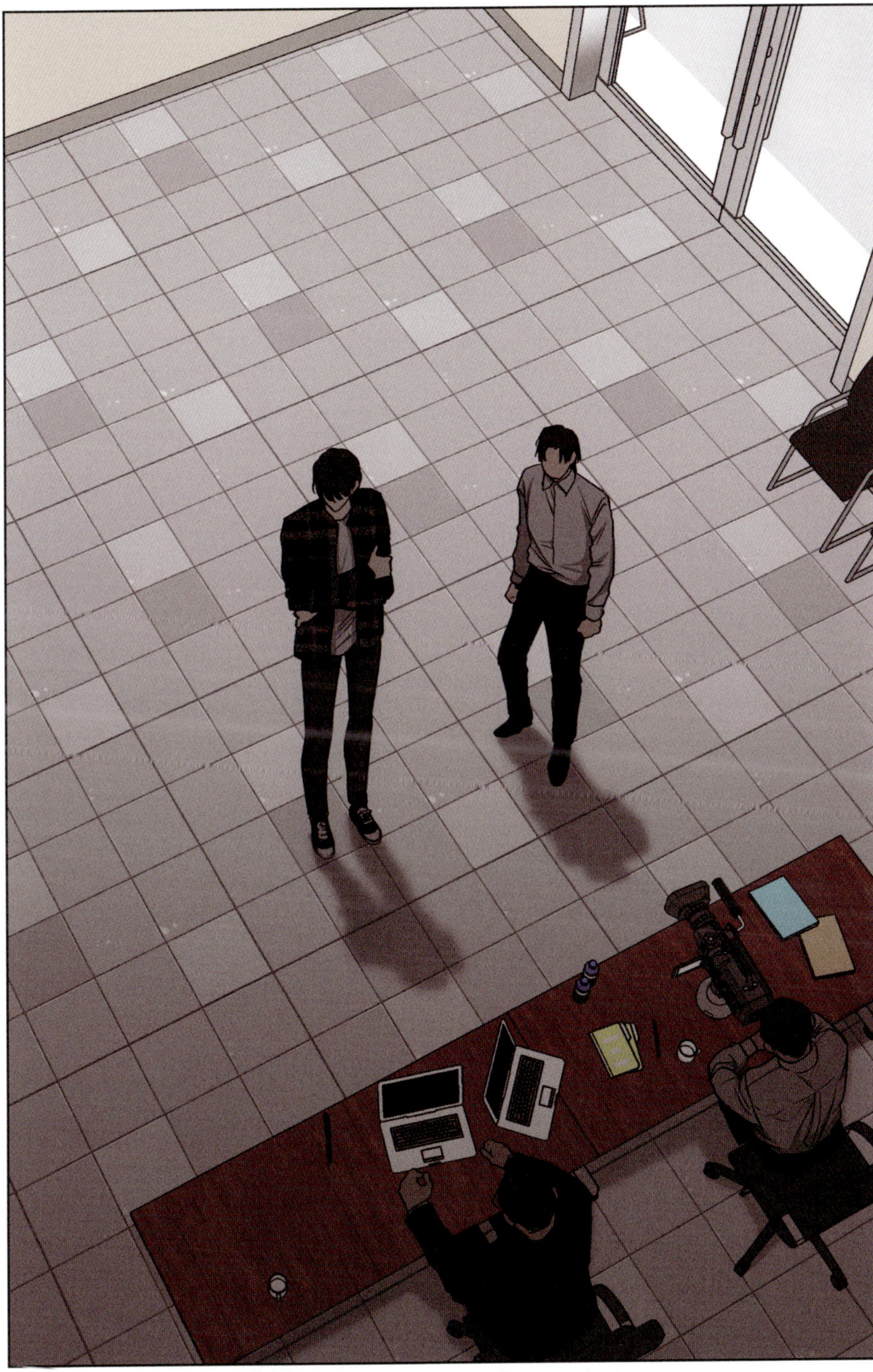

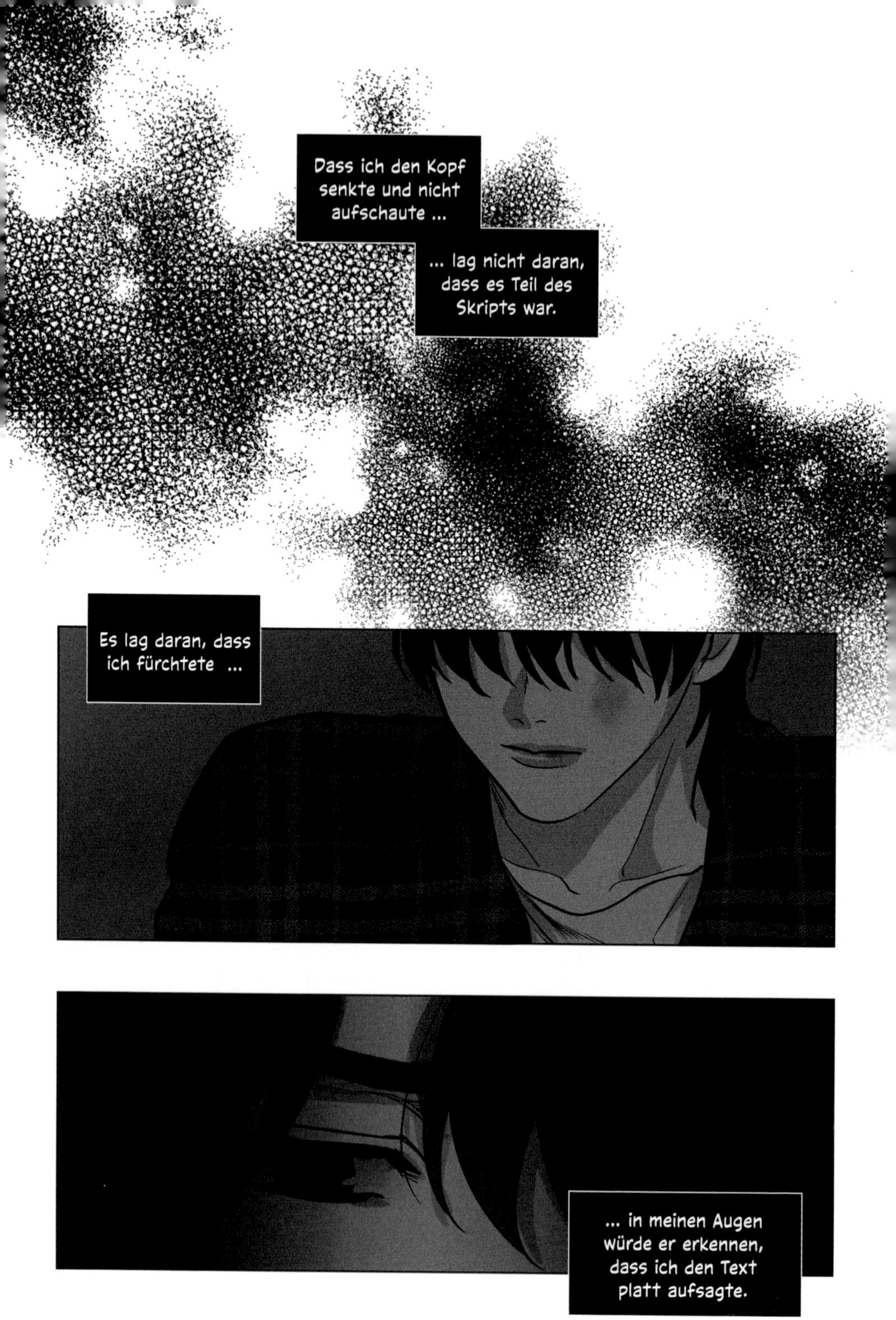
Dass ich den Kopf senkte und nicht aufschaute ...
... lag nicht daran, dass es Teil des Skripts war.
Es lag daran, dass ich fürchtete ...
... in meinen Augen würde er erkennen, dass ich den Text platt aufsagte.

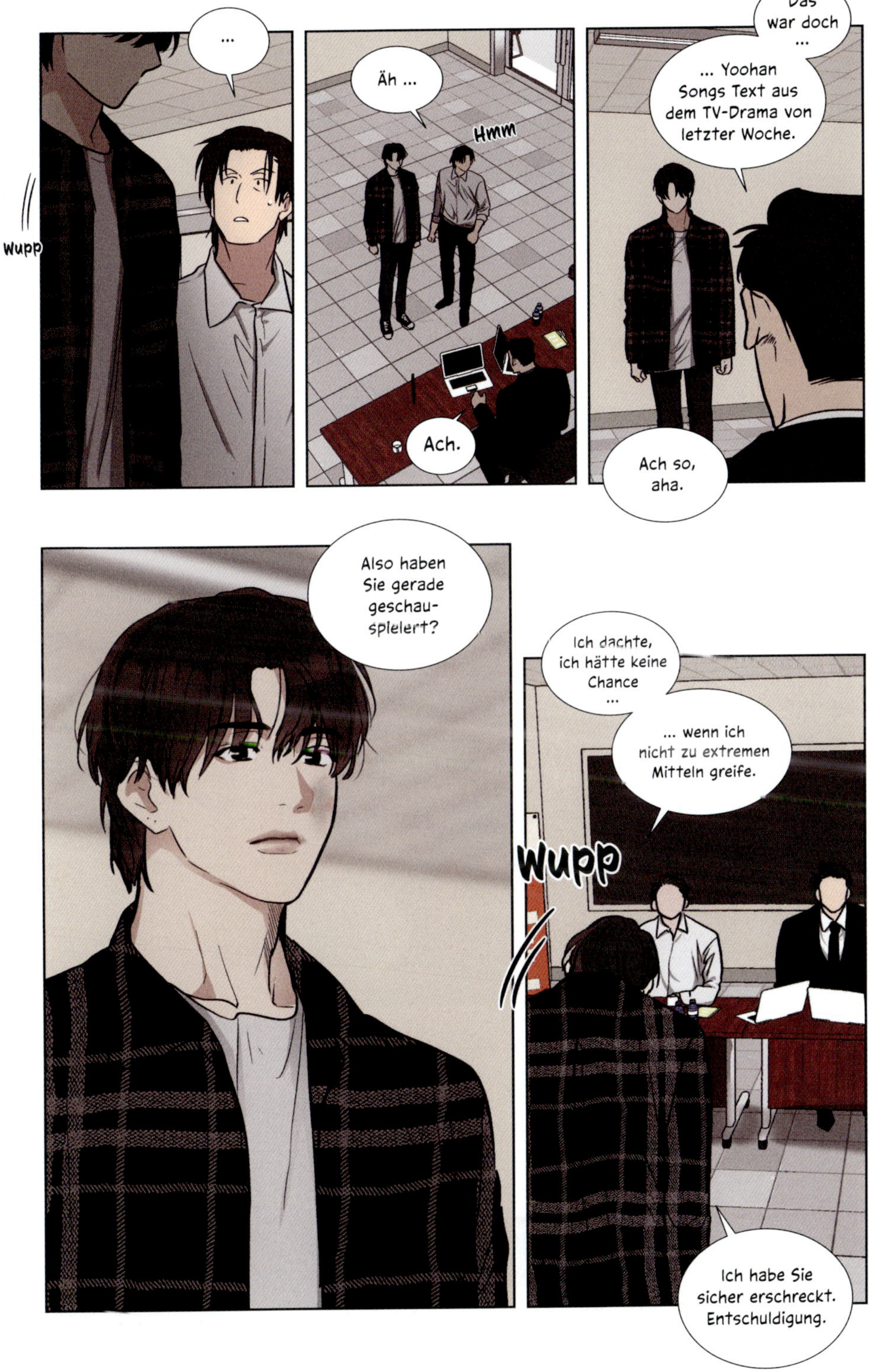
...
Wupp
Äh ...
Hmm
Ach.
Das war doch ...
... Yoohan Songs Text aus dem TV-Drama von letzter Woche.
Ach so, aha.
Also haben Sie gerade geschauspielert?
Ich dachte, ich hätte keine Chance ...
... wenn ich nicht zu extremen Mitteln greife.
Wupp
Ich habe Sie sicher erschreckt. Entschuldigung.

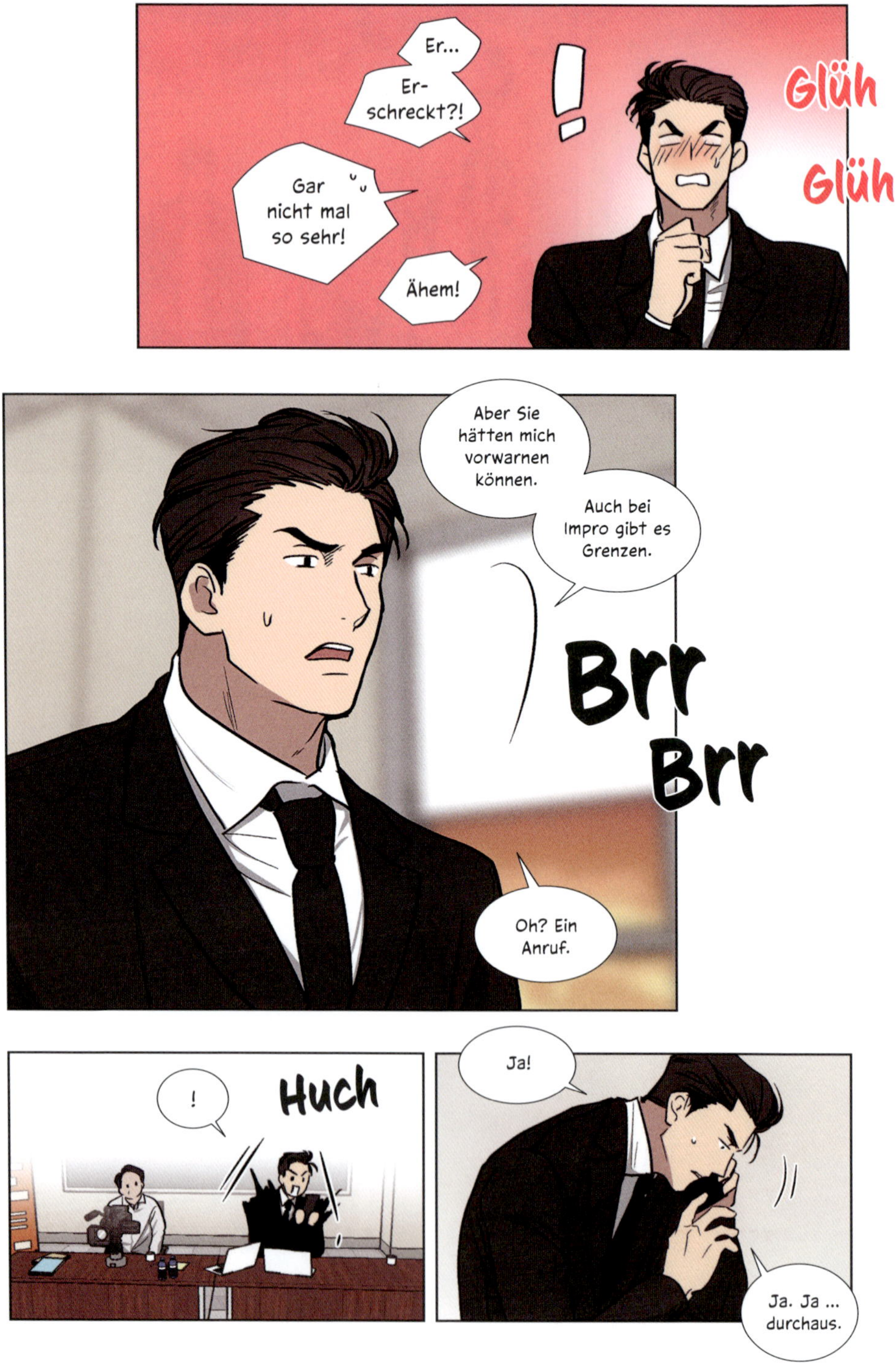
Er...
Er-
schreckt?!
Gar nicht mal so sehr!
Ähem!
!
Glüh
Glüh
Aber Sie hätten mich vorwarnen können.
Auch bei Impro gibt es Grenzen.
Brr
Brr
Oh? Ein Anruf.
!
Huch
Ja!
Ja. Ja ... durchaus.

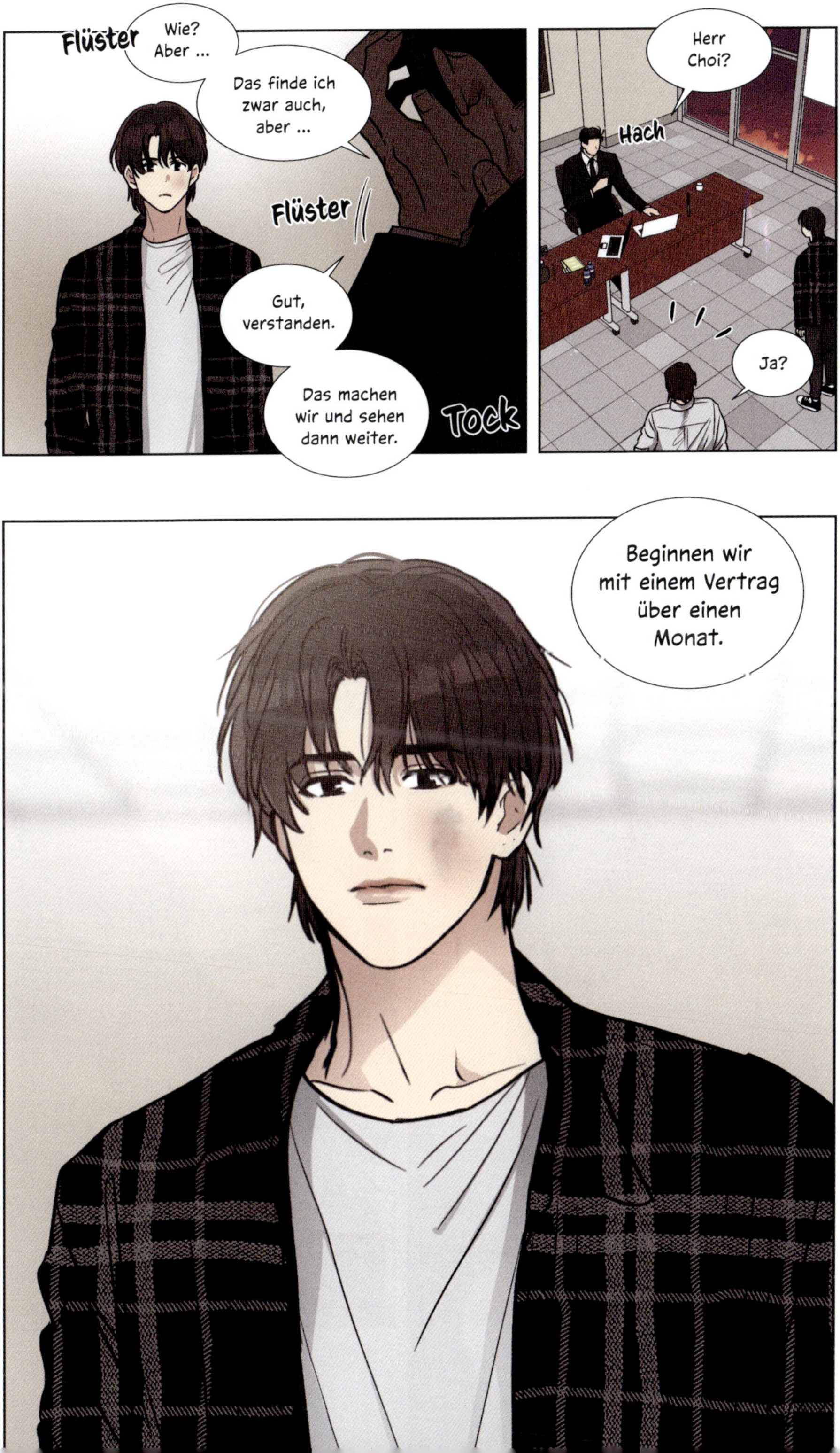
Flüster
Wie? Aber ...
Das finde ich zwar auch, aber ...
Flüster
Gut, verstanden.
Das machen wir und sehen dann weiter.
Tock
Herr Choi?
Hach
Ja?
Beginnen wir mit einem Vertrag über einen Monat.

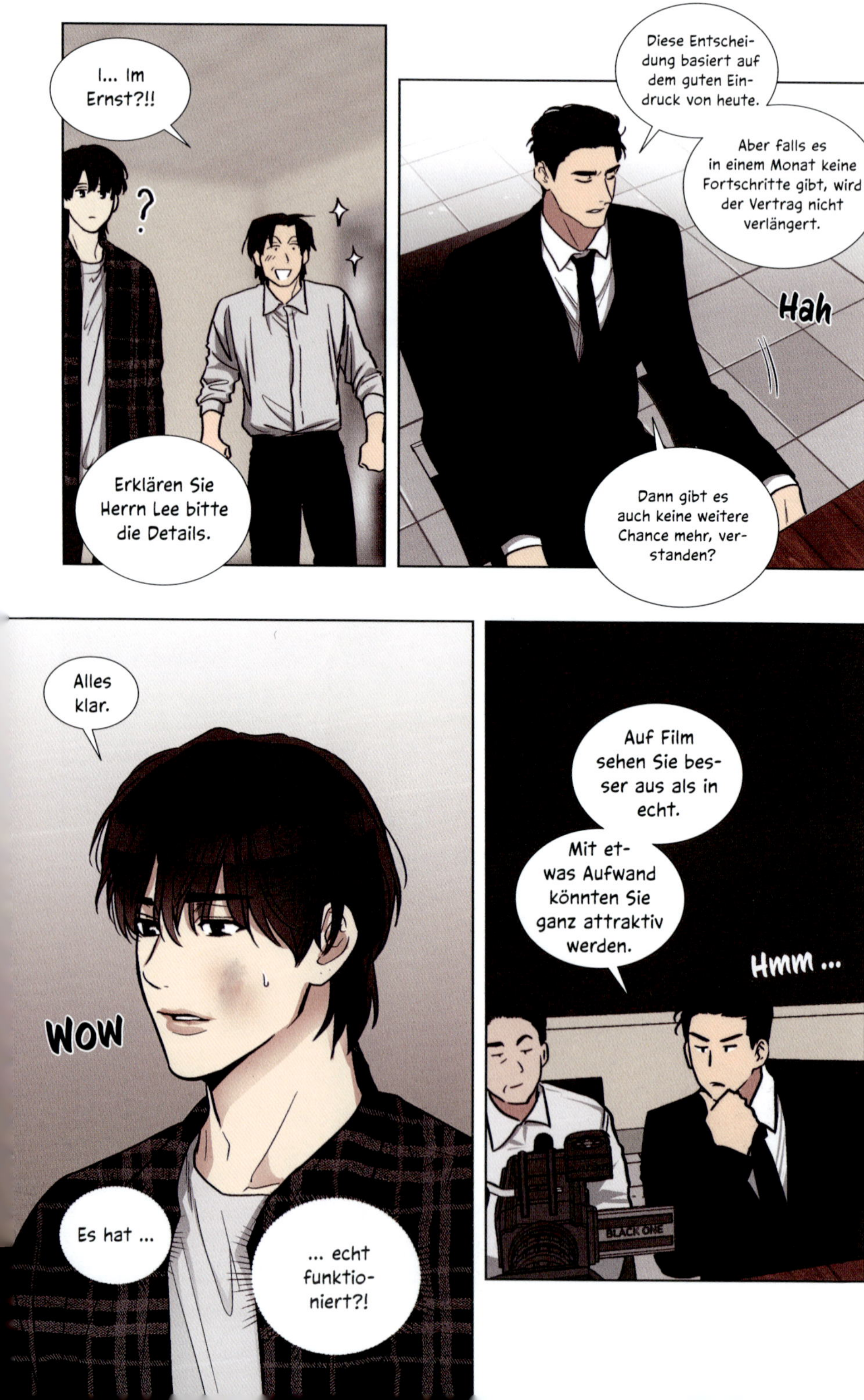
I... Im Ernst?!!
Erklären Sie Herrn Lee bitte die Details.
Diese Entscheidung basiert auf dem guten Eindruck von heute.
Aber falls es in einem Monat keine Fortschritte gibt, wird der Vertrag nicht verlängert.
Hah
Dann gibt es auch keine weitere Chance mehr, verstanden?
Alles klar.
WOW
Es hat ...
... echt funktioniert?!
Auf Film sehen Sie besser aus als in echt.
Mit etwas Aufwand könnten Sie ganz attraktiv werden.
Hmm ...
BLACK ONE

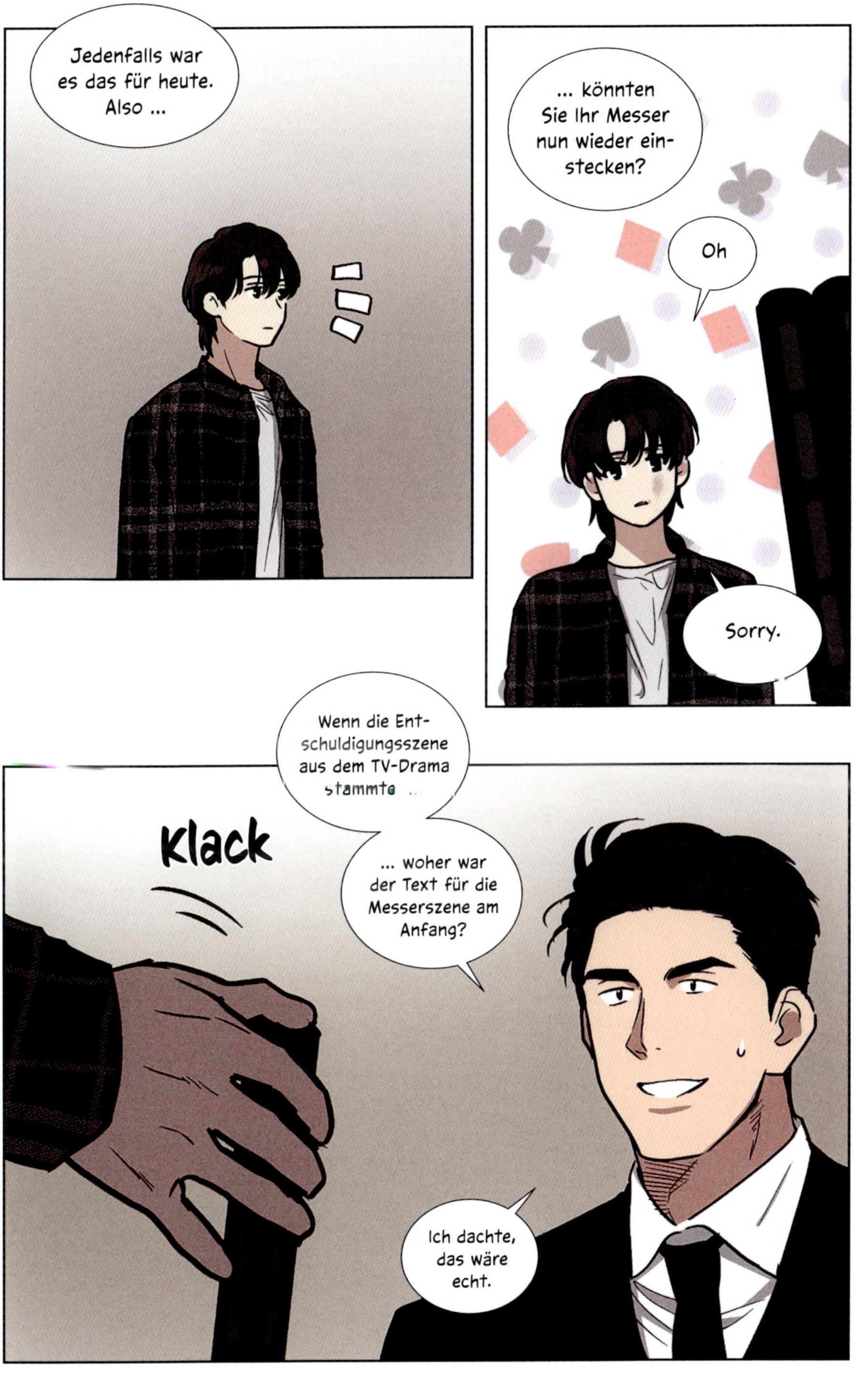
Jedenfalls war es das für heute. Also ...
... könnten Sie Ihr Messer nun wieder einstecken?
Oh
Sorry.
Wenn die Entschuldigungsszene aus dem TV-Drama stammte ...
... woher war der Text für die Messerszene am Anfang?
Klack
Ich dachte, das wäre echt.

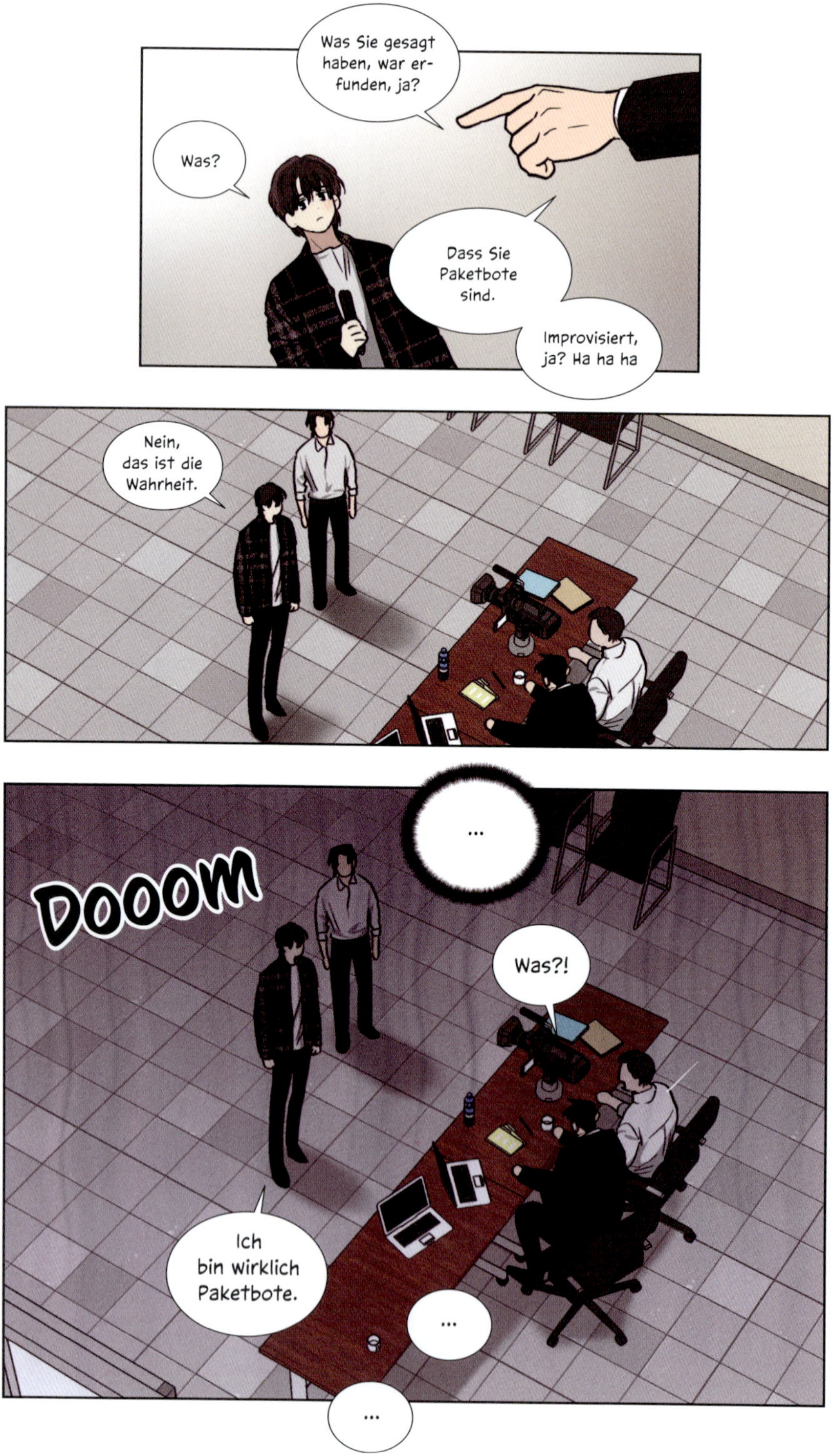
Was Sie gesagt haben, war erfunden, ja?
Was?
Dass Sie Paketbote sind.
Improvisiert, ja? Ha ha ha
Nein, das ist die Wahrheit.
Dooom
...
Was?!
Ich bin wirklich Paketbote.
...
...

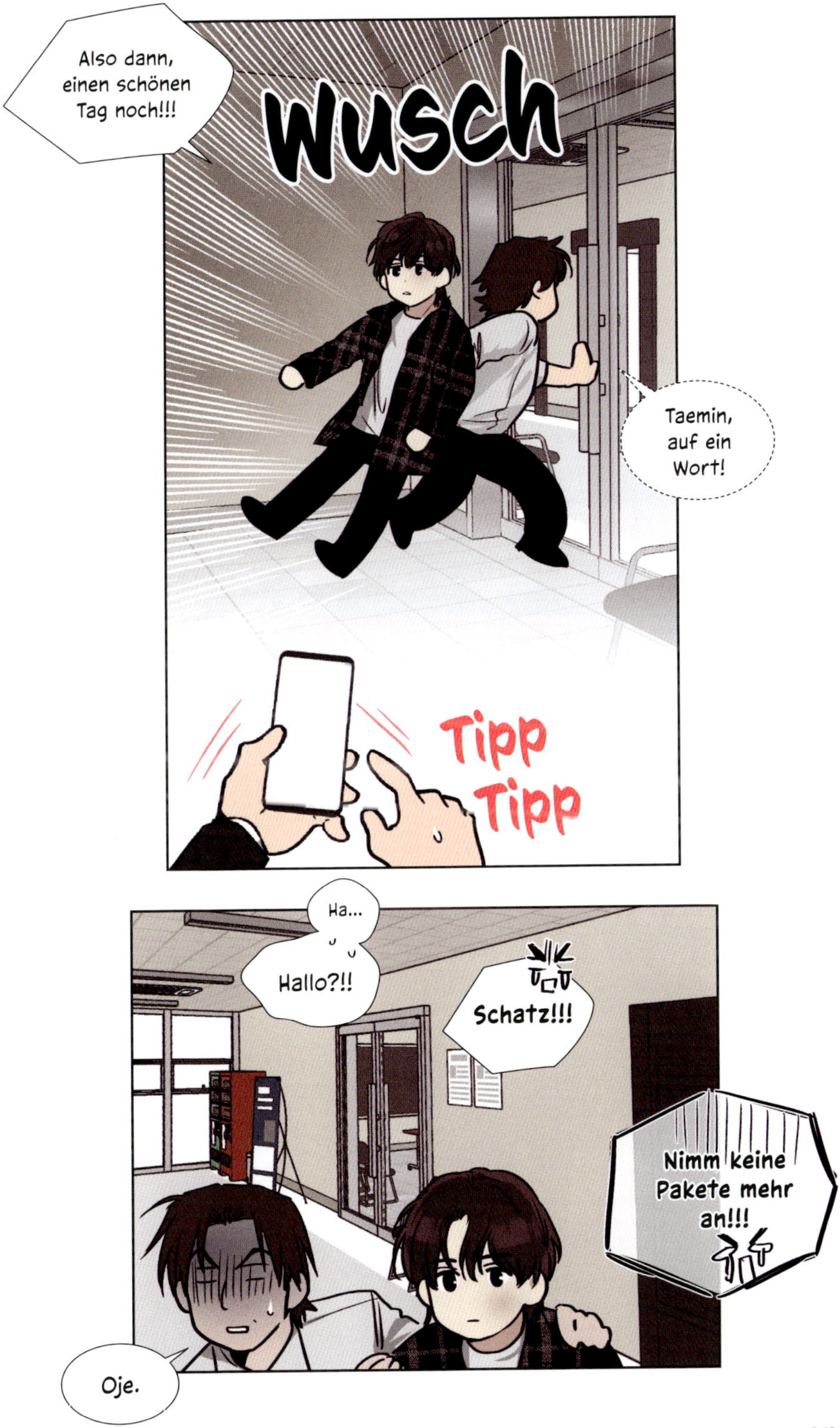
Also dann, einen schönen Tag noch!!!
Wusch
Taemin, auf ein Wort!
Tipp
Tipp
Ha...
Hallo?!!
Schatz!!!
Nimm keine Pakete mehr an!!!
Oje.

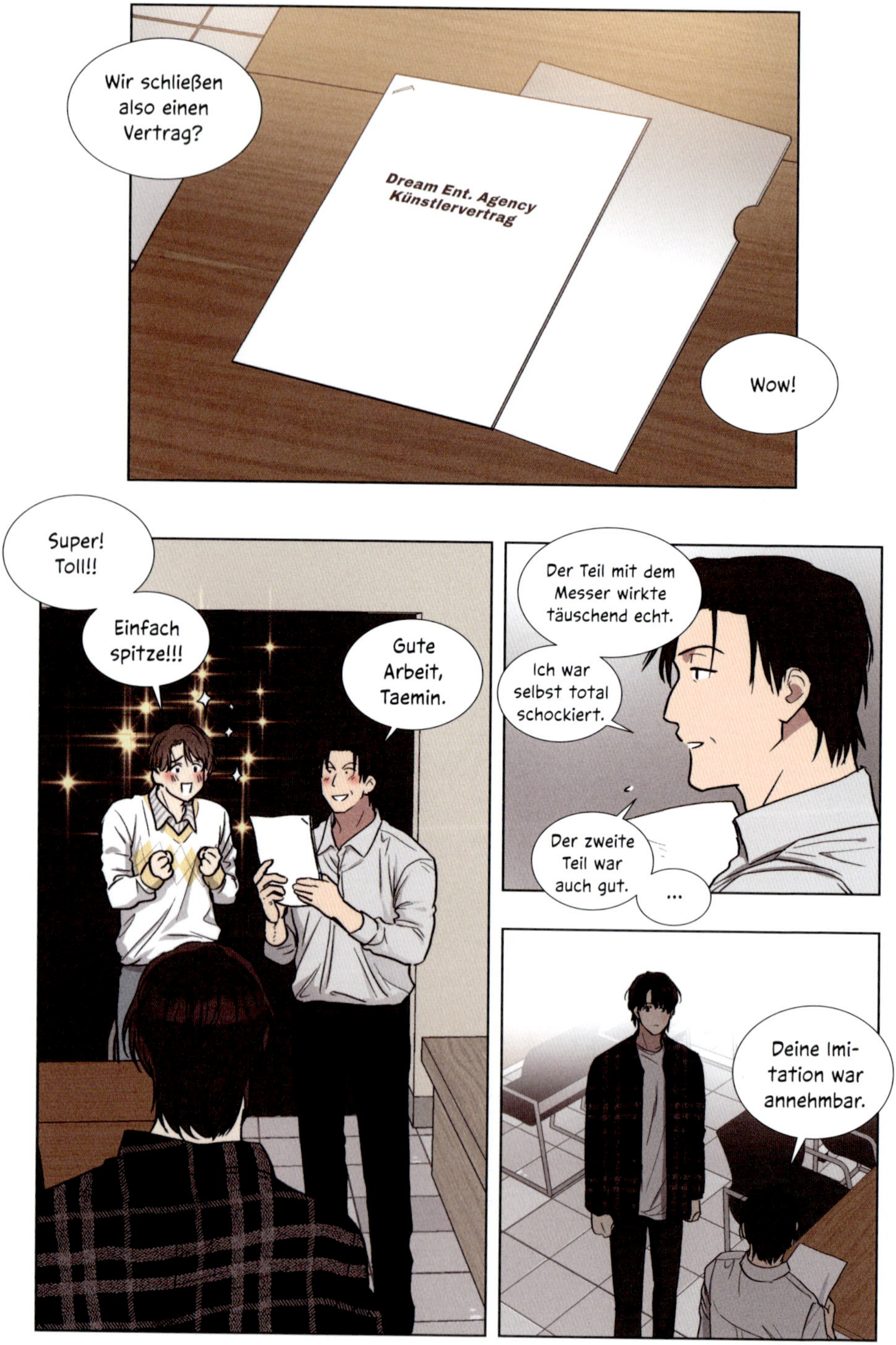
Wir schließen also einen Vertrag?
Dream Ent. Agency Künstlervertrag
Wow!
Super! Toll!!
Einfach spitze!!!
Gute Arbeit, Taemin.
Der Teil mit dem Messer wirkte täuschend echt.
Ich war selbst total schockiert.
Der zweite Teil war auch gut.
...
Deine Imitation war annehmbar.

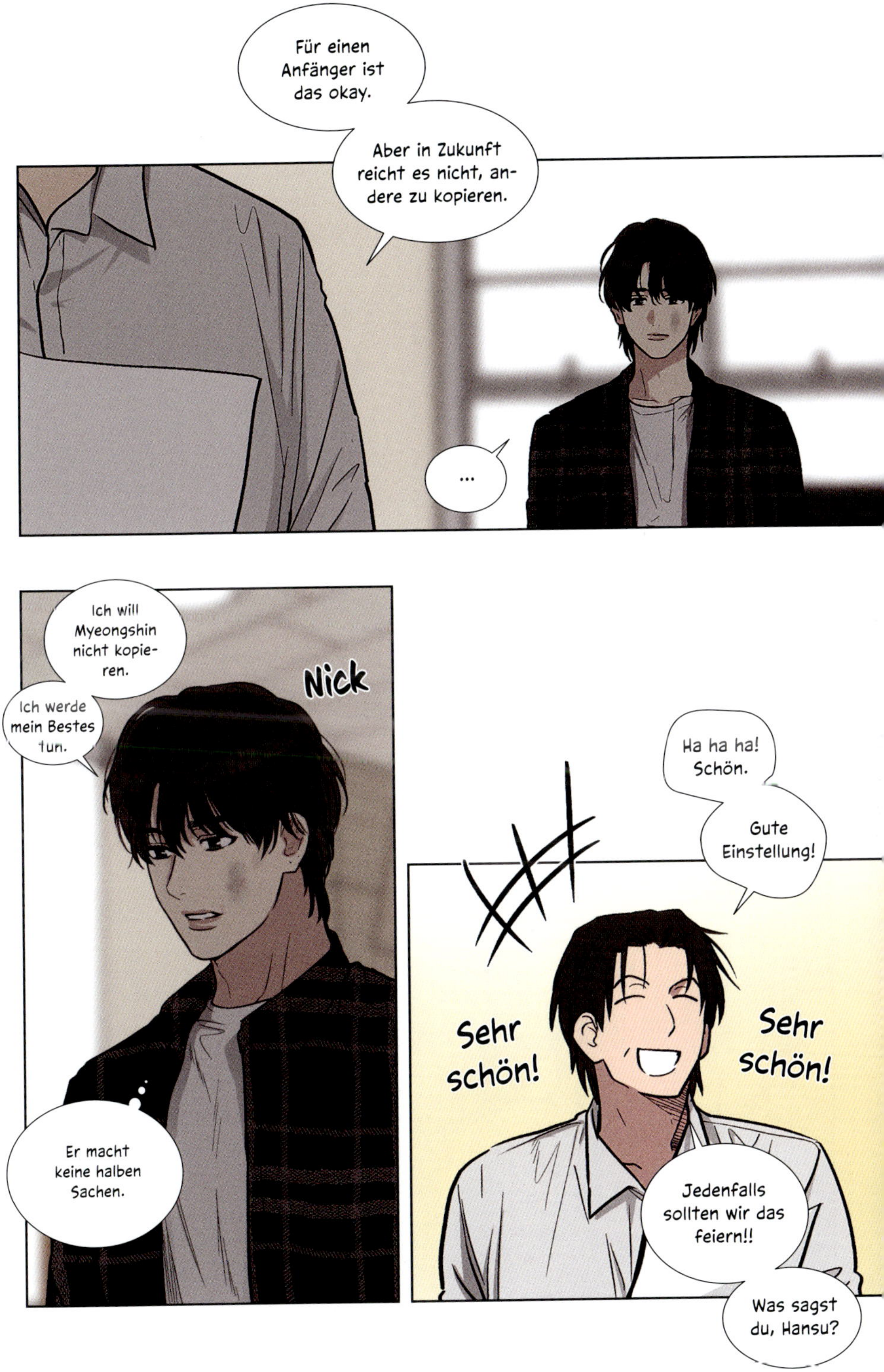
Für einen Anfänger ist das okay.
Aber in Zukunft reicht es nicht, andere zu kopieren.
...
Ich will Myeongshin nicht kopieren.
Ich werde mein Bestes tun.
Nick
Er macht keine halben Sachen.
Ha ha ha! Schön.
Gute Einstellung!
Sehr schön!
Sehr schön!
Jedenfalls sollten wir das feiern!!
Was sagst du, Hansu?

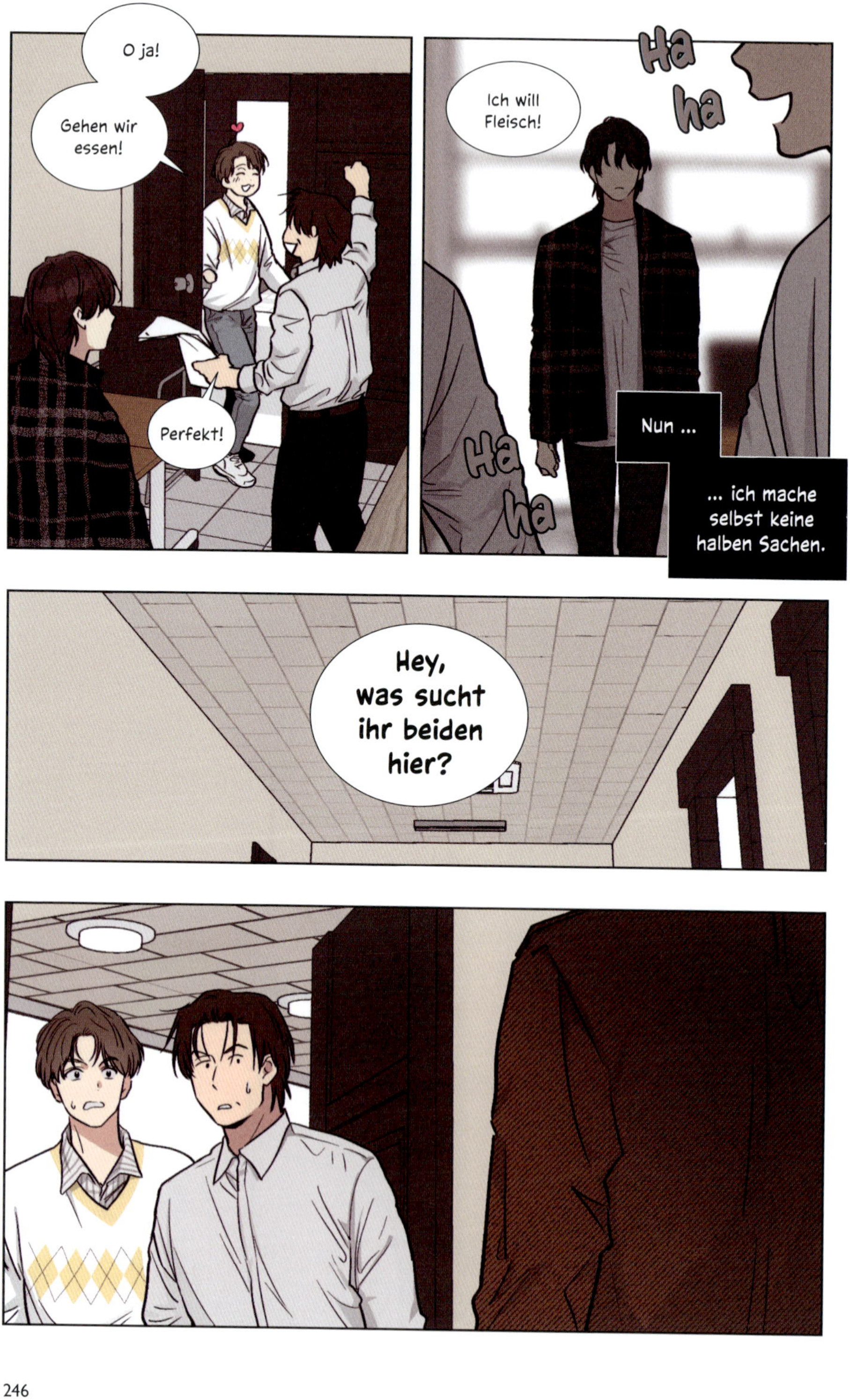
O ja!
Gehen wir essen!
Perfekt!
Ich will Fleisch!
Ha ha
Ha ha
Nun ...
... ich mache selbst keine halben Sachen.
Hey, was sucht ihr beiden hier?

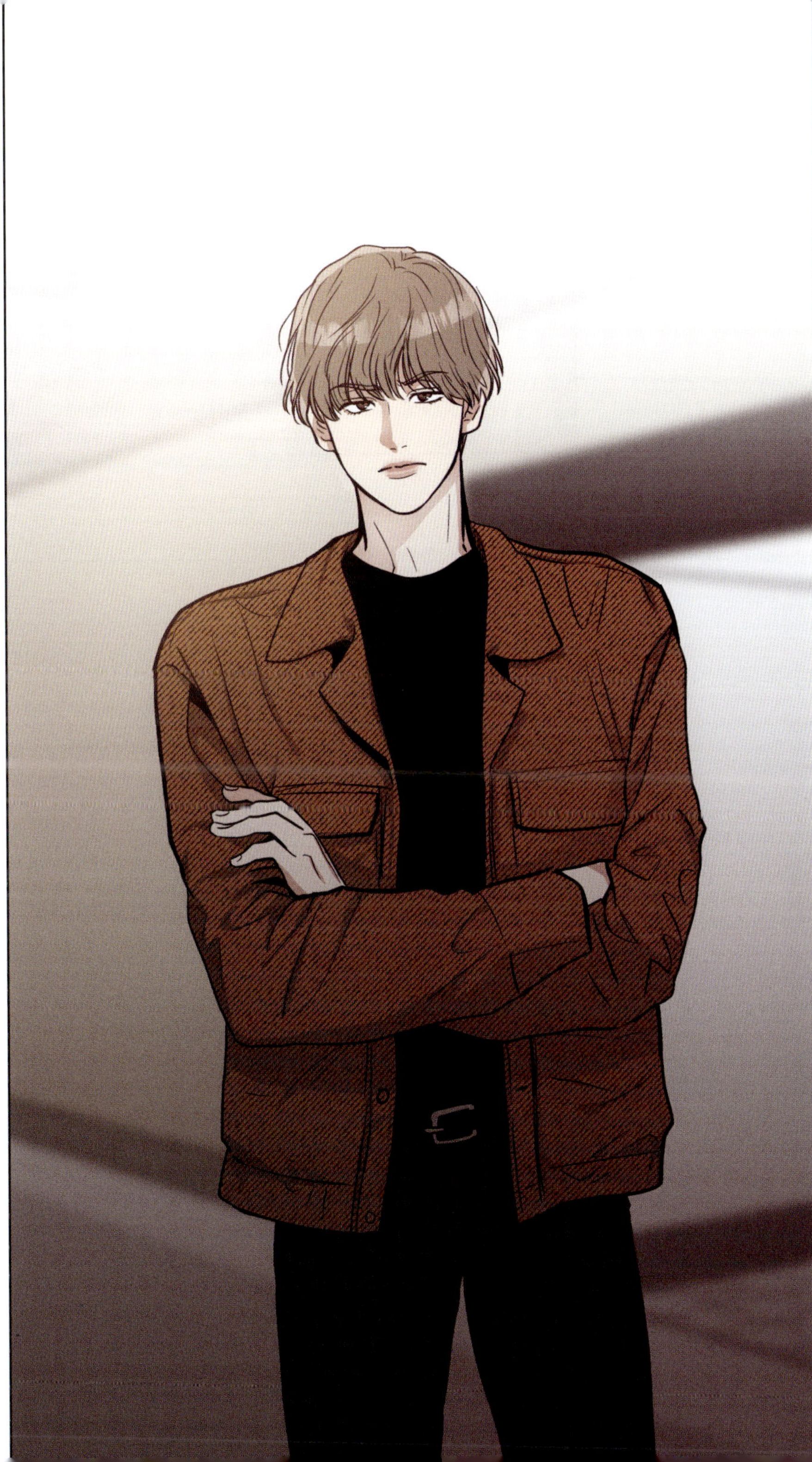

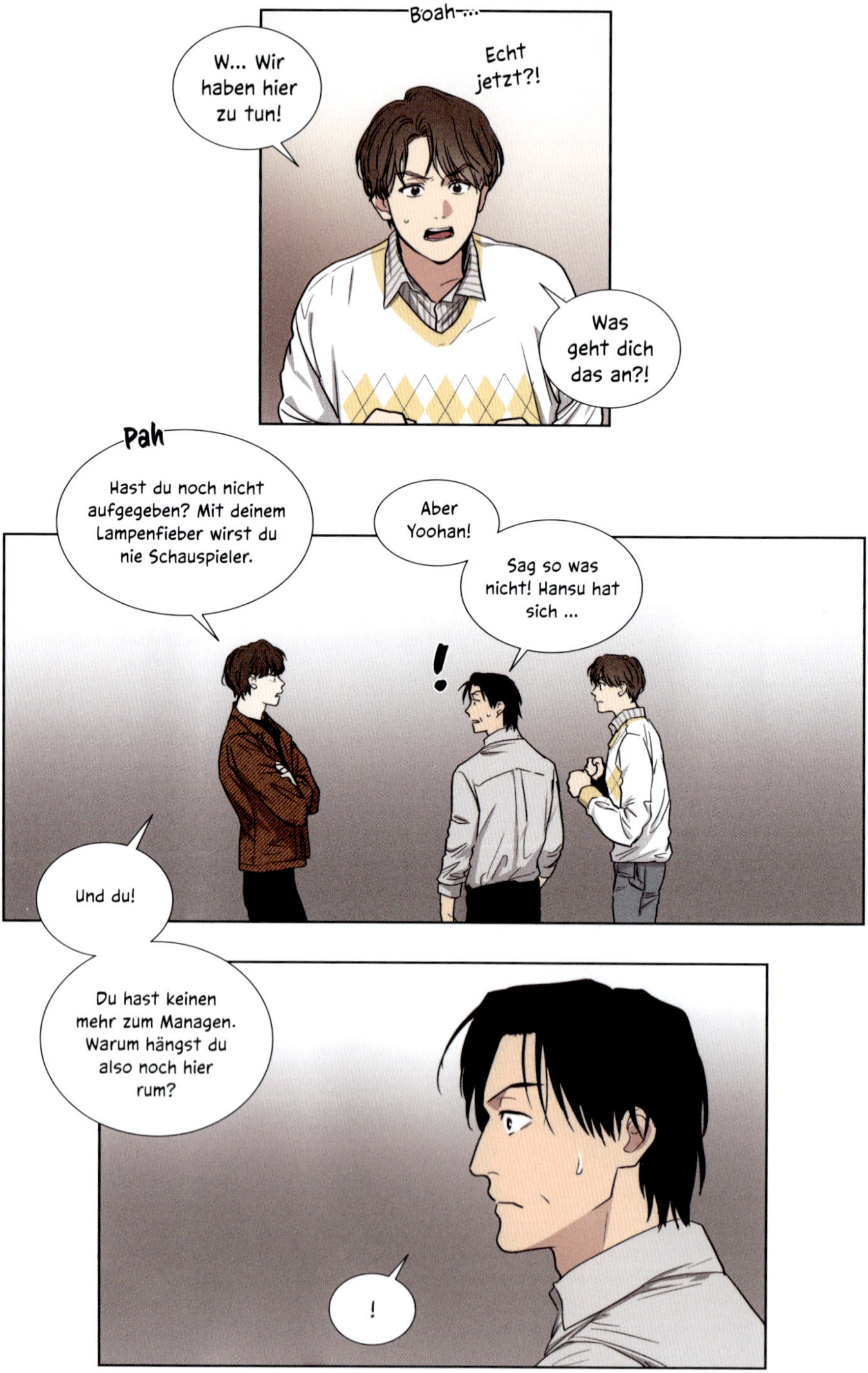
Boah ...
W... Wir haben hier zu tun!
Echt jetzt?!
Was geht dich das an?!
Pah
Hast du noch nicht aufgegeben? Mit deinem Lampenfieber wirst du nie Schauspieler.
Aber Yoohan!
Sag so was nicht! Hansu hat sich ...
!
Und du!
Du hast keinen mehr zum Managen. Warum hängst du also noch hier rum?
!

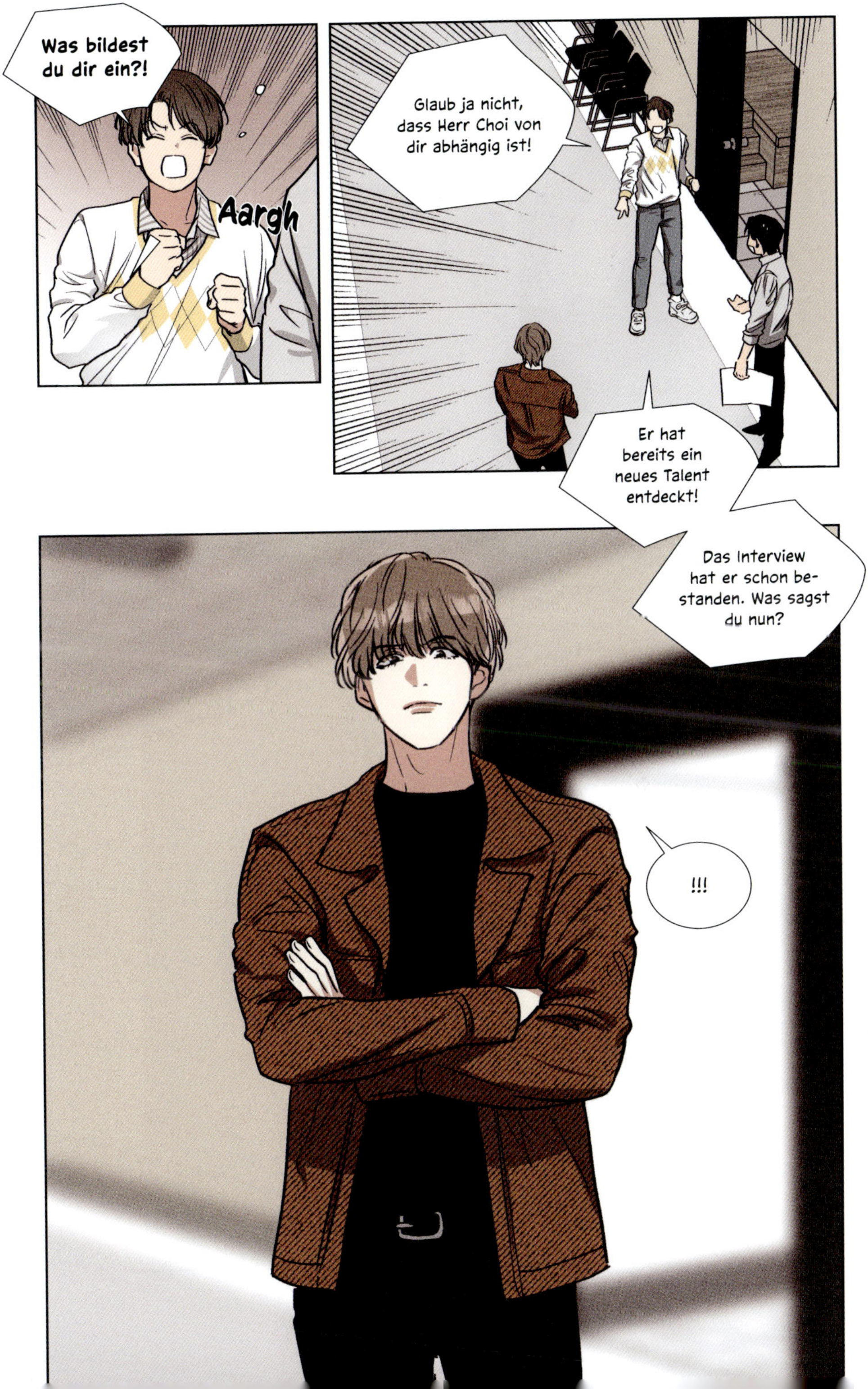
Was bildest du dir ein?!
Aargh
Glaub ja nicht, dass Herr Choi von dir abhängig ist!
Er hat bereits ein neues Talent entdeckt!
Das Interview hat er schon be-standen. Was sagst du nun?
!!!

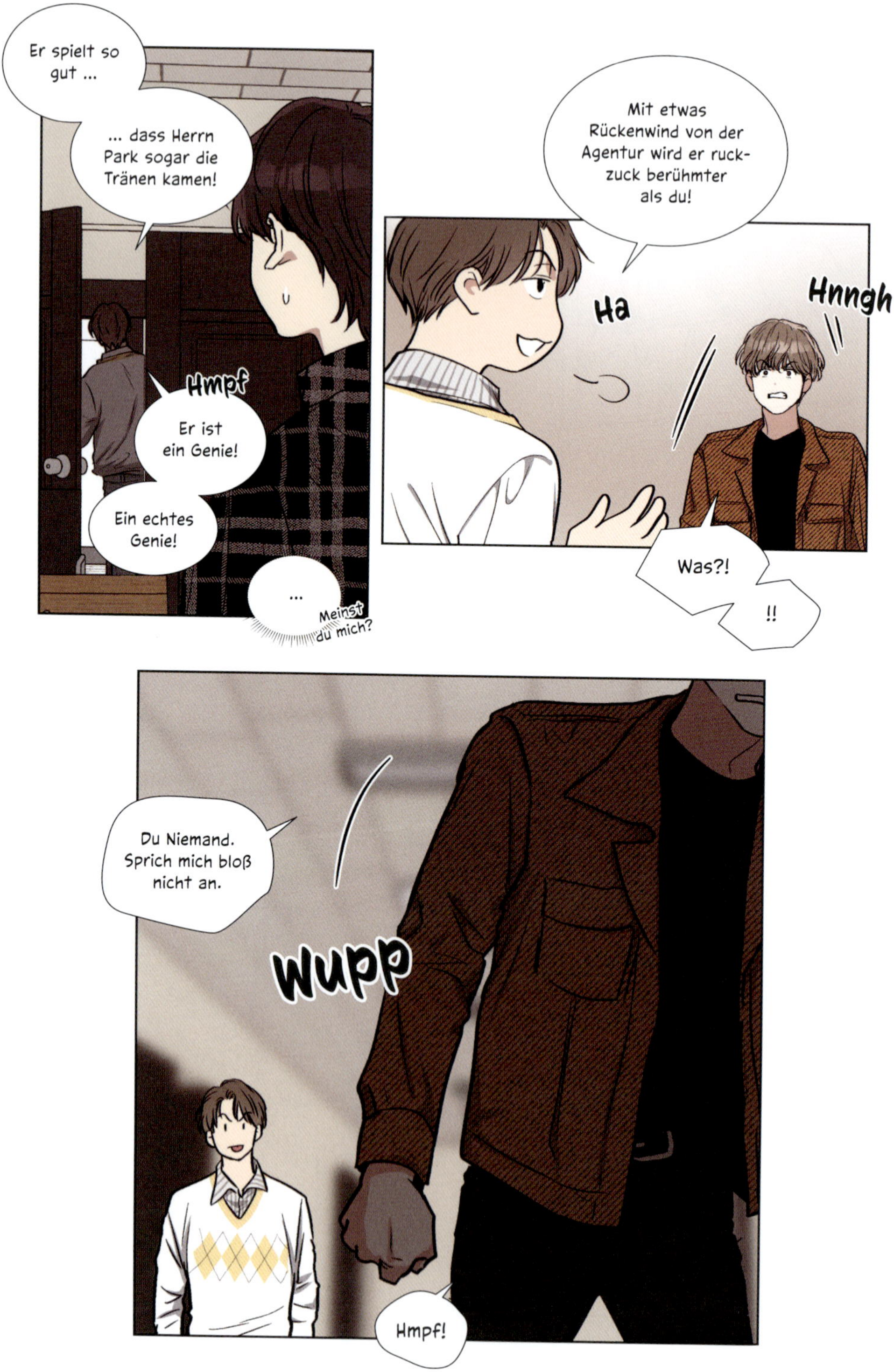
Er spielt so gut ...
... dass Herrn Park sogar die Tränen kamen!
Hmpf
Er ist ein Genie!
Ein echtes Genie!
...
Meinst du mich?
Mit etwas Rückenwind von der Agentur wird er ruck-zuck berühmter als du!
Ha
Hnngh
Was?!
!!
Du Niemand. Sprich mich bloß nicht an.
Wupp
Hmpf!

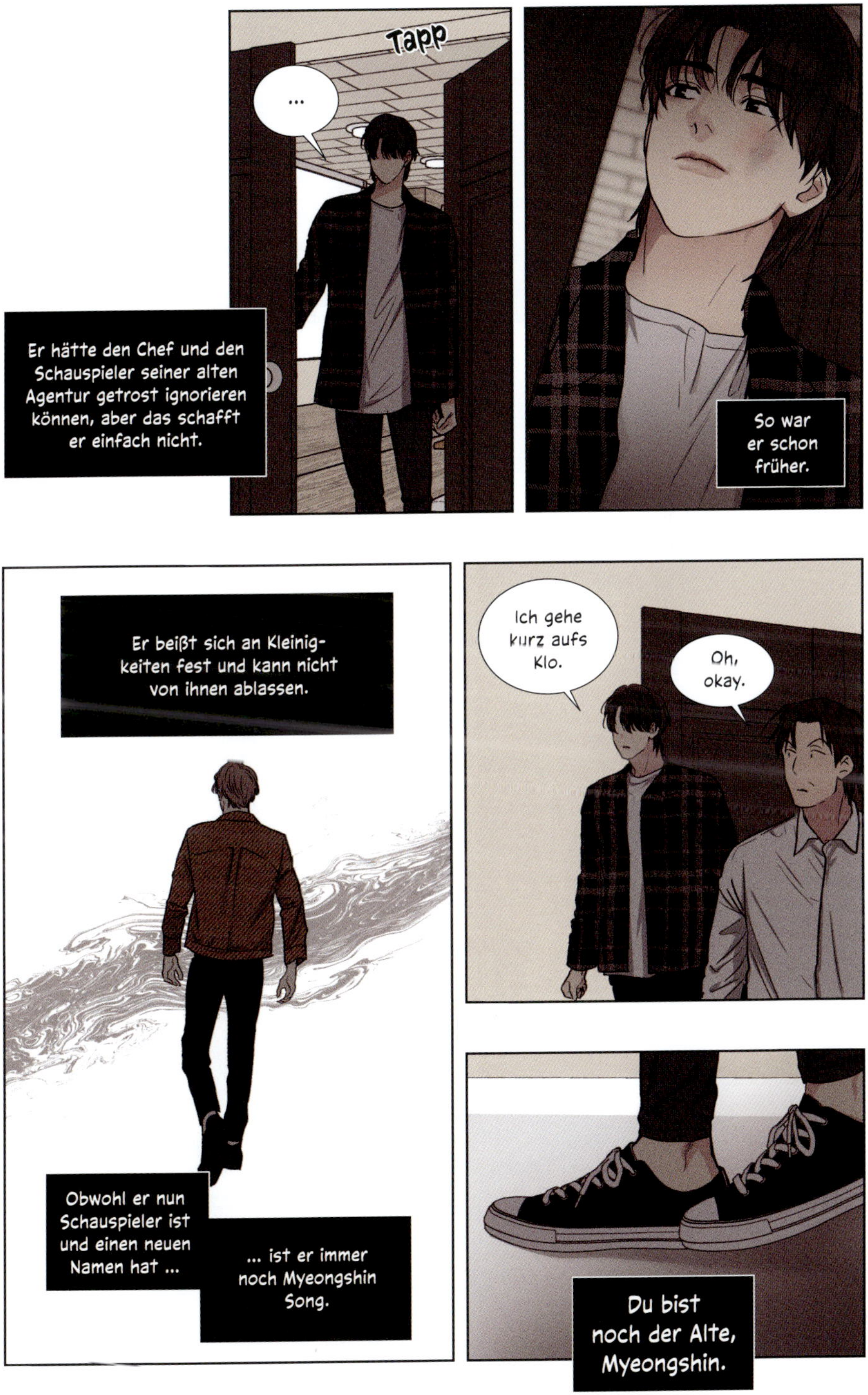
Tapp
...
Er hätte den Chef und den Schauspieler seiner alten Agentur getrost ignorieren können, aber das schafft er einfach nicht.
So war er schon früher.
Er beißt sich an Kleinigkeiten fest und kann nicht von ihnen ablassen.
Obwohl er nun Schauspieler ist und einen neuen Namen hat ...
... ist er immer noch Myeongshin Song.
Ich gehe kurz aufs Klo.
Oh, okay.
Du bist noch der Alte, Myeongshin.

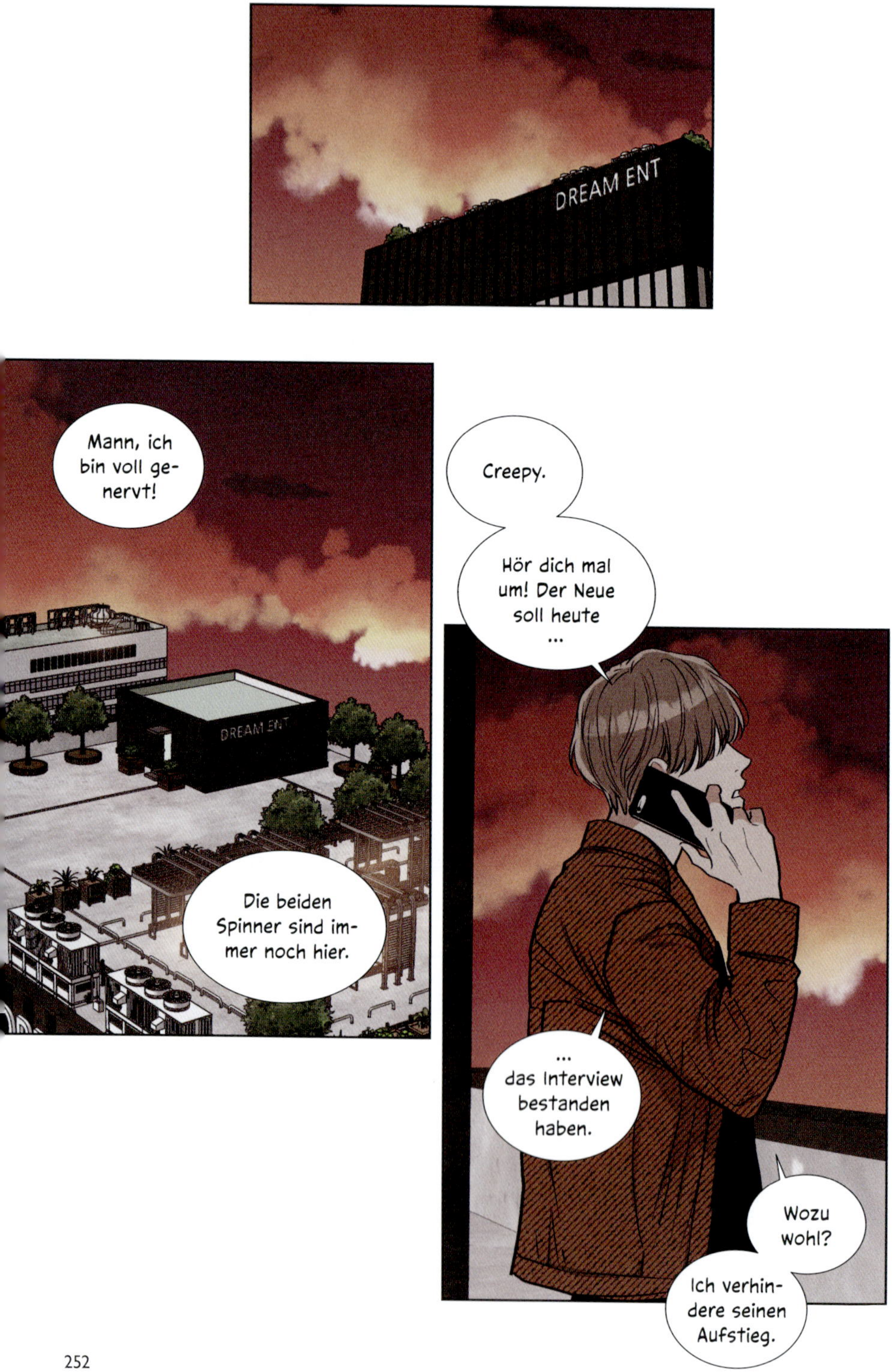
DREAM ENT
Mann, ich bin voll genervt!
DREAM ENT
Die beiden Spinner sind immer noch hier.
Creepy.
Hör dich mal um! Der Neue soll heute ...
... das Interview bestanden haben.
Wozu wohl?
Ich verhindere seinen Aufstieg.

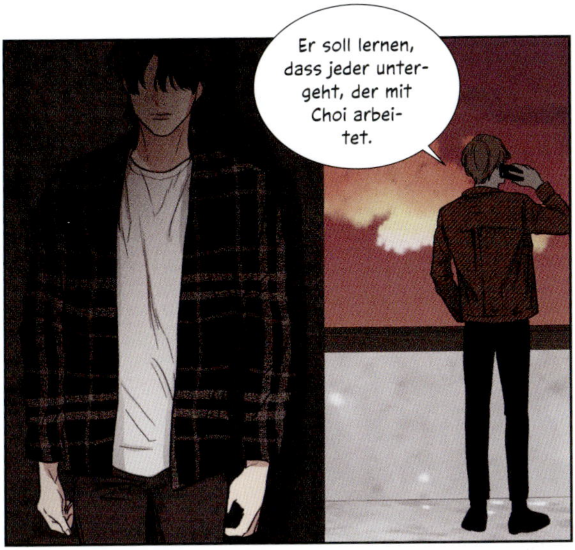
Er soll lernen, dass jeder unter-geht, der mit Choi arbei-tet.

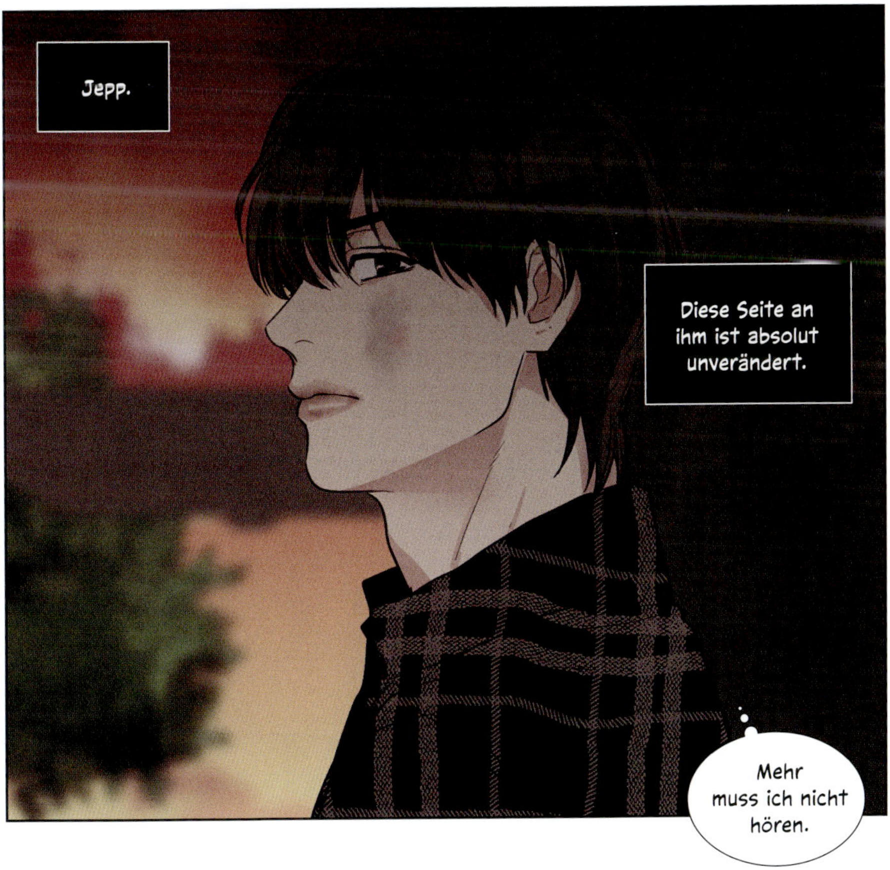
Jepp.
Diese Seite an ihm ist absolut unverändert.
Mehr muss ich nicht hören.

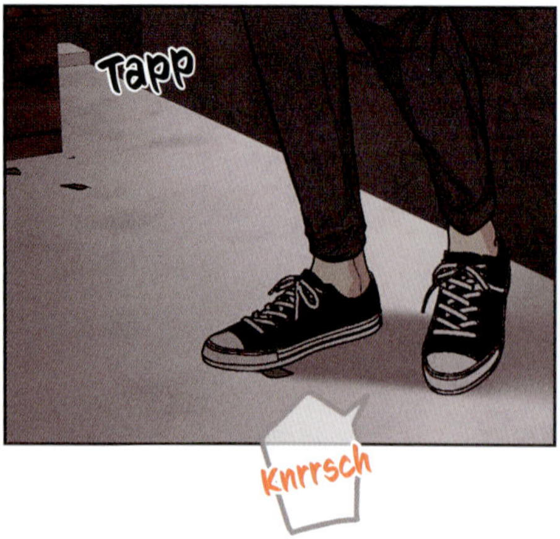
Tapp
Knrrsch

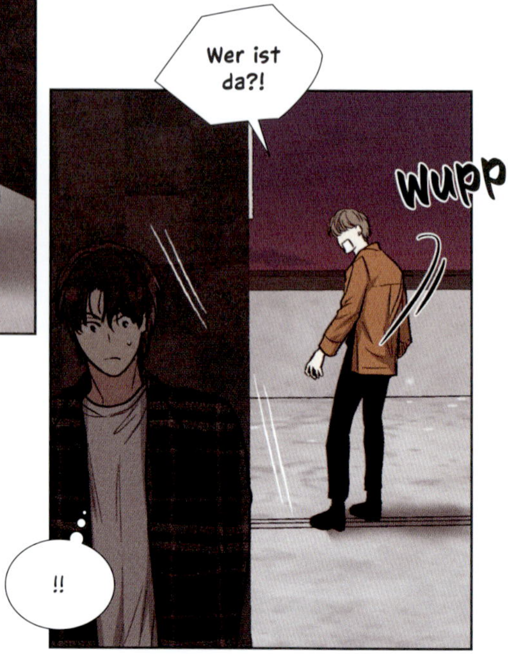
Wer ist da?!
Wupp
!!

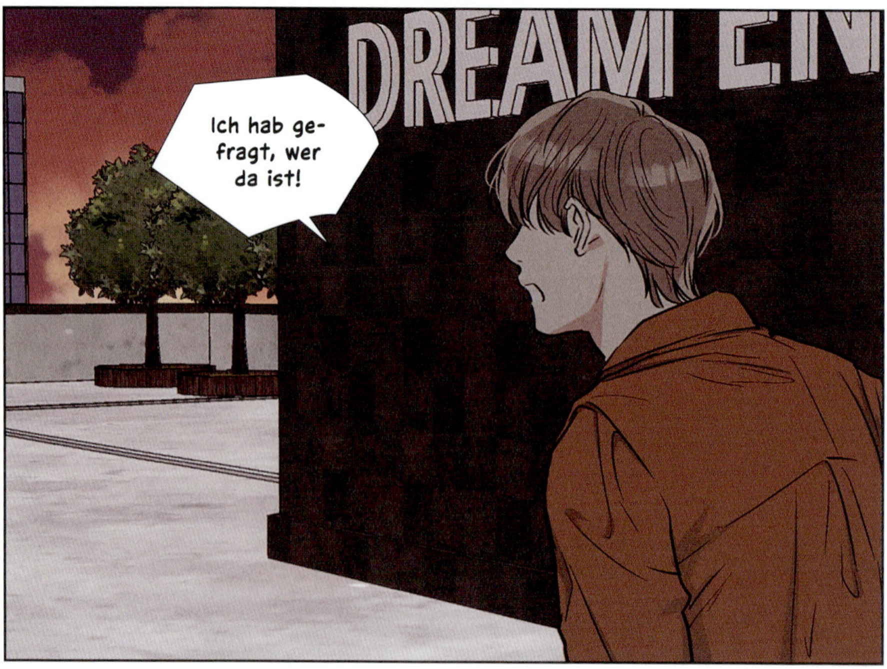
DREAM EN
Ich hab gefragt, wer da ist!

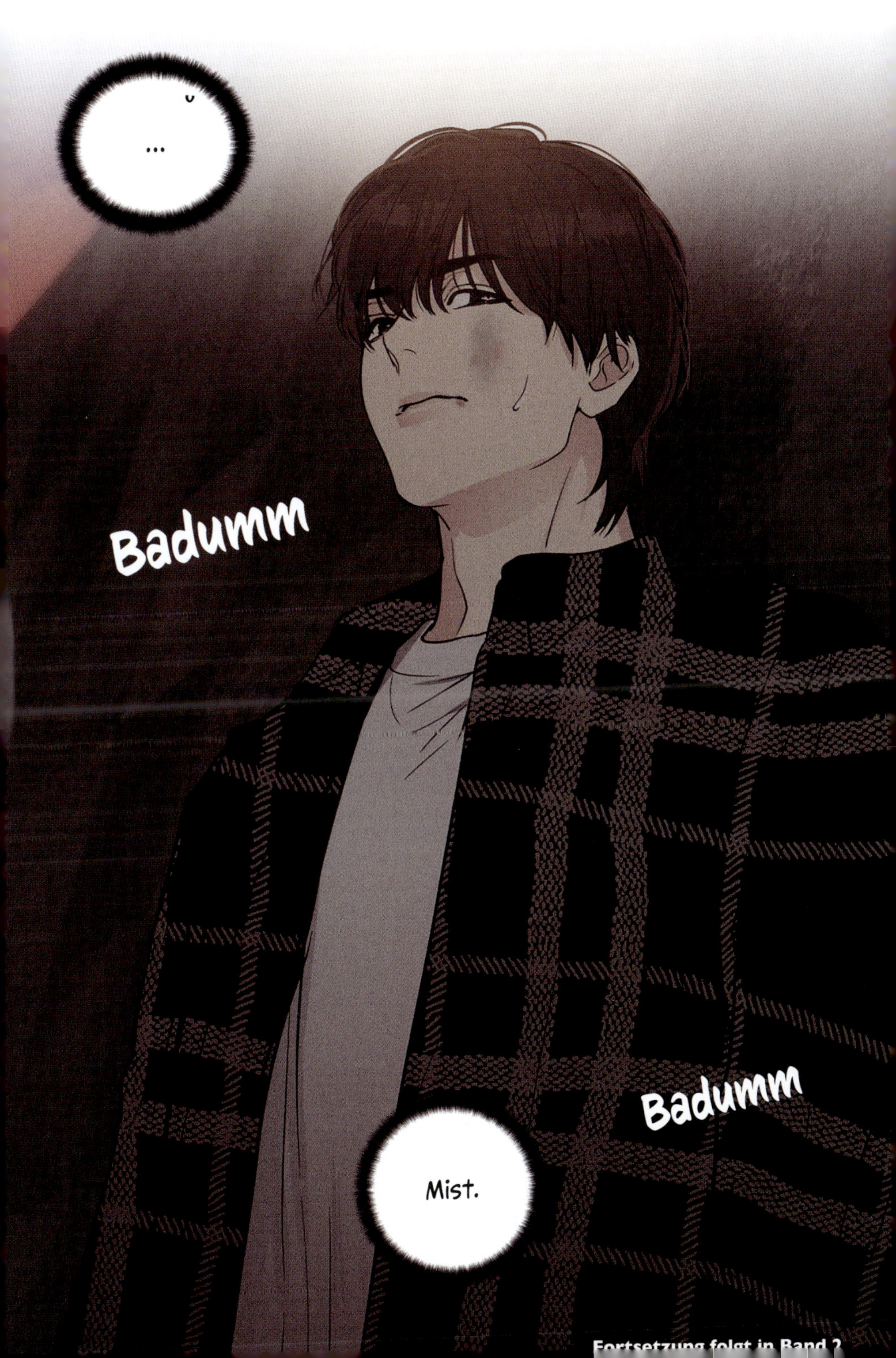

Fortsetzung folgt in Band 2

SPECIAL

Yoohan Lee

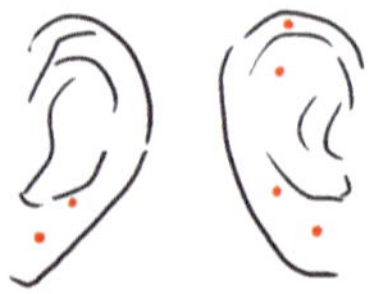

Piercings: Ohrläppchen, Antitragus

Ohrläppchen, Antitragus, Outer Conch, Helix

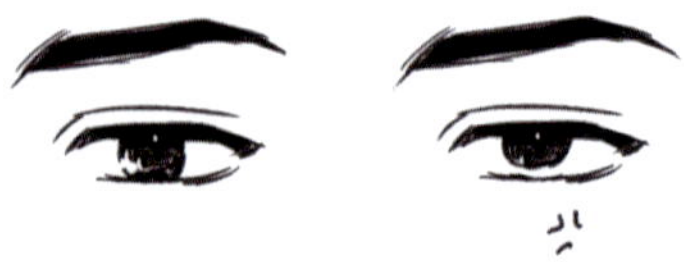

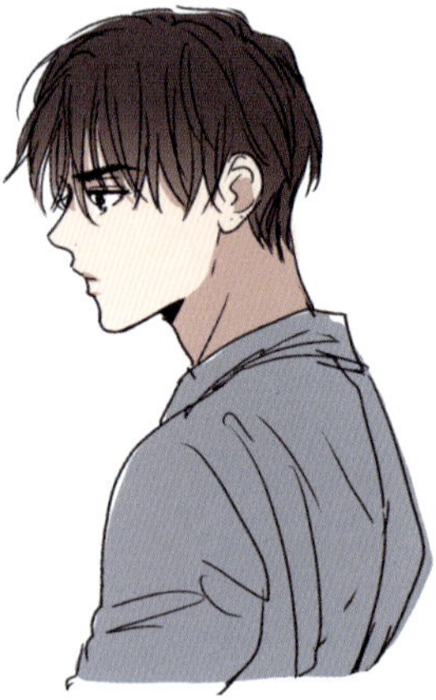

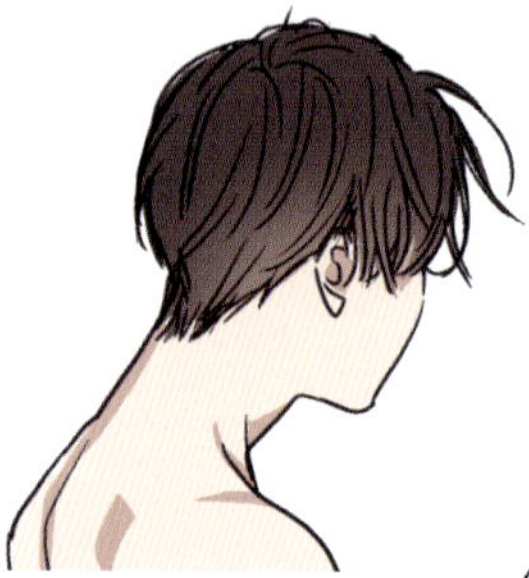

Im Webtoon versuche ich das Haar glatter aussehen zu lassen …

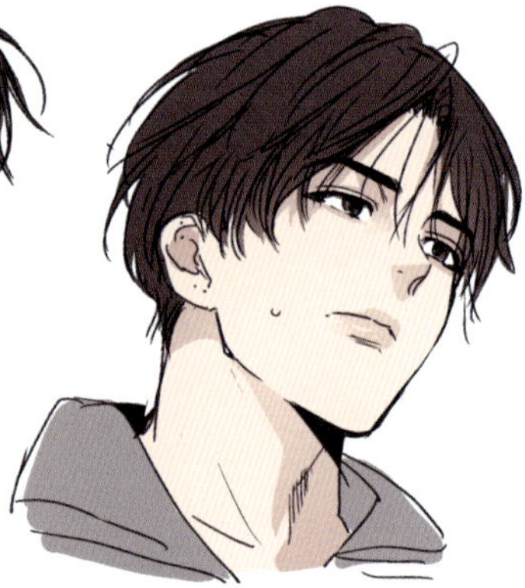

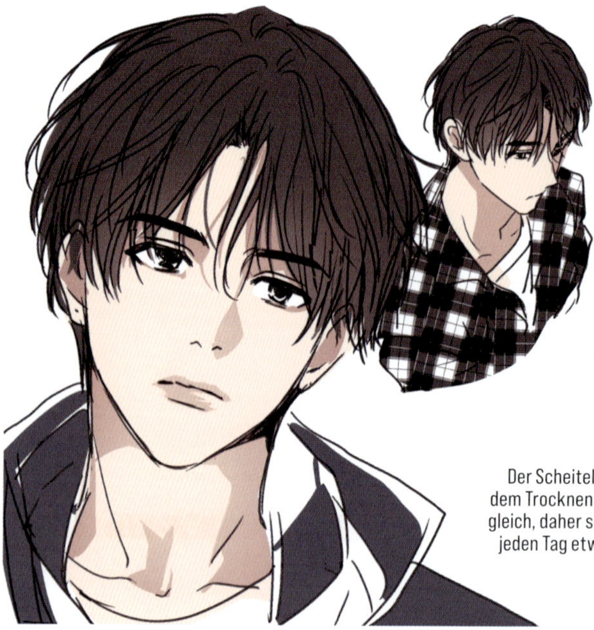

Der Scheitel fällt nach dem Trocknen nicht immer gleich, daher sitzt das Haar jeden Tag etwas anders.

Jay Yoon

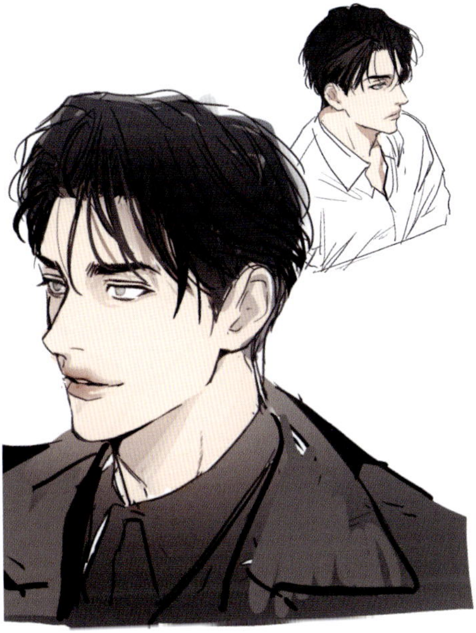

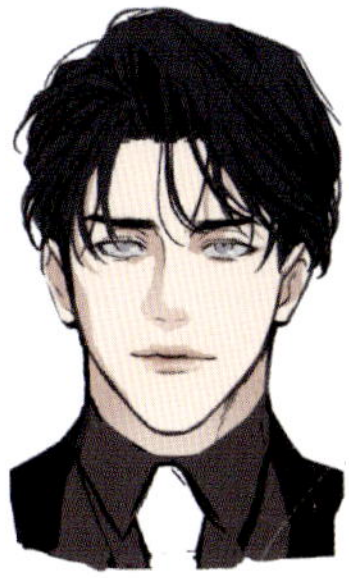

Im Webtoon zeichne ich ihn mit einer noch erwachseneren Aura.

Der fransige Pony sieht nun auch etwas ordentlicher aus.

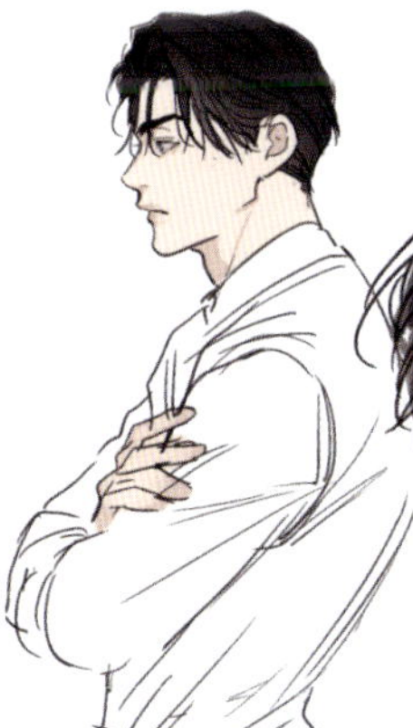

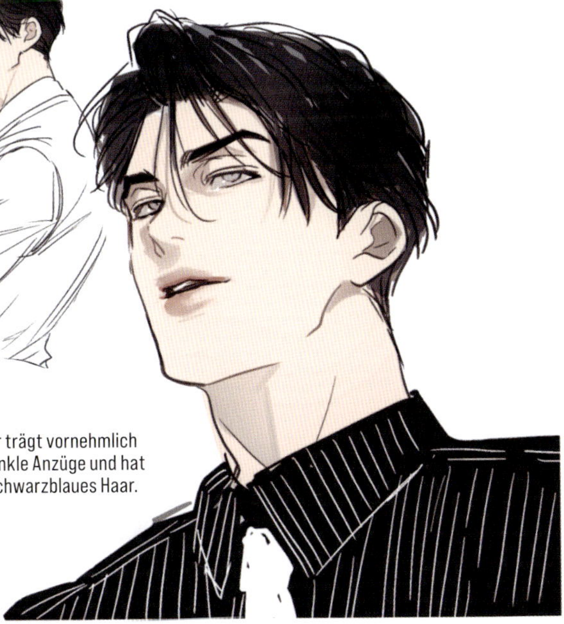

Er trägt vornehmlich dunkle Anzüge und hat schwarzblaues Haar.

Arbeitsablauf

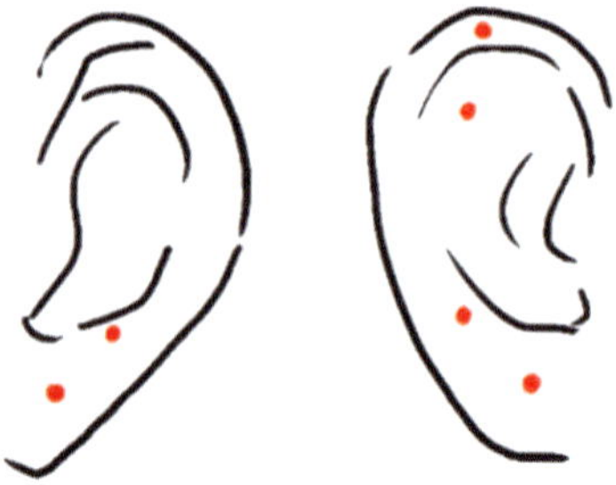

• Rohskizze •

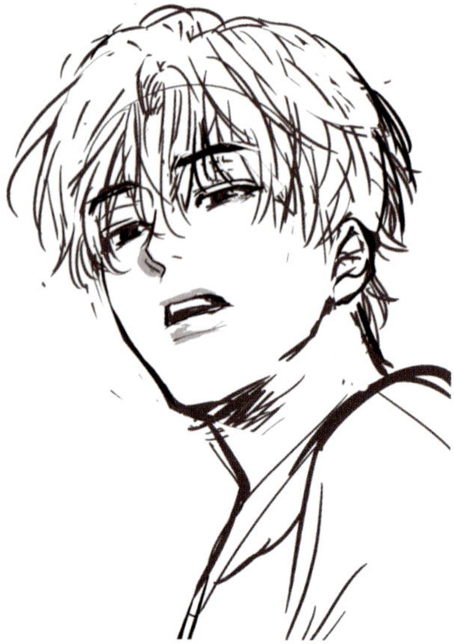

• Skizze •
(Meistens spare ich mir die Skizze und zeichne direkt auf die Rohskizze. Mein Kniff, um die Arbeitszeit zu verkürzen.)

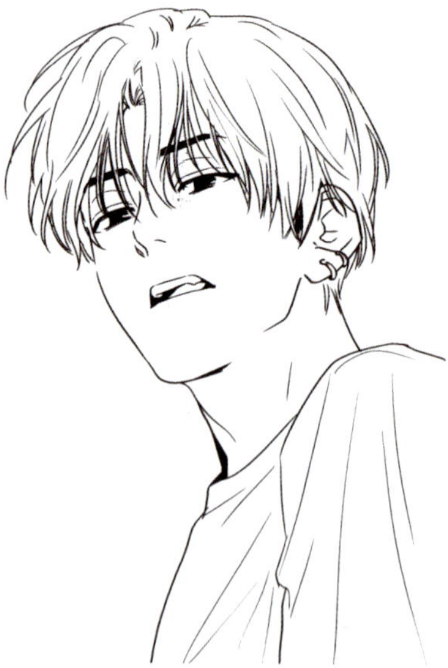

• Linienzeichnung •

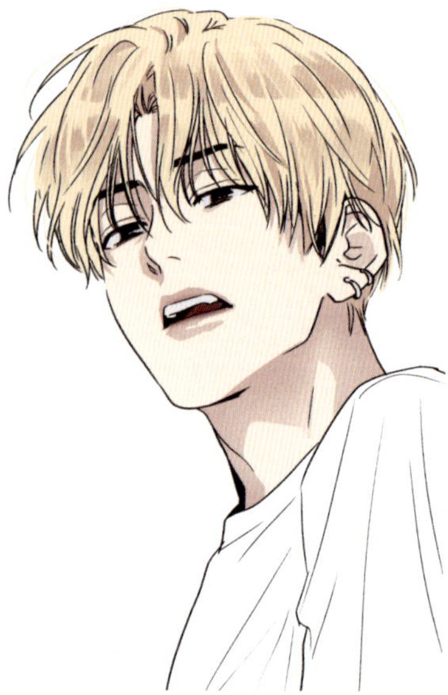

• Kolorierung •

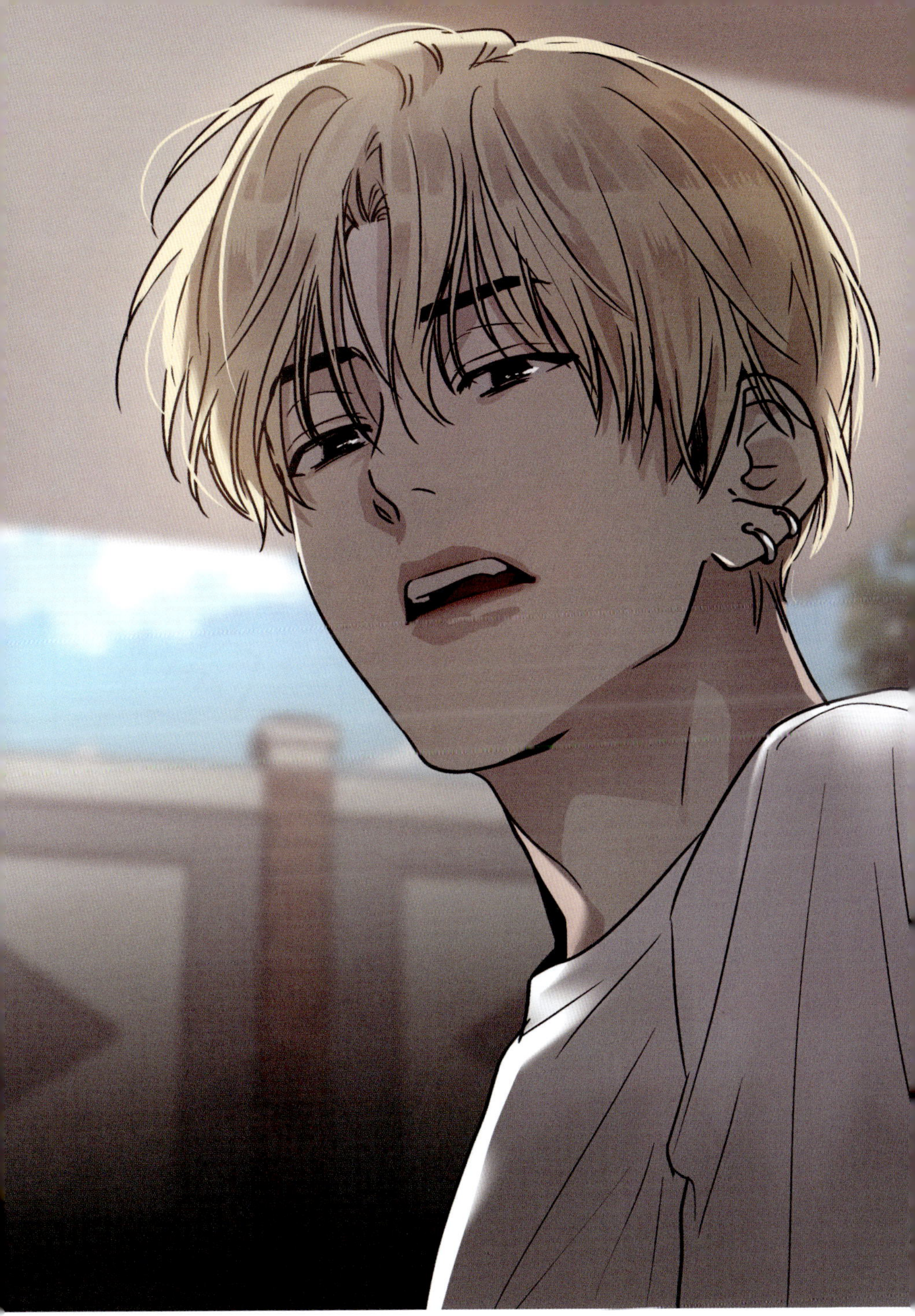

• Background und Korrekturen •

Nach der Veröffentlichung der Printversion

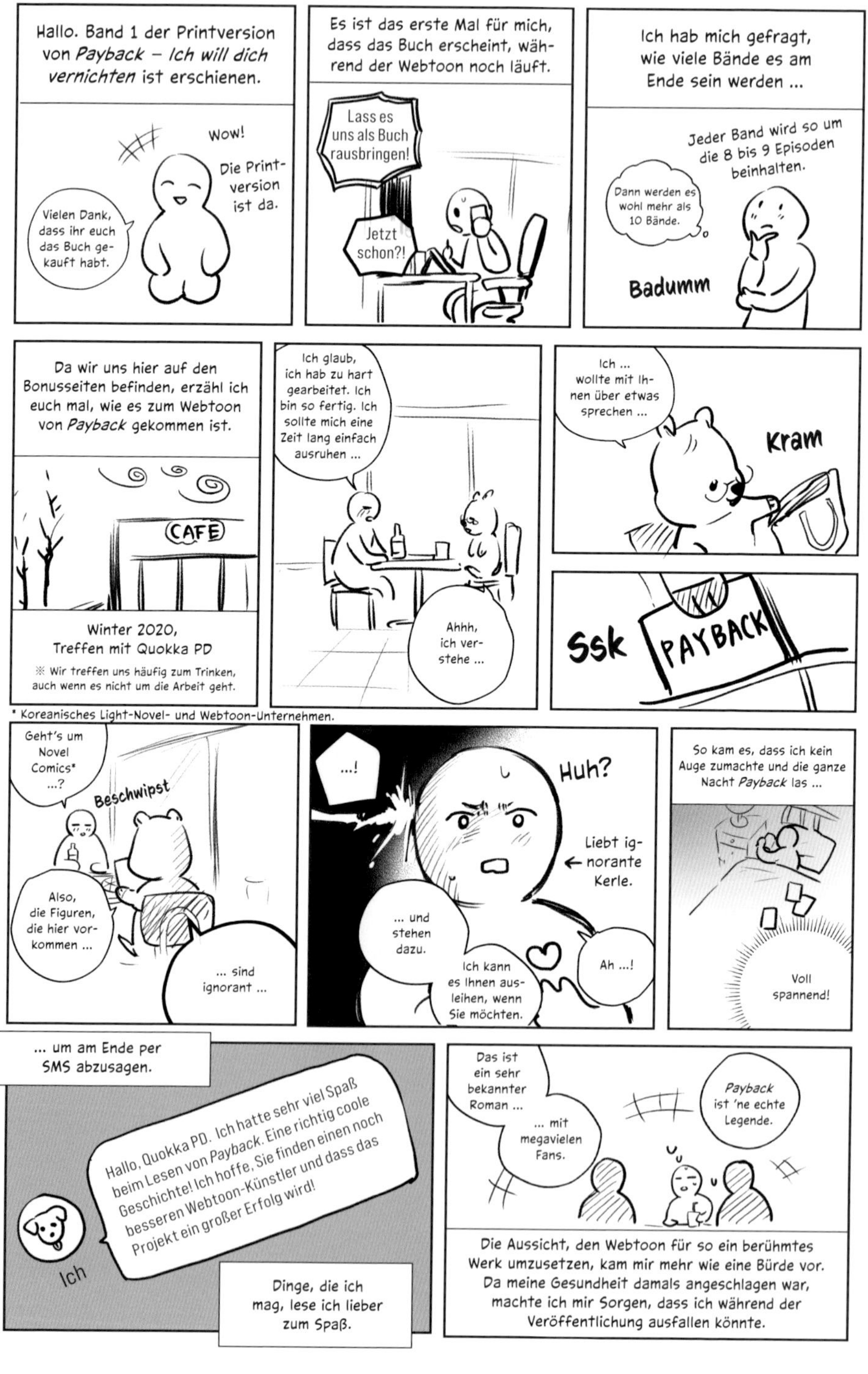

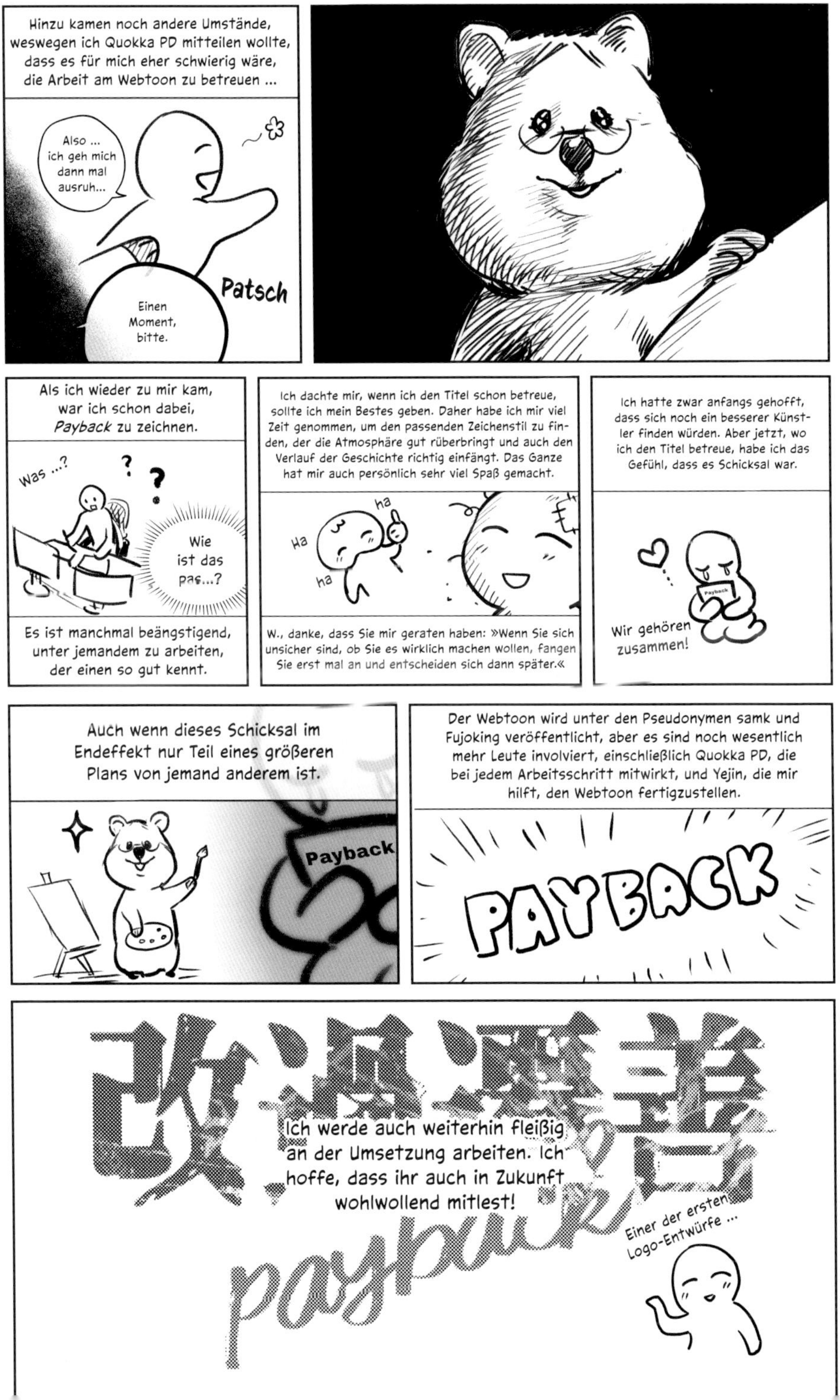
Hinzu kamen noch andere Umstände, weswegen ich Quokka PD mitteilen wollte, dass es für mich eher schwierig wäre, die Arbeit am Webtoon zu betreuen ...
Also ... ich geh mich dann mal ausruh...
Patsch
Einen Moment, bitte.
Als ich wieder zu mir kam, war ich schon dabei, *Payback* zu zeichnen.
Was ...?
?
?
Wie ist das pas...?
Es ist manchmal beängstigend, unter jemandem zu arbeiten, der einen so gut kennt.
Ich dachte mir, wenn ich den Titel schon betreue, sollte ich mein Bestes geben. Daher habe ich mir viel Zeit genommen, um den passenden Zeichenstil zu finden, der die Atmosphäre gut rüberbringt und auch den Verlauf der Geschichte richtig einfängt. Das Ganze hat mir auch persönlich sehr viel Spaß gemacht.
Ha
ha
ha
W., danke, dass Sie mir geraten haben: »Wenn Sie sich unsicher sind, ob Sie es wirklich machen wollen, fangen Sie erst mal an und entscheiden sich dann später.«
Ich hatte zwar anfangs gehofft, dass sich noch ein besserer Künstler finden würden. Aber jetzt, wo ich den Titel betreue, habe ich das Gefühl, dass es Schicksal war.
Payback
Wir gehören zusammen!
Auch wenn dieses Schicksal im Endeffekt nur Teil eines größeren Plans von jemand anderem ist.
Payback
Der Webtoon wird unter den Pseudonymen samk und Fujoking veröffentlicht, aber es sind noch wesentlich mehr Leute involviert, einschließlich Quokka PD, die bei jedem Arbeitsschritt mitwirkt, und Yejin, die mir hilft, den Webtoon fertigzustellen.
PAYBACK
改過遷善
Ich werde auch weiterhin fleißig an der Umsetzung arbeiten. Ich hoffe, dass ihr auch in Zukunft wohlwollend mitlest!
payback
Einer der ersten Logo-Entwürfe ...

altraverse

Deutsche Ausgabe / German Edition
Altraverse GmbH – Hamburg 2024

Artist: Fujoking / Original: samk
First published in the Republic of Korea by Kidari Studio, Inc.
German Print Edition is published by Altraverse GmbH
under the exclusive license granted by Kidari Studio, Inc.

German Translation: Altraverse GmbH

Redaktion: Bettina Kohlwes
Herstellung: Katharina Kaven
Lettering: Vibrant Publishing Studio

Druck: Print Best OÜ, Viljandi
Printed in Estonia

FSC www.fsc.org MIX Papier | Fördert gute Waldnutzung FSC® C129413

ISBN 978-3-7539-2278-2
1. Auflage 2024

www.altraverse.de